현대인을 위한 청교도 연구 3

청교도
이 세상의 성자들

리랜드 라이큰 지음
김성웅 옮김

생명의말씀사

WORLDLY SAINTS
by Leland Ryken

Originally published in the USA.
under the title WORLDLY SAINTS.
Copyright © 1986 by Leland Ryken,
Grand Rapids., Michigan.
All rights reserved.

Korean Edition published by Word of Life Press, Seoul, 1995
Translated and published by permission.
Printed in Korea.

청교도 - 이 세상의 성자들

ⓒ 생명의말씀사 1995

1995년 9월 25일 1판 1쇄 발행
2022년 10월 12일 10쇄 발행

펴낸이 ㅣ 김창영
펴낸곳 ㅣ 생명의말씀사

등록 ㅣ 1962. 1. 10. No.300-1962-1
주소 ㅣ 서울시 종로구 경희궁1길 6(03176)
전화 ㅣ 02)738-6555(본사) · 02)3159-7979(영업)
팩스 ㅣ 02)739-3824(본사) · 080-022-8585(영업)

표지디자인 ㅣ 윤보람
인쇄 ㅣ 주손디앤피
제본 ㅣ 주손디앤피

ISBN 89-04-03028-5 (03230)

저작권자의 허락없이 이 책의 일부 또는 전체를
무단 복제, 전재, 발췌하면 저작권법에 의해 처벌을 받습니다.

목 차

추천사 ·· 7
서문 ··· 21

제 1 장 초기 청교도들의 진면목 ··· 25
제 2 장 노동 ·· 67
제 3 장 결혼과 성(性) ·· 99
제 4 장 돈 ·· 131
제 5 장 가정 ·· 163
제 6 장 청교도의 설교 ··· 195
제 7 장 교회와 예배 ·· 231
제 8 장 성경 ·· 277
제 9 장 교육 ·· 313
제10장 사회 활동 ·· 345
제11장 부정적인 교훈 : 청교도들이 범한 몇 가지 실수 ········ 371
제12장 청교도들의 공헌 ··· 401

부 록
참고 문헌 ··· 435
인명 색인 ··· 449
주제별 색인 ·· 459

6 청교도—이 세상의 성자들

청교도들은 세상 속의 성자들이었다. 미국에서 지킨 첫 추수 감사절을 그린 위 그림이 보여 주듯이, 청교도들은 이 땅에서의 삶을 하나님의 선물로 소중히 받았다. 브라운스컴(Brownscombe) 작, 첫 추수 감사절(First Thanksgiving), 필그림 소사이어티(Pilgrim Society)의 호의를 입어 실음.

추천사

왜 청교도를 알아야 하는가?

1

경마는 왕의 여흥이라는 빈축을 산다. 그러면서도 이 진흙을 튀기는 여흥을 많은 사람들이 즐기고 있다. 과거 오랫동안 대서양을 마주보고 있는 두 대륙에서 청교도들을 깎아내리는 것이 유행이었다. 그래서 청교도에 대한 인상 역시 말끔히 씻어버려야 할 진흙에 잔뜩 덮혀 있다.

사실, "청교도"라는 이름은 애시당초 진흙 구덩이에서 나왔다. 1560년 초에 탄생한 이 이름은, 엘리자베스 시대의 무관심자들(Elizabeth's Laodicean), 타협적인 영국 교회와 종교적인 연유에서 일치하지 않는 불일치자들이라는 기본적인 의미 말고도, 까탈스럽고 비판적이며, 기만적이고 위선적인 작당들이라는 의미를 물씬 풍기는 풍자의 말이었다. 후에 이 말은 더 많은 정치적 의미를 언어 외적으로 갖게 되었다. 즉 스튜어트 왕조(Stuart monarchy)에 반대하는 공화

주의(republicanism) 도당이라는 인상 말이다. 그러나 아직도 그 골간에 관해 말할 때에는 괴팍하고 격하며, 추악한 개신교 일파라는 인상을 지우지 못하고 있다. 영국에서 반(反) 청교도 감정은 왕정복고(Restoration) 시대에 물꼬를 텄다가, 그 이후 꽃을 피웠다고 볼 수 있다. 미국에서는 조나단 에드워즈(Jonathan Edwards) 시대 이후 서서히 꿈틀거리다가, 약 100년 전 후기 뉴잉글랜드(New England) 시대에 이르러 절정에 달했다.

그런데 지난 50년 동안 학자들은 그 진흙을 말끔히 씻어냈다. 마치 문화재 복원가들이 시스틴 성당에 있는 미켈란젤로의 벽화에서 어두운 니스를 벗겨냈기 때문에 지금은 아주 다르게 보이듯이, 청교도에 대한 인습적인 인상 역시 최소한 그간의 사정을 아는 사람들에게는 대대적으로 수정되었다. (아, 지식도 일면 서서히 변하는구나!) 페리 밀러(Perry Miller), 윌리엄 할러(William Haller), 마샬 냅펜(Marshall Knappen), 퍼시 숄즈(Percy Scholes), 에드먼드 몰간(Edmund Morgan) 등의 학자들과 조금 더 최근에 이루어진 학문적 연구에 힘입어, 이제 조금 배웠다고 하는 사람들은 청교도가 거친 사람들, 열광적이고 좌불안석하는 광신자, 그리고 사회적 극단주의자가 아니라, 근실하고 양심적이며 교양 있는 시민이요, 원리 원칙을 준수하는 사람들, 견실하고 자기 절제에 뛰어났으며 특히 가정을 잘 돌보고, 하나님께 대해서든 사람에 대해서든 중요한 무엇을 말할 때 지나치게 말꼬리에 연연하는 경향을 빼고는 마음에 새겨 두어야 할 단점이 없는 사람들이었음을 알게 되었다. 마침내 왜곡상이 바로 잡히게 되었던 것이다.

그렇다 할지라도, 성속(聖俗) 양쪽 모두에 걸쳐 세련되고 압도적인 기술을 획득하고 있는 20세기 후반을 사는 우리가 청교도를 알아야 한다는 주장은 왠지 사람들의 눈살을 찌푸리게 하기에 충분하다. 아무리 그들이 책임감 있는 시민들이었더라도, 우직함만큼이나 어리보이고 왠지 애처러움을 자아내는 사람들이었다는 확증 또한 쉽게 사라지지 않는다. 그들은 천진난만하고 미신적이며, 유치하고 잘 속으며, 너무 심각하고 세심하며, 언제나 소수파로 남았고, 못했든지 아니면 기꺼이 하려 들지 않았든지간에 쉽게 안도하지 못하는 사람들이었다는 혐의를 받는다. 그런데도 이 열성당원들이 우리에게 필요한 무엇을 준다고? 자못 의아스럽다.

한마디로 그것은 성숙이다. 성숙은 지혜, 선의, 탄력성, 그리고 창의성을 합쳐 부르는 말이다. 청교도들은 성숙이 무엇인가 모범을 보여주었다. 그들에 비하면 우리는 애숭이에 불과하다. 여행을 많이 해본 한 토박이 미국인 지도자가 북미 청교도는 오지랖은 넓으면서 깊이는 한치도 안 된다고 공언했다. 그가 봤다는 청교도는 인간 중심적이고 조작되었으며, 성공에 목숨 걸고 있고 자아 도취에 빠져 있으며, 또 솔직히 말해서 싸구려 감상주의에 불과했다.

우리는 영적 난장이들이다. 반대로 청교도들은 장대한 거인들이었다. 그들은 위대한 하나님을 섬기는 위대한 영혼의 소유자들이었다. 그들에게는 맑은 정신에서 나오는 치열함과 따뜻한 가슴에서 나오는 열정이 한가지로 있었다. 이상가, 실천가, 꿈쟁이, 그러면서도 현실주의자, 목표 지향자이면서도 방법론자들이었던 그들은 위대한 신자, 산 소망, 지칠 줄 모르는 실천가, 그리고 끊임없이 고난당하는 질고(疾苦)의 사람들이었다.

그러나 대서양을 가운데 두고 그 양쪽에서 그들이 겪은 고난(올드 잉글랜드〈영국〉에서는 당국자들이, 뉴 잉글랜드〈미국〉에서는 조악한 자연 환경이 그들을 덮쳤다)은 그들을 단련시키고 원숙하게 하여 아주 훌륭한 성장을 이루게 했다. 오늘날 우리가 처한 형편을 보아서도 알 수 있겠지만, 편안함과 호사스러움은 성숙을 만들어내지 못한다. 그러나 고난과 역경은 성숙에 이르게 한다. 청교도들은 복음주의를 쟁취하려는, 또 하나님께서 그들로 직면하게 하신 거친 기후와 고투를 벌임으로써 주저하거나 가라앉지 않고, 낙심과 두려움을 훌쩍 뛰어넘는 강인한 기질을 얻었다. 모세와 느헤미야, 오순절 이후의 베드로, 그리고 사도 바울이라는 진실한 선진들과 모범적인 위인들은 바로 이런 기질을 지녔었다.

청교도들은 영적 전투로 잔뼈가 굵은 사람들이었다. 그들은 갈등을 그들의 과제로 받아들였고, 번연(Bunyan)의 풍유에서처럼 그들을 주님을 따르는 순례자요 군사로 보았다. 그래서 이런저런 반대에 부딪히지 않고서는 단 한 발걸음도 전진할 수 있다고 기대하지 않았다. 존 거리(John Geree)는 그의 논문 "옛 영국의 한 청교도 또는 비국교도의 성격"(*The Character of an Old English Puritane or Nonconformist*, 1646)에서 이렇게 썼다. "그는 자기 삶 전부를 전쟁으로 간주했다. 그 전쟁에서 그리스도는 대장이시고 무기이며 기도와 눈물이시다. 그의 깃발은 십자가이고 군호는 *Vincit qui patitur*(고난 당하신 이가 정복하신다)이다."[1]

청교도들은 경우에 따라서 모든 공적(公的) 전투에서 패하기도 했다. 영국에 남은 청교도들은 영국 교회를 뜻대로 변화시키지 못했고, 비주류(非主流)로 밖에 명맥을 유지하지 못하다가, 마침내 양심을 찍어 누르는 교묘한 압박 때문에 마침내 국교회에서 등을 돌렸다. 대서양을 건너간 사람들은 어떠했는가? 그들은 뉴잉글랜드에 새 예루살렘을 세우려다 실패했다. 처음 50년 사이 그들의 작은 식민주들은 거의 존속하지 못하고 간신히 명맥을 유지하는 형편이었다. 그러나 오래 계속되는 가공할 압박과 좌절에도 불구하고 명랑하고 평화를 사랑하며, 인내하고 순종하며, 희망을 버리지 않음으로써 그들이 거둔 도덕적이고 영적인 승리 때문에, 히브리서 11장이 그 현관이랄 수 있는 명예의 전당에 이름을 올리는 영예를 얻었다. 그들의 성숙이 담금질당하고 제자도에 관한 그들의 지혜가 정련된 계기는 이 같은 용광로 경험에서였다. 복음주의자 조지 휘트필드(George Whitefield)는 그들에 관해 아래와 같이 썼다.

> 목사들은 십자가 아래 있을 때만큼 그렇게 잘 전하지 못한다. 십자가 아래 있을 때 그리스도와 영광의 성령께서 그

---

[1] Wakefield, *Puritan Devotion*, p. x에서 인용.

들과 함께하신다. 청교도들이 그토록 빛나고 불타는 사람들이었던 까닭은 의심할 여지 없이 여기 있다. 그들은 모략에 가득 찬 바돌로매령(Bartholomew-act), 곧 1662년 제정한 통일령(the 1662 Act of Uniformity) 때문에 내침을 당했을 때, 창고와 들판, 대로와 헛간에서라도 외쳐야 한다는 자신들의 책임감에 못 이겨 당당하고 권세 있게 저술하고 전파했다. 그들은 죽었지만, 저술을 통해 말하고 있다. 우리 시대는 그들이 지녔던 열정을 마주해야 한다……[2]

위의 말은 1767년에 나온 번연의 작품집 재판 서문에 적힌 글이다. 그러나 오늘을 사는 모든 청교도 독자들이 스스로 금방 발견할 수 있을 만큼 그 열정은 계속 타오르고 권위는 지금도 생생히 느껴지며, 농익은 지혜는 숨결처럼 가까이에 있다. 청교도들은 이런 문헌을 물려줌으로써 그들이 알았고 우리가 지금 필요로 하는 성숙을 향해 지금 우리의 발걸음을 재촉하고 있다.

2

그들은 어떤 방법으로 이렇게 할 수 있었는가? 조금 구체적으로 들어가 보겠다.

첫째, 우리는 그들의 **통일된** 일상에서 교훈을 배워야 한다. 그들의 기독교가 포괄적이었듯이, 그들의 삶 역시 통짜였다. 요즘 들어 우리는 그들의 생활 태도를 통전적(統全的)이라 부른다. 만물을 그분의 선물로 누리고 만사가 "주님 앞에서 거룩"해지도록 사는 태도로 말미암아 모든 의식, 활동, 그리고 누림과 즐김, "만물을 쓰는 씀씀이",

---

[2] George Whitefield, *Works* (London, 1771), 4 : 306-307.

그리고 개인의 능력과 활동의 계발이 하나님을 영화롭게 한다는 이한 가지 목적 안에서 통일시키려는 자세를 가리켜 통전적이라 하는 것이다. 그들에게는 성속의 분리가 없었다. 만물에 관한 한 그것들은 선하다. 그리고 어떤 것이든 모든 활동은 성결해져야 한다. 다시 말해서, 하나님의 영광을 위해 해야 한다. 그렇기 때문에 청교도들은 하늘에 소망을 두고 질서를 존중하며, 실제적이며 현실적이고, 기도하고 큰 뜻을 품으며, 실천하는 사람이 되었다. 그들은 인생을 나눌 수 없는 한 덩어리로 보았기 때문에 철저하게 양심적이고 사려깊게 행동과 묵상, 노동과 예배, 하나님 사랑과 이웃 및 자기 사랑, 사회적 정체성과 개인적 정체성, 그리고 관계가 부과하는 넓은 책임과 개개인을 통일시킬 수 있었다.

이런 철저함을 바탕으로 극단적인 태도를 취했다. 바꿔 말해서 그들은 우리보다 훨씬 더 철저했던 것이다. 그러나 성경이 규정한 그리스도인의 광범위한 전체 의무를 고루 이행했다는 점에서는 더할 나위 없이 균형 잡힌 사람들이었다. 그들은 "방법"(삶의 요령이라고도 말할 수 있는)과 계획에 따라, 세심한 시간 안배를 하며 살았다. 그것은 악습에 젖지 않으려 해서가 아니라, 그들 안에 값지고 귀한 보배가 들어 있음을 분명히 하기 위해서였다. 예나 지금이나 그것은 갈 길이 먼 사람에게 필요한 지혜이다! 제각기 따로 노는 국면의 연속 속에서 되는 대로 아무렇게나 사는 경향이 있는, 그래서 대부분의 시간을 목적 없이 허비했다고 느끼는 오늘의 우리들은 이 점에서 청교도들을 본받아야 한다.

둘째, 우리는 뼈를 깎는 듯한 그들의 영적 경험에서 교훈을 배워야 한다. 청교도들은 하나님과 교통할 때 예수 그리스도를 중심으로 삼은 것만큼 성경을 지극히 높였다. 성경을 하나님 – 인간 관계에 관해 가르치는 말씀으로 보고 성경대로 살기를 힘썼는데, 이 점에서도 그들은 의식적으로 방법론자를 자임했다. 스스로를 사고와 감정과 의지를 지닌 피조물로 알았기에, 그리고 하나님께서 인간의 마음(의지)에 찾아오실 때 머리(지성)를 통하심을 알았기에, 청교도들은 그들에게 적용된다고 본 전체 성경 진리에 관해 논증적이고 조직적으로 묵상했다. 청교도들의 묵상은 청교도 설교에 거푸집이 된다. 청교도들은 마치 청교도 설교가들이 강단에서 그렇게 했던 것처럼, 죄를 미워하고 의를 사랑하는 열심에 불을 붙이기 위해서, 또 하나님의 약속으로 용기 충천하기 위해 묵상하는 가운데 자신의 마음을 살피고 도전했다. 이렇게 이치에 닿고 굳은, 또 열심이 있는 경건은 병적 집착이나 율법중심주의로 되거나 율법주의로 미끄러지지 않는 양심적인 경건이요, 방종으로 흐르려는 속보이는 경향과는 상관없는 그리스도인의 자유에 대한 표현이다. 청교도들은 성경이 성결에 이르는 불변의 잣대임을 알고, 결코 이 점을 잊지 않았다.

또한 그들은 타락한 인간의 마음이 얼마나 정직하지 못하고 기만적인가 알았으므로, 겸손과 자기 의심을 버릇처럼 몸에 지니려고 했고, 영적인 등하 불명(燈下不明)이 없는지, 혹 내면에 잠복하고 있는 악은 없는지 자기 점검에 게으르지 않았다. 그렇지만 이 점에서 이들을 병적으로 음울하다거나 내향적이라고 불러서는 안 될 성싶다. 오히려 정반대로 이들은 죄를 고백하고 사함받으며 그리스도의 사죄하시는 자비로 말미암아 그분께 마음을 새롭게 하여 감사드리는 도리가 내적 평강과 기쁨의 큰 원천임을 알고, 성경이 말씀하는 자기 점검의 도리(결코 내향성이 아님을 알아야 한다)를 따랐을 뿐이다. 우리에게 깨끗하지 못한 마음, 고삐 풀린 정욕, 하나님을 섬긴다 하면서도 두 마음을 품는 자세가 있음을 쓰라린 경험을 통해 알고, 대단한 영성을 가장한 비이성적이고 감성적인 낭만을 좇고 있는 자신을 번번이 발견하게 되는 우리는 이 방면에서 청교도들이 보인 모범에서 많은 것을 배울 수 있다.

셋째, 우리는 그들의 **실효를** 거두는 **행동에서** 교훈을 배워야 한다. 청교도들은 다른 사람들과 마찬가지로 이룰 수 있고 또 이루어야 하는 꿈을 가지고 있었지만, 결단코 "몽상가"(夢想家)라고 부를 그런 사람들은 아니었다! 그들은 한가롭게 노닐 시간이 없었고, 다른 이들에게 세계 변혁의 임무를 떠넘길 만큼 수동적인 사람들도 아니었다. 그들은 순수한 개혁 의지를 지닌, 자기 신뢰라고는 털끝만치도 없는 십자군적인 실천가요 행동가요, 그들 안에서, 그들을 통해서 일하시는 하나님께 전적으로 의존하고, 돌이켜 볼 때 어떤 옳은 행위가 있었다면 모든 영광을 하나님께만 돌리는 그분의 종들이었다. 그리고 하나님께서 그들을 능하게 하셔서 힘을 발휘하게 하시기를 충심으로 기도했던 은사의 사람들이었다. 이때 그들의 목표가 자기 과시가 아닌 그분의 찬송받으심에 있었음은 당연하다. 그들 중 일부가 뻔뻔스럽게도 그렇게 됐지만, 그들은 결코 교회나 국가를 전복하는 혁명가가 되기를 원하지 않았다. 그러나 변화가 요청되는 곳이면 어디에서나 하나님의 비밀 요원이 되어 효과적인 변화를 일으키기를 소원했다. 그래서 크롬웰과 그의 군대는 크고 작은 전투를 치를 때마다 길고 간절한 기도를 드렸고, 설교자들 역시 위험을 무릅쓰고 강단에 설 때마다 홀로 길고 간절한 기도를 드렸으며, 평신도들 또한 중요한 문제(결혼, 사업, 매매 또는 그 밖의 어떤 일들)에 부딪힐 때마다 길고 간절한 기도를 올렸다.

　오늘날 서구 그리스도인들은 열심이라고는 싸늘히 식었고 수동적이며 두려워할 줄만 알 뿐 도무지 기도하지 않는 사람들로 입에 오르내린다. 그들은 개인 경건주의라는 고치 속에 꼭꼭 숨어 지낼 뿐, 대부분이 공공사(公共事)는 나 몰라라 내버려 두고, 기독교 진영 밖으로 영향을 끼친다는 생각은 아예 하지를 않거나 아니면 해보려고도 하지 않고 있는 실정이다. 청교도들이 거룩한 영국과 뉴잉글랜드―생각해 보라. 그들은 그곳에서 아무런 특권도 없었고 천부당 만부당한 대접을 받아야 했으며, 국가로부터 위협을 받는 신세였다―를 위해서 기도하고 수고했던 바로 그 영역에서, 현대 그리스도인들은 인습적으로 내려오는 사회적 존경에 얼씨구나 정착해버리고 더 이상 앞을 내다보지 않고 있다. 바로 이 면에서도 우리는 청교도들에게서 너무도 많은 것을 배워야 함이 분명하다.

넷째, 우리는 가정의 견고함을 위하는 그들의 조처들에서 교훈을 배워야 한다. 청교도들이 영어를 말하는 세계에 그리스도인 가정의 모범을 보여 주었다 해도 지나친 말이 아니다. 청교도의 결혼 윤리는, 지금 이 순간 열렬히 사랑하는 사람을 배우자로 맞이한다는 데 그 첫 덕목이 있지 않고, 일생을 함께할 좋은 친구로서 오래도록 사랑할 수 있는 사람을 찾고, 그러기 위해 하나님의 도우심을 구한다는 데 있었다. 청교도들의 자녀 교육은 정도(正道)를 행하고 몸과 마음을 함께 돌아보며, 건실하고 경건하며 사회적으로 가치 있는 생활을 꾸려 갈 성인으로 키우는 데 그 목표를 두었다. 청교도들의 가정 윤리는 질서, 예의 범절, 그리고 가정 예배를 유지하는 데 기본을 두었다.

그들은 선의, 인내, 일관성, 그리고 불요불굴의 태도를 으뜸되는 가정의 덕목으로 여겼다. 생활의 이기나 고통을 덜어 주는 기본적인 의약품마저 없으며, 잦은 시련(대부분의 가정이 기르던 아이 가운데 최소한 몇 명은 잃던 시절이었다)과 30세를 밑도는 평균 수명, 그리고 상업 귀족이나 토착 지주를 제외한 거의 모든 사람들이 경제적으로 곤핍을 당하던 시절에, 가정 생활은 모든 면에서 인격의 바탕을 닦는 학교였다. 세상에서 그렇게 따가운 눈총을 받는데 가정에서나마 큰소리 치고 살 수 있지 않느냐는 낯익은 유혹에 단호히 대처하고, 온갖 역경에도 불구하고 가정에서 하나님을 영화롭게 하려고 최선을 다한 청교도들의 강인함은 칭송받아 마땅하다.

가정에서 청교도들은 역경과 실망을 하나님께서 내신 것으로 인정함으로 현실로 수용하고, 역경이나 실망에 위축되거나 변절하기를 거부하는 어른다운 자세를 보였다. 청교도 평신도들이 복음 전도와 사역을 실천한 곳은 다른 곳이 아닌 가정이었다. 거리(Geree)는 이렇게 썼다. "그는 자기 가정을 교회로 일구려 애썼다……자기 허리에서 태어난 아이들이 하나님께로 거듭 태어나게 하려고 힘썼다."[3] 철딱서니

---

[3] Wakefield, *Puritan Devotion*, p. x. 우리는 어떤 부인이 무디(D. L. Moody)를 찾아와서 아무래도 목사로 부름심을 받은 것 같다고 말한 장면을 생각하지 않을 수 없다. 무디는 "집에 자녀들이 없습니까?" 하고 물었다. 그 부인이 "여섯이나

없는 부부들이 관계를 회복하려고 애쓰기보다 별거라는 손쉬운 방법을 택하고, 자기 도취적인 부모들이 물질적으로 아이들을 망치고 있으면서 영적으로도 그들에게 눈길 한 번 주지 않는, 심지어 그리스도인들의 가정조차도 쉽게 무너지는 이런 시대에서는 청교도들의 전혀 다른 면모에서 배워야 할 교훈이 많음은 누구나 다 아는 사실이다.

다섯째, 우리는 인간의 가치를 소중히 여기는 그들의 자세에서 교훈을 배워야 한다. 그들은 위대하신 하나님(만만하고 호락호락 생각할 수 없는 성경의 하나님)을 믿는 믿음을 통하여 도덕적인 문제, 영원, 그리고 인간 영혼의 위대함에 관한 분명한 의식을 갖고 있었다. 햄릿이 "인간은 얼마나 신묘막측한 존재인지!"라고 한 말은 바로 청교도들의 심중을 그대로 드러내는 말이었다. 그들은 인간 개체가 지닌 경이를 폐부 깊숙이 느꼈다. 그들 역시 오류는 재고할 가치가 없다는 중세적 전통 영향 아래 있었기 때문에 공공연하게 반대하는 사람들을 일일이 존경하지는 못했지만, 하나님의 친구로 지음 받은 피조물로서 사람의 고귀함에 대한 그들의 평가는 돋보였는데, 특히 인간의 존귀함에서 나오는 아름다움과 고상함을 감지하는 면에서 그랬다. 오늘날 우리 대부분이 살고 있는 곳 같은 집단적인 대도시에서 각 개인이 지닌 영원한 의미를 헤아린다는 것은 아득한 이야기일 수 있다. 청교도 정신은 이 점에서도 우리에게 많은 혜택을 주는 처방이다.

여섯째, 우리는 교회 갱신에 관한 청교도적 이상에서 교훈을 배워야 한다. 그들이 "갱신"과 같은 말을 썼을 리는 없다. 그들은 오직 "개혁"과 "개량"(改良)을 말했을 뿐이다. 이 말은 20세기를 사는 우리들에게는 교회의 정통성, 질서, 예배 형식, 그리고 치리 조례 등 외형적인 것에 국한된 무엇을 시사하는 양 들릴 수 있다. 그러나 청교도들이 "개혁"을 설교하고 저술하고, 기도했을 때는, 그것 이상도 이

있다"고 대답하자, "그들이 부인의 회중이오. 어서 가지오!"라고 했다.

하도 아닌 개혁만을 염두에 두었다.

리처드 백스터(Richard Baxter)가 쓴 개신교 목사(*The Reformed Pastor*)라는 책 원판의 제목이 적힌 페이지에는 "개신교"라는 단어가 다른 단어들에 비해 큰 글자로 인쇄되어 있어서, 멀리서도 알아볼 정도였다. 백스터에게 "개신교" 목사는 칼빈주의를 유포하고 다니는 사람이 아니라 설교자, 교사, 요리 문답가, 그리고 삶의 모범으로서, 말하자면 "부흥의 열기가 있는", 또는 "갱신된" 사역을 펼치는 사람이었다. 이런 "개혁"이 지닌 본질은 하나님의 진리를 풍부하게 이해하고 그분을 향한 열심을 불태우며, 헌신과 사랑 그리고 기쁨의 불꽃을 돋우고 그의 부르심과 개인 생활에서 그리스도인이 된 뜻을 뚜렷하게 펼치는 것이었다. 아울러, "개신교" 목사를 통하여 각 회중 전체가 "개혁"되어야 한다는 것이 교회를 향한 이상이었다. 다시 말해서 하나님의 은혜에 이끌려서 질서 정연한 부흥이라고 부를 수 있는 상태로 들어감으로써 진실되고 철저한 회개가 일어나고, 정통적이고 건전한 신학 노선을 견지하며, 영적으로는 깨어서 기다리는 분위기가 충만하고, 성격에 관한 용어로 표현하자면 현명하고 성숙하며, 또 윤리적으로 진취적이고 순종하고, 마지막으로 겸손하지만 받은 바 구원을 즐겁게 확신하는 상태를 이상으로 삼았다. 영국 교구(教區)에서나 17세기 중엽에 확산된 일종의 "회중"교회에서나, 청교도적 목회관이 시종 일관 추구한 목표는 바로 이것이었다.

청교도들의 제도 존중주의(institutionalism)로 인해 공동체의 영적 각성에 관한 그들의 관심은 다소 가려졌다. 우리는 부흥의 열정을 수립된 질서와 대치하는 것으로 생각하기 쉬운데, 청교도들은 "개량"이 회중적 차원에서 충실한 설교, 교리 교육, 그리고 목사들의 영적 봉사를 통해 절제된 형식으로 나온다고 나름대로 내다보았다. 평신도들의 주도권을 봉쇄한 성직권주의(clericalism)는 누가 뭐라 해도 청교도들의 한계였음이 분명하다. 평신도들의 열정은 마침내 크롬웰의 군대에서, 또 퀘이커교(Quakerism)와 영연방 시대에 광범위하게 확산된 지하 분파에서 그 위세를 똑똑히 확인할 수 있었다. 그러나 반면에 향상된 목사의 자질도 묵과할 수 없다. 청교도들은 복음 설교자, 성경 교사, 목회자와 심령의 의사, 교리 교육가와 상담가, 훈련가와 조련가 등 모든 것을 다 갖춘 사람들이었다. 의심할 여지가 없고 또 너무도 옳았던 청교도들의 교회 생활에 관한 이상과 목표, 다분히 도전적이고 엄하게 높았던 목회자관에서 현대 그리스도인들이 마음에 새겨 둘 만하고, 아니 새겨 두어야만 할 또 다른 많은 교훈을 찾을 수 있다.

이상의 것들은 청교도들이 오늘을 사는 우리에게 줄 수 있는 도움 가운데서도 금방 눈에 들어오는 것 몇 가지이다.

3

결론적으로 나는 라이큰 교수의 책이 지금까지 본인이 소개한 어떠한 책보다도 청교도들의 관점을 썩 잘 보여 주는 책이라고 추천하고자 한다. 그는 최근에 이루어진 청교도 연구서들을 폭 넓게 접했기 때문에, 어떻게 논의를 풀어가야 할지 잘 알고 있다. 그는 대부분의 현대 학자들과 마찬가지로, 독창적인 태도로서 청교도주의는 루터와 동시대인으로서 "청교도"라는 말이 만들어지기 한 세대 전 사람이었던 윌리엄 틴데일(William Tyndale)에서 시작하여, "청교도"라는 용어를 일반적으로 쓰게 된 후로부터 수십 년 후인 17세기 말엽으로 이어진다고 본다. 그는 틴데일의 개혁적인 성경 제일주의(biblicism), 존 브래드포드(John Bradford)에게서 거침없이 드러난 외형이 아닌 심령의 경건, 다른 여러 사람들 중에서도 존 후퍼(John Hooper), 에드워드 데링(Edward Dering), 그리고 리처드 그린햄(Richard Greenham)이 모범을 보인 실력 있는 목사상, 토머스 카트라이트 (Thomas Cartwright)가 역설한 바 예배와 목회 행정에 관한 "규범적 원리"로서 성경을 보는 시각, 리처드 백스터가 쓴 기념비적 저서 기독교 예시서(*Christian Directory*)에서 절정에 오른 포괄적인 윤리적 관심, 윌리엄 퍼킨즈(William Perkins)와 그의 강력한 영향을 받은 후계자들에게서 명백하게 드러나는 깊이를 잃지 않는 대중화, 실제화에 대한 관심이 청교도를 형성했음을 알고 있다.

라이큰 박사는 청교도주의는 교회 개혁, 목회 갱신, 그리고 영적 부흥 운동일 뿐 아니라 세계관, 체계를 갖춘 기독교 철학, 지성사적으로 말하자면 개신교화하고 수정 보완된 중세주의, 그리고 영성을 기준으로 말하자면 수도원 밖에서 일어난, 수도사의 맹세만 없는 일종의 금욕주의임을 역시 알고 있다. 청교도의 시각과 삶의 방식을 소개하는 그의 논의는 머리에 쏙쏙 잘 들어오기도 하지만 정확하기도 하다. 이 책은 청교도들을 새로운 존경의 눈길로 바라보게 하고, 과연 그들이 지녔던 성경적이고 영적인 통찰력이 얼마나 심오했던가를 발견하기 위해 우리에게 남은 수많은 신학적이고 경건한 문헌들을 탐구하고자 하는 관심을 새롭게 불러일으키고야 말 것이다. 이 책이 그런 효과를 일으킨다면, 지금까지 접해 온 다른 어떤 신학보다 청교도들의 글에 더 많이 신세를 지고 있는 나 같은 사람들은 더 없이 기쁠 것이다.

—팩커(J. I. Packer)

서 문

이 책은 청교도들이 품었던 이상에 관한 개관이다. 이 책은 넓게는 현실적인 그리스도인의 생활이라는 범주에 속하는 광범위한 주제들에 관해 청교도들이 어떤 태도를 취했는가를 탐구하는 책이다. 나는 이 책을 세 가지 목적을 가지고 집필했다.

1. 청교도들의 진면목에 관한 거의 보편적인 오해를 불식하고,
2. 청교도들이 특정 주제에 관해 생각하고 말한 내용 가운데 백미(白眉)라고 할 수 있는 것들을 일목요연하게 골라내며,
3. 현대를 위해 청교도들의 지혜를 복원하는 것이다.

복음주의적인 개신교도들은 그들이 서 있는 전통에서 무엇이 강점인가를 전혀 캄캄하게 모르고 있는 수가 많다. 바라기는 이 책이 그런 상황을 조금이라도 타개할 수 있었으면 한다.

나는 대부분의 자료를 청교도들의 저술에서 가져 왔다. 이렇게 하는 것이 내가 받은 학문적인 훈련의 결과이기도 하고, 오늘날에도 여전히 적합한 청교도들의 이상에 초점을 맞추고자 하는 내 목적에도 가장 잘 부합하는 방법인 듯 싶었기 때문이다.

나는 될 수 있으면 더 넓은 시야를 확보하고자 "망원 렌즈"를 써서 청교도를 바라보았다. 그리고 16, 17세기 영국과 미국의 청교도에게 초점을 맞췄다. 이렇게 넓은 시야를 확보하려다 보니 역사적 발전이라는 미묘한 문제, 청교도들에 관한 구체적인 인용문에서 엿볼 수 있는 정황, 그리고 일반적인 법칙에서 벗어나는 예외는 무시할 수밖에 없었다. 이런 불비(不備)를 보상하기 위해서 청교도 운동이 지닌 풍성한 다양성을 놓치지 않고 붙잡았다. 나는 당대의 옹호자는 물론 이렇게 많은 후대의 옹호자를 거느린 어떤 운동도 보지 못했다. 한편 청교도 운동을 조명하는 데 동원된 나의 시각은 주류 청교도들을 바라본 데서 얻은 표본적인 것이지, 한 사람의 청교도가 지녔던 부정형적(不定型的)인 신념을 바라본 데서 나온 것이 아님을 독자들에게 분명히 해두고 싶다.

왜 이 책에서는 숱한 인용들이 나오는가? 청교도의 진면목을 말한다고 떠들어 댄 책들, 그러나 그 주장의 문헌적 근거조차 밝히지 않는 책들을 믿을 수 없기 때문이다. 나는 할 수 있는 한 청교도들이 그들 스스로를 변호하고, 독자 스스로가 결론을 도출하게 하려고 노력했다. 결과적으로 이 책은 큰 선택의 폭을 가지고 청교도들에 관한 문헌들을 인용하고, 역사학도들을 유도하여 청교도 운동에 적절하고 폭 넓은 논평을 가하게 하는 두 가지 의도를 축으로 삼고 있다.

내가 청교도를 하나의 "운동"으로 말할 때 이 용어를 느슨하게 쓰고 있음을 인정하지 않을 수 없다. 청교도라는 종교의 구조적, 혹은 제도적 조직 체계는 때로 매우 희미했다. 그러므로 청교도 "운동"이라 할 때에는 청교도들을 하나로 묶는 종교, 정신 또는 태도로서의 청교도를 뜻한다.

즐거운 책 읽기를 위해서, 처음 이 책을 읽을 때에는 주(註) 따위에는 신경 쓰지 말라고 권하고 싶다. 그리고 청교도들의 글을 인용할 때 현대 독자들이 쉽게 이해할 수 있게 하려고 맞춤법, 철자를 현대

식으로 고쳤다. 청교도들에 대한 이런저런 견해들의 성격을 규명할 때, 그것들이 배타적으로 청교도들에게서만 발견된다는 식의 의미를 풍기지 않으려고 했다. 청교도라고 해서 특정 연령층이 일반적으로 갖는 경향성을 갖지 말라는 법이 없기 때문이다. 아무튼 요소 요소에서 내 주요 관심사는 당시의 기록이 청교도들의 실제 신앙을 무엇이라고 말하는가 솔직하게 귀기울이고, 부분적으로는 그들에 대한 우리 시대의 오해를 시정하려고 노력하는 것이었다. 청교도들이 그들의 습속(習俗)을 비판하는 가장 계몽된 견해를 외면했다는 말이 심심치 않게 나오는데, 나는 그들이 늘 그런 견해를 받아들였고, 또 스스로 책임진 적이 많았음을 밝히려고 노력했다.

청교도들의 견해와 우리의 상황 사이에 어떤 "상관 관계"가 있는가 파헤치지는 못했지만, 이 책에는 우리를 둘러싼 중대한 현안과 관련하여 청교도들이 여전히 현대 그리스도인들에게 향도(嚮導)가 된다는 전제가 깔려 있다. 이 책을 쓰는 목적 중의 하나는 이 세상에서 그리스도인답게 산다는 말이 무슨 의미인가를 볼 수 있도록 청교도들로부터 렌즈를 빌리는 것이다. 내가 청교도들의 견해에 얼마나 공감하는가를 분명히 보기건 어렵지 않다. 별도의 장에서 지저했지만, 청교도들의 실수조차 무엇을 피해야 할까를 보여 주는 자료이므로 긍정적인 교훈적 가치를 갖는다.

24 청교도 – 이 세상의 성자들

　플리머스 집단 농장(Plymouth Plantation)의 생활을 엿보게 하는 이 재구성화는 청교도들이 지녔던 몇 가지 두드러진 특성을 드러낸다. 그것은 새출발을 촉구하고, 역경을 만나더라도 용기를 잃지 말 것과, 소박한 물질 생활을 하자는 내용이다. 플리머스 집단 농장의 호의를 입어 실음

제 1 장

초기 청교도의 진면목

나는 한치도 빈틈이 없으신 하나님을 섬긴다
―리처드 로저스(Richard Rogers)

"청교도 사상은 누군가, 어디에서 행복할 수 있다는 쉬 가시지 않는 두려움이다." 한 현대 청교도 연구가는 이렇게 말했다.[1] 그러나 최초의 청교도로 손꼽히는 윌리엄 틴데일의 동시대인 한 사람은 정반대의 평가를 내놓았다. 가톨릭의 거물 토머스 모어(Thomas More)는 틴데일의 개신교가 지나치게 제멋대로라고 보았다. 그는 그 추종자들을 "사순절 금식(fast)을 좋아하지 않고" 오히려 "날래게(fast) 먹고 날래게 마시며 질탕하게 노는 데 날랜" 사람들이라고 묘사했다.[2]

---
[1] H. L. Mencken, Perry, p. 239에서 인용.
[2] C. S. Lewis, "Donne and Love Poetry in the Seventeenth Century", in *Seventeenth Century Studies Presented to Sir Herbert Grierson* (Oxford : Oxford University Press, 1938), p. 74에서 인용. 모어가 살던 시기에는 청교도라는 말이 사용되지 않았음에도 불구하고, 역사학자들은 틴데일이 청교도라는 말이 나오게 한 효시

모어에 따르면 그들의 신학은 그리스도인의 삶을 너무나 안이하게 만들었다는 점에서 오류 투성이었다. 직접 그의 말을 들어 보자. "나로선 틴데일 선생의 말처럼 죄와 고통, 그리고 그 밖의 모든 것이 그렇게 훌쩍 사라진다면 정말 좋겠다. 그러나 맹세컨대 그는 우리를 기만했다."[3]

현재 우리가 알고 있는 청교도는 "인간 영혼에 피해를 입히고 억압과 우울을 선사할 뿐더러, 밝은 햇살과 행복을 빼앗아 가버린다."[4] 그러나 청교도들이 입고 즐겼던 "리본과 자수, 비싼 옷", "운동 경기와 축제"[5]를 경멸했던 청교도 시대의 퀘이커교도 조지 폭스(George Fox)에게 이런 비난은 전혀 뜻밖일 것이다.

루이스(C. S. Lewis), 크리스토퍼 힐(Christopher Hill), 디킨즈(A. G. Dickens)와 같은 대가들이 다음과 같이 말했을 때는, 청교도와 관련하여 우리가 심각하게 왜곡된 교육을 받았을지도 모를 가능성에 신경을 곤두세워야 한다는 뜻이다.

> 우리는 청교도들을 오늘날 그 이름을 자처하고 있는 사람들과는 정반대로 떠올려야 한다.[6]

소위 "청교도" 가운데 소수만이 19세기적인 의미에서, 즉 성(性)에 집착하고 오락을 반대한다는 면에서 "청교도적"이다. 그러나 이런 유의 "청교도"는 주로 후기 왕정 복고

라고 흔히 생각한다. 클렙쉬(A. Clebsch)는 *England's Earliest Protestants, 1520-1535*(New Haven : Yale University Press, 1964)에서 이렇게 쓴다. "틴데일은 신학적, 종교적, 그리고 도덕적 체계"로서의 영국의 청교도 사상을 수립한 인물이다. 이 체계는 성경을 모든 사람에게 적용되는 하나님의 법칙으로 간주한다(p. 317).

[3] Lewis, "Donne and Love Poetry," p. 75.
[4] Langdon Mitchell, as quoted in Perry, p. 240.
[5] *Journal*(London : J. M. Dent and Sons, 1924), p. 151.
[6] C. S. Lewis *Studies in Medieval and Renaissance Literature*(Cambridge : Cambridge University Press, 1966), p. 121.

(post-Restoration) 시대의 산물일 뿐이다.[7]

청교도에 관해 생각할 때 빅토리아 시대의 종교적인 위선을 가리켜 부르던 말인 "청교도"라는 비어(卑語)를 씻어 버리는 데서 출발해야 한다. 이 말은 17세기 청교도들에게는 도무지 어울리지 않는다.[8]

서론을 갈음하는 아래 글들에서, 나는 다양한 형식을 빌려 청교도적 "지성", "기질", 또는 "정신"의 골간을 제시하려고 시도했다. 이렇게 간략하게 살피려는 목적은 전경(全景)을 보여 주고 이어질 다른 장들에서 세부적인 내용을 설명하기 위함이다. 책의 처음을 여는 이 장은 나의 "가설"이고, 나머지 장들은 문헌적 근거 제시인 셈이다.

사람들이 알고 있는 청교도

20세기 들어 청교도만큼이나 험구의 대상이 된 집단은 없을 줄로 안다. 그 결과 우리는 문화적으로 단단히 굳은 여러 편견의 짐을 진 채 청교도에 접근한다. 따라서 이 주제에 들어가는 이 자리를 빌려서 사실이든 거짓이든간에 청교도들에게 쏟아지는 그 흔한 비난들을 간략하게 살펴볼 것을 제안한다.

청교도는 성을 기피했다. 말도 안 되는 억측이다. 한 청교도 지도자는 성관계가 "결혼에서 빼놓을 수 없는 가장 합당하고 본질적인 행위"이므로, 부부가 "선의와 기쁨으로, 자발적이며 기꺼이, 그리고 즐겁

---

[7] Christopher Hill, *The Intellectual Origins of the English Revolution* (Oxford : Oxford University Press, 1965), p. 293.

[8] A. G. Dickens, "The Ambivalent English Reformation," in *Background to the English Renaissance,* ed. J. B. Trapp(London : Gray-Mills, 1974), p. 47.

게" 몰입해야 할 무엇이라고 밝혔다.[9] 다른 지도자 한 사람은 부부간의 의무를 열거하면서 "육체를, 혹은 부부의 침실을 올바르고 합법적으로 쓰는 일이 실로 결혼의 큰 의무되는 일"로 앞세우고 있다.[10]

청교도는 웃는 법이 없었고 일체의 오락을 금했다. 제한적으로만 맞는 말이다. 청교도들은 진지한 사람들이었지만, 이런 말을 남긴 사람들이기도 하다. "하나님께서는 우리에게 비애가 되기보다는 기쁨이 되시는 분이다."[11] "훌륭하다는 사람의 경건과 양립할 수 있는……미소와 호탕한 웃음도……있다."[12] 그리스도인들은 "쾌활하게 일하고, 쾌활하게 먹을 수 있다."[13] "의(義)가 거하는 곳에 기쁨이 있다."[14] 토머스 게이테커(Thomas Gataker)는 "하나님의 왕국에는 고작 한숨과 울부짖음, 금식과 기도밖에 없다"고 믿게 하는 것은 사탄의 목적이나, 정작 "그분의 집에는 결혼식의 왁자지껄한 유쾌……축제와 즐거움이 넘친다"고 썼다.[15] 윌리엄 틴데일은 그리스도교가 말하는 복음을 "좋고 유쾌하며, 반갑고 즐거운 소식, 곧 사람의 마음을 명랑하게 하고 노래 부르게 하며, 춤추고 기뻐 뛰놀게 만드는 소식"이라고 묘사했다.[16]

---

[9] William Gouge, of Domestical Duties[Frye, p. 155, Schücking, p. 38]
[10] William Perkins, Christian Economy[Breward, p. 424].
[11] Richard Baxter, The Saints' Everlasting Rest, p. 182.
[12] Richard Bernard, The Isle of Man[Haller, Rise of Puritanism, p. 139].
[13] Richard Rogers, Seven Treatises[Irvonwy Morgan, p. 143].
[14] Richard Sibbes, Bowels Opened[George, p. 114].
[15] A Wife in Deed[Lerner, p. 112].
[16] The Work of William Tyndale[Derek Wilson, p. 48]. 냅펜(M. M. Knappen)은 Tudor Puritanism에서 이렇게 쓴다. "청교도적 금욕주의의 계율이 나타나는 곳에서……그것들은 본질적이고 핵심적이라기보다는 부차적이다. 그것들은 덤불에 덮힌 땅을 깨끗하게 하려는 의도로 주어졌다……행복 그 자체가 불에 타 없어진 것은 아니다. 단지 더 크고 좋은 것을 소유하는 일에 방해가 된다면 다른 것들이 열등해 보일 수 있다는 뜻일 뿐이다. 좋은 것은 가장 좋은 것의 적이라는 속담도 있지 않은가"(p. 428).

청교도들은 칙칙하고 유행에 뒤떨어진 옷을 입었다. 사실이 아니다. 청교도들은 신분과 시대에 따라 적절한 옷을 입었다. 검정색이 품격 있고 공식적이라는 언외적인 인상을 주었기 때문에(오늘날에도 마찬가지이지만), 검은 옷이 주일과 특별한 경우를 당했을 때 입는 가장 표준적인 옷으로 자리잡은 것은 맞는 말이다. 그러나 평상복은 매우 화려했다. 미국 청교도인 윌리엄 브루스터(William Brewster)는 하늘색 코트, 자색 코트, 그리고 초록색 반코트를 입고 다녔다.[17] 앤서니 우드(Anthony Wood)는 존 오웬(John Owen)이 옥스포드 대학교의 부총장이었을 때의 모습을 이렇게 말한다. "머리에는 분을 바르고 크고 값비싼 아마포 멜빵을 찼다. 벨벳 상의에 무릎 부분을 둥글게 리본으로 매듭 진 반바지를 입었고, 목부분을 고급 삼베로 덧댄 스페인제 가죽 장화를 신고 다녔다."[18] 제일 흔한 의복 색깔로는 팥죽색 또는 흐리고 진한 오렌지 빛 갈색을 손꼽을 수 있으나, 지금까지 남아 있는 직물 창고에서는 빨강, 파랑, 초록, 노랑, 자주색 등등이 발견된다.[19]

청교도들은 운동 경기와 여흥을 반대했다. 거의 사실이 아니다. 청교도들이 사냥, 낚시, 일종의 축구, 볼링, 독서, 음악 연주와 감상, 수영, 스케이팅, 그리고 궁술(弓術)과 같이 다양한 활동을 즐겼다는 책 한 권 분량의 연구 보고서가 나왔다.[20] 한 청교도 목사는 여흥에 관해 말하면서, 그리스도인들은 "그것을 자유로 알고 즐기되 그것을 허락하셔서 재충전시켜 주시는 하나님께 감사하는 마음으로 즐겨야 한다"고 소신을 밝힌다.[21] 청교도들이 주일에 모든 여흥을 하지 못하도록 금

---

[17] Scholes, p. 105.
[18] Scholes, p. 105에서 인용.
[19] Demos, pp. 53-54. Louis B. Wright, *Life in Colonial America*, p. 162 의 묘사 참조.
[20] Hans-Peter Wagner, *Puritan Attitudes Towards Recreation in Early Seventeenth-Century New England*(Frankfurt : Verlag Peter Lang, 1982).
[21] Richard Sibbes, *Works*[Foster, p. 106].

하고, 어떤 때이든 뽑기, 도박, 곰 놀리기, 경마, 선술집 안이나 근처에서 행하는 볼링을 금한 것은 사실이다. 그러나 여흥에 반대해서가 아니라, 그런 놀이들이 본래 해롭고 비도덕적이기 때문이었다.

청교도들은 부자가 되기 위해서라면 어떤 짓도 서슴지 않는 돈에 눈먼 일 노예였다. 전반적으로 사실이 아니다. 청교도들은 부요함이 가져다 줄지도 모르는 위험에 너무 민감한 사람들이었다. 사실 그들은 사업을 논하면서 이 주제를 빠뜨리는 법이 거의 없던 사람들이었다. 몬태그 경(Lord Montagu)은 아들에게 이렇게 말한다. "부자가 되려고 너무 안달하지 말아라……탐욕스러운 자는 자기 영혼에 번민의 짐을 지우는 자이다."[22] 리처드 백스터는 이렇게 말했다. "부요함이 지복(至福) 중 하나가 아님을 기억하라. 부는 부패하기 쉬운 육체를 유혹하기 위한 갖가지 현혹에 지나지 않는다."[23] "부귀 공명을 누리는 죄인이 되느니 차라리 비참한 성자가 되련다."[24] 이 말은 토머스 아담스(Thomas Adams)가 남긴 말이다. 적극적으로 말하자면, 청교도들은 노동이 도덕적으로 미덕이고 게으름은 악이며, 절제를 도모하고 빚을 피하기 위한 검약(儉約)과 신중한 소비 억제는 좋은 일이라고 믿었다.

청교도들은 예술을 좋게 보지 않았다. 부분적으로는 맞는 이야기이지만, 대부분의 현대인들이 생각하는 정도는 아니다. 이런 오해는 청교도들이 교회에서 음악과 미술을 금지한 데서 나왔다. 그러나 이 조처는 가톨릭 예배와 의전에 대한 반대였지, 음악과 미술 그 자체에 대한 거부는 아니었다.[25] 교회에서 음악과 미술을 금지한 청교도들은, 그러나 가정에서는 개인적인 목적에 그것들을 선용했다.[26] 존 코튼(John

---

[22] Stone, *Crisis*, p. 331에서 인용
[23] *A Christian Directory*, p. 50.
[24] *God's Bounty*[McNeill, p. 41].
[25] 이 주제를 아주 자세히 설명해 주는 좋은 자료로서는 Percy A. Scholes, *The Puritans and Music in England and New England*가 있다.

Cotton)은 교회에서 악기 사용 금지를 규정하는 한 협약문에서 "개인적으로 악기를 가까이 하는 일까지 시비삼지 않는다"[27]라고 덧붙였다. 올리버 크롬웰(Oliver Cromwell)은 옥스포드 채플(Oxford chapel)에 있던 오르간을 햄프턴 코트에 자리 잡은 그의 저택으로 옮긴 후 개인적으로 오르간 주자를 고용했다. 그의 한 딸이 결혼할 때에는 무용수들을 동반한 48인의 관현악단이 연주를 맡게 할 정도였다.[28] 존 번연은 감옥에 갇혔을 때 은밀히 의자 다리로 플루트를 하나 만들었다.[29]

청교도들은 지나치게 감정적이고 이성을 도외시했다. 말도 안 된다. 그들은 지성과 심성의 균형을 추구했다. "사람은 이성적인 피조물이기 때문에 추론을 통해 감동받기 쉽다."[30] 리처드 백스터의 말이다. 사무엘 러더포드(Samuel Rutherford)는 "신자는 이 세상에서 가장 합리적인 사람이다. 믿음으로 만사를 행하는 이가 건전한 이성의 빛으로 만사를 행하는 이다"[31]라고 말하기를 주저하지 않았다.

청교도는 70세가 넘어선 늘그막 인생들에게나 먹혀 들어갔던 구식 종교 운동이었다. 전적으로 틀리다. 청교도는 젊고 격정적인 운동이었다. 루이스는 초기 청교도들을 가리켜 "젊고 격렬하며, 진취적이고 지성적이며, 시류에 민감하고 신식풍의"[32] 사람들이었다고 말한다. 청교도들은 물리적인 나이야 어땠든간에 "젊게 생각하던" 사람들이었다. 엘리자

---

[26] Ibid., p. 6.
[27] Ibid., p. 5.
[28] Ibid.
[29] Ibid. 청교도 시대의 음악은 공적이고 제도화한 문화에서 민간적이고 자발적인 행위로 바뀌었다(Watson, p. 532).
[30] *The Saints' Everlasting Rest*[Kaufmann, p. 250].
[31] *A Sermon Preached to the Honorable House of Commons*……[Rogers, p. 247].
[32] *Studies in Medieval and Renaissance Literature*, p. 121.

베스 시대의 청교도들은 영국 국교회의 적들에 비해 젊다는 공통적인 특징을 가지고 있었다. 그래서 대주교 휘트기프트(Whitgift)는 1583년에 일단의 청교도 목사들을 향해 이렇게 경멸조로 말했다. "자네들은 말이야……우리에게 비하면 애들일세. 자네들이……태어나기도 전에 우린 신학을 공부하고 있었네."[33] 어떤 국교회 주교는 청교도들이 "여러 명 젊은 목사들에게 직임을 부여하는" 모습을 보고 어지간히 놀랐다고 한다.[34] 한편 성 앨번즈(St. Albans)라는 곳에서는 "젊은 남녀들"이 청교도 윌리엄 다이크(William Dyke)가 설교하던 이웃 교구에 "원족"(遠足)다녔다.[35] 청교도를 반대하는 어떤 아버지가 아들을 "청교도라면 이를 가는" 사람으로 만들려고 청교도의 손에 맡겼지만, 아들은 청교도가 되고 말았다.[36]

청교도들은 인간의 몸과 물질 세계에 혐오감을 가지고 있었다. 극소수 이상(異常) 심리자 청교도들을 제외하고는 사실이 아니다. 인크리스 매더(Increase Mather)는 일기에 이렇게 썼다. "예수 그리스도는 우리의 영혼뿐 아니라 몸에 영원한 영광을 입히려 하신다. 그러므로 육체의 건강과 같이 작은 문제라고 해서 외면하실 리 없다."[37] 윌리엄 에임즈(William Ames)는 "로마서 12 : 1의 말씀처럼 우리 몸은 하나님께

---

[33] Pearson, p. 242에서 인용.
[34] 스캠블러(Scambler) 주교가 버글리(Burghley)에게[Babbage, p. 11]. 또 다른 영국 성공회 관리는 어떤 편지에서 "우리 가운데서 어리석고 건방지기가 이루 말할 수 없는 수다장이들이……우후 죽순격으로 출현해서……우리의 교회 정치를 뿌리째 뒤흔들려고 하고 있다"는 불평을 늘어 놓았다(*Zurich Letters*[Derek Wilson, p. 135]).
[35] Collinson, pp. 373-374.
[36] Gooch, p. 44. 구취는 그 사건을 "전형적"이라 부른다. 한 대륙의 개혁자는 1554년에 이렇게 썼다. "지난 수주간 많은 영국 젊은이들이 우리를 찾아왔다. 어떤 이는 옥스퍼드에서, 또 어떤 이들은 캠브리지에서 찾아왔는데, 경건한 상인들 역시 그 배움의 대열에 끼어 있었다."(J. Strype, *Ecclesiastical Memorials*[Derek Wilson, p. 121]).
[37] *Autobiography*[Wagner, p. 46].

드려져야 한다. 그러면 그분은 우리 육체 가운데서 영광을 받으신 다"³⁸고 선포했다. 청교도들은 물질 세계에 관해서 이런 말들을 남겼다. "장미꽃 잎사귀에 매달린 감로(甘露)처럼……자연에는 은혜가 감추어져 있다."³⁹ "하나님께서는 우리에게 오감을 주셔서 그것이 주는 즐거움을 맛보게 하셨다."⁴⁰ "이 세계와 여기 속한 모든 것들은 선하다. 하나님께서 자기 피조물인 인간의 유익을 위해 그것들을 지으셨다."⁴¹

청교도들은 반대파를 용인하지 못했다. 현대적인 기준에서 보자면 맞는 말이지만, 당대의 표준으로는 그렇지 않다. 16, 17세기에 태동한 어떤 집단도 종교적, 정치적 용인의 대상이 아니었다. 오직 하나의 공교회와 정부가 있을 뿐이고, 비국교도는 처형당하던 형국이었다.

영국의 다른 종교 집단들과 비교해 볼 때, 청교도적 인내는 가히 높이 살 만하다. 영국에서 종교 용인의 발달을 추적한 책으로 표준적 자료라 할 만한 책의 저자 조르단(W. K. Jordan)은 청교도들이 "비일치의 자유", "종교적 자유", 그리고 "양심권"⁴²의 신장(伸張)에 기여했음을 공인한다. 크롬웰도 국교도들과 가톨릭 교도들이 가정에서 예배(그러나 청교도들은 거의 이런 배려를 받지 못했었다)를 드릴 수 있도록 허락할 의향을 가지고 있었고, 유대인들이 영국으로 귀환해서 런던에 회당을 열고 묘소를 조성하도록 허가했다.⁴³ 청교도들은 가톨

---

³⁸ *The Marrow of Theology*, p. 236.
³⁹ Samuel Clarke, *The Saint's Nosegay*[McGee, p. 47].
⁴⁰ Baxter, *The Saints' Everlasting, Rest*, p. 142.
⁴¹ Richard Sibbes, *The Saints' Cordials*[Stannard, p. 26].
⁴² 조단의 책에는 *The Development of Religious Toleration in England*라는 제목이 붙어 있었다. 1권에는 *From the Beginning of the English Reformation to the Death of Queen Elizabeth*라는 부제목이 붙어 있고, 2권에는 *From the Accession James I to the Convention of the Long Parliament*(1603-1640)이라는 부제목이 붙어 있었다. 필자는 1권 pp. 32, 260-261 에서 재인용함.
⁴³ Ashley, pp. 144-145.

릭을 반대했지만, 많은 가톨릭 신자들이 진실한 신자임을 대체로 부인하지 않았다.[44] 사무엘 페어클라우프(Samuel Fairclough)의 진술에서도 엿볼 수 있듯이 적어도 어느 한때 청교도는 당파 의식을 초월했다. 그의 말을 들어 보자. "어떤 사람이 거룩하게 살고 겸손히 하나님과 동행하면, 그가 영국 교회를 따르는 순응주의자라 해도 그를 사랑하고 아낄 것이고, 그가 교만하고 변덕스러우며 속된 사람이라면, 비록 비국교도라 하더라도 호감을 갖지 않을 것이다."[45]

청교도들은 지나치게 경직된 사람들이었다. 경우에 따라서는 맞다. 사무엘 워드(Samuel Ward)가 대학 시절 적은 일기에는 자기의 실수, 아래와 같은 사소한 허물에 대해서도 자책한 기록들이 지면을 메우고 있다 : "기도 안 하고 잠자리에 든 일", "잠들기 직전 하나님에 대해 생각하지 않은 일", "자발적으로 기도하지 않은 일", "그 전 토요일 밤 주일 준비를 합당히 하지 않은 일", "과식", "밤 9시 홀에서 주책없이 웃은 일", "조급함", "주일에 마땅히 안식일에 대해 해야 할 이야기보다 다른 문제에 대해 더 많이 떠든 일" 등등.[46] 영국 청교도 설교가 리처드 로저스가 에섹스 주 웨설스필드(Wethersfield)에서 강론하고 있을 때 어떤 사람이 그에게 말했다. "로저스 선생님, 저는 선생님과 선생님 주변에 몰려드는 사람들을 아주 좋아합니다. 그런데 선생님은 너무 빈틈이 없으십니다." 그러자 로저스는 이렇게 대답했다. "아 그러십니까, 전 한치도 빈틈이 없으신 하나님을 섬깁니다."[47]

---

[44] 윌리엄 퍼킨즈는 이렇게 썼다. "하나님께서는 로마 교황 가운데서도 어느 정도는 진정 그분을 섬긴 남은 자(remnant)를 두셨다"(*Works*[George, p. 380]). 토머스 애덤즈는 이렇게 말한다. "나는 우리 선조들 가운데 다수는, 비록 그들이 맹목에 가까운 신앙을 가지고 있었지만 하늘 나라에 갔다고 믿는다." (*Works* [George, p. 370]).

[45] *Eminent Persons*, ed. Clarke[Porter, *Reformation and Reaction*, p. 229]에서 인용.

[46] *The Diary of Samuel Ward*, in *Two Elizabethan Puritan Diaries*, ed. Knappen.

청교도들을 가리켜 부르던 명칭 가운데 첫 손가락에 꼽히는 것은 "빈틈 없이 쫀쫀한 사람들"이었다. 사람은 누구나 자기가 가장 소중하게 생각하는 것에 대해서는 빈틈을 보이지 않는다. 운동 선수는 훈련에, 음악가는 연습에, 그리고 사업가는 돈에 대해 빈틈을 보이지 않는다. 청교도들은 그들이 행하는 도덕적이고 영적인 활동에 대해 결코 물렁한 사람들이 아니었다.

청교도들은 종교의 이름 아래 정상적인 인간의 감정을 억누르던 사람들이었다. 그렇지 않다. 청교도들은 따뜻하고 인간적인 정서를 지녔던 사람들이다. 그들은 좋은 "감정", 즉 정서를 함양하는 일에 관해 누차 말한다. 미국 청교도인 사무엘 윌라드(Samuel Willard)는 이렇게 썼다.

> 금욕주의는……감정을 메마르게 하고, 그것의 자연스러운 활동을 말살해버릴 위험이 있다. 이 주의에 따르면 마치 감정은 인간에게 짓눌러버려야 할 것 외에는 아무것도 주지 않은 양 보인다……그러나 하나님의 말씀과 기독교의 도리는 우리 안에 있는 모든 능력, 그 중에서도 감정을 파괴하지 말고 고양하며, 그것을 우리 안에 두신 하나님의 영광을 위해 쓰라고 가르친다.[48]

존 번연은 그의 감옥 생활에 대해 이렇게 적었다. "아내와 가엾은 자식들을 두고 여기 이렇게 오도카니 갇혀 있자니, 마치 뼈를 깎고 살을 도려내는 듯한 심정이다."[49]

청교도들은 외적인 행동으로만 사람을 평가하는 율법적인 도덕론자들이었다. 초기 청교도들에게는 썩 맞지 않는 말이다. "도덕적"이라는 말은 청

---

[47] Seaver, p. 37에서 인용.
[48] *The Mourner's Cordial Against Excessive Sorrow*[Lowrie, p. 225].
[49] Schlatter, p. 16에서 인용.

교도들에게 부정적인 용어였다. 왜냐하면 이 말이 믿음을 배제한 행위를 떠올리게 하기 때문이다.[50] 윌리엄 아담스(William Adams)는 이렇게 썼다. "눈에 보이는 것은 보이지 않는 것에 비하면 아무것도 아니다."[51] 토머스 왓슨(Thomas Watson) 또한 이렇게 말했다. "예의 범절에 바르다고 정결한 사람은 아니다. 정의, 신중, 우직함과 같은 도덕적인 미덕의 옷을 주워 입은 사람이라도 지옥에 갈 수 있다. 마음이 청결해야 한다면, 겉으로 드러난 고결함에 그리 혹하지 말아야 한다."[52] 사무엘 윌라드는 이렇게 썼다. "도덕으로 만든 율법의 옷을 입는 일보다······바른 그리스도교 이해에 치명적인 위협을 가하는 것을 알지 못한다."[53] 한마디로 잘라 말해서 외모에 대한 불신은 청교도들에게서 빼놓을 수 없는 특질이었다.

청교도들은 자기를 혐오했다. 어느 정도는 맞는 말이다. 코튼 매더(Cotton Mather)의 일기에서는 이런 유의 글이 눈에 띈다.

> 그리스도인은 항상 자기를 낮춰 생각해야 한다. 그리고 자기를 비하하고 혐오하는 사고를 해나가야 한다. 그리스도인은 부단히 자기를 미워함으로써, 또 그를 둘러싼 역겨운

---

[50] Hayward, p. 347.
[51] *Sermons on Fast Days, 1678-1684*[Miller, *Nature's Nation*, p. 29]. 윌리엄 스트라우턴은 이렇게 비판했다. "이미 죽어서 숨 쉬지 못하고 목이 부러진 그리스도인들도 있다. 그들은 외식적이고 빈 수레와 같은 신앙을 보고 배운 자들이다" (*New-England's True Interest* [Miller, *Nature's Nation*, p. 26)).
[52] *The Beatitudes*(Edinburgh : Banner of Turth Trust, 1977), p. 172. 왓슨은 이런 말을 첨가한다. "예의 범절은 사람을 세련되게 만들 수 있다. 그러나 은혜는 사람을 변화시킨다······예의 범절은 시체 위에 잠깐 피는 꽃에 불과하다. 물론 사람을 도덕으로 강인하게 무장시키는 일은 가능할지도 모른다. 그러나 기껏해야 길들인 악한(惡漢) 정도일 뿐이다"(p. 175).
[53] *Morality Not to Be Relied on for Life*[Lowrie, p. 230]. 인크리스 매더는 "구원하시는 은혜와 도덕이 동등한 것인 양 말하는 사람들을" 비난했다(*Some Important Truths Concerning Conversion*[Miller, *Nature's Nation*, p. 26]).

환경에 대해 민감해짐으로써 하늘 나라에 합당한 행동을 취한다.54

하지만 우리는 전체 문맥을 무시하고 이런 대목만을 슬쩍 가져 와서는 안 된다. 저자가 하나님의 거룩하심 앞에서 인간의 죄성을 깊이 통찰한 문맥에서 이렇게 약간은 과장되게 인간의 무가치함을 토로하기 때문이다. 청교도를 면밀히 연구한 사람은 그들이 조악한 자아상 때문에 고민했다는 인상을 결코 받지 않는다. 오히려 문제가 있다면, 그들이 지나치게 신념에 차 있었다는 점이다. 그러므로 우리는 아래와 같은 발언과 자기 혐오 사이에서 균형을 잘 잡을 수 있다.

> 하나님께서는 결코 자아를 적대시하지 않으셨다. 구원과 행복에 방해가 되니 자기를 부인해버리라고도 하지 않으셨다……사랑은 인간의 자아에 뿌리를 둔 것이다. 이것 없이는 율법의 의무도 요령 부득이기만 하다……다른 사람에게 자선을 베풀지만, 그런 측은지심(惻隱之心)은 자기 자신에 대해서 먼저 가져야 한다.55

청교도들은 교육을 반대한 무식한 사람들이었다. 한마디로 억측에 불과하다. 역사상 어떤 그리스도교 운동도 청교도들만큼 교육에 열을 올렸던 운동은 없다. "학식 있는"이라는 형용사는 그들이 사람에게 가장 즐겨 붙였던 긍정적인 호칭 가운데 하나였다. 어떤 현대 연구가는 청교도를 "'학식 있고 경건한 사람들', 당대의 종교적인 지성인들이 이끈 운동, 그리고 대학 사회에서 가장 강력하게 지지했던 운동"56이라고 말한다. 매사추세츠 만 식민지(Massachusetts Bay Colony)를

---

54 *Diary of Cotton Mather*[Greven, *Protestant Temperament*, p. 67].
55 Samuel Willard, *Complete Body of Divinity*[Greven, *Protestant Temperament*, p. 203]. 윌라드는 "죄된 자기애"와 "일반적인 자기애"를 구별했다.
56 Davies, *Worship and Theology*……1534-1603, p. 285.

세운 지사(志士)들은 그곳에 상륙한 지 불과 6년 후에 첫번째 대학(하버드)을 세웠다. 그 식민지는 "100명이 넘는 옥스포드와 캠브리지 졸업생들을 거느린 세계에서 유례 없이 박학다식한 사회"였다.[57]

청교도의 진면목은 진정 무엇이었는가?

청교도는 영국에서 일어난 개신교 종교 개혁의 일부였다. 언제 어떤 사건이 그 시발(始發)이라고 잘라 말할 수는 없다. 그러나 엘리자베스 여왕이 다스리던 1560년대에는 이것을 하나의 조직된 운동으로 여겼지만, 이 운동의 특성을 파고 들어가다 보면 16세기 중엽까지 그 뿌리가 거슬러 올라감을 알게 된다. 이 운동의 지성적, 영적 선조로는 성경 번역자 윌리엄 틴데일, 인기 있는 설교가요 복음 전도자였던 휴 래티머(Hugh Latimer)와 토머스 비콘(Thomas Becon)과 같은 인물들이 있다. 게다가 가톨릭 교도인 메리 여왕 치하에서 박해(1553-1558년)가 일어나자 대륙으로 도망한 개신교 망명자들 또한 분명 청교도의 뿌리로 볼 수 있다.

청교도는 구체적으로 말해서 교회 운동으로 시작되었다. 엘리자베스 여왕은 그녀의 치세 초기에 영국 교회에 "엘리자베스의 중재안"("엘리자베스의 타협안"으로도 알려진)을 내놓았다. 이 타협안은 개혁주의 혹은 칼빈주의적인 교리, 예배 의식서와 (청교도의 입장에서 볼 때에는) 가톨릭적인 예배 형식의 존속, 그리고 감독 교회적인 정치 형태를 뭉뚱그려 놓은 것이었다.

청교도들은 이런 식으로 개혁이 희석되는 사태를 참지 못했다. 그들이 보기에 영국 교회는 "반밖에는 개혁되지 않은" 상태였다. 그들

---

[57] Baltzell, p. 247. 막스 베버는 이 평가에 동감을 나타낸다. "청교도 운동의 위대한 인물들은 철저하게 르네상스 문화에 젖어 있었다……뉴잉글랜드의 첫 세대만큼이나 대학 졸업자들이 많던 나라도 아마 없을 것이다"(*The Prostestant Ethic and the Rise of Capitalism*, p. 168).

런던 번힐 필드(Bunhill Fields)에 자리 잡은 존 번연의 묘소. 존 오웬을 포함하여 여러 유명한 청교도들이 이 비국교도 묘소에 잠들어 있다. 청교도는 영국내에서 일어난 대단히 중요한 국외자(局外者) 운동이다. 이 운동은 영국 사회를 지배했다기보다는 영향을 끼치는 정도에 머물 수밖에 없었다.

은 교회에서 가톨릭의 예식, 제의(祭儀), 그리고 위계를 일소(一掃)하기를 원했다. 이렇듯 일찍부터 국가 교회와 벌인 투쟁이 개인적이고 국가적인 영역으로까지 재빨리 확산되었다. 이렇게 볼 때 부분적으로는, 청교도는 영국 교회에 대한 불만에서 나온 순수하게 영국적인 현상이라 볼 수 있다. 그러나 시초부터 그것은 유럽 개신교 운동의 일부라고도 할 수 있다. 홀톤 데이비스(Horton Davies)는 "예배 예식의 개혁에서 시작해서 삶에 대한 독자적인 자세로까지 발전된 운동이 청교도 운동"[58]이라고 말했다.

이 운동이 전개되면 될수록, 청교도들은 국가 교회에 다소곳이 "순응"하여 훌륭한 일원으로 남아 있을 수가 없게 되었다. 청교도

---

[58] *Worship of the English Puritans*, p. 9.

목사들은 빈번하게 해직당했다. 나는 이 책의 집필 목적에 부합하기 위해 청교도들을 "분리주의자" 그리고 "비국교도"와 확연하게 구분하려고 시종 애썼지만, 17세기를 지나면서는 그들의 의지와는 반대로 점차 비국교도 분리주의자들이 되었음을 인정하지 않을 수 없다.[59] 청교도는 탄생한 날짜가 없듯이 소멸한 날짜도 없다. 그러나 이 책의 목적상 17세기라는 제한을 두기로 했다.

청교도 운동과 관련된 중요한 연표

이 책은 청교도의 역사를 말하려는 것이 아니다. 그러나 이 운동과 관련된 핵심적인 사건들의 윤곽을 알아 둠으로써 역사적인 얼개를 대번에 파악할 수 있다.

1526	윌리엄 틴데일이 번역한 영어 신약성경 영국에 소개하다.
1536	헨리 8세와 국회, 영국 교회와 로마 교회를 분리하다.
1547	에드워드 6세 왕위에 오르다. 영국에서 개신교 종교 개혁이 극적으로 불붙다.
1553	로마 가톨릭인 메리가 여왕에 즉위하다. 영국 청교도들 300명 순교당하다. 800명 대륙으로 망명하다. 거기서 대륙 종교 개혁자들의 교리적 진수(眞髓)를 흡수하다.
1558	엘리자베스 1세 즉위하다. 엘리자베스의 중재안을 내놓다. 청교도라는 이름으로 알려지게 될 사람들을 만족시키기에 충분한 개혁안은 아니었다.
1559	국교령이 공표되고 영국 교회의 기도집이 공예배 공식

---

[59] Davies는 *Worship and Theology……1534 – 1603*에서 이렇게 쓴다. "청교도들의 유연성과 통일성"은 그들을 국교에 "협조적인 청교도와 비협조적인 청교도", 아니 더 좋게는 "참을성이 있는 청교도와 그렇지 않은 청교도"로 세분할 때 가장 잘 보존될 수 있다(p. 44).

문서로 채택되다. 이 기도집 사용을 거부하거나 비방하는 자를 범법자로 규정하다.

1567-1568 오랫동안 영국 교회내에서 논쟁의 제목이었던 성복(聖服) 시비 절정에 이르다. 교회 예배시 설교자가 지정된 복식을 착용해야 하는지 즉각 질문이 쏟아지다. 이것은 국교회 안에서 벌어진 의식, 제의, 그리고 예배 예식에 관한 치졸한 논쟁을 짐작하게 하는 단면에 불과하다. 이 논쟁으로 말미암아 청교도들은 "반쯤밖에 개혁 안 된" 교회에 대해 더 심한 염증을 느끼다.

1569-1570 캠브리지 교수 토머스 카트라이트, 사도행전 1, 2장을 강론하면서 영국성공회에 반기를 들다(그 결과 해직당하다). 그는 이 강론에서 단순질박한 그리스도교와 장로교적 교회 정치 형태를 주장하다.

1583 존 휘트기프트(John Whitgift), 캔터베리 대주교에 임명되다. 영국 국교회식의 예배 의식에 순응할 것을 명령하다. 청교도 비국교주의자들에 대한 대중의 반대를 확산시키다.

1603 제임스 1세 즉위하다. 청교도들은 그들의 상황이 개선되리라는 희망으로 들뜨다. 1604년 그들의 소청을 제출하기 위해 햄프턴 궁 대회에서 새 왕을 알현하다. 그러나 왕은 "국외로 추방시켜버리든지, 아니면 그 이상도 불사하겠노라"고 위협하다.

1618 청교도들의 안식일 준수주의에 정면으로 위배되는 운동경기서(The Book of Sports) 출간되다(1633년 개정). 이 책은 주일 오후에도 운동 경기를 즐길 수 있다고 권장하다. 토머스 풀러(Thomas Fuller) 같은 사학자는 이 책이 영국 내전을 부른 뚜렷한 원인 가운데 하나라고 지목하다.

1620 청교도 분리주의자들 매사추세츠 플리머스에 순례자

	식민지를 세우다.
1625	청교도들에게 냉담했던 찰스 1세가 왕이 되다.
1628	윌리엄 로드(William Laud)가 런던 주교가 되다(이어 1633년에는 캔터베리 대주교가 되다). 비국교주의자들을 영국 국교회 밖으로 쫓아내기 위해 냉혹한 조치를 취하다. 로드의 억압은 청교도들이 미국으로 이민하는 중요한 요인이 되다.
1630	존 윈스롭(John Winthrop)이 많은 청교도들을 이끌고 일차 매사추세츠 만으로 떠나다.
1636	하버드 대학 설립
1640	찰스 1세 의회 소집하다. 장기 국회(Long Parliament), 왕의 권한에 제동을 걸다. 뉴잉글랜드 행 이민이 전체적으로 뜸해지다.
1643-1646	의회가 소집한 종교 회의인 웨스트민스터 총회(Westminster Assembly)가 교회 정책과 교리에 관한 문제를 처리하기 위한 자문 위원회로서 역할을 다하기 위해 모이다. 여기서 예배 모범(*Directory of Worship*), 웨스트민스터 신앙고백서(*Westminster Confession*), 대요리문답서(*Larger Catechism*), 소요리 문답서(*Shorter Catechism*) 등을 마련하다.
1645-1646	올리버 크롬웰의 국회군(國會軍)이 왕의 군대를 무찌르고 내전을 종식시키다.
1646	영국에서 감독제 교회 정치가 폐지되다.
1647	군대가 풋니(Putney)라는 곳에서 어떻게 투표를 일반에게 확대할 것인가를 놓고 난상 토론을 벌이다.
1649	찰스 1세 처형당하다. 이때부터 올리버 크롬웰이 1658년 죽을 때까지 영국 통치자로 자처하다. 크롬웰은 호국경(護國卿)으로서 교회와 국가에 청교도 사상을 심으려고 노력하다.

1660	찰스 2세가 즉위함에 따라 영국에 왕정이 복고되고, 영국 교회에 감독제가 재정착되다.
1662	새로운 통일령이 공포됨으로 개정된 영국 국교회 공동 기도문(Anglican Book of Common Prayer)의 시행이 강화되다. 2천 여 명이 넘는 청교도 목사들이 사퇴하거나 쫓겨나다. 비국교도는 옥스포드와 캠브리지 대학에서 학위를 딸 수 없게 되다. 이 결과 많은 비국교도 학원들이 설립되다.
1688	윌리엄과 메리가 영국의 왕과 여왕으로 공포되고, "명예 혁명"(Glorious Revolution)이 일어남으로 청교도들에게 설교하고 독립된 교회를 세울 수 있는 권리를 다시 주다.

청교도들이 지녔던 두드러진 특징들

앞에서는 청교도들에 대한 일련의 일반적인 오해를 말끔히 씻어 보고자 했다. 이제는 이 운동의 특징들을 적극적으로 살펴볼 때이다. 만약 우리가 청교도들의 시대에 살았다면, 그들만이 지닌 어떤 특징이 인상 깊게 다가왔을까?

청교도 운동은 무엇보다도 종교 운동으로 자리 매겨야 한다. 청교도를 세속적으로 해석하려는 시도는 비종교적인 세대가 잉태한 산물이요, 아무리 청교도가 정치, 사회, 경제적인 선언을 했다 하더라도, 그것이 종교적 견해를 표출하고 있음을 간과하는 작태이다. 어떤 현대 사가는 이렇게 쓰고 있다.

"우리가 청교도를 아무리 현대화, 세속화해도, 청교도는 여지없는 종교 현상으로 남는다."[60] 사적으로 표출되든 아니면 공적으로 표출

---

[60] Dickens, p. 319. Knappen이 쓴 영향력 있는 책 *Tudor Puritanism* 역시 같은 결론을 내린다. "청교도는 일단 종교 운동이다. 이 사실은 청교도 운동에서 배울 수

되든 청교도 운동은 하나님께 사로잡힌 사람들이 퍼뜨린 운동이다. "어떻게 하면 구원 얻을 수 있는가?"라는 존 번연을 괴롭힌 이 질문은 궁극적으로 모든 청교도들에게 중요한 질문이었다. 한 장군은 크롬웰에게 이렇게 편지했다. "각하, 여호와를 대망함이 가장 중요하고 제일 신경 쓰는 임무가 되어야 합니다. 먹고 자는 일, 혹은 참모 회의를 하는 일보다 더 중요한 일이 될 만큼 말입니다."[61]

청교도 운동은 또한 올곧고 선한 양심 운동이라는 특색을 갖는다. 청교도들에게는 옳고 그름이 다른 무엇보다 중요한 문제였다. 그들은 삶을 선과 악의 끝없는 투쟁으로 보았다. 이 세상은 소유권을 주장하시는 하나님과 맞주장하는 사탄 사이에 끼어 있다. 중립 지대란 없다.[62] 리처드 시브즈(Richard Sibbes)는 이런 심정을 전형적인 형식을 빌려 나타냈다.

> 세상에는 두 진영이 있다. 모든 사람은 이 두 진영 중 어느 한 쪽에 속해 있다. 하나님의 진영과 그분께 속한 사람들이 있고, 사탄의 진영과 그에게 속한 사람들이 있다. 두 왕국, 두 편, 두 상반된 기질이 있어서 그 각각을 좇게 되어 있다.[63]

믿는 이들은 경계, 바른 발걸음, 그리고 고난을 통해서, 하나님의

있는 사회적이고 경제적인 가르침과 더불어 아무리 강조되어도 지나치지 않다(p. 401).

[61] Major-General Harrison, letter to Oliver Cromwell[Micklem, p. 186]. 사무엘 윌라드는 초기 정착자들이 고향 영국으로 보낸 편지들을 근거로 해서 매사추세츠 식민주의 설립을 종교적으로 해석한다. 그는 이렇게 말한다. "여러분의 선조들이 이 황량한 땅으로 와서 이루려 했던 큰 사명으로 말하자면, 그들이 그 일을 기뻐하기도 했고 또 자녀들을 위한다는 명분도 있었겠지만, 얽매이지 않고 순전하고 또 부패하지 않는 자유의 재산, 곧 은혜 언약을 소유하려는 것이었다"(Lowrie, p. 167에서 재인용).

[62] Knappen은 *Tudor Puritanism*에서 "청교도들은 하는 행동마다 도덕적이었고, 윤리적으로 생각하지 않는 순간이 없었다"(p. 342)라고 말한다.

[63] *Works*[George, p. 109].

도움심으로 승리를 얻을 수 있다.
　청교도는 개량 운동이다. 이들은 이미 있는 무엇인가를 바꾸려는 노력으로 알아볼 수 있는 사람들이었다. 무엇인가 바꾸어야 한다, "구관이 명관"이라는 발상은 옳지 않다는 것이 청교도들이 지녔던 굳은 확신이었다.
　이런 입장이 한 사람의 삶에 끼친 파장을 높이 사기만 할 수는 없다. 그리고 왜 당대의 청교도들이 그렇게 공격적인 자세를 취했고, 시비를 거는 듯한 그들의 문헌들을 읽을 때 알 수 있듯이 왜 청교도의 대적자들은 항상 수세에 몰려 있는 듯 보이는지 잘 알 수 있다.
　청교도들이 썼던 중요한 용어들 가운데서도 알맹이에 해당하는 말은 "개량", "개혁", 또는 "개혁된"이라는 형용사였다. 이 용어들은 후대 사가들이 만들어낸 것이 아니라, 청교도 시대에 널리 나돌던 말이었다. 그 시대는 "국가 개혁", "종교 개혁", "가정 개혁"의 요구가 각각 통치자들, 교회 당국자들, 그리고 아버지들에게 빗발치던 시대였다.[64] 그리고 개인적인 차원으로 좁혀 말한다면, "불경건하고 불의한 처신을 버리고 삶을 개혁하라"[65]는 촉구라고도 말할 수 있다.
　청교도 운동은 한마디로 말해서 사회를 새롭게 쌓아 올리려는 이상을 연료 삼아 추진되는 이상 운동이었다. 어떤 사람은 청교도들이 가지고 있었던 복안(腹案)을 이런 말로 아주 적절히 요약했다. "개혁하라는 부름과 촉구는 행동하라는 요구였다. 먼저 각 개인이 하나님의 뜻을 받들기에 합당한 도구가 되고, 다음으로 그 도구를 써서 모든 사회를 개혁하기 위해 행동하라는 요구였던 것이다."[66]
　청교도는 또한 개신교 운동 전체가 그랬듯이 하나의 저항 운동이었다. 청교도들이 일차적으로 로마 가톨릭주의, 다음으로 영국 국교

---

　[64] 제네바 성경에 있는 엘리자베스 여왕에게 바치는 서문[Trinterud, p. 211] : Solemn League and Covenant of 1643[Warfield, p. 24] : *Records of the First Church in Dorchester*[Edmund Morgan, *Puritan Family*, p. 140].
　[65] William Perkins, *The Art of Prophesying*[Breward, p. 343].
　[66] Seaver, p. 44.

회주의의 자세에 맞서 저항했음을 염두에 둔다면, 논의가 전개되면 될수록 청교도들의 견해가 맞다는 것을 거듭 확인하기에 이른다. 노동, 성(性), 돈, 그리고 예배와 같은 주제와 관련해서 청교도들을 이해하는 좋은 출발점은 그들이 무엇을 반대했는가 살피는 일이다. 그래서 크리스토퍼 힐은 이렇게 말했다. "청교도들이 지녔던 거의 모든 태도에는 사회적 저항의 요소가 도도히 깔려 있다."[67]

청교도가 현대적으로 보이는 까닭 가운데 한 요소는 그것이 어느 정도 국제적인 운동이었다는 점이다. 그 중 한 가지를 보자면, 이 운동의 초기 지도자들은 몇 달 아니 몇 년 씩 대륙에서 보냈는데, 특히 핍박을 받았을 때 그랬다. 그들은 "가장 개혁된 교회들"이 지닌 특색과 예배 모범 등을 흠뻑 받아들였다. 그들에게 "가장 개혁된 교회들"은 유럽 개신교의 다른 이름이었다.

게다가 미국 이민 후에 생긴 청교도의 특징 하나는 대서양 양편에서 이 운동을 주도하는 지도자들 사이에 끊이지 않고 교감이 있었다는 점이다. 냅픈(M. M. Knappen)은 이렇게 말한다. "청교도들 배경에는 점점 더 세력을 얻고 있는 국제 개신교 운동의 힘이 버티고 있었다."[68] 내가 이 책에서 영국과 미국 청교도들을 한덩어리로 보고, 청교도 사상과 루터, 칼빈의 견해간에 마주 보기가 있음을 주목하게

---

[67] *Society and Religion*, p. 234. Davies, *Worship and Theology*……1534-1603. Davies는 "청교도가 죽은 전통의 손을 거부하는 새롭고 맹렬한 운동이었다"고 말한다(p. 285).

[68] *Tudor Puritanism*, p. 102. McGee는 "청교도들은 사해 동포주의적 성도애를 철두 철미 자각했다. 그들은 제네바, 라인지방, 그리고 기타 대륙에서 개신교의 보루 역할을 하고 있는 다른 지역을 영국에서 일으키려는 개혁의 모델로 생각했다"라고 말했다(p. 255). Rogers 는 이렇게 논평했다. "분리주의자들과는 달리 청교도들은 대륙에서 활동하는 개혁주의 신학자들의 조언을 구한다. 그렇지만 영국의 독특한 상황 때문에 그들의 조언을 그대로 따를 수 없다고 느낀 것도 사실이다(p. 67). W. K. Jordan은 청교도가 보여 준 국제성과 영국 성공회를 대비시켰는데, 영국 교회에서는 유일하게 청교도가 외국과 접촉하는 문제를 점차 인식하게 되었다고 한다(vol. 2, pp. 130-131).

하려고 일일이 주(註)를 단 이유가 바로 여기 있다.

영국 청교도(미국 청교도는 다르지만)는 소수파 운동이었다. 비록 그들이 영국 사회 안에서 막강한 힘을 발휘했지만(특히 의회에서), 수적으로는 전혀 다수가 아니었다. 따라서 청교도는 다른 소수파들이 지녔던 것과 똑같은 여러 특징들, 이를테면 일반 원리에 대한 강한 내적 충성심, 약자 의식, 세상은 우리 아니면 너희 이렇게 둘로 나뉘어 있다는 흑백 논리 성향 등을 그대로 가지고 있다. 디킨즈는 청교도가 "영국을 지배할 정도는 아니고 단지 영국에 널리 퍼질 정도의 세력"[69]이라고 평가했다. 한편 폴 시버(Paul Seaver)는 청교도들이 "실패를 딛고 뻗어 나갔다"[70]고 생각한다.

내가 보기에, 청교도들이 사회와 체제를 조금 더 세도 있게 지배하던 뉴잉글랜드에서는 특징적인 매력이 반감한다. 오히려 그들은 조급하고 고압적이며, 자기 만족에 빠져 있었고 율법주의에 기울었으며, 내부적으로 타락했다고 볼 수 있다. 이와 대조적으로 영국에서 이 운동은 안정된 제도적 구조의 뒷받침 없이 전개되었기 때문에, 이념보다 제도를 중시하는 경향에서 빗겨 갈 수 있었다.

청교도들은 소수파, 그것도 핍박받는 소수파였다. 영국에서 그들은 어느 때 어떤 시기를 막론하고 학대와 핍박의 대상일 뿐이었다(물론 17세기 중엽은 제외된다. 그때 그들은 정부와 교회에서 지배 세력이었기 때문이다). 청교도 지도자들은 감옥에 들랑거리기를 밥 먹듯이 하였다. 평신도들은 집에서 종교 집회를 열었다는 혐의로 법정의 소환을 받았다. 통일령을 지지하지 않는 젊은 청교도들은 옥스포드와 캠브리지 대학에서 학위를 받을 수 없었다. 영국 국교회 성복을 착

---

[69] Dickens, p. 333.
[70] Seaver, p. 290. 시버는 영국 청교도들이 소수파에 불과했음에 관해 이렇게 논한다. "하나의 운동이라고 말할 수 있는 청교도가 다수 영국인들의 연대를 촉구한 것은 의심할 나위 없이 사실이지만, 그것은 한편으로는 본궤도를 벗어난 관점이 아닐 수 없다. 왜냐하면, 다수 영국인들이 제도 교회에 그저 미적지근한 동의를 보냈다고 볼 이유가 별로 없기 때문이다"(p. 293).

용하지 않거나 예배 의식을 따르지 않거나, 아니면 기도집에 의거하여 예배를 집전하지 않는 목사들은 직위를 박탈당했다. 그러니 소외된 청교도들이 낯선 세상을 지나 본향을 향해 순례하는 사람이라는 자기 인상을 갖게 된 것도 무리가 아니다.[71]

청교도 설교가들과 교수들이 담당했던 의미 심장한 역할에도 불구하고, 이 운동의 성패를 가름하는 마지막 열쇠는 그것이 평신도 운동이었다는 데 달려 있었다. 한 학자의 말처럼, "청교도 운동은 평신도들의 적극적인 대거 참여라는 점에서 두드러진다."[72] 목사들과 교수들이 그 운동의 이론적 근거를 제시했음에는 이견이 있을 수 없다. 목사들과 교수들은 평신도들의 수적 우세를 기존 체계에 도전하는 세력으로 엮어 준 사람들이었다. 물론 이런 시도에는 많은 모순이 뒤따랐다. 청교도 설교자들은 전통적인 교권 질서와 특권을 부인함으로써 평신도들의 압도적인 지지를 받았지만, 새로운 특권층을 만드는 한계에 머물고 말았다. 그러나 그들의 세력은 평범한 평신도들의 사고에 영향을 끼칠 수 있는 그들의 능력 이상으로 크지 않았다.

청교도 운동은 만사를 성경으로 해석하는 운동이었다. 청교도 운동에서 가장 큰 현안은(종교 개혁의 일반적인 현안이기도 했지만) 권위에 관한 문제였다.

청교도들은 성경이 믿음과 행위의 최종적인 권위라고 함으로써 이 문제를 해결했다. 가장 위대한 청교도 신학자로 공인하는 존 오웬은 이렇게 말했다.

"청교도는 성경이 하나님께서 주신……믿음의……완벽하고 온전한 준칙(準則)으로 본다."[73] 데릭 윌슨(Derek Wilson)은 "도시 초기

---

[71] 청교도들의 박해에 관해서라면 다음과 같은 자료들을 참조해 볼 수 있을 것 같다.

[72] Trinterud, p. 166. 트린터우드는 이어서 이렇게 말한다. "종교 개혁은……반성직주의 운동으로 시작되었다. 그것은 새롭게 자기 인식을 한 평신도들이 성직 대표자들에 대항해서 일으킨 대규모 저항이었다. 이로써 개혁 의식을 가진 일부 종교 지도자들은……그들이 바람직하다고 생각해 온 변화를 일으킬 수 있는 호기를 잡았다."

청교도들이란 어떤 사람들이었던가? 그들을 다른 영국 개신교도들과 구분 짓는 것은 기본적으로 그들의 성경관이었다"[74]라고 말했다.

청교도 운동은 교양 있는 운동이었다. 그들의 목표는 종교, 국가, 그리고 개인의 삶을 개혁하는 것이었다. 그리고 그들은 사회에 영향을 미치는 가장 효과적인 방법 가운데 하나가 학교임을 금방 알아차렸다. 영국과 미국에서 청교도 운동은 대학과 밀접하게 연결된다.[75] 존 나울즈(John Knowles)는 매사추세츠 지사 리버렛(Leverett)에게 이런 편지를 보냈다. "대학이 죽으면, 교회도……오래가지 못합니다."[76] 어떤 현대의 권위자도 "청교도 운동을 이끈 대학의 두드러지고 계속되는 지도력"[77]에 관해 말한다. 이렇게 볼 때 청교도가 "무지한 말을 참을 수 없던"[78] 유식한 운동이었음은 썩 놀랄 일이 아니다.

마지막으로 청교도는 정치적이고 경제적인 운동이었다. 이 점은 청교도 자신보다, 이 운동의 장기적인 효과를 한눈에 볼 수 있는 오늘날의 우리들에게 더 또렷하게 보인다. 교회가 국가의 통제 아래 있던 시대이므로, 교회를 변혁하려는 청교도들의 노력은 정부와 마찰을 빚지 않을 수 없었다. 이런 의미에서라면 어쩔 수 없이 정치적이어야 했던 청교도들의 처지에 공감할 수 있다.

그들은 경제에 관해서라면 노동, 근검, 그리고 정직한 이윤 등을

---

[73] *Works*, 14 : 247.

[74] Derek Wilson, p. 132.

[75] Stone, *Crisis*. 스톤은 이렇게 평한다. "청교도 사상을 촌락의 몇몇 종가(宗家)들과 도시의 소상인들, 그리고 수공업자들이 지녔던 분파주의적 열정에서 사회 모든 계층에 영향을 끼치는 전국적인 운동으로 전환시킨 것은 바로 대학이 그 운동에 적극 참여했기 때문이다"(pp. 740 – 741).

[76] *Collections of the Massachusetts Historical Society*[Schlatter, p. 54].

[77] Curtis, p. 197. E. Harris Harbison 은 이렇게 썼다. "개신교 종교 개혁은 학자의 눈으로 본 성경의 의미가 무엇이냐를 놓고 벌어진 시비가 불씨가 되었다. 그것은 광범위한 식자(識者)들의 운동이었다. 즉 학생들과 교수들의 운동 말이다"(*The Christian Scholar in the Age of the Reformation* [New York : Scribner, 1956], p. vi).

[78] Haller, *Rise of Puritanism*, p. 258.

강조함으로써, 실제로 그것의 발흥을 촉진시켰든지 그렇지 않았든지 와는 무관하게, 자본주의 발흥을 촉진하기에 아주 좋은 풍토를 조성했다. 청교도들은 일과 돈에 관해 할 말이 많았던 사람들이다.

몇 가지 핵심적인 청교도 교리

청교도 역시 다른 그리스도교 운동과 마찬가지로 차별적인 교리를 가지고 있었다. 그렇다고 해서 그리스도교 전체가 가지고 있는 일반적인 틀을 벗어나는 것은 아니었다. 교리적으로 청교도는, 대주교 로드 시대에 이르기 전의 분리주의자들 대부분과 영국 국교도 대부분이 그랬듯이, 칼빈주의적이었다.

이 말은 하나님의 주권, 그리스도를 믿는 믿음으로 얻는 구원, 하나님의 구원 선택, 저항할 수 없는 은혜, 그리고 인간의 타락과 같은 교리가 청교도의 신앙 원리였다는 뜻이다.

은혜 교리는 구원에서 물질적 풍요에 이르기까지 여러 영역에서 청교도들의 사고에 스며들어 있었다. 청교도의 중심에는 하나님의 은혜가 인간이 누리는 모든 은택의 원천이요, 인간의 노력으로 그것을 얻지 못한다는 믿음이 깔려 있다. 사무엘 월라드가 구원이라는 선물에 관해 논한 내용에서 요지를 들을 수 있다.

> 이 선물을 받아들이고, 선물 주시는 분의 미쁘심을 인정하는 일 외에……다른 조건이 요구되지 않는다. 믿음은 그 선물을 받는 손이다……이 말할 수 없이 놀라운 선물을 인해 하나님께 감사하는 것 외에 무슨 순종이 필요한가?[79]

청교도들에게 거듭남 또는 회심은, 크롬웰의 말을 빌리자면, "근원

---

[79] Lowrie, pp. 171-172에서 인용.

적인 문제"[80]이다. 회심은 성화 또는 거룩한 삶과 너무 긴밀하게 연결되어 있기 때문에, 청교도들은 구원이라는 단어를 써서 이 둘 모두를 담아냈다. 리처드 시브즈는 구속과 성화를 밀접하게 연결시켰다. 그는 "죄를 용서하시는 그리스도의 사랑을 알면 거룩한 위반을 할지언정 모든 의무를 수행하고자 마음 먹게 될 것이다"라고 말했다.[81] 토머스 비콘은 그가 글을 쓰는 목적이 "사람들이 그들 자신과 그리스도의 피 가운데 있는 구원을 믿음을 통해 알고, 하나님의 미쁘심에 합당하게 행하게 하려 함"[82]이라 밝혔다.

청교도들이 중요하게 여긴 모든 관계의 실질적인 토대는 언약 개념이었다.

언약은 상호 신뢰와 의무 수행 관계를 포괄적으로 표시하는 말이다. 언약이야말로 하나님께서 개개의 인간과 맺으시는 관계를 설명해 주고, 가족, 교회, 그리고 국가와 같은 청교도적 제도에 철학적 토대를 제공하는 말이었다. 모든 것의 기반은 모든 성도들을 향하신 하나님의 구원 언약인데, 그분은 그 언약에 대한 보답으로 순종과 신실을 요구하신다. 그래서 이제 사람들은 제 삼자, 또는 계약 보증자이신 하나님과 더불어 교회, 가정, 그리고 국가를 세우자는 언약을 서로 맺는다. 청교도는 언약을 강조함으로 관계를 중시하는 종교라는 특징을 얻었다.[83]

권위 문제와 관련해서, 청교도들은 성경만이 종교적인 믿음과 실천의 최종적인 권위라는 입장에 섰다. 물론 성경은 해석해야 한다. 그래서 청교도들은 여러 가지 개신교적 전통을 따라 성경을 해석했다. 이렇게 본다면 인간의 전통에서 빠져나갈 탈출구는 없다. "오직 성

---

[80] Seaver, p. 8에서 인용.
[81] *Collected Works*[Seaver, p. 8].
[82] Bailey, *Thomas Becon*, p. 120.
[83] James Johnson은 이렇게 밝힌다. "영국이나 뉴잉글랜드의 연방주의자 신학자들이 주창한 사회 계약 교리는 그때까지 득세하던 개인주의적 윤리를 사회의 적정성을 생각하는 윤리로 변환시키는 계기를 만들었다"(p. 20).

경만으로"는 개신교의 전통이기도 하다. 어떤 신념 또는 실천도 성경의 보증 위에 서 있어야 한다는 청교도의 확신과, 믿음과 행위의 기반으로서 성경을 훨씬 뛰어넘는 전통이 있다는 반대 이론 사이에는 여전히 깊은 골이 패여 있다.

청교도들은 말끔하게 정비된 창조 교리를 가지고 있었다. 그들은 하나님께서 물질, 그리고 인간 세계를 만드셨기 때문에, 그것이 원칙적으로 선하다고 믿었다. 그리고 물질 세계는 하나님을 가리킨다고 믿었다. 그들은 바로 이런 구체적인 의미에서, 교회 건물 안에 갇혀 눈에 보이는 예식만을 되풀이하던 사람들보다 훨씬 당대의 진정한 "성례주의자들"이었다. 어떤 청교도 한 사람은 그리스도인이라면 "교회만큼이나 가게를 거룩한 곳"[84]으로 여길 수 있다고 말했다. 리처드 백스터의 말을 들어보자. "이 세상은 하나님의 책이고 만물은 글씨, 음절, 단어, 또는 문장이다······ 이것들은 하나님의 이름과 뜻을 선포한다."[85] 토머스 테일러(Thomas Taylor)는 "만물 안에 들어 있고 만물로 말미암아 들려 오는 하나님의 음성이 언제 어디서나 우리에게 말을 건넨다"[86]라고 썼다. 청교도들이 창조 교리를 단단히 붙들었기 때문에, 그토록 오랫동안 사람들의 사고를 지배해 왔던 성-속 이분법을 거부할 수 있게 되었다고 말해도 심한 비약은 아니다.

청교도들은 창조 교리와 관련해서 섭리를 지극히 강조했다. 청교도들은 매일 일어나는 사건 가운데서 하나님을 보는 사람들을 존경했다. 그들은 일기를 적었는데, 매일 부딪히는 생활에서 나타난 하나님의 은혜를 더듬는 내용들이 적혀 있다. 그들은 "사람을 불러 가까이 하시는 하나님을 우사(牛舍), 창고, 헛간, 그 밖에 이 비슷한 곳들에서"[87] 만날 수 있다고 굳게 믿었다. 한편 청교도들은 당대에 일어

---

[84] George Swinnock, *The Christian Man's Calling*[Schlatter, p. 189].
[85] *A Christian Directory*[Lewalski, 165].
[86] *A Man in Christ* ······[Daly, p. 74]
[87] John Bunyan, *Grace Abounding to the Chief of Sinners*[Watkins, p. 64].

난 역사적 사건들을 하나님의 섭리와 성경에 나오는 비슷한 사건들을 작업틀로 삼아 해석했다.

청교도들이 주장한 소명, 또는 천직 교리는 하나님의 섭리를 모든 그리스도인 한 사람 한 사람의 삶에 구체적으로 적용한 것이다. 청교도들은 관습적으로 하나님의 부르심을 일반적인 부르심과 개별적인 부르심으로 나누었다.

일반적인 부르심은 구원받고, 삶의 모든 터전에서 거룩한 그리스도인으로 살라는 부르심이다. 개별적인 부르심은 삶을 꾸려가기 위한 구체적인 노동, 또는 직업으로 한 사람을 이끄시는 부르심이다.

청교도의 인간관은 많은 저술을 낳은 만만찮은 주제이다. 간략하게 말해서, 청교도들은 한편으로 원죄, 인간의 전적 타락 교리를 철저하게 재평가하고, 다른 한편으로는 하나님의 은혜로 변화한 개인의 고귀함을 높이 보는 일을 병행했다. 청교도들은 3단계 인간관을 전개했다. 하나님이 창조하신 피조물로서 완전하고 따라서 원칙적으로 선한 인간, 아담의 원죄의 전가와 그들 자신의 선택으로 말미암아 죄로 더러워진 인간, 하나님의 새롭게 하시는 은혜로 말미암아 구원받고 영화롭게 될 수 있는 인간이 그것이다.

결국 이런 식의 구도 안에서는 개인이 거듭났느냐 아니냐의 양자택일만이 있을 뿐인데, 이런 긴장은 청교도들의 글에서 발견되는 낙관적 인간관과 비관적 인간관의 양극을 충분히 설명해 준다. 청교도들의 일기를 보면 죄에 대한 의식이 날카롭게 나타나고, 동시에 하나님의 은혜에 대한 의식 역시 강하게 흐르고 있다. 사회 체제에 대한 청교도들의 태도는 재구성된 사회를 바라고 소망하는 마음과 그들의 부패성에 대한 비관적인 의식이 한데 어울려 만든 것이다. 그러나 사회 재구성을 바라는 그들의 마음은 오늘날 우리에게는 천진 난만한 낙관으로 보인다.

청교도들이 좋아한 것과 싫어한 것

어떤 운동의 성격도 선호와 혐오로 규명될 수 있다. 이 점은 청교도라고 해서 다르지 않다. 그들이 전적으로 공명(共鳴)한 특성과 행동은 무엇이고, 그들이 고개를 돌려버린 혐오스러운 것은 무엇이었는가? 그들의 언어와 뼈대를 이루는 심상(心象)을 예민하게 살피면 청교도들의 기질에 관해 많은 정보를 얻을 수 있다.[88]

청교도들이 즐겨 쓰던 언어 중에서 긍정적인 몇 가지는 개량(그리고 이 단어의 변형이라고 볼 수 있는 개혁된, 그리고 개혁), 경건한, 질서있는, 학식 있는, 솔직 담백한, 실리적인, 단순한, 근엄한, 그리고 고난받는("진중하게 고통을 참아내는") 등이다. 청교도들은 일에서부터 놀이까지, 예배에서부터 대정부(對政府) 관계에 이르기까지 그들의 활동이 합법적이기를 원했다. 순수함, 정결함, 거룩함, 진실함, 그리고 건전함 등은 그들이 지닌 긍정적인 특성 중 일부였다.

청교도들은 자기 성취보다 의무에 훨씬 더 마음을 썼다. 그들이 생각하기에 의무는 언약에 따르는 책임이요, 어떤 사회에서든 겪게 되는 삶의 정황이었다. 사무엘 윌라드가 썼듯이, "모든 인간 관계를 볼 때 사람이 서로 맞물려 있고 그들이 져야 할 상호 의무가 있음은 불을 보듯 뻔하다."[89] 초기 청교도들은 규율을 존중하는 사람들이라는 별명으로 불렸다. 그들이 행복의 전제 조건으로 선한 양심을 거듭 말했음은 조금도 이상한 일이 아니다.

청교도들은 번지르르한 외모를 믿지 않았고, 백스터가 말한 대로 "한 사람이 지닌 내면적 생활 원칙"[90]을 중시했다. 리처드 그린햄

---

[88] 청교도들이 사용한 언어와 동원한 상상력에 관한 연구는 거의 불모지나 다름없기 때문에, 매우 전망이 있는 분야이다. 청교도 언어에 관한 예비적인 연구서로는 M. van Beek, *An Enquiry into Puritan Vocabulary*(Groningen ; Wolters-Noordhoff, 1969)가 있다.

[89] *The Complete Body of Divinity*[Greven, *Protestant Temperament*, p. 179].

[90] *The Saints' Everlasting Rest*, p. 33.

은 "번뜩이고, 명석하지만 왠지 빈약한……그리고 너무 냉랭해서 진 솔하게 그리스도를 전하는 설교를 크게 위축시키는"[91] 설교에 대해 불평을 쏟아 놓았다. 청교도들은 "화장한 거짓보다 벌거벗은 진실"을 택한 사람들이었다. 백스터는 "진리는 빛을 사랑한다. 그리고 진리는 거의 벌거벗었을 때가 가장 아름답다"고 말했다.[92] "진리는 은폐 외에는 아무것도 두려워하지 않는다. 그리고 진리는 모든 사람이 볼 수 있도록 활짝 열려 있기를 무엇보다 바란다. 가린 것 없이 드러났을 때 진리는 가장 사랑스럽고 강력하다."[93] 이것은 리처드 시브스가 한 말이다. 실물 그대로 그려도 되겠느냐는 질문을 받은 크롬웰은 이렇게 대꾸했다. "있는 그대로!"

청교도들은 종교적인 진리를 매우 아끼던 사람들이었다. 그들에게 믿음의 지적 내용은 가볍게 지나칠 문제가 아니었다. 토머스 후커 (Thomas Hooker)는 "아무리 작은 진리일지라도 하나님께서 계시하신 모든 진리가 이 세상보다 중하지 않은가?"[94]라고 주장했다. 존 오웬은 그리스도인들이 "진리를 이 세상과도 바꿀 수 없고 천금으로도 살 수 없는 소중한 진주처럼 여겨야 한다"[95]고 목소리를 높였다. 이렇게 긍정적인 가치가 있었다면 거기에 상응하는 혐오거리들도 있었다.

전통은 그들이 신랄하게 비난하던 무엇이었는데, 그들이 로마 가톨릭 예배의 의식에 관해 이 말을 썼을 때는 미신이라는 말과 하등 다를 것이 없는 뜻이었다. 특히 정치적이고 교회적인 맥락에서 쓰인

---

[91] *Works*[Norman Pettit, *The Heart Prepared : Grace and Conversion in Puritan Spiritual Life*(New Haven : Yale University Press, 1966), p. 48].

[92] *The Reformed Pastor*, p. 115. John Goodwin도 비슷한 말을 남겼다. "일체 덧붙이고 뺀 것이 없는 진리만큼 아름다운 모습도 없다"(*Certain Brief Observations and Antiquaries*……[Haller, *Liberty and Reformation*, p. 147]).

[93] *Works*[Haller, *Rise of Puritanism*, p. 140].

[94] *The Christian's Two Chief Lessons*[McGee, p. 247].

[95] *Works*[Haller, *Rise of Puritanism*, p. 140].

독재라는 단어 또한 강한 반감을 불러일으키는 말이었다.
"냉정한", "냉담", 그리고 "우둔한", "우둔"과 같은 말들은 청교도들이 아주 싫어하던 정신 상태였다. 리처드 로저스(Richard Rogers)는 "어디서나 쉽게 눈에 띄는……냉정함과 엉성함"을 질색했고, 코튼 매더는 "텅빈 두뇌와……냉담한 마음을 경계하라"고 단단히 주의를 주었다.[96] 사무엘 워드는 그의 일기에서 "2월 15, 16일에는 하나님을 섬기는 일을 민첩하게 하지 못했다"[97]면서 자책하고 있다. 반면 냉담함의 반의어로서 "열정", "열심 있는"이라는 긍정적 가치를 지닌 용어가 청교도들의 입에 자주 오르내리고 있다.

영적 자만과 무사 안일은 청교도들에게 최악의 혐오거리였다. 리처드 백스터의 말을 들어 보자.

> 속되고 방탕하며 육체를 따라 사는 생활과 마찬가지로 게으름이라든가 하나님을 잊고 지내는 일 역시 하나님 나라와는 상관없는 생활 태도이다. 또한 결심이 굳지 못하고 세속적인 사람들도 그렇지만 게으르고 잘 잊어버리며, 태만한 사람들을 사귄다면 우리 마음은 하나님 나라에서 멀어지고 말 것이다.[98]

사무엘 윌라드는 뉴잉글랜드에서 "하나님을 찾아 전진하는 자세와 열심은 옛날 이야기가 되고, 미적지근한 고백이 활개를 치고 있다"[99]고 개탄했다.

청교도들은 술먹고 흥청망청거리는 파티를 몹시 싫어했다. 자제력

---

[96] Rogers, *Diary*[Knappen, *Two Elizabethan Puritan Diaries*, p. 64 : Mather, *John in the Wilderness*[John Eusden, introduction to Ames's *Marrow of Theology*, p. 3].

[97] *Diary*[Knappen, *Two Elizabethan Puritan Diaries*, p. 119].

[98] *The Saint's Everlasting Rest*, p. 125.

[99] *Covenant-Keeping the Way to Blessedness* and *A Complete Body of Divinity*[Lowrie, p. 230].

초기 청교도의 진면목 57

을 잃은 기미만 보여도 그들의 분노를 돋우기에 충분했다. 청교도 교사의 근무 지침을 보면 청교도들이 무엇을 싫어했는가 소상히 알 수 있다. 청교도 교사는 다음과 같은 행실을 할 수 없었다.

> 도박……선술집이나 맥주홀에 들랑거리기, 술 취함 또
> 는……방탕한 애정 유희, 여자들에게 바람직하지 못한 행실
> 을 함, 과다 지출, 점잖지 못한 유행을 따르거나……길게
> 구불거리고 깡패 같은 머리 모양새를 하는 일 아니면……
> 맹세나 저주하는 일 등…….[100]

1677년 매사추세츠 주는 십호반(十戶班)이라고 불리는 순찰원들을 증강했는데, 이들은 "안식일 위반자와 소란을 피우는 건달들을 체포하고, 안식일이나 저녁 늦게 흥청망청거리는 집들이나 집안에서 어떤 식으로든 소란을 피우는 사람들의 명단을 적는 일"을 했다.[101] 영국 청교도들은 "평일이고 주말이고간에" 자기 농장에 "사람들을 가득 모아 놓고"[102] 볼링 대회를 연 로버트 팔머(Robert Palmer) 같은 국교회 설교자들에게 역겨움을 참을 수 없었다.

청교도들이 무엇을 거부했는가 알아보려면 아래와 같은 교회 재판소와 일반 법정의 소송 대장을 들춰 보면 된다.

1. 도체스터(매사추세츠)에 사는 로버트 사익스(Robert Sykes). "하나님을 예배하는 공예배에 불참하고 자기 소명을 업신여기며, 권위에 복종하지 않은" 혐의로 기소됨.[103]

---

[100] Regulations of the Lewisham Grammar School[Watson, pp. 131-132].

[101] Massachusetts Laws of 1672[Edmund Morgan, *Puritan Family*, p. 149].

[102] Collinson, p. 371.

[103] Suffolk Court Records[Edmund Morgan, *Puritan Family*, p. 148].

2. 브라인트리에 사는 윌리엄 스칸트(William Scant). "아이들의 교육을 위해 엄하게 명령하고 견책하지 않은" 죄목으로 서퍽(Suffolk) 법원에 고발됨.[104]

3. 보스턴 제1교회, 제임스 매톡(James Mattock)을 출교함. 그가 저지른 범죄 가운데 하나는 "아내와 2년 동안 한번도 부부 관계(성관계)를 갖지 않은" 것임.[105]

4. 템퍼런스 스위트(Temperance Sweete)라고 하는 자는 자기 이름을 속이고 "질서를 어지럽히는 무리들을 집에 받아들여 향응을 제공하고, 그들이 취하도록 포도주와 술을 제공한"[106] 행위로 말미암아 징책받음.

우리는 청교도들이 선호한 행동들로 그들의 일면을 판단한다. 그들은 성경 읽기, 설교 경청, 그리고 사경회와 기도회 참석을 바람직한 행동의 으뜸으로 쳤다. 존 윈스롭은 회심 후에 "하나님 말씀에 대한 해소되지 않는 갈증 때문에 좋은 설교, 특히 폐부 깊숙한 곳을 찌르는 설교를 듣기 위해서라면 불원천리 달려가지 않고 배길 수 없었다"[107]고 털어 놓았다. 한 청교도 귀족의 결혼식에서 러셀 부인은 으레 갖는 무도회를 열지 않고 손님들의 기쁨을 위해 "설교와 만찬"[108]으로 대

---

[104] Ibid.
[105] *Colonial Society of Massachusetts Publications*[Edmund Morgan, *Puritan Family*, p. 141].
[106] Ibid.
[107] *Winthrop Papers*[McGee, p. 244]. 한 영국 청교도 역시 런던으로 올라오면서 비슷한 경험을 했다. "내가 시골에서 나와서 도시로 올라와 보니 다른 세계에 온 것이 아닌가 하는 생각이 든다. 과장해서 말하자면 꼭 어둠에 있다가 빛으로 온 느낌이다. 그 이유는 도시에서 하나님의 말씀이 정말 놀랍도록 풍성하게 해석되고 있기 때문이었다"(Edward Bush, *A Sermon Preached at Paul's Cross*[Hill, *Change*, p. 4]).

체했다.

청교도들이 예배에 대해 품었던 열심은, 영적인 문제를 같은 마음으로 바라보는 그리스도인들의 대화장인 그리스도인들의 모임(conference)에까지 연장된다.[109] 리처드 로저스는 그의 일기에서 "뉴맨 그리고 컬버웰 씨와……유익한 회합을 가졌다"[110]라고 적고 있다. 존 윈스롭 역시 "한두 명의 그리스도인 친구들과 모임을 갖다. 하나님께서 그 모임을 축복해 주시다. 그 모임으로 말미암아 우리 모두가 큰 도전을 받고 새 힘을 얻었다"[111]라고 술회한다.

청교도들은 열심히 일하는 자세를 높이 평가하고 빈번한 여흥을 꺼려 했으며, 게으르고 빈둥대는 사람들을 꾸짖는 태도를 굳이 감추려 하지 않았다.

> 여호와를 경외하고 그분의 도(道)로 행하며, 일한 대로 먹는 것이 모든 사람에게 행복이다. 몸을 놀리든지 머리를 쓰든지 하지 않고 먹으려는 사람은 다른 사람의 수고, 다른 사람의 땀을 가로채서 먹는 사람이다. 그런 사람은 이나 해충과 다를 바 없다.[112]

청교도들이 선호하거나 혐오한 것 일체가 존 윈스롭의 일기에 일목요연하게 요약되어 있다.

---

[108] Seaver, p. 39. 시버는 이렇게 논평한다. "애매 모호한 말과 사변(思辨)이 난무하는 곳에 던져진 설교를 기쁨을 주는 거리로 여겨야 한다는 사실은 전통과 인습을 뒤엎는 청교도의 위력을 보여 준다."

[109] Thomas Doolittle 은 그리스도인들의 회합을 대화라고 말한다. 그런 대화를 통해서 "성도는 믿음 안에서 서로서로를 세워 준다고 했다"(*Rebukes for Sin by God's Burning Anger*[McGee, p. 196]).

[110] Knappen, *Two Elizabethan Puritan Diaries*, p. 63.

[111] *Winthrop Papers*[McGee, p. 196].

[112] John Robinson, *Observations of Knowledge and Virtue*[Reinitz, p. 67].

나는 주님과 새로운 언약을 맺은 몸이다. 나로서는 그분의
은혜를 힘입어 다음과 같은 죄들을 고칠 것이다. 교만, 탐심,
이 세상을 사랑함, 공허한 생각, 감사하지 않음, 하나님을
섬기는 일이나 나의 직업에서 태만하게 굼, 그분의 말씀을
아무 존경심과 바른 준비 없이 대함 등이다. 주님께서는 새
로운 마음, 성령님 안에서 얻는 기쁨을 주실 것이고 내 안에
거주하실 것이며, 나를 능하게 하셔서 이 세상, 육체, 그리고
악한 자에 맞서 싸울 수 있게 하실 것이다. 또한 내 죄를
용서하시고 나의 믿음을 날로 장부답게 하실 것이다.[113]

"전형적인 청교도"의 모습

전형적인 청교도들은 결혼해서 가정을 꾸렸다. 가정은 "질서 있고"
위계를 갖춘 곳이었다.[114] 남편/아버지는 가정을 책임지는 머리였는데,
특히 종교적인 문제에 책임을 지는 머리였다. 아내/어머니 역시 일정
한 권위를 행사했다.

청교도 가정에서는 자녀 교육과 가정 예배(특히 성경 읽기와 기도)
가 매우 중요한 자리를 차지했다.

가정의 종교 생활 대부분은 지교회를 중심으로 이루어졌다. 그들은
교회의 후원 아래서 교리를 거듭 배우고 공동 예배를 드리며, 아이
들에게 요리문답을 가르쳤다. 교회는 건물이라기보다 오히려 생활
전반에 걸쳐 영향력을 행사하는 목사 아래 함께 모이는 성도들의 모
임이었다. 당국이 그런 모임을 허락하는 시절이라면, 주중(週中)의
가정 모임 역시 교회 생활에서 빼놓을 수 없는 부분이었다.

전형적인 청교도들은 주일을 뺀 나머지 일주일 동안 매우 바쁜 나

---

[113] *Winthrop Papers*[Irvonwy Morgan, p. 122].

[114] Benjamin Wadsworth 는 *The Well-Ordered Family*라는 책을 썼고, Cotton Mather는 *A Family Well-Ordered*를 썼다.

날을 보냈다. 인생은 진지한 것이기에 한가할 여유가 없었다. 청교도들은 대개 힘든 노동이 미덕이고, 하나님께서 모든 그리스도인들이 그리스도인답게, 도덕적으로 이 세상 일을 수행하도록 촉구하신다고 믿었다. 남녀 청교도들은 매일매일 노동하는 것과, 노동의 대가를 받는 것을 조금도 개의치 않았다. 평일은 주일을 위해서 있었다. 이날 운동 경기를 즐기는 것은 엄격하게 금지되었다. 각 가정은 매주일이면 두 번 교회에 나갔고, 저녁을 먹고 나서, 혹은 저녁에 설교의 핵심 부분을 반복 공부하기 위해 모였다.

만일 우리가 이렇게 전형적인 청교도 곁에서 일하거나 그의 이웃이 되었다면, 괴악스럽지 않은 종교성으로 우리에게 강한 인상을 심어 주었을 것이다.

그들은 별난 외모를 하고 다녔을 리 없다. 사무엘 윌라드가 지적했듯이, "하나님의 자녀들은······ 외형적으로는······ 다른 사람들과 똑같은 차림이고, 다른 사람들 마냥 먹고 마시고 일하며 세상 직업에 종사하지만, 그들이 이 모든 분야에서 하나님과 갖는 교통은 아무도 모르는 비밀에 속한다."[115] 청교도들은 사회적으로 같은 또래 사람들이 입었던 것과 똑같은 옷을 입었다. 아마 그들이 나눈 대화는 그리스도인의 믿음과 경험이 주종을 이루었을 것이다.

전체적으로 보았을 때, 우리는 전형적인 청교도들에게서 근면한 노동자, 절약하고 진지하며 중용을 아는 사람, 실천적 견해로 무장된 사람, 종교, 정치적인 문제에 관한 한 교조적인 사람, 최근의 정치와 교회 동향에 대해 아주 잘 알고 있는 사람, 논쟁적이고 학식 있는 사람, 그리고 성경의 내용에 대해 철저하게 익숙한 사람이라는 인상을 받는다. 이렇게 되기 위해서 청교도들은 자기 훈련을 게을리하지 않았다. 이런 점에서 마냥 풀어져 있는 사람들이 청교도들 곁에 산다면 필시 불편함을 느꼈을 것이다. 그리고 이런 불편함은 청교도들과 똑같은 견해와 생활 습관을 갖고 있지 않던 사람들에게 심하게 배척

---

[115] *The Child's Portion*[Miller/Johnson, 2 : 369].

당했음을 부분적으로 설명해 주는 단서가 된다.

요약

청교도들에 대한 이 서론적인 소고를 일목 요연하게 정리하는 의미에서 내가 본 것 중에서 가장 유념해 둘 만한 정의를 모아 보았다.

> 너무 단순하게 말하지 않는가 하는 우려는 있어도, 종교개혁에서 파생한 개신교는 읽고 쓸 줄 아는 종교, 예식서에 의존하지 않는 기도, 그리고 가정에서 성경을 읽는 습관이라고 말할 수 있다. 그리고 이 모든 일들은 공예배가 보강했다.[116]

> 교회 안팎에서 벌어진 청교도 운동의 진정한 특성을 평가하기 위해서는 청교도라는 용어의 일반적 용법에서 탈피해야 한다……청교도는 도시인들 사이에서 하나의 사회적인 종교로 그 자태를 가장 잘 드러냈고, 약간의 교육, 사려 깊음과 독자적인 사고를 요구했으며, 일면 제한이 따랐지만 시민적이고 개인적인 자유라는 매우 중요한 개념에 정열적으로 집착하는 경향을 때에 따라 만들어 내기도 했다고 충분히 주장할 수 있다.[117]

> 초기에, 즉 엘리자베스 시대의 청교도들은 목사와 평신도의 연합체였고, 약간 분파 운동적인 성격을 띠었지만 교회 울타리를 벗어나지 않았다. 청교도는……예배 기도문과 의

---

[116] Stone, *Family*, p. 141.
[117] Dickens, pp. 316, 318.

식(儀式)의 개혁, 행정상의 직권 남용과 타락 일소를 강력하게 밀고 나갔고, 지교회들에서 경건한 새 생활을 설교하고 실천하는 데 열심이었다.[118]

17세기 청교도는 말수가 적고 엄숙하며 신실하면서도 동시에 솔직 담백하고 상당한 성적 매력을 지녔으며, 얼마간 낭만적인 구석이 있는 사람들이었다……

청교도는 문예 부흥(Renaissance)에 대한 반동이면서도 그것의 지류(支流)다운 모습을 보였다.[119]

추천 도서

내가 접한 청교도 관련 개론 서적들로는 다음과 같은 것들이 있다.

M. M. Knappen, *Tudor Puritanism : A Chapter in the History of Idealism* (1939).

Perry Miller, *The New England Mind : The Seventeenth Century* (1939).

John Thomas McNeill, "English Puritanism," pp. 15—48 in *Modern Christian Movements* (1954).

Gerald R. Cragg, *Puritanism in the Period of the Great Persecution* (1957).

John Dykstra Eusden, *Puritans, Lawyers, and Polictics in Early Seventeenth-Century England*, 그중에서도 특히 1장 (1958).

Charles H. George and Katherine George, *The Protestant Mind of the English Reformation, 1570—1640* (1961).

---

[118] Stone, *Crisis*, pp. 733—734.
[119] Hunt, p. 252.

Christopher Hill, *Society and Puritanism in Pre-Revolutionary England* (1964).
H. G. Alexander, *Religion in England, 1558–1662* (1968).
Everett Emerson, *Puritanism in America, 1620–1750* (1977).

구체적인 날짜와 인물들이 많이 나오는 순 역사적인 접근을 좋아하는 사람들에게는 다음과 같은 책들이 표준적인 자료로 좋을 듯하다.

William Haller, *The Rise of Puritanism* (1938).
A. G. Dickens, *The English Reformation* (1964).
Patrick Collinson, *The Elizabethan Puritan Movement* (1967)

조금 범주가 다른 책이지만 퍼시 숄즈(Percy Scholes)의 책 *The Puritans and Music in England and New England*(1934)을 권하고 싶다. 나는 정직한 탐구자라면 우선 이 책을 읽어야 한다고 본다. 왜냐하면 이 책은 오늘날 사람들이 가지고 있는 편견의 "심층 구조"를 신랄하게 공격하고, 최소한 어떤 반(反) 청교도 선전은 교묘한 거짓말이라는 확신을 갖게 해주는 책이기 때문이다.

청교도라는 단어의 기원과 발전에 관해서는 Christopher Hill, *Society and Puritanism in Pre-Revolutionary England*, chap. 1("The Definition of a Puritan"), 그리고 Basil Hall, "Puritanism : the Problem of Definition", pp. 283–296 in *Studies in Church History*, vol. 2, ed. G. J. Cuming(London : Thomas Nelson, 1965)를 참고하면 아주 좋다.

이 세상은 하나님의 책이고 만물은 글씨, 음절, 단어 또는 문장이다……이것들은 하나님의 이름과 뜻을 선포한다.
―리처드 백스터

만물 안에 들어 있고 만물로 말미암아 들려오는 하나님의 음성이 언제 어디서나 우리에게 말을 건넨다.
―토마스 테일러

아무리 작은 진리일지라도 하나님께서 계시하신 모든 진리가 이 세상보다 중하지 않은가?
―토마스 후커

하나님을 찾아 전진하는 자세와 열심은 옛날 이야기가 되고 미적지근한 고백이 활개를 치고 있다.
―사무엘 윌라드

66 청교도-이 세상의 성자들

청교도들의 노동 윤리는 모든 정당한 노동이 본래적으로 신성하다고 선언했다. 바돌로매 스카피(Bartolomeo Scappi)의 오페라 중에서: 폴저 셰익스피어 도서관(Folger Shakespeare Library)의 허락을 얻어 실음(TX 711 S4 1605 Cage sig. R2r).

제 2 장

노동

> 하나님께서는 인간을 사회적 존재로 만드셨다. 그래서 우리는 인간 사회에서 어떤 유익을 얻을까 기대한다. 그러나 인간 사회 역시 우리에게서 유익 얻기를 기대한다.
> ― 코튼 매더

청교도에 대해 거의 알지 못하는 사람이라도 "청교도 노동 윤리"라는 문구는 자신 있게 써 보았을 것이다. 그러나 과연 그 문구가 무엇을 뜻하는지 면밀하게 살필 때, 거기에 담겨 있는 구체적인 내용이 오늘날 대부분의 사람들과 얼마나 상관없는가 분명히 알 수 있다. 대부분의 사람들에게 "청교도 윤리"라는 문구는 청교도들에 대한 거부감을 감추는 만능 가리개이다.

이 문구가 노동이라는 주제에 한정될 때라도, 여러 가지 오해의 구름이 청교도들의 진의(眞意)를 가리는 경향이 있다. "청교도 노동 윤리"라는 문구는 최근에 나타나는 다양한 병증(病症)들을 감추는 데 쓰이는 가리개에 불과하다.

거기에는 일중독 증후군, 천역(賤役) 기피증, 경쟁 심리, 성공 몰입증, 물질주의, 그리고 자수 성가한 사람에 대한 숭배 등이 포함된다.

이 모든 병폐가 청교도들에게서 비롯되었다는 억측이 너무나 당연시되는 나머지, 사람들이 흔히 말하는 청교도 윤리가 16, 17세기에 청교도들이 일에 관해 실지로 믿었던 내용과는 여러 면에서 완연히 다르다고 한다면 큰 충격을 받을 지경이 되었다. 지난 300년 동안 서구 문명은 초기 청교도들이 지녔던 노동 윤리를 세속적으로 뒤틀어 놓은 내용에 의해 지배받아 왔다. 그러므로 나는 청교도들이 지녔던 신념에 대한 연구를 현대인들이 수박 겉 핥기 식으로 알고 있지만 실제로는 오해하고 있는 주제들을 다루는 데서부터 출발하고자 한다.

배경 : 성속 구별

청교도들이 어떤 태도로 일을 대했는지 알려면, 그들이 무엇에 대해 반대 입장을 취했는지 그 배경을 살펴보면 된다. 수세기 동안 일을 "거룩한" 일과 "속된" 일 이렇게 두 범주로 나누는 관습이 있었다. 거룩한 일은 종교적인 전문가 집단이 하는 일이었다. 나머지 다른 모든 일은 속되다는 낙인을 받았다.

이렇게 일의 성속(聖俗)을 가르는 습관은 심지어 유대인의 탈무드에서도 찾아볼 수 있다. 서기관의 관점에서 쓴 흔적이 역력한 한 기도문을 잠시 보도록 하자.

> 오 여호와 나의 하나님, 저에게 저자 거리에 앉은 사람들이 아니라 배움의 집에 앉은 사람들과 더불어 분깃을 주시니 감사하나이다. 저도 그들도 모두 아침 일찍 일어나 일하지만, 저는 토라의 말씀에 의거하여 일하나 저들은 덧없는 것을 위해 일하나이다. 저에게도 염려가 있고 저들에게도 염려가

있으나 저는 염려함으로 유익을 얻으나 저들은 염려하지만 아무 유익도 얻지 못하나이다. 저도 달리고 저들도 달리지만, 저는 장차 올 세대의 생명을 향해 달리지만, 그들은 멸망의 구덩이를 향해 달리나이다.[1]

이같이 일에 성속을 두는 구분법은 중세 로마 가톨릭에서 아예 두드러진 특징으로까지 자리 잡았다. 이런 태도는 이미 4세기에 유세비우스(Eusebius)에 의해 틀이 잡혔다. 그는 이렇게 말한다.

> 그리스도의 율법이 그분 교회에 허락하신 두 가지 삶의 방식이 있는 바, 하나는 범상을 초월하고 범부(凡夫)들의 삶을 훌쩍 뛰어넘는 것이다……이것은 사람들의 일반적인 인습적인 생활과는 전체적으로, 또 영원히 구별된 것으로서 오직 하나님을 섬기는 데 드려진 삶이다……그러므로 이런 삶이야말로 그리스도인이 살아야 할 가장 완벽한 형태의 삶이다. 그 다음으로는 훨씬 비천하고 인간적이기 때문에…… 종교뿐 아니라 농사, 장사, 그리고 다른 세속적인 관심에 눈을 돌릴 수 있게 하는 삶이 있다……한 등급 낮은 경건이 그들의 몫이다.[2]

---

[1] Joachim Jeremias, *Rediscovering the Parables*(New York : Scribner, 1966), p. 113에서 인용.

[2] *Demonstratio Evangelica*[Forrester, p. 42]. 포레스트는 이렇게 논평한다. "내가 보기에 성속(聖俗)은 정도가 아니라 종류 차이에 관한 문제라고 생각한다. 수도원이나 수녀원에서 '소명'을 받은 종교적인 사람은 완벽을 추구하고(전적으로는 아니더라도) 주로 명상에 전념한다. 반면 가정에서, 시장에서 그리고 밭과 바다에서는 다른 사람들이 이 세상과 노동이라는 바퀴가 계속 굴러가도록 애쓴다. 그들은 공연히 영적으로 2류의 삶을 영위한다는 비난을 받는다"(p. 45). 포레스트가 지적한 것처럼, 평범한 노동을 신성하게 여기려는 간헐적인 시도가 있었지만(그중에서도 아시스의 프란시스를 손꼽을 수 있다), 이런 견해는 중세 가톨릭에서는 지배적인 입장이 되지 못했다.

그러나 이 성속 이분법은 청교도들이 노동 이론의 출발선으로 삼기를 거부했던 바로 그것이었다.

모든 합법적인 노동은 신성하다

목사, 수도사, 그리고 수녀들이 가정 주부나 점원보다 더 거룩한 일에 종사한다는 개념을 뒤엎은 사람은 다른 누구보다도 마틴 루터였다.[3] 칼빈은 이 주장에 재빨리 그의 목소리를 실었다.[4] 청교도들은 만장 일치로 루터와 칼빈의 영도(領導)를 따랐다.

종교 개혁자들처럼 청교도들도 성속 이분법을 거부했다. 윌리엄 틴데일은 설혹 "설거지와 하나님 말씀 전파 사이에 차이가 있다"고 외형만을 따져 볼지도 모르나, "하나님을 기쁘시게 한다는 점에서는 아무런 차이가 없다"[5]고 말했다. 윌리엄 퍼킨즈도 동의한다. "양떼를

---

[3] 예를 들어 루터는 이렇게 주장했다. "하녀가 요리와 청소를 하고 집안 일을 할 때, 하나님의 명령으로서 그 일을 한다면, 그렇게 하찮은 일도 수도사들과 수녀들이 행하는 성결과 금욕의 일을 압도하는 섬김과 봉사의 일로 칭찬받아야 한다."(*Works* [Forrester, p. 148]). 다시금 말하지만, "집안 일은 거룩함과는 도무지 상관이 없어 보인다. 그러나 집안에 관계된 일은 수도사들과 수녀들이 하는 일보다 훨씬 더 바람직하다……얼핏 세속적으로 보이는 일조차도 하나님을 예배하는 일이 될 수 있고 하나님을 기쁘시게 하는 순종이 될 수 있다"(Commentary on Gen. 13 : 13). 더 나아가서, "당신이 하는 일은 매우 신성한 일이다. 하나님은 그 일을 기뻐하시고, 그 일을 통하여 당신에게 축복 내리려 하신다"(Exposition of Ps. 128 : 2 [Plass, 3 : 1493]).

[4] 칼빈은 이렇게 썼다. "세속적인 일들을 멀리하고 묵상에 침잠함으로써 천사와 같은 삶을 영위할 수 있다고 생각하는 사람들은 오류를 범하고 있는 것이다……우리는, 사람이 부지런히 노동하도록 창조받은 존재이고 자기 소명에 열중하고 어떻게 공동선을 위해 살 수 있는가를 부지런히 살피는 일만큼 하나님을 기쁘시게 하는 제사가 없음을 잘 알고 있다"(Commentary on Luke 10 : 38).

[5] *The Parable of the Wicked Mammon*[Louis B. Wright, *Middle-Class Culture*, p. 171]. 토머스 쉐퍼드는 이렇게 썼다. "그대가 그리스도를 위해 세속적인 일에 종사하는 모습을 볼 때, 그대가 이 세상의 조야하기 이를 데 없는 일을 통해서 하나님을 영화롭게 하고 있음을 간파할 수 있다. 그대가 묵상, 기도, 또는 다른 영적인

돌보는 행위가……하나님 앞에서 선한 직무이듯이 언도를 내리는 재판관, 또는 목민(牧民)의 일을 하는 지사, 설교를 하는 목사의 행위 역시 그렇다."⁶ 거룩한 일과 속된 일이라는 이분법을 거부한 청교도들의 몸짓은 아주 큰 파문을 몰고 왔다.

그들은 이분법을 거부함으로써 모든 직임에 그 나름의 가치가 있음을 일깨우고, 모든 직업과 그리스도인의 영적 생활을 통합시켰다. 그들은 모든 직업이 하나님을 영화롭게 하고 그분을 순종하며(봉사를 통하여), 이웃 사랑을 나타내는 장(場)임을 분명히 함으로써 직업에 필연성을 불어넣었다. 그래서 휴 래티머는 그리스도께서 보이신 모범에서 모든 노동의 고귀함을 발견했다.

> 세상의 구세주, 왕 중 왕이신 이가 노동, 그것도 비직(卑職)을 부끄러워 아니하셨다는 말은 실로 경이롭다. 이로써 그분은 모든 직업을 정결하게 하셨다.⁷

존 도드(John Dod)와 로버트 클리버(Robert Cleaver)는 "지극히 높으시고 존귀하신 하나님께서 정직한 장사를 멸시하지 않으시

일에 매달릴 때보다도 훨씬 더 하나님을 영화롭게 하고 있다"(*Works* [Edmund Morgan, *Puritan Family*, pp. 70-71]).

⁶ *Works* [Davies, *Worship and Theology*……1534-1603, p. 66]. 퍼킨즈는 또한 이렇게 썼다. "금식과 기도에만 열중하고 인간사에서 뚝 떨어져 살기 때문에 완전함을 구가하며 살고 있다고 자위하는 수도사들의 주장은 말이 되질 않는다. 오히려 이런 수도원적인 생활은 저주에 가깝다. 모든 그리스도인들에게 일반적으로 부과된 금식과 기도의 의무 말고도, 모든 개인은 특별하고 구체적인 소명을 가짐으로써 사회에 선량하고 유익한 성원과 지체가 된다"(*A Treatise of the Vocations or Callings of Men*[Edmund Morgan, *Political Ideas*, p. 52]).

⁷ *The Third Sermon Upon the Lord's Prayer* [Louis B. Wright, *Middle-Class Culture*, p. 174]. 루터는 우리가 모든 일을 하나님을 섬기는 행위로 본다면, "모든 세상에 하나님을 섬기는 일이 아닌 것이 없을 것이고, 교회뿐 아니라 집까지, 부엌, 광, 작업장, 논과 밭까지도 하나님을 섬기는 장소가 될 수 있다"는 견해를 나타냈다(Sermon on Matt. 6:24-34 [Plass, 2:560]).

니……그것을 구차하게 생각 말 것이요 오히려 그분의 축복으로 관(冠) 씌울 일이다"[8]라고 말했다.
 모든 노동이 존귀하다는 청교도들의 확신은 평범한 일들을 거룩하고 영광스러운 일로 만드는 데 결정적으로 일조했다. 존 코튼은 평범한 생활과 평범한 일을 거룩한 것으로 만드는 그리스도인의 믿음에 관해 말한 적이 있다.

> 믿음은……아주 거칠고 힘든 일도 자기 소명으로 알고 감당하도록 힘을 준다……세상적인 마음을 지닌 사람으로서는 그런 거친 일에 어찌 종사할 수 있을까 비참하기만 하다. 그러나 우리를 소명으로 인도하는 믿음은 혹 거친 직종에 종사해야 한다면, 그것을 담당하도록 용기를 불어넣어 준다……믿음은 소명 때문이라면 어떤 거친 일이라도 받아들일 수 있게 붙들어 준다. 그러나 세상적인 마음을 지닌 사람은 거친 일이라는 말만 나와도 얼굴을 붉힐 것이다.[9]

 윌리엄 퍼킨즈는 "비록 집안 청소나 양치기 등의 하찮은 일이라 할지라도 어떤 소명으로라도"[10] 하나님을 섬길 수 있다고 천명했다. 나다니엘 매더(Nathaniel Mather)는 하나님의 은혜로 "아무리 작은 일일지라도 모든 활동이 영화(靈化)된다. 이를테면 아내와 아이를

---

[8] *A Godly Form of Household Government* [Walzer, p. 214].

[9] *Christian Calling* [Miller/Johnson, 1 : 322-323]. "우리 구주 그리스도께서는 목수이셨다. 그러므로 모든 사람은 평범한 소명과 직업을 통해서……그분을 따르는 일을 가볍게 보지 말아야 한다"라고 래티머는 설교했다(*Sixth Sermon Preached before King Edward VI* [Green, p. 70]).

[10] *Treatise of the Vocations*……[Edmund Morgan, *Political Ideas*, p. 51]. 퍼킨즈는 다른 곳에서 이런 글을 남겼다. "하나님께서는……일이 아니라, 일하는 사람의 중심을 보신다." 그러므로 일상의 일은 "아무리 천하게 보이는 일일지라도 모두 거룩하고 신성하다"(*Works* [George, pp. 138, 139]).

사랑하는 일도 은혜를 드러내는 활동이 되고, 먹고 마시는 일도 순종의 일이 되므로 하나님 앞에서 지극히 고귀한 일이 되는 것이다"[11]라고 말했다.

청교도들에게 삶의 모든 영역은 하나님과 관련되어 있다. 그들의 모든 목표는 매일 하는 일을 하나님을 향한 종교적인 헌신과 통합시키는 것이었다. 리처드 스틸(Richard Steele)은 "하나님의 임재와 축복을 가장 담대하게 기대할 수 있는 곳"[12]은 바로 가게라고 주장했다. 청교도들은 "거래의 절차 하나하나가 성결할 수 있다"[13]는 가능성을 제고(提高)함으로써 하루하루 살아가면서 하는 일을 대하는 태도에 혁명을 일으켰다. 존 밀턴(John Milton)은 저 유명한 아레오파지티카(Areopagitica, 존 밀턴이 1644년 영국 국회에 제출한 탄원서. 자유 출판과 자유 토론을 청원하는 내용 - 역자주)에서 자기가 믿는 종교는 집에 모셔 놓고 "하루 종일 종교의 가르침과는 상관없는 방법으로 장사하는" 상인을 풍자했다. 토머스 게이테커(Thomas Gataker)는 성속이 서로 마찰하거나 충돌하지 않음을 이런 글로써 밝혔다.

> 어떤 사람이 그리스도인으로 부르심을 받았을 때……모든 세상 직업일랑 당장 벗어버리고……오로지 기도와 묵상에 전념해야 한다고 생각해서는 안 된다. 오히려 다른 일들과 더불어 소명을 붙들고, 다른 일들과 동시에 소명을 좇아야 한다.[14]

---

[11] *A Sermon* ……[Elliott, p. 179].
[12] *The Tradesman's Calling*[Tawney, p. 245]. 칼빈은 이렇게 말했다. "하나님의 영광과 연관되지 않고 무의미하게 내버려진 삶의 영역 또는 행위란 존재하지 않는다"(Commentary on 1 Cor. 10 : 31).
[13] Steele, *The Tradesman's Calling*[Kitch, p. 115].
[14] *Sermons*[Kitch, p. 155].

청교도들의 목표는 하나님을 섬기는 것이었다. 그러나 단지 이 세상의 어떤 노동에 갇혀서만이 아니라 그 노동을 통해서이다. 존 코튼의 글에서도 같은 사상이 엿보인다.

> 진정으로 믿는 그리스도인은……믿음으로 자기 소명을 따라 산다. 영적 생활뿐 아니라 이 세상에서 시민적인 생활까지, 아니 더 나아가서 모든 생활을 하나님의 아들을 믿는 믿음으로 산다. 믿음이 있다고 해서 삶의 의무에서 면제되지는 않는다.[15]

그리고 코튼 매더는 이렇게 말했다.

> 그리스도인은 어떤 일에 종사하는가뿐 아니라 어떻게 종사하느냐에 관해서도 신뢰를 얻어야 한다. 그리스도인이 직업을 가지고 있다는 것만으로는 충분하지 않다. 그 직업을 그리스도인답게 수행하는 일에 마음을 써야 한다.[16]

삶의 모든 활동을 하나님 앞에서 하는 일로 강조한 청교도들이기에, 17세기 말엽 출간된 소책자 바울, 장막짓는 사람(*St. Paul the Tentmaker*)에서 개신교 운동이 "세속적인 직업에 종사하는 즐거움"[17]을 한층 더했다고 지적했다 하더라도 전혀 이상한 일이 아니다.

청교도들의 소명관

모든 일이 성결하다는 천명과 더불어 청교도들이 강력하게 주장한

---

[15] *Christian Calling* [Miller/Johnson, 1 : 319].
[16] *A Christian at His Calling* [McGiffert, p. 124].
[17] Hill, *Society and Puritanism*, p. 136에서 인용.

두번째 항목은 하나님께서 모든 사람을 불러 천직을 맡기셨다는 것이다. 모든 그리스도인들은 저마다 천직을 가지고 있다는 것이 청교도들의 주장이다. 천직을 따름은 곧 하나님께 순종하는 것이다. 이런 자세는 노동이 하나님께 대한 응답이라는 일대 파장을 일으켰다.

애초부터, 선택과 섭리 등의 교리들을 강조한 청교도들로서는 모든 사람이 일과 관련하여 소명을 갖는다는 주장을 하기가 쉬웠다. 청교도 목사 리처드 스틸은 이렇게 썼다.

> 하나님께서는 모든 남녀가……이 세상에서 특정 직업을 가짐으로 그들 자신뿐 아니라 공동선을 위하면서 그분을 섬기도록 부르신다……이 세상의 주관자께서는 모든 사람을 적재 적소에 두셨다.[18]

윌리엄 퍼킨즈는 그의 고전적인 저작 사람의 소명 또는 부르심에 관한 논문(*Treatise of the Vocations or Callings of Men*)에서 다음과 같이 말한다.

> 소명 또는 부르심이란 일종의 생활 자세로서 공동선을 위해 하나님께서 사람에게 위임 또는 부과하신 것이다…… 각계 각층, 남녀 노소, 빈부 귀천을 막론하고 모든 사람은 개인적이고 구체적인 부르심을 받았기 때문에 그것을 준행해야 한다.[19]

소명 교리는 미국 청교도에서 조금 더 부각된다. 코튼 매더는 "모든 그리스도인은 예외 없이 소명을 갖는다. 다시 말해서, 그리스도인이 필생의 과업으로 알고……진력해야 할 각별한 사업이 있다는 것이다. 그리고 이렇게 할 때 하나님을 영화롭게 할 수 있다."[20]고 말했다. 존

---

[18] *The Tradesman's Calling*[Tawney, pp. 240, 321].
[19] Edmund Morgan, *Political Ideas*, pp. 36, 51.

코튼도 비슷한 말을 남겼다.

> 믿음은 우리 마음을 확실한 소명을 따라 살도록 자극한다. 우리가 하나님과 그분이 은혜 베푸시는 방법을 바라보자마자, 확실한 소명과 직업을 발견하려는 노력을 경주하기 시작한다.[21]

청교도적 소명 개념이 끼친 영향 중의 하나는, 일하는 사람을 하나님을 섬기는 청지기가 되게 했다는 점이다. 사실 하나님은 사람들에게 일을 맡겨 주시는 분이다. 이렇게 본다면 일과 인격을 별개로 취급한다는 것은 도저히 있을 수 없다. 더구나 일의 중요성은 일 자체에 있지 않다. 그것은 하나님과 일하는 사람이 맺고 있는 인격적 관계를 겉으로 드러내는 수단이다. 어떤 청교도 문헌에는 "우리의 소명이 무엇이든, 그 소명 안에서 주 예수 그리스도를 섬긴다"[22]라는 대목이 나온다. 리처드 스틸은 일을 청지기직으로 보았다. 그는 이렇게 말한다.

> 당신에게 재능을 주신 분께서 또한 이렇게 말씀하신다. "내가 올 때까지 진력하라!" 어찌 진종일 게으름을 피울 수 있으리? …… 당신이 하고 있는 장사가 당신이 지켜야 할 본래의 자리이다.[23]

퍼킨즈는 이렇게 썼다. "하나님께서는 모든 사람에게 특별한 소명을 지워 주시는 대장(大將)이시다…… 그분 자신이 소명을 창시하신

---

[20] *A Christian at His Calling* [McGiffert, p. 123].
[21] *Christian Calling* [Miller/Johnson, 1 : 319].
[22] John Dod and Robert Cleaver, *Ten Sermons*……[Davies, *Worship and Theology*……*1534－1603*, p. 66].
[23] *The Tradesman's Calling*[Tawney, p. 245].

분이요 시작이시다."²⁴
 하나님께서 사람들을 불러 일을 맡기시는 분이라면, 그런 일은 그 분에 대한 봉사일 수 있다. 존 코튼은 이렇게 표현했다.

> 사람을 섬김으로써 그리스도를 섬기는 사람은……마치 하나님 앞에서 그 일을 하듯이 신실하게, 그리고 마치 하나님의 일을 하듯이 일한다. 그러므로 그는 하나님께서 그의 길과 일을 인정하실 것임을 알기에 마음 편히 일한다.²⁵

청교도들이 보기에 받은 바 소명을 행한다 함은 곧 하나님 앞에서 일한다는 뜻이다. 코튼 매더는 "자기 소명을 따라 일할 때 하나님을 의식하며, 자기 직업을 행할 때 그리고 그분의 감독을 두려워하며 일할 때 그가 바로 하나님과 동행하는 그리스도인이다"²⁶라고 역설했다.
 그리스도인의 소명 교리가 가져다 준 또 다른 현실적인 결과는 직업에 만족을 느끼게 했다는 것이다. 그리스도인의 소명이 하나님께로부터 나왔다면, 그런 믿음 속에는 자기 직무를 어떻게 받아들일 것인가에 관한 전략이 처음부터 들어 있을 것이다. 코튼 매더는 이렇게 쓰고 있다.

> 그리스도인은 자기 직업에 만족해야 한다……그가 자기 직업에 지극히 만족할 수 있다는 것은 하나님께서 그에게

---

²⁴ *Treatise of the Vocations*……[Edmund Morgan, *Political Ideas*, p. 37].
²⁵ *Christian Calling* [Miller/Johnson, 1 : 322].
²⁶ *A Christian at His Calling* [McGiffert, p. 127]. 이것은 마태복음 6장을 설교하면서 루터가 남긴 말의 반향(反響)이라고 볼 수 있다. "하늘에 계신 여러분의 아버지께서……그것을 보고 계심에 만족하라. 모든 그리스도인의 삶은 오로지 하나님께서 보시기에 좋도록 의도되었을 뿐이다……그러므로 우리 행동은 그것을 보시는 분에게 기쁨을 드리고 그분을 영화롭게 하는 것으로 충분하고 족하다"(Sermon on Matt. 6 : 16-18 [Plass, 1 : 241]).

각별한 은총을 덧입히신 까닭이다……이래도 당신이 하는 일이 어렵고 구차하게만 느껴지는가? 어려움 가운데서도 만족하는 태도는 당신을 지금 그 자리에 두신 하나님께 영예를 돌리는 행동에서 결코 빠지지 않는다.[27]

한 젊은 청교도가 23번째 생일을 맞아서 쓴 시에는 청지기 됨, 그리고 만족의 근거가 되는 소명감이 아름답게 조화를 이루고 있다. 밀턴이 지은 7번째 소네트(sonnet, 14행으로 이루어진 영어 율시-역자주)는 그 나이에 이르기까지 별로 이룬 것이 없는 자신을 책망하는 내용으로 시작된다. 그러나 시의 말미가 제시하는 경구(警句)가 전하는 위로는 다분히 청교도적이다.

만일 내가 그런 은혜를 입었다면,
언제나 만사는 일을 맡기시는, 광대하신 주인의 눈 앞에 있는 것을.

이 행들을 가장 설득력 있게 객관적으로 해석하자면 이렇다. "가장 중요한 것은 내가 그 위대한 주인의 목전에서 살고 있음을 항상 의

---

[27] *A Christian at His Calling* [McGiffert, p. 127]. 루터나 칼빈은 사람의 소명에 대해서 즐겨 말했다. 루터는 이렇게 썼다. "그렇게 나쁜 일은 없다……오히려 그 일이 하나님을 기쁘시게 한다는 사실을 알고 확신을 가질 때 점점 더 즐겁고 견딜 만한 일로 바뀐다"(*The Estate of Marriage* [Luther, *Works*, 45 : 49]). 칼빈은 하나님의 소명을 확신하는 데서 나오는 만족에 대해서 이렇게 논평했다. "우리는 염려하고 수고를 겪으며, 온갖 귀찮음과 부담을 지고 산다. 그러나 이 모든 것들이 하나님의 오묘하신 뜻 아래 있음을 알면 그렇게 마음이 가벼워질 수 없다……모든 사람은 각자 어떤 형편에 처한다. 이때 하나님이 이런 짐을 지우셨음을 깨닫고 나면 아무런 불평 없이 불편과 근심, 질고와 염려를 참아낼 수 있다. 당신에게 맡겨진 소명을 묵묵히 따르는 것 역시 적잖은 위로가 된다. 너무 하찮고 지저분해서 하나님이 보시기에 아무런 위엄도 없고 가치도 없는 일은 없다"(*Institutes of the Christian Religion*, 3. 10. 16).

식하며 시간을 쓸 수 있는 은혜를 입었다는 사실이다." 밀턴은 분명 그 자신을 하나님 앞에 책임 있는 존재로 보았기 때문에, "광대하신 주인"이라는 경구적인 표현에 하나님을 사람들을 불러 책임을 맡기시는 분으로 보는 청교도적 인식이 완연히 나타난다.

모든 사람들이 소명을 받았다면, 어떻게 자기 소명이 무엇인가를 알 수 있을까? 청교도들은 소명을 발견하는 방법을 발전시켰다. 그리고 결코 그 과정을 신비의 안개 속에 놓아 두지 않았다. 하나님께서 "만년(晩年)에" 직접 사람들을 부르시는 법은 거의 없을 뿐더러, 하나님께 계시를 받았다 주장하는 어떤 사람도 "비범한 은사와 자질을 보여야 할 것이요, 만약 그렇지 않다면 기만과 몽상에 지나지 않는다"[28]라고 말한 이는 리처드 스틸이었다.

청교도들은 "내적 자질과 경향", "사람을 이끌어······ 저 길이 아닌 그 길로 가게 하는 외적 환경", "부모, 후견인, 그리고 어떤 경우에는 정치 지도자들의" 충고, 또한 "본성, 교육, 혹은······ 천부적인 은사"[29]와 같은 요인들에 더 믿음을 두었다. 그러나 그들은 바른 소명을 찾기만 한다면, 하나님께서 그를 능하게 하셔서 그 일 감당하기에 부족이 없게 하심 또한 믿었다. "하나님께서 어떤 자리로 부르실 때에는, 필시 그 자리에 맞는 은사를 주셨을 것이다."[30]

청교도들은 소명에 충실해야 함을 굳게 믿었다. 천직이란 가볍게 결정할 것도, 쉽게 포기할 것도 아니었다. 어려서부터 시인의 소명을 강하게 느꼈던 밀턴은 이렇게 썼다. "각 사람의 본바탕을 잘 관찰해야

---

[28] *The Tradesman's Calling* [Kitch, p. 158].

[29] 이런 제안은 차례로 다음과 같은 사람들이 했다. William Ames, *The Marrow of Theology*, pp. 322-323 ; Richard Steele, *The Tradesman's Calling*[Kitch, p. 158] ; Thomas Dudley to John Woodbridge[Foster, p. 100].

[30] John Cotton, *The Way of Life* [Edmund Morgan, *Puritan Family*, p. 72]. 사무엘 윌라드는 올드 사우스 교회에서 이렇게 말했다. "하나님께서는 반드시 합당한 사람을 어떤 봉사의 일에 부르십니다. 그러므로 우리는 우리의 소명을 판단할 수 있는 기준을 가지고 있습니다"(Boston Sermons[Edmund Morgan, *Puritan Family*, p. 72]).

하고, 무리해서 다른 방향으로 뒤틀려고 하지 말아야 한다. 왜냐하면 모든 사람이 너나없이 한 가지 일에만 종사하는 것을 하나님이 원하지 않으시고, 도리어 각 사람에게 그가 할 일을 주시기 때문이다."[31] 리처드 스틸은 "균형 잡힌 건전한 이성으로 그것을 숙고하지 않고 소명 또는 삶의 방편"을 선택하는 것은 "언어 도단, 어불성설"[32]이라고 주의를 주었다. 존 코튼은 직업 선택의 조건으로 재능을 강조했다.

> 소명을 확실하게 결정하는 또 다른 요소는 하나님께서 소명을 위해 은사를 주셨는가 여부이다……하나님께서는 고린도전서 7 : 17에서 말씀하신 그대로 사람을 소명으로 이끄신다…….
> 하나님께서 내게 어떤 위치를 주실 때에는, 거기에 맞는 어떤 은사를 주신다. 특히 그 위치가 내게 잘 맞고 내가 지닌 은사와도 잘 맞을 때에는 더욱 그렇다. 왜냐하면 하나님께서……내가 지닌 은사가 최대로 발휘되게 해주실 것이기 때문이다.[33]

한편 청교도들의 소명관은 마음 내키는 대로 이직(離職)하는 행태에 제한을 가한다. 대부분의 청교도들이 정당한 경우에라도 직업을 옮기지 못한다고 믿지는 않았지만, 그런 관행을 분명히 경계했다. 윌리엄 퍼킨즈는 "마땅히 이행해야 할 의무를 인내로써 행하라"고 말했고, "야심, 시기, 조바심"을 경계했다.

이때 그는 "다른 사람이 나보다 더 나은 소명과 조건을 가지고 있

---

[31] *Commonplace Book* [*CPW*, 1 : 405].
[32] *The Tradesman's Calling* [Tawney, p. 241]. 타우니는 이렇게 주장한다. "소명은 개인에게 억지로 떠넘겨진 환경이 아니다. 그것은 불요 불굴의 정신으로 반드시 쟁취해야 할, 그러나 하나님의 섭리와 인도 아래 있는 필생의 사업 같은 것이고, 각자가 자기 자신을 위해 엄숙한 책임 의식을 가지고 선택해야 할 일이다"(p. 241).
[33] *Christian Calling*[Miller/Johnson, 1 : 320].

다고 생각할 때……찾아오는 시기는……흔한 죄로서, 공동의 행복에
분란을 일으키는 원인이 된다"[34]고 경계하는 일을 빠뜨리지 않았다.
코튼 매더 역시 동의한다.

> 그리스도인은 만족스럽게 자기 직업을 수행해야 한다. 그
> 리스도인은 소명을 함부로 저버려서는 안 된다……많은 사
> 람들이 단지 탐심과 불만 때문에 자기 업을 버리고 있다.[35]

요약하자면, 청교도들의 소명관은 사람에게 임무를 주시는 하나님
의 섭리, 하나님의 청지기라는 의식의 구현으로서의 일, 자기 직무에
만족함, 그리고 자기 천직에 충실을 기함 등 여러 개념과 종횡으로
연결되어 있다. 이 모든 것들이 존 코튼의 권면에 훌륭하게 녹아 들어
있다. "그대의 소명으로 하나님을 섬기라. 당당하고 충성되게, 또한
천국 시민의 심정으로 그것을 행하라."[36]

노동의 동기와 보상

지난 300년 동안 소위 "청교도 노동 윤리"라고 전해 내려온 것과
노동의 동기와 목표에 관한 청교도들의 신념은 신중하게 구별되어야

---

[34] *Works* [George, p. 135]. 칼빈은 이런 생각을 가지고 있었다. "각자는 자기 소명에 만족해야 한다. 그리고 그것을 굳게 잡고 섣불리 바꿀 생각을 하지 말아야 한다." 그리고 고린도전서 7 : 20에서 바울이 아래와 같은 내용을 소원했다고 덧붙여 말한다. "바울은 정당한 이유 없이 상황을 변개하려는 사람들의 철없는 생각을 바로 잡아 주려고 했고, 자기 분수에 만족하지 못하도록 하는 갈팡질팡하는 마음을 나무랐다"(Commentary on 1 Cor. 7 : 20). 루터 역시 "변덕스럽고 소신이 없이 자기 일에 전념하지 못하는 사람들을 꾸짖었다"(Sermon on 1 Peter 4 : 8-11 [Plass, 3 : 1497]).

[35] *A Christian at His Calling*[McGiffert, p. 127].

[36] *Christian Calling*[Miller/Johnson, 1 : 326].

한다. 벤자민 프랭클린(Benjamin Franklin)이 노동의 목표로서 부에 관하여 세속적인 잠언을 우리 시대, 즉 산업 거인들이 나타나 그들의 성공은 하나님께 선택된 때문이라고 공언하고 다니게 된 20세기를 바라보며 말한 때부터, 우리 문화는 노동을 주로 부와 자산을 얻는 수단으로 보게 되었다. 이렇게 세속화한 노동 윤리가 청교도들과 그들의 선두주자인 칼빈의 작품으로 알려지게 되었고, 청교도 윤리는 노동의 궁극적인 보상인 부와 경건의 표식인 번영에 뿌리를 둔 윤리라는 정의가 받아들여지게 되었다.

정말 청교도들은 이런 윤리를 신봉했는가? 청교도 이론에 의하면, 노동의 보상은 영적이고 도덕적인 것, 다시 말해서 하나님께 영광을 돌리고 사회에 유익을 주는 일이었다. 리처드 스틸은 이 점을 적절하게 지적했다. "당신은 하나님을 위해 일하고 있다. 틀림없이 그분은 당신 마음이 흡족하도록 상을 내리실 분이다."[37] 그리고 그 상급이 도덕적이고 영적이라는 점은 청교도들의 언급을 통해서 깨끗하게 드러난다.

윌리엄 퍼킨즈는 이렇게 주장했다.

> 삶의 근본 목적은……사명으로 받은 일을 통해 사람들에게 봉사함으로 하나님을 섬기는 것이다……어떤 이들은 이렇게 말할지도 모른다. 우리가 가족의 생계를 유지하기 위해 부르심을 좇아 노동해서는 안 되는가? 그러면 나는 이렇게 대답한다. 그 일을 해야 한다. 그러나 그것이 우리 삶의 한계와 목적이 되어서는 안 된다. 삶의 진정한 목적은 사람에게 봉사하는 가운데 하나님을 섬기는 생활에 있다.[38]

---

[37] *The Tradesman's Calling*[Kitch, p. 115]. 루터는 이와 비슷한 이론을 전개했다. "노동은……하나님을 섬기기 위해, 게으름을 방지하기 위해, 그리고 그분의 명령을 준행하기 위해 수행되어야 한다"(Sermon on the Fourth Petition of the Lord's Prayer [Plass, 3 : 1494]). 칼빈은 "사람은……공동선을 위해 바쁘게 노동하도록 지음받았음을 안다"고 했다(Commentary on Luke 10 : 38).

동판화, 밧줄 만드는 사람과 제화공(製靴工). 조안 코메니우스 작(Johann A. Comenius). Orbis Sensualium Pictus. 폴저 셰익스피어 도서관의 호의를 입어 실음(Wing C5525 p. 166)

존 프레스톤(John Preston)은 "자기 유익이 아니라 다른 사람의 유익을 위해"[39] 노동해야만 한다고 말했다.

리처드 백스터 역시 일이 영적, 도덕적 목적을 가지고 있다는 데 동의한다.

그는 일의 목적이 "하나님께 순종하고 다른 사람들에게 선을 행하는 것"이라고 말하기를 주저하지 않는다. 게다가 "공공 복지, 또는 많은 사람의 유익이 나 자신의 유익보다 훨씬 가치 있고 중요하므로, 모든 사람들은 할 수 있는 대로 다른 사람들에게 갖가지 유익을 끼쳐야 할 의무를 진다. 특히 교회와 국가 사회에 대해서 그렇다." 일해서 재물을 모을 수 있다면, 그 재물로 "곤궁한 형제들을 구제하고,

---

[38] *Treatise on the Vocations*……[Edmund Morgan, *Political Ideas*, pp. 56-57]. 윌리엄 틴데일은 사람이 "자기 재주와 직업을, 전체를 부요하게 하고 그리스도께서 그렇게 하셨듯이 형제를 섬기기 위해 써야" 한다고 말한다(*The Parable of the Wicked Mammon* [Louis B. Wright, *Middle-Class Culture*, p. 172]).

[39] *The New Covenant* [George, p. 137].

교회와 국가를 위해 선한 사업을 더 원활히 도모할 수 있다."⁴⁰

미국 청교도들 역시 동일한 견해를 가지고 있었다. 코튼 매더에 따르면 사람이 소명을 따라야 할 이유는 "다른 사람을 위해 선을 행하고 그 자신을 위해 좋은 것을 얻음으로써 하나님을 영화롭게 하기 위함"⁴¹이다. 그리고 여기서 멈추지 않는다.

> 하나님께서는 인간을 사회적 존재로 만드셨다. 그래서 우리는 인간 사회에서 어떤 유익을 얻을까 기대한다. 그러나 인간 사회 역시 우리에게서 유익을 얻기를 기대한다. 우리는 하나님께서 세우신 질서에 따라 우리를 고용한 특정 직업을 수행함으로써 인간 사회에 유익한 자가 된다.⁴²

존 코튼은 우리는 소명을 통해서 "우리 자신뿐 아니라 공공의 유익을 추구한다……따라서 믿는 이는 자기 소명이 자신의 유익뿐 아니라 다른 사람들의 유익을 위해 봉사하지 않는 한 그가 소명을 제대로 찾았다고 생각하지 않아야 한다"⁴³고 진술했다.

이런 진술이 지닌 가치는 하나님, 사회, 그리고 자아를 소명의 실천 안에 하나로 묶었다는 점이다. 자기 유익을 전적으로 부인하지는 않지만, 그것이 곧 일의 보상이라는 도식은 성립하지 않는다.

청교도들은 노동의 목적을 영적이고 도덕적인 데 둠과 아울러 다음과 같은 목표들이 직업 선택을 좌우하는 요인이 되어야 한다는 논

---

⁴⁰ *A Christian Directory* [Perry, pp. 307, 315]. 리처드 스틸은 "사람들은 자기 자신과 공동선을 위해" 소명을 받는다고 말한다(*The Tradesman's Calling*[Tawney, p. 240]).

⁴¹ *Two Brief Discourses* [Perry, p. 312].

⁴² *A Christian at His Calling* [McGiffert, p. 122].

⁴³ *Christian Calling* [Miller/Johnson, 1 : 320]. 1699년 보스턴에서 모인 목사들은 "인간 사회에 행복을 증진하는 이상 어떤 직업도 불법일 수 없다"고 하는 데 의견을 모았다(Cotton Mather, *Magnalia Christi Americana* [Edmund Morgan, *Puritan Family*, p. 71]).

리적 귀결을 내렸다.
리처드 백스터의 말이다.

> 하나님을 가장 잘 섬길 수 있는 직업 또는 사명을 택하라. 세상에서 돈을 많이 벌거나 영예를 얻을 수 있는 직업이나 사명을 선택하지 말라. 가장 많이 선을 행할 수 있고 가장 덜 죄 짓는 쪽을 택하라.[44]

백스터는 다른 곳에서 직업 또는 소명을 선택할 때, "하나님께 대한 봉사와 공공 선"을 우선 고려할 것이며, 따라서 "공공선에 이바지하는 소명을 선호할 일"이라고 말했다. 한걸음 더 나아가서 "두 소명이 똑같이 공공선에 기여할 때, 하나는 부자가 되는데 유리하고 다른 하나는 영혼을 살찌우는 데 좋은 소명이라면, 의당 후자를 택해야 한다."[45]

노동의 영적, 도덕적 보상에 관한 강조의 반대편에는 노동을 이기적인 야심을 채우는 수단으로 아는 사람들을 향해 퍼붓는 잦은 비난이 자리 잡고 있다. 많은 사람들의 생각과는 정반대로, 청교도들은 소위 자수 성가한 사람들을 그다지 대단하게 생각하지 않았다. 단, "자수 성가"란 말이 자기 노력으로 성공했다고 공언하고, 번 돈으로는 자신의 물질욕을 채우기에 급급한 사람들을 지칭하는 한에는 그렇다.

백스터는 야심에 찬 자기 과시에 대해 간단히 한마디했다. "부지런히 소명을 행한다는 명목 아래 세속적인 마음, 과도한 염려 또는 출세하려는 탐욕스러운 계획에 빠지지 않도록 주의하라."[46] 퍼킨즈는 이렇게 썼다. "저 자신만을 위하고, 하나님을 시종 비슷하게 만들어 버리는 사람은 악하다. 그는 소명의 목적에 정면으로 어긋나는 사람

---

[44] *A Christian Directory* [Green, p. 72].
[45] Ibid., p. 60
[46] Ibid., p. 59

이다."⁴⁷ 그리고 이어서 이렇게 말했다.

> 그들은 자기 삶과 소명을 지극히 속되게 만들어버린다. 그것들을 이용해서 영예, 쾌락, 이익, 세속적인 재물 등등을 얻으려고 한다. 그렇게 되면 하나님께서 보여 주신 것과는 다른 목적을 추구하고, 우리 자신을 섬기게 되며, 결과적으로 하나님이나 다른 사람들에게 봉사한다는 목표는 아스라이 사라진다.⁴⁸

초기 청교도인 휴 래티머는 "우리는 밤낮을 가리지 않고 욕심 사납고 탐욕스럽게 부를 구하는 사람들처럼 행하지 않을 수 있다"⁴⁹고 말했다.

성공, 하나님의 축복이지 노력의 대가가 아니다

일반적으로 청교도와 칼빈주의는 노동을 성공과 부를 가져다 주는 수단으로 여겼는가? 많은 사람들이 그렇다고 주장하는데, 나로서는 이들의 주장을 입증할 방도를 찾을 길이 없다. 칼빈주의는 자기 신뢰의 윤리를 가르치지 않는다. 일의 대가로 어떤 가시적인 보상이 주어진다면, 그것은 하나님의 은혜의 선물일 뿐이다.

칼빈 자신이 물질적인 성공이 언제나 노동의 결과가 된다는 생각을 부정했다. "일찍 자고 일찍 일어나면 건강하고 부자가 되며, 덤으로

---

⁴⁷ *Treatise of the Vocations* ······[Edmund Morgan, *Political Ideas*, p. 39]. 루터 역시 이 점에 대해 가볍게 이야기하고 지나갔다. "자기 소명과 이웃을 향한 봉사의 일에 받은 바 달란트를 사용하지 않는 사람들이 있다. 그들은 자기 영광과 유익을 위해서만 그것을 쓴다"(Sermon on 1 Peter 4 : 8-11 [Plass, 3 : 1497]).

⁴⁸ *Treatise of the Vocations* ······[Edmund Morgan, *Political Ideas*, p. 56].

⁴⁹ *A Sermon* ······[Louis B. Wright, *Middle-Class Culture*, p. 174].

총명해진다"라는 신조를 가졌던 사람은 초기 청교도들이 아니라 벤자민 프랭클린이었다. 칼빈주의적인 입장에서 보자면, 일만 한다고 해서 성공이 보장되는 것은 아니다. 하나님께서 일에 물질로 축복하신다 하더라도, 복을 가져다 주는 것은 인간의 공로가 아닌 그분의 은혜이다. 일찍이 칼빈은 "사람이 고역으로 헛되이 자기를 소모하고, 부를 얻으려는 욕심으로 굶기도 하여 자기를 지치게 한다. 그러나 부는 하나님께서만 주실 수 있는 은택이다"[50]라고 간파했다. 그리고 또다시 이렇게 말했다. "우리에게 어떤 권리가 있다는 생각이 헛되게 느껴질 만큼 그것을 멀리하라. 또한 '보상'이라는 단어가 불현듯 우리 마음에 떠오를 때마다, 우리에게 향하신 하나님의 선하심의 극치임을 자각하자."[51]

인간의 노력과 하나님의 축복하심의 관계에 관한 청교도들의 사고에서도 같은 정신이 고르게 스며 있다. 코튼 매더는 "직업을 통해 이익을 낸다. 그러나 이익을 가져다 주시는 분은 하나님이시다"[52]라고 말했다. 로버트 크로우리(Robert Crowley)는 런던에 있는 길드홀(Guildhall)에 모인 청중들에게, 오직 하나님만이 성공이라는 복을 주실 수 있으므로 탐심이나 고생스러운 노동이 그들을 부자가 되게 하지 못한다고 말했다.[53] 조지 스윈낙(George Swinnock)에 따르면,

---

[50] Commentary on Psalm 127 : 2. 루터는 이 본문을 이렇게 주해했다. "물론 그대는 노동해야 한다. 그러나 고작해야 자기 몸 하나를 위한다고 생각하면 그 노력은 허망하다······그대는 노동해야 한다. 그러나 오직 하나님께 속한 그대를 지지하고 유지하는 일을 위해서 노동하라"[Plass, 3 : 1496].

[51] Commentary on Luke 17 : 7. 루터는 같은 맥락에서 이렇게 썼다. "경건하지 않은 사람은 부가 찾아왔을 때 그것을 자기 노동으로 달성했다고 생각한다. 그는 그 부가 때로는 우리의 노동을 통해서 그리고 때로는 우리가 노동하지 않았는데도 찾아오는 하나님의 축복이라고 생각하지 못한다. 아무튼 부는 우리가 노동했기 때문에 얻을 수 있는 것은 아니다. 하나님께서는 받을 자격이 없는 자들에게 자비로 부를 허락하신다"(Exposition of Deut. 8 : 17-18 [Plass, 3 : 1495]).

[52] *Sober Sentiments*[Perry, p. 312].

[53] *A Sermon*······[Greaves, *Society and Religion*, p. 549].

부자 상인이라도 자기 노력 때문에 성공했다고 말할 수 없다. 왜냐하면 비록 사람들이 자기 할 일을 충실히 한다 해도 "이 세상에 하나님께 의존하지 않고 단 일초 단 한치라도 굴러 갈 수 있는 인생의 수레바퀴란 존재하지 않기 때문이다."[54]

근면과 절약이 뼈와 살을 이뤘던 생활 방식 때문에 최소한 어떤 시기에나마 청교도들이 상대적으로 부를 누렸던 것은 사실이다. 그러나 중요한 사실은 청교도들이 그들 자신의 부를 어떻게 보았는가이다. 청교도들은 부란 사회적 재화이지, 개인 소유가 아니라는 태도를 취했다. 부는 하나님의 선물이지 인간의 노력으로 얻은 결과나 하나님의 인정을 보증하는 증표가 아니다. 리처드 그리브즈(Richard L. Greaves)가 1차 자료를 광범위하게 조사한 바에 의하면, 청교도들은 "부와 경건 사이에 아무런 직접적인 관계가 없고……부가 아니라 믿음과 복음을 위해 자초하는 고난만이 선택받은 증표라고 주장했음"[55]이 잘 드러난다.

청교도들은 하나님과 사람을 섬긴다는 영적, 도덕적 배경을 떠나서 노동을 생각해 본 적이 없다. 리처드 닉슨(Richard M. Nixon)이 1971년 노동절에 행한 메시지로서 자주 인용되는 연설문은 일반인들이 "청교도 노동 윤리"를 어떻게 생각하고 있는지 단면적으로 보여줄 것 같다. 그러나 사람들이 그렇게 알고 있다면, 그것은 대단한 오해가 아닐 수 없다.

"노동 윤리"라는 말은 일 그 자체가 선하다라는 뜻을 담고 있습니다. 남자든 여자든 일을 함으로써 그 덕분에 더 나은 사람이 됩니다. 미국의 경쟁 정신, 우리 국민의 "노동 윤리"……성취의 고귀함, 자신자조(自信自助)의 도덕 등 어느 것 하나도 옛날 이야기가 아닙니다.

---

[54] *The Christian Man's Calling*[Schlatter, p. 200].
[55] *Society and Religion*, p. 550.

나는 청교도들이 이런 알량한 노동 이론에 만족하는 사람들이 아니었음을 충분히 입증했다고 자신한다. 그들은 하나님께 순종, 인류에 봉사, 하나님 은혜에 의존이라는 이상을 가지고 있었다. 청교도 윤리에서 일의 가치는 거의 전적으로 그 일을 하는 사람들이 가지고 있는 동기에 달려 있었다.[56]

일과 중용

그들의 노동관과 관련하여 청교도들이 우리에게 남긴 마지막 유산은 중용을 이루는 일이다. 그들은 이론적으로 일면 게으름 또는 태만함, 그리고 다른 일면으로 일에 대한 과욕 사이에서 중도를 취하려고 애썼다. 그러나 현실적으로는 과로라는 잘못된 방향으로 나가는 실수를 범하기도 했다.

청교도 노동 윤리를 현대적으로 이해하려는 시도 가운데 단 한가지 정곡을 찌른 부분이 있다. 그것은 청교도들이 게으름을 책망하고 근면을 칭송했다는 점이다. 백스터는 게으름이라는 문제에 관해서라면 언제나 단호하게 말했다. "일하지 않는 것은 추잡한 죄이다."[57] 로버트 볼튼(Robert Bolton)은 게으름을 "영혼의 녹이며 암"[58]이라고 불렀

---

[56] Robertson, *Aspects of the Rise of Economic Individualism*, 로버트슨은 현대 학자들이 널리 주장하고 있는 가설의 증거를 제시한다. 즉 사람들이 "청교도 노동 윤리"라고 잘못 부르고 있는 것은 18세기에 형성된 세속주의적 변종일 뿐이라는 것이다. 그의 말을 들어 보자. "'소명' 교리는 자본주의의 모태가 아니다. 자본주의 정신은 청교도 정신의 점진적 변형과 이형(異形)일 뿐이다. 왕정복고 시대 이전 영국에서는 이런 이형이 쉽게 발견되지 않는다"(p. 27).

[57] *The Catechizing of Families*[Hill, *Society and Puritanism*, p. 139]. 루터 역시 게으름에 대해서 열을 올렸다. "하나님께서는……집에 가만히 앉아서 빈둥거리며 모든 일을 하나님 탓으로 돌리고, 밥 숟가락이 내 입 속으로 들어오기만을 기다리고 있기를 원하지 않으신다. 이런 자세는 하나님을 심히 시험하는 자세이다"(Exposition of Exod. 13:18 [Plass, 3:1496]).

다. 아서 덴트(Arthur Dent)는 그의 유명한 책, 평범한 사람의 천성 가는 길(*The Plain Man's Path-way to Heaven*)에서 "게으르게 살아도 된다는 허락을 받은 사람은 아무도 없다"[59]라고 썼다. 엘리자베스 조설린(Elizabeth Joceline)은 태어나지 않은 아가에게 주는 엄마의 유언 (*The Mother's Legacy to Her Unborn Child*)에서 이렇게 썼다. "너는 남자로서 게으름을 수치로 알아야 한다. 더욱이 그리스도인으로서는 게으름을 두렵고 떨리게 만드는 것으로 알아야 한다."[60] 이런 진술을 보건대, 청교도 노동 윤리는 일을 사회적 의무로만이 아니라 개인의 책임으로 여겼다.

청교도들이 게으름을 비난한 태도는 근면한 노동을 높이 평가하는 태도와 맞물려 있다. 그러나 그것은 노동이 본래 고귀해서가 아니라 사람의 필요를 채워 주시기 위해 하나님이 정하신 수단이기 때문에 그랬다. 백스터는 "하나님께서는 당신들이 일용할 양식을 얻기 위해 이런 저런 모양으로 일하라고 명령하셨다"[61]라고 썼다. 토머스 왓슨은 "종교가 게으름을 보장해 준다고 생각하지 말라……하나님께서는 모든 자녀들이 일하도록 하셨다……그분은 우리의 게으름이 아니라 근면을 축복하실 것이다"[62]라고 이론을 전개했다.

---

[58] *Works* [George, p. 130]. 다비 토머스(Darby Thomas)는 "근면하고 부지런한 사람만이 어디서든 부자가 된다"고 생각했다(*An Historical Account of the Rise and Growth of the West India Colonies*[Hill, *Society and Puritanism*, p. 136]).

[59] Hill, *Society and Puritanism*, p. 139.

[60] Ibid., p. 124.

[61] *A Christian Directory*[Tawney, p. 262]. 칼빈은 노동을 하나님의 필수 불가결한 명령으로 보는 견해에 관해 이렇게 진술한다. "아주 소수의 사람들만이 노동을 자기가 선택해야 할 의무로 생각하고 자기의 수고로운 노동으로써 살아가려고 소원한다……그래서 선지자는, 하나님을 경외하는 자는……하나님을 그들을 먹이시고 키우시는 아버지로 모셨다는 확신에 만족한다고 말한다. 그 아버지는 자녀들의 수고와 노력을 통해 그들을 부족함 없이 유지, 보존하시는 분이시다"(Commentary on Ps. 128 : 2).

청교도들이 게으름에 대해 나타낸 극도의 불쾌감과 노동에 대한 칭송의 일부는, 노동이 창조 제도이기 때문에 인간의 행복에 필수적이라는 믿음에서 나왔다. 윌리엄 퍼킨즈는 "무죄 상태에 있던 아담은 그의 의지대로 모든 일을 할 수 있었지만, 그때에도 하나님께서는 그에게 소명을 주셨다"[63]라고 말했다.

존 로빈슨(John Robinson)은 이렇게 쓰고 있다.

> 우리의 무염(無染)한 제일 조상을······ 일하도록 하신 하나님께서······ 죄 있는 인류 어느 한 사람도 빈둥거리며 생을 보내도록 하셨을 리 만무하다······ "인생은 고난을 위하여 났나니 불티가 위로 날음 같으니라"(욥 5 : 7).[64]

그리고 백스터는 "죄로 오염되지 않은 아담은 에덴 동산에 살며 그 동산을 가꾸었다······ 이제 육체 가운데 있는 인간은 그의 영혼뿐 아니라 몸을 위해서도 일해야 한다"[65]고 말했다. 노동을 소명으로뿐 아니라 창조 질서로 본 청교도들은 일이 하나님에 대한 응답이며 또한 그 자체로 고귀한 것이라고 인식했다.

청교도가 보기에는 "영적인 일"조차 게으름의 핑계가 될 수는 없었다. 리처드 스틸은 "예배를 빙자하여 반드시 해야 할 일을 태만히

---

[62] *The Beatitudes*, p. 257. 리처드 버나드는 노동을 거부하는 것은 "일하라는 하나님의 명령을 위배하고 경건한 모든 사람들의 행실에 상반되는 것이다······ 스스로 자기를 가리켜 종교적이라고 생각하는 사람은 자기가 받은 소명을 수행하는 데 신명을 바칠 일이고, 한가롭고 태평하게 사는 삶을 바짝 경계할 일이다"라고 말했다(*Ruth's Recompense* [Hill, *Society and Puritanism*, p. 140]).

[63] *Works*[George, p. 132]. 루터는 같은 생각을 가지고 있었다. "범죄 이전의 동산에서는 노동이 지금보다 얼마나 더 완전했겠는가. 그러나 무죄하던 시절에도 사람이 향락을 위해서가 아니요 노동을 위해서 지음받았음을 지적하는 일이 필요할 것 같다"(Exposition of Gen. 2 : 14 [Plass, 3 : 1494]).

[64] *Observations of Knowledge and Virtue* [Reinitz, p. 66].

[65] *A Christian Directory*[Kitch, p. 156].

하지 말라"⁶⁶고 단단히 일렀다. 토머스 쉐퍼드(Thomas Shepard)는 종교적인 생각 때문에 일이 방해받는다고 불평을 늘어 놓는 종교적인 열심당원들에게 이런 충고를 주었다.

> 하나님께서 당신에게 영적이고 천상적인 분야의 일을 맡겨 주셨을 때 세속적인 생각이 꼬리를 문다면 죄이듯이…… 사회적인 분야에서 일하도록 하셨을 때 영적인 생각 때문에 마음을 빼앗겨서 고민스럽다면 이 또한 큰 죄이다.⁶⁷

그러면 청교도 윤리는 일중독 증후군으로 귀착될 수밖에 없는가? 청교도들에 따르면 그렇지 않다. 그들은 근면함이 과로로 흐르지 않도록 세심하게 주의를 기울였다. 이 문제에서도 그들은 다시금 중용을 이상으로 생각했다.

존 프레스톤은 "장사에 지나치게 몰두하거나, 그 계획을 위해 노심초사하거나 비정상적으로 염려하지 않도록 주의하라"⁶⁸고 주의를 주었다. 필립 스텁스(Philip Stubbes) 역시 "모든 그리스도인은 도에 지나친 염려가 진정한 경건의 경계를 넘어서지 않도록 하나님 앞에서 깨어 있어야 한다"고 경계했다. 그는 이어서 이렇게 말한다.

> 주님께서 내일 때문에 오늘 염려하지 말라 하신 것은 탐심에서 나온 염려, 또 지나친 염려를 염두에 두신 것이다. 그날의 괴로움은 그날로 족하다는 것이 그분의 말씀이다.⁶⁹

---

⁶⁶ Tawney, p. 245에서 인용.
⁶⁷ Miller, *Seventeenth Century*, p. 44에서 인용. 백스터 역시 같은 생각을 가지고 있다. 그는 "일하기를 거부하고 '나는 기도와 묵상에 전념하네' 하고 말하는 것은 그대 하인이 그대가 시킨 중요한 심부름을 거절함과 다를 바 없다. 또한 그를 빈둥빈둥 놀리고 한가롭게 지내도록 함과 진배없다"(*A Christian Directory*[Tawney, p. 242]).
⁶⁸ *The Saint's Qualification* [George, p. 172].
⁶⁹ *The Anatomy of the Abuses in England* [Tawney, p. 216].

노동 93

스코틀랜드 목사인 로버트 우드로우(Robert Woodrow)는 이렇게 언급했다.

장사만 너무 좋아하고, 더 가치를 두어야 할 일들을 소홀히 하는 것은 감히 생각건대 심판록에 기록되어야 할 중죄이다.[70]

리처드 스틸은 "야근"(夜勤)에 관해 말하면서, "돈을 더 모으겠다는 심산으로 둘 또는 세 개 직업을 갖지"[71] 말아야 한다고 주장했다. 청교도들의 목표는 두 극단 사이에서 중용을 취하는 것이었다. 열심으로 일하지만 자기 영혼을 일에 팔지 않는 자세가 그들이 얻고자 한 중용의 실체였다. 존 프레스톤은 이 점을 이렇게 말했다.

순수한 열정이 있다면, 이 세상에 있는 무엇을 만지작거리려도 그것에 의해 오염되지 않을 수 있다. 그러나 무엇을 손에 넣으려는 과도한 욕망을 가지고 있다면, 그것이 당신 영혼을 더럽게 만들 것이다.[72]

존 코튼 역시 게으름과 일중독 사이의 중도를 이상으로 알고 추구

---

[70] Tawney, p. 238에서 인용. 이러한 자기 질책은 청교도들 사이에서 흔히 볼 수 있는 현상이다. 포스터가 청교도들이 "자기 견책을 계속하는 한, 자기들의 이상과 동떨어진 사람들이라고 자책하는 한, 사실은 그 이상에 충실하고 있는 것이다. 그러나 그들이 세속성을 개탄하지 않거나 죄책감을 느끼지 않는 순간, 프로테스탄트 윤리의 한 모퉁이가 자본주의 정신으로 몰락한다"라고 평가한 말은 적절하고도 옳다 (p. 125).

[71] The Tradesman's Calling [Tawney, p. 244].

[72] Miller, Seventeenth Century, p. 42에서 인용. 루터 역시 중용에 관해 이와 비슷한 생각을 가졌다. "중도(中道)는 게으르거나 나태하거나 혹 자기 노동과 행위에 전적으로 의지하지 않고, 다만 모든 성공이 하나님에게서만 나오리라 기대하며 묵묵히 노동하고 몸을 움직이는 것이다"(Exposition of Ps. 147 : 13[Plass, 3 : 1495]).

했다.

> 거룩하고 산 신앙을 소유한 그리스도인들에게서는 여러 미덕이 절묘하게 조화를 이루며 섞여 있다. 이를테면, 세속 사업을 근면하게 꾸려가면서도 세상에 대해 죽어 있는 모습과 같은 것이다. 이런 신비는 아무도 깨닫지 못하지만, 그리스도인들만은 그것을 안다……이런 사람들은 아무리 자기 소명을 부지런히 수행해도 그 자체에 마음을 빼앗겨버리지 않는다. 그는 재물을 얻었을 때 그것이 자기와 무슨 관계가 있는가를 말할 수 있다.[73]

요약

청교도의 노동관을 정리하는 마당에서, 존 밀턴의 서사시 실락원(*Paradise Lost*)을 유념해서 보면 유익할 줄로 안다. 밀턴은 아담과 하와가 무죄하던 시절 에덴 동산에서 지낸 모습을 묘사하면서 청교도들이 지녔던 일에 대한 믿음을 여러모로 구체화하고 있다. 밀턴은 낙원에서는 일이 기쁨이자 동시에 필수적인 의무였다고 거듭 강조했다. 밀턴이 가지고 있던 낙원에 대한 동경과 전대(前代) 작가들의 그것을 면밀히 비교해 본 어떤 학자는 노동을 필수적인 의무로 묘사하는 필치는 "밀턴 문학에서 가장 획기적이고 독창적인 특징"임을 발견했다.[74] 이 면에서 밀턴을 중세의 선배들로부터 완연하게 구별시켜 준 것은 바로 그가 신봉했던 청교도였다.

실락원에서 아담이 하와에게 주는 말보다 성경에 뿌리를 둔 청교도 노동 윤리를 더 잘 요약하는 것은 없을 것 같다.

---

[73] Miller, *Seventeenth Century*, p. 42에서 인용.

[74] J. M. Evans, *Paradise Lost and the Genesis Tradition*(Oxford : Oxford University Press, 1968), p. 249.

사람에겐 하루하루 해야 할 몸과 마음의 일이 있도다.
그 일은 위임받은 것, 사람의 존귀함을 나타내는도다.
땅 위를 걷는 모든 발걸음들을 응시하는 하늘의 시선이도다.[75]

우리는 여기서 사람들을 부르셔서 일을 맡기시는 하나님, 노동의 고귀함, 그리고 노동의 목적을 규정하는 합당한 자세에 관한 청교도적 신념이 모든 직업 활동을 신성한 활동으로 변화시켰음을 직감할 수 있다.

추천 도서

몇 가지 중요한 청교도 문헌들이 현대 문집에 수록되어 있다. 그 문헌들은 청교도들의 노동관을 아주 간결하고 잘 정리해서 보여 주기 때문에 참고할 가치가 크다. 그 문헌들은 다음과 같은 책들에서 찾을 수 있다.

John Cotton, *Christian Calling*, pp. 319–327 in vol. 1, rev. ed., of *The Puritans*, ed., Perry Miller and Thomas H. Johnson (1963).

Cotton Mather, *A Christian at His Calling*, pp. 122–127, in Michael McGiffert, ed., *Puritanism and the American Experience* (1969).

---

[75] *Paradise Lost*, bk, 4. lines 618–620. 막스 베버는 가톨릭 시인 단테가 지은 신곡의 마지막과(천상에 계신 하나님을 보며 황홀지경에 빠진 주인공에 대한 묘사로 끝나는) 밀턴의 청교도 서사시(낙원을 떠나 "그들을 기다리는" 세상을 향해 가는 아담과 하와에 대한 묘사로 끝나는)를 재미있게 대비시킨다. "청교도들에게서 엿볼 수 있는 이 세상에 대한 진지한 주목, 현세적 삶을 의무로 받아들이는 그들의 태도는 중세 작가의 펜 끝에서라면 결코 나올 수 없다"(pp. 87–88).

William Perkins, *A Treatise of the Vocations or Callings of Men,*
   pp. 35-59, in Edmund S. Morgan, ed., *Puritan Political
   Ideas, 1558-1794* (1965) or pp. 446-476 in Ian Breward,
   ed., *The Work of William Perkins* (1970).

그리고 이차적인 자료들로는 아래와 같은 것들이 있다.

R. H. Tawney, *Religion and the Rise of Capitalism* (1926).
Richard B. Schlatter, *The Social Ideas of Religious Leaders, 1660
   -1688* (1940).
Robert S. Michaelson, "Changes in the Puritan Concept of Cal-
   ling or Vocation", *New England Quarterly* 26 (1953) : 315
   -336.
H. M. Robertson, *Aspects of the Rise of Economic Individualism*
   (1959).
Charles H. George and Katherine George, *The Protestant Mind
   of the English Reformation, 1570-1640* (1961).
Christopher Hill, *Society and Puritanism in Pre-Revolutionary
   England* (1964).
M. J. Kitch, ed., *Capitalism and the Reformation* (1967).

지극히 높으시고 존귀하신 하나님께서 정직한 장사를 멸시하지 않으신다
— 존 도드와 로버트 클리버

우리 삶의 주목적은……우리가 소명으로 받은 일을 하면서 다른 사람을 섬김으로써 하나님을 섬기는 것이다.
— 윌리엄 퍼킨즈

사람에겐 하루하루 해야 할 몸과 마음의 일이 있도다 그 일은 위임받은 것, 사람의 존귀함을 나타내는도다 땅 위를 걷는 모든 발걸음들을 응시하는 하늘의 시선이도다.
— 존 밀턴

98 청교도-이 세상의 성자들

"당신 생각을 말해 봐요, 존." 프리실러 멀린즈(Priscilla Mullens)가 그의 주인 캡틴 마일즈 스탠디쉬(Captain Miles Standish)의 구애 심부름을 온 존 앨든(John Alden)에게 말했다. 훗날 이 고전적인 청교도 사랑 이야기는 미국 시인 헨리 워즈워스 롱펠로우(Henry Wadsworth Longfellow)에 의해 유명해졌다. 프리실러는 존과 결혼했고, 이 그림은 어느 화가가 그 결혼식 행렬을 상상으로 그린 것이다. 프리실러와 존, 찰스 야들리 터너(Charles Yardley Turner) 작 : 콜로넬(Colonel)과 엠마누엘 펠래즈(Emanuel A. Pelaez) 여사의 호의를 입어 실음.

제 3 장

결혼과 성

> 모든 결혼한 사람들은 무엇보다도 서로 사랑하고 존경
> 하며, 은혜를 끼쳐야 한다.
> —토머스 테일러(Thomas Taylor)

우리가 알고 있는 청교도는 성(性)에 관한 한 수줍어하고 억압적인 사람들이다.

그들은 정말 그랬는가?

한 뉴잉글랜드 부인이 처음에는 목사에게, 그 다음에는 전체 교회 앞에서 남편이 성생활을 게을리 한다고 고소했을 때, 교회는 그 남편에게 출교 조치를 내리고 있다.[1]

유력한 청교도 목사 한 사람은 잠언 5 : 18–19(아내를 "사랑스러운 암사슴과 아름다운 암노루"로 비유하는)을 주해하는 자리에서,

---

[1] Chad Powers Smith, *Yankees and God* (New York : Hermitage House, 1954), p. 11.

암사슴과 암노루는 수컷들의 사랑을 독차지하고, "연모의 열기로 수컷들을 몸달게 하는"[2] 짐승들이기 때문에 선택되었다고 말했다.

시본 코튼(Seaborn Cotton)이 하버드 학생이었을 때, 그는 공책에 르네상스 시대 연애시 중에서 열렬한 대목을 베껴 두었다. 훗날 뉴햄프셔에서 목사가 된 후, 각종 교회 모임에서 그 시들을 그대로 써먹어도 아무런 무리가 없음을 알게 되었다.[3]

성적으로 억압당한 청교도라는 황당한 세평(世評)에 대하여 진실한 청교도 설교자들은 반증을 내놓을 것이다. 코튼 매더는 그의 후처(後妻)를 향해서 "가장 사랑스러운 사람, 하나님께서 내게 주신 선물, 그래서 나로……기쁨의 눈물을 흘리게 하는 내 사람"[4]이라고 말했다. 윌리엄 세커(William Secker)의 책 결혼 반지(*A Wedding Ring*)는 남편과 아내를 화음을 만드는 두 대의 악기, 하나로 만나는 두 개의 물줄기로 묘사한다.[5] 더 감동적인 것은 다음과 같은 토머스 후커의 말이다.

> 사랑하는 여인을 흠모하는 남자의 마음은 밤에는 그녀를 꿈꾸고, 깨어 있을 때에는 그녀의 모습이 눈과 뇌리에서 떠나지 않으며, 밥을 먹을 때에도 곰곰이 생각하며, 함께 여행한다……그녀가 그의 가슴에 안기면, 그의 가슴은 그녀의 사랑을 확신한다. 그러면 마치 거대한 물줄기처럼 넘실거리며 거침없이 달려가는 사랑의 강물 때문에 모든 것을 고백하지 않을 수 없다.[6]

---

[2] William Gouge, *Of Domestical Duties*[Frye, p. 153].
[3] Edmund Morgan, *Puritan Family*, p. 63.
[4] Hunt, pp. 242-243에서 인용.
[5] Ulrich, *Good Wives*, p. 221.
[6] 인용한 권위자들에 관한 정보는 *The Application of Redemption* 과 *A Comment Upon Christ's Last Prayer*[Edmund Morgan, *Puritan Family*, pp. 61-62]에서 뽑았다.

우리 세대가 가지고 있는 고정 관념은 청교도들 자신이 남긴 말과 절대로 맞지 않는다. 우리의 판단이 잘못되었을까? 그렇다고 생각하는 한 권위자는 청교도들이 생각한 이상적인 결혼을 "완전한 나눔"이라고 규정하고, 이것이 "청교도들이 이룬 가장 위대하고 칭찬할 만한 문화적 업적"이라고 평가한다.[7]

중세의 성

중세인들이 결혼과 성에 대해 어떤 태도를 가졌는가를 이해하려면, 반드시 역사적인 배경 속에서 파악해야 한다. 그렇게 할 때 청교도들이 일상 생활 속에서 매우 혁명적이었음을 알게 된다. 그들은 최소한 천 년 이상 지속되어 오던 가톨릭의 전통을 뿌리째 뒤엎었다.

가톨릭 교회가 중세에 견지하던 태도는 성애(性愛) 그 자체는 악하지만, 대상이 배우자일 경우에는 무방하다는 정도였다.[8] 터툴리안(Tertullian)과 암브로스(Ambrose)는 인류가 죄를 통하여 번성하느니, 다시 말해서 성적 관계를 통해 종족을 이어가느니 차라리 괴멸하는 쪽이 낫겠다고 보았다. 어거스틴(Augustine)의 경우, 성행위는

---

[7] Schücking, p. 37.

[8] 중세 가톨릭이 성에 관해 어떻게 가르쳤나를 말하면서 내가 인용한 구체적인 사항들은 이 주제에 관한 어떤 연구에서도 흔히 나오는 내용이다. 그래서 나는 굳이 정보원을 밝히지 않았다. 간략하면서도 썩 좋은 요약으로는 이런 것들이 있다. Robert Briffault, *The Mothers*, vol. 3(New York : Macmillan, 1927), pp. 372–375 : Maurice Valency, *In Praise of Love : An Introduction to the Love-Poetry of The Renaissance*(New York : Macmillan, 1958), pp. 19–24 : Oscar E. Feucht, ed., *Sex and the Chruch*(St. Louis : Concordia, 1961), pp. 41–73. 조금 더 자세한 연구서를 찾는다면 다음과 같은 책들이 좋을 듯하다. E. C. Messenger, *The Mystery of Sex and Marriage*(Westminster, Md. : Newman, 1948) : Derrick Sherwin Bailey, *Sexual Relation in Christian Thought*(New York : Harper and Brothers, 1959), pp. 19–166 : William G. Cole, *Sex in Christianity and Psychoanalysis*(New York : Oxford University Press, 1966), pp. 43–99.

무죄하지만 그 행위에 동반되는 정욕은 죄였다. 그레고리 대제도, 남편과 아내가 생육이 아니라 쾌락을 위해 성적 관계를 가질 때면 성행위를 더럽히는 것이라는 주장을 덧붙여서 어거스틴에 동의했다.

알베르투스(Albertus)와 아퀴나스(Aquinas)는 성행위가 이성을 정욕에 종속시킨다 하여 반대했다. 오리겐(Origen)은 마태복음 19: 12를 문자적으로 취한 나머지 임직을 받기 전에 스스로 거세해버렸다.[9] 터툴리안은 "결혼과 간음은······본질적으로 다르지 않다. 다만 비합법성의 정도에 달린 문제이다"라고 주장했다.

이런 거부감은 결과적으로 순결과 독신에 대한 가톨릭적인 숭배로 귀결되고 만다. 드디어 5세기에 이르러서는 성직자들의 결혼이 금지되었다. 아타나시우스(Athanasius)는 순결이 가장 고차원적인 그리스도의 계시라고 선언했다. 그러나 이전에는 결코 순결이 칭송의 대상이 되지는 않았다. 어거스틴은 성생활을 자제하는 부부들을 여러 차례 칭찬하고 있다. 제롬(Jerome)은 결혼의 유익은 처녀를 양산하는 데 있다고 말하고, 결혼한 성인(聖人)들이 있지만 그들은 여전히 처녀로 남았다고 주장했다.

마침내 교회 교부들은 하나같이 결혼보다 순결을 고결한 것으로 칭송하는 발언을 하기에 이르렀다. 조비니안(Jovinian)은 하나님께서 보시기에 결혼이 순결보다 못하지 않다는 주장을 유포한 죄목으로 출교당했다. 씨뿌리는 자의 비유는 흔히 30배 결실이 결혼, 60배 결실이 과부나 홀아비 됨, 그리고 100배 결실이 처녀로 남는 것이라고 해석되었다. 이런 전통은 결혼한 상태보다 처녀로 남는 것이 나음을 부인한 사람들을 비난한 트렌트(Trent) 종교회의에서 절정에 달한다.

중세에는 순결 숭배와 더불어 결혼에 대한 노골적인 경시, 그리고 동시에 성을 배척하는 풍조가 팽배했다. 암브로스에 따르면, "결혼한 사람은 그들이 어떤 모습으로 사는가 부끄러워할 줄 알아야 했다."

---

[9] 저스틴(Justin)과 오리겐(Origen)을 자료로서 인용한 Briffault에 따르면 수많은 다른 사람들 역시 같은 시술(施術)을 받았다고 전한다(p. 372). 교회는 공식적으로 이 같은 관행을 독려했다.

교회는 부부들이 성관계를 가질 수 있는 날수가 일 년에 반 또는 그 이상으로 늘어나지 않게 제한을 가했다. 심지어 주 7일 중 5일을 금욕하라고 권장하는 사람들도 있었다. 제롬에 따르면, 하나님께서 창조의 둘째 날에는 복을 주지 않으시려 했는데, 이유인 즉 2라는 숫자가 결혼을 상징하기 때문이었다. 제롬에게 결혼은 죄를 떠오르게 하는 것이었다.

창세기 전반부를 풀이한 중세 가톨릭의 주석서들은 성과 결혼에 대한 일반적인 태도를 가늠해 볼 수 있는 좋은 척도이다. 크리소스톰(Chrysostom)은 타락 이전에는 아담과 하와가 성관계를 가질 수 없었노라고 말했다. 오리겐도 여기에 동의했다. 그는 죄가 이 세상에 들어오지 않았다면, 성적 연합이 아닌 신비한 천사적인 방식으로 인류가 번성해 나갔을 것이라는 이론에 기울어져 있었다. 닛사(Nyssa)의 주교 그레고리는, 원래 아담과 하와는 성적 욕망 없이 창조되었기 때문에, 타락하지 않았다면 인간은 마치 식물이 증식하는 방법처럼 전혀 무해한 방식으로 종족을 번식시켰을 것이라고 주장했다.

중세적 개념을 반대한 청교도

청교도들이 성과 결혼을 어떻게 보았는가를 이해하기 위해서라면 중세 가톨릭이 어떤 입장을 취했는가 하는 배경을 반드시 알아야 한다. 일반적으로 청교도들은 가톨릭이 그들 스스로 확고히 붙들고 오던 전통을 거듭거듭 뒤집었다고 단정한다. 사실 청교도들이 발표한 많은 선언문들은 가톨릭과 밀고 당기는 논쟁을 통해서 나왔다.

16세기 초 종교 개혁이 일어난 후, 가톨릭 교도인 토머스 모어와 청교도인 윌리엄 틴데일은 성직자에게 결혼할 자유가 있는가를 놓고 신랄한 지상(紙上) 논쟁을 벌였다. 틴데일은 단순하게 목사들이 결혼할 자유가 있다고 주장하지는 않았지만, 디모데전서 3：2("그러므로 감독은······한 아내의 남편이 되며······")과 같은 구절들을 인용하여 바울이 목사들에게 결혼하라고 명한다고 주장했다. 참회와 금욕에 관해 가톨릭적인 입장에 서 있던 토머스 모어는 틴데일의 청교도 신학을 방종에 가까운 탐닉으로 간주하고, 개신교도들이 "육욕적이고 방종한 생활"[10]을 하고 있다고 비난을 퍼부었다. 모어는 개신교도들을 "날래게 먹고 날래게 마시며 질탕하게 노는 데 날랜"[11] 사람들이라고 말했다.

청교도 설교가들은 가톨릭의 견해를 아주 대담하게 거부했다. 그들은 거듭 가톨릭의 성 배척을 마귀적인 발상으로 몰아붙였다. 윌리엄 구지(William Gouge)는 "결혼을 금하는 것은 귀신의 가르침으로밖에 볼 수 없다. 왜냐하면 하나님 말씀에 반하는 가르침이기 때문이다"[12]라고 말했다. 리처드 시브즈는 "그토록 고결한 결혼을 얕잡아 평가하게 한 자는 다름 아닌 마귀이다"[13]라고 말했다. 토마스 게이테커에 따르면, "혼내 정사(이것은 사도의 말씀이다)는 더러움과는 아무 상관이 없다……그러나 사탄의 영은 이 사람들, 아니 짐승들의 말을 빌려 이렇게 말한다. '결혼은 추잡한 것이야'라고."[14]

가톨릭 신학자 에라스무스(Erasmus)는 결혼에 관한 글에서 남편과 아내가 성관계를 하지 않고 지내는 법을 터득하는 결혼을 이상형이라고 치켜세웠다.

---

[10] *A Dialogue of Comfort Against Tribulation*[C. S. Lewis, *English Literature in the Sixteenth Century Excluding Drama*(Oxford : Oxford University Press, 1944), p. 34].

[11] C. S. Lewis, "Donne and Love Poetry in the Seventeenth Century," in *Seventeenth Century Studies Presented to Sir Herbert Grierson* (Oxford : Oxford University Press, 1938), p. 74에서 인용.

[12] *Works*[George, p. 265].

[13] *The Spiritual Man's Aim*[G. F. Sensabaugh, "Platonic Love and the Puritan Rebellion," *Studies in Philology* 37(1940) : 469].

[14] *A Good Wife*[George, p. 169]. 루터는 이렇게 썼다. "사제의 혼인을 금하는 인간의 법률은 사람이 고안했다기보다는 마귀가 고안한 것이 분명하다"(critique of the spiritual order of pope and bishops[Plass, 2 : 890]).

반면, 뉴잉글랜드 청교도인 존 코튼은 결혼에 관해서 설교하면서, 부부간의 금욕에 대해 이렇게 말했다. "어두워진 생각의 소치이며……성령님께서 원하시는 바가 아니다. 왜냐하면 그분은 사람이 독처하는 것이 좋지 못하다고 말씀하신 분이기 때문이다."[15]

가톨릭 교회는 수세기 동안 성직 수임(受任)의 조건으로 독신을 고집해 왔다. 그러나 청교도 윌리엄 구지는 "불순하고 전횡적인 로마 가톨릭 교회의 규제, 그리고 그런 규제의 하나로 고작 결혼 금지를 고안해 낸 그들을"[16] 맹렬히 비난했다. 가톨릭 교리는 결혼보다 순결이 더 월등하다고 천명했다. 그러나 청교도는 결혼이 "독신 생활보다 훨씬 더 우수한……상태"[17]라고 응수했다. 많은 가톨릭 주석가들은 성관계가 타락의 결과이고, 낙원에서는 생소한 것이라고 주장했다. 반면 청교도들은 결혼이 하나님께서 "이 죄된 세상에서가 아니라 즐거움 가득한 기쁨의 동산 에덴에서"[18] 세우신 제도임을 상기시켰다.

모든 행동에 똑같은 반응이 뒤따르지 않음은 비단 물리 세계에서만이 아니다. 가톨릭 교리가 지배하던 시대에는 성과 결혼의 고귀함이 유린당했다.

청교도들은 그런 태도를 똑같은 맹렬함으로 반대했고, 오늘날에까지 이어지는 전통을 수립해 놓았다.

결혼에 대한 청교도들의 소신

서로에게 반려자가 되는 결혼을 추구해야 할 이상으로 높이 평가한 청교도들의 빛나는 사상에 물꼬를 터 준 이념을 대라면 그리 많지

---

[15] Erasmus, *Modest Means to Marriage*[Frye, p. 152] : Cotton, *A Meet Help* [Edmund Morgan, *Puritan Family*, pp. 62-63].

[16] *Works*[George, p. 266].

[17] William Perkins, *Christian Economy*[James Johnson, p. 67].

[18] Thomas Becon, *The Christian State of Matrimony*[Lerner, p. 111].

않다.
그 가운데 하나는 이것이다.

> 남편과 아내가 이루는 사회, 곧 모든 다른 사회의 뿌리요 근원이며 원형인 부부 사회보다 더 가깝고 전체적이며, 더 서로를 필요로 하고 친근하며, 즐겁고 편안하며, 은근하고 지속적인 사회는 세상에 없다.[19]

게이테커는 결혼이 "이 세상에서 사람이 누릴 수 있는 외면적 축복 가운데 가장 큰 것 중 하나"[20]라고 썼다. 토머스 아담스는 "결혼처럼 신선한 샘이 또 어디 있으랴?"[21]고 말했다.

고전적인 문헌에서는 대부분 남성간으로 한정되기 마련인 이상적인 우정이 이제는 결혼 관계로 이전되었다. 결혼을 통하여 "그대는……한 친구에게로 그대를 연합한다."[22] 어떤 청교도가 쓴 글이다. 리처드 백스터는 반려가 되는 결혼에 관해 이렇게 썼다.

> 당신만을 사랑하는 신실한 친구를 갖는다는 것은 축복이다……당신은 그에게 마음을 열고 속마음을 털어 놓는다……당신의 영혼에 힘을 주는 조력자가 될 만큼 가까운 친구를 얻는다는 것은 확실히 넘치는 자비이다……당신 안에 하나님의 은혜를 솟아나게 해줄 그런 친구 말이다.[23]

가톨릭은 전통적으로 여자를 유혹으로 간주했다. 그러나 청교도는

---

[19] Thomas Gataker, *A Wife Indeed*[Schnucker, pp. 139–140].
[20] *A Good Wife God's Gift*[Emerson, *English Puritanism*, p. 210].
[21] *Works*[George, p. 268].
[22] Christopher Niccholes, *A Discourse of Marriage and Wiving*[James Johnson, p. 116].
[23] *A Christian Directory*[Halkett, p. 20].

달리 생각했다. 헨리 스미스(Henry Smith)는 이렇게 말한다. "좋은 아내는 하나님만이 주실 수 있는 선물이기에, 하나님의 선물이라는 표찰(標札)이 달린 하늘 나라 선물인 양 소중히 받아야 한다."[24]

결혼, 그리고 선(善)의 도구가 되는 성

청교도들은 그들이 애써 주장하는 바와 반대되는 가톨릭적 배경 속에서도 결혼을 높이 평가했다. 그런데 그들의 이런 평가는 동시에 부부간의 성행위를 좋은 것으로 인정하는 암시적인 지원이 담겨 있다. 그들은 이 점을 구체적으로, 그리고 빈번히 역설했다. 이 점은 지금은 낡은 용어가 되었지만, 한때 성관계를 가리키는 말로 그들이 썼던 용어들에서 실마리를 얻을 때 더욱 또렷해진다. 그런 용어로는 "부부간의 의무", "부부살이", "부부 생활", 그리고 (특히) "떳떳한 합환(合歡)" 등이 있다.

이 주제에 관해 쓴 청교도들의 글 어디에서나, 원칙상 성을 좋은 것으로 확증하는 자세를 발견할 수 있다. 구지는 육체적 연합을 "결혼에서 가장 합당하고 본질적인 행위 가운데 하나"[25]라고 부르기를 서슴지 않았다. "둘이 한 몸을 이룰지로다"(창 2 : 24)라는 구절이 성경에 있다는 견해는 바로 밀턴이 편 것이었다.

> 왜냐하면 일부 낡은 철학과 종교 분파, 그리고 특히 요즘 들어 교황주의자들이 이런 보증에도 불구하고 부부간의 동침을 추잡한 일로 의심하기에, 그것을 없어서는 안 될 의식으로 정당화하고 합법화하기 위해서이다.[26]

---

[24] *The Gift of God* [Davies, *Worship and Theology*……1534−1603, p. 318].

[25] *Of Domestical Duties* [Frye, p. 155].

[26] *Tetrachordon* [CPW, 2 : 606−607].

윌리엄 에임즈는 결혼 의무들 가운데 하나로 "상호 육체적인 교통"[27]을 손꼽았다.

청교도들이 결혼을 부분적으로는 성적 연합이라는 말로 규정한 데에는 이렇게 결혼과 성이 밀접하게 연결되어 있기 때문이다. 퍼킨즈는 결혼을 "두 결혼한 인격이 나누는 합법적인 결합, 다시 말해서 한 남자와 한 여자가 한 몸 이루기"[28]라고 정의했다. 또 다른 유명한 정의로는 아래와 같은 것을 들 수 있다.

> 결혼은 하나님께서 제정하신 바에 따라 두 인격이 한 육체 안에서 합하는 절차이다……함께 멍에를 지고 합하며, 짝을 이룬다는 것은 결혼한 두 사람의 외형적 동거 외에도…… 마음의 일치, 육체와 재물의 공동 소유, 공동 집행이라는 의미도 포함한다.[29]

청교도들이 보기에, 혼내에서 이루어지는 성은 합법적일 뿐 아니라 활력이었다. 구지는 부부들이 "선의와 기쁨, 기꺼움과 선선함으로, 또한 기분 좋게"[30] 성관계를 가져야 한다고 말했다. 한 익명의 청교도는 둘이 결혼해서 하나가 될 때를 이렇게 설명했다.

> 이때 부부는 서로에게 합일의 기쁨을 넉넉히 나누어 준다. 마치 잘 조율된 두 악기가 가장 쾌적하고 달콤한 화음을 만

---

[27] *Conscience with the Power and Cases Thereof* [James Johnson, p. 64]. 루터나 칼빈은 결혼 관계 안에서 이루어지는 성에 대한 청교도들의 확신에 길을 터준 사람들이다. 이를테면 칼빈은 "부부 사이에서 행하는 성적 결합은 순결하고 존엄하며, 거룩하다. 왜냐하면 그것이 하나님께서 세우신 신성한 제도이기 때문이다"라고 썼다 (*Commentary on First Corinthians* [Cole, p. 120]).

[28] *Christian Economy* [Halkett, p. 11].

[29] Robert Cleaver, *A Godly Form of Household Government* [Halkett, p. 11].

[30] *Of Domestical Duties* [Schücking, p. 38].

들어 내기 위해 온전히 조화하듯이 말이다.[31]

알렉산더 니콜스(Alexander Niccholes)는 "결혼을 통해 여러분은 외톨이가 되지 않도록 우정과 위로를 주는 한 친구와 합할 뿐 아니라, 기쁨을 주는 동반자와 합하는 것이다"[32]라는 이론을 펼쳤다.

이렇게 성을 받아들임으로써, 청교도들은 금욕주의와 오랫동안 그리스도인들의 사고를 지배해 온 교묘한 성속 이원론(二元論)을 다시금 거부했다. 청교도들의 견해에 의하면, 하나님께서는 인간의 행복을 위하여 성을 포함하여 이 물리적 세계를 주셨다. 로버트 크로프티스(Robert Croftes)는 이렇게 썼다.

> 부부간의 육체적 사랑과 같이 이 세상에 존재하는 외형적인 지복(至福)을 하나님의 영광을 위해 선한 목적으로 쓰는 자는……하나님께서 값없이 주셔서 우리로 받게 하신 좋은 많은 것들을 무시하는 자보다……더 존경할 만하다.[33]

청교도들이 보기에 하나님은 피조물 사람에게서 좋은 것들을 빼앗아 가는 하늘의 스쿠루지가 아니었다.

지혜로 따져서 부러울 것 없던 솔로몬은 그의 위대한 잠언들 가운데서 부부 합일에서 오는 일종의 환희를 묵인한다……또한 아가서에서는……두 사랑하는 사람 사이에서 오가는 수많은 육체적인 황홀경에 호의를 보인다. 이런 예들로 볼 때, 그리고 기타 다른 예들을 볼 때, 인간을 외롭지

---

[31] *The Office of Christian Parents*[Frye, pp. 155-156].

[32] *Discourse of Marriage and Wiving*[James Johnson, p. 23].

[33] *The Lover : or Nuptial Love*[Schnucker, p. 307]. Gouge는 "금욕주의적인 자제"라는 말로 자주 비방하는 목소리를 높였는데, 어느 곳에선가는 "하나님 말씀과는 전혀 동떨어진 성향"이라고 못박기도 했다(*Of Domestical Duties*[Frye, p. 154]).

않게 하시려고 하나님께서 얼마나 애쓰시는가 짐작하고 남음이 있다.[34]

　청교도들은 창조 교리를 굳게 잡았기에 금욕주의를 거부했다. 그들은 사람들을 성적 존재로 지으신 분이 바로 하나님이시라는 견해를 놓지 않았다. 그러기에 윌리엄 웨이틀리(William Whately)는 "인간 본성을 창조하신 이가 한 남자와 한 여자 사이에 이런 연합을 정하셨다"고 주장할 수 있었고, 윌리엄 퍼킨즈는 결혼이 "하나님께서 낙원에서부터 제정하신 제도"[35]라고 굳게 믿었다.
　로버트 클리버는 결혼을 "하나님께서 제정하신 바에 따라……두 인격이 한 육체 안에서 합하는 절차"[36]라고 말했다.
　일반적인 오해와는 달리, 청교도들은 부부간에 벌어지는 육체 또는 성애를 목적으로 하는 접촉에 결벽증을 보이지 않았다. 토머스 게이데커는 "성령님께서 다른 사람에게는 노망으로 보일지 모르지만, 결혼한 부부 사이에 그렇게 은밀한 애정의 유희와 행위를 허락하셨다"[37]라고 말했다. 많은 청교도 저술가들은 이삭이 리브가와 애정 놀음을 하는 창세기 26:8을 들어서 성애의 정당함을 주장했다.[38] 그 가운데 한 사람은 "마치 이삭과 리브가가 그랬던 것처럼, 진한 애정을 나누면 우리의 노년은 활기로 가득할 것이다"라고 말했고, 구지는 이런 기쁨을 다른 여자에게서 찾으려 하면서 자기 아내에게서는 찾으려 하지 않는 남편들을 꾸짖을 때 이 본문을 들었다.[39] 퍼킨즈는 입맞춤에 관해 말하는 자리에서 부부가 "합일"할 때 서로에게 보여야 할 자세로

---

[34] Milton, *Tetrachordon*[*CPW*, 2:597].
[35] Whately, *A Care-Cloth*[James Johnson, p. 115] : Perkins, *works*[George, p. 268].
[36] *A Godly Form of Household Government*[James Johnson, p. 56].
[37] *A Bride-Bush*[Frye, p. 156].
[38] Schnucker, pp. 340-342 참조.
[39] Henry Smith, *Sermons*[Schnucker, p. 341] : Gouge, *Of Domestical Duties*[Schnucker, pp. 341-342].

"거룩한 즐거움과 위로"를 손꼽았다.[40]

성이란 무엇인가

청교도 저술가들과 설교가들이 성에 관해 구체적으로 언급하지 않았지만, 우리가 조합해 볼 수 있는 단편적인 생각들을 남겼다.

첫번째로 성은 하나님께서 허락하신 자연적인, 또는 생물학적인 욕구이다. 뉴잉글랜드의 시인이며 목사인 에드워드 테일러(Edward Taylor)는 "부부 합일"을 "인간 심성에 심기운 본성"이라고 말했다.[41] 윌리엄 퍼킨즈는 "하나님의 나라는 먹고 마시는 데 있지 않다"고 언급하면서, 결혼을 영적으로 "무관한" 것들 가운데 하나라고 분류하고, 성은 식욕마냥 자연스러운 것임을 거듭 밝혔다.[42]

두번째로 만일 성이 그토록 자연스러운 충동이라면, 동시에 그것은 단지 육체적인 행위 이상의 의미를 지니도록 의도되었음이 분명하다. 성은 육체뿐만이 아니라 마음, 감정, 그리고 영혼을 포함하여 두 사람의 전인적인 결합의 일부이다. 로버트 클리버에게 부부의 성적 연합은 "육체의 공유"뿐 아니라 "마음의 일치"를 의미한다.[43] 밀턴은 결혼이 "외로움에 못 이긴 성적 결합 욕구"가 아니라고 못박는다. 왜냐하면 "화합할 수 있는 마음이 없는 한 다른 사람의 몸뚱이를 품고

---

[40] *Christian Economy*[James Johnson, p. 70].

[41] *Commonplace Book*[Edmund Morgan, "The Puritans and Sex"]. 성을 자연스럽게 보는 가장 뛰어난 글 가운데 일부는 마틴 루터의 것이다. 이를테면 이런 글을 보자. "만일 어떤 처녀가 강력하고 예외적인 은혜를 받지 않았다면, 먹지 않고 마시지 않고 잠자지 않고, 또 다른 필수적인 것들을 외면하고 살 수는 있을지언정, 남편 없이 살 수는 없을 것이다. 남자 역시 아내 없이 살 수는 없다. 그 이유는 자손 번식은 먹고 마시는 것만큼이나 인간 본성에 깊이 각인(刻印)된 욕구이기 때문이다"(critique of the spiritual order of pope and bishop[Plass, 2 : 889]).

[42] *Works*[George, p. 268].

[43] *A Godly Form of Household Government*[James Johnson, p. 56].

있다 해서 결코 덜 외로워지는 존재가 아니기" 때문이다.[44]

세번째로 성은 결혼에 꼭 필요하다. 결혼은 성욕을 충족시키기 위해 하나님께서 허락하신 수단이다. 퍼킨즈는 결혼을 "간음을 피하게 하시려는 주권적인 수단"[45]이라고 말했다. 윌리엄 웨이틀리는 부부들에게 결혼으로 말미암아 "그들의 욕망이 잘 조절되고, 서로에게서, 하나님께서 주신 선물 때문에 서로에게서 큰 만족을 얻게 될 것이다"라고 말했다.[46]

인간이 성적 만족을 필요로 하는 존재임을 간파한 청교도들은 결혼의 의무로서 성에 관해 자주 언급했다. 이때 주 본문으로 등장하는 성경이 고린도전서 7 : 1-5이었다. 헨리 스미스(Henry Smith)는 3절을 가리켜 "성적 결합의 의무를 이행하라는 명령으로서……게을리 하지 말아야 할 명령"[47]이라고 말했다. 웨이틀리에 따르면, 남편도 아내도 "통탄할 죄를 지은 경우가 아니라면" 피차 성적 결합을 부인할 수 없다.[48] 구지는 이렇게 말한다. "성적 연합을 부인하는 것은 마땅한 채무를 부인함이요, 사탄에게 엄청난 이득을 주는 소행이다."[49]

청교도 저술가들은 성에 관해 쓰면서 부부간의 육체적 별거를 경계해야 할 대상으로 삼았다. 전형적으로 벤자민 워즈워스(Benjamin Wadsworth)의 글을 들 수 있다. 그는 결혼한 부부들에게 "독립적으로 살겠다든지 따로 기숙(寄宿)하겠다든지" 왈가 왈부할 자격이 없고, "이런 말이 입 밖에 나오는 순간 사탄에게 큰 이(利)를 준다"고 충고했다.[50]

그러나 성을 결혼에 딸린 의무라고 간주한다고 해서 그것이 즐거움 없는 고역이 되지는 않는다. 윌리엄 웨이틀리는 부부들에게 "불타는

---

[44] *Tetrachordon*[CPW, 2 : 598].
[45] *Christian Economy*[James Johnson, p. 67].
[46] *A Care-Cloth*[Schnucker, p. 364].
[47] *A Preparative to Marriage*[Frye, p. 155].
[48] *A Bride*-Bush[Frye, p. 155].
[49] *Of Domestical Duties*[Schnucker, p. 302].
[50] *The Well-Ordered Family*[Edmund Morgan, *Puritan Family*, p. 63].

사랑으로" 서로를 사랑하라고 격려하고, "인색하고 심통사납게 굴지 말고, 선선하게 또한 모든 애정을 다 동원해서 서로를 주라"고 훈계했다.[51]

네번째로 청교도들은 성이 나쁘기 때문이 아니라, 서로에게 영원히 헌신한 두 사람 사이의 전인격적인 연합을 본질로 하고 있기 때문에 은밀하다고 가르쳤다. 청교도들은 공공 장소에서 성적인 표현을 하는 행위를 극단적으로 혐오했다. 왜냐하면 다른 사람들의 성욕에 부채질을 할 수 있기 때문이다.[52] 그러나 공공 장소에서 성적 희롱을 보여주는 것과 은밀한 사랑은 별개이다. 구지는 "사람들과 한 덩어리로 있을 때보다 홀로 있을 때 부부에게 훨씬 더 많은 자유가 주어진다"[53]고 주장했다.

결혼은 또 다른 순결이라는 그들의 주장은 성에 관한 청교도들의 가르침에서 노른자라고 말할 수 있다. 가톨릭 교리는 순결을 처녀성과 동일시했는데, 이런 오해는 아직도 맹위를 떨치고 있다. 윌리엄 구지는 아래와 같은 진술을 통해서 트렌트 공회의 입장을 공격했다.

> 독신 남녀에게서나 순결을 찾아볼 수 있다고 생각하는 우리 논적(論敵)들의 노망을 보자. 그들은 말에서 글에서 마치 이 둘이 모순이라도 되는 양 순결과 혼인을 대치시켜 놓고 있다.[54]

윌리엄 에임즈는 "처녀 총각의 순결"을 "……결혼…… 전까지 지켜야 할 순결"로, "결혼한 사람의 순결"을 "혼약(婚約)으로 인해 지켜야 할 순결"이라고 정의하고, "결혼은 정당하게 맺은 언약이요 혼인이 요구하는 순결로 지켜야 할 언약이다"라고 덧붙였다.[55] 청교도

---

[51] *A Bride-Bush*[Frye, p. 155].
[52] Frye, pp. 156-157 : and Schnucker, pp. 344-345 참조.
[53] *Of Domestical Duties*[Schnucker, p. 345].
[54] Ibid., p. 306.

114 청교도-이 세상의 성자들

주일 성장(盛裝)을 입고 있는 이 여인상에서 보듯이, 청교도들은 육체적 매력을 가볍게 보지 않았다. 웬세스라우스 할라(Wenceslaus Hallar) 작, Ornatus Muliebris Anglicanus ; 폴저 셰익스피어 도서관의 호의를 입어 실음(STC 13599. 5 pl 20).

시인 에드먼드 스펜서(Edmund Spenser)는 그의 시 "페어리 퀸" (*The Faerie Queene*, 모두 6권으로 된 장시, 거룩함, 인내, 우정, 순결, 정의 등을 논함-역자주)에서 공들여 순결을 묘사하는데, 그가 말하는 순결이란 결혼 전의 금욕이요 결혼 후의 "활발하고 숨길 것 없으며, 헌신적인 사랑"[56]이다.

---

[55] *The Marrow of Theology*, p. 318.
[56] Graham Hough, *A Preface to the Faerie Queene*(New York : Norton, 1962), p. 170에 나오는 순결에 대한 스펜서의 묘사.

결혼과 성의 목적

한편 청교도들은 결혼과 성의 목적이 무엇인가에 관해 정교한 이론을 가지고 있었다. 우리는 영국 국교회와 청교도 양쪽 모두를 포함하는 통일된 청교도적 전통이라는 큰 맥락 속에서 그들의 발언과 진술을 다루어야 한다. 개인에 따라 조금씩 달라지기는 하지만, 결혼의 목적을 생육, 성적 범죄 예방, 그리고 상호 단합, 이렇게 세 가지로 보는 것이 전체적인 흐름이었다.

이런 틀 안에서 청교도들이 두드러지게 기여한 점이라면 결혼의 주된 목적을 생육에서 동반자 됨으로 옮겼다는 것이다. 공동 기도집(the Book of Common Prayer)이 채택한 순서는 1. 자녀 출산, 2. 죄를 규제하고 예방함, 3. 상호 결합, 조력, 그리고 위로였다. 제임스 존슨(James Turner Johnson)은 청교도 사상이 발전함에 따라, 결혼의 첫번째와 세번째 목적이 그 기도집에서 뒤바뀌게 되었음을 보여주기 위해 책을 썼다. 존슨은 청교도들의 글을 무척 많이 인용하는데, 여기서 일일이 다 밝힐 수는 없지만 그 책 요약문은 곱씹어 볼 만한 가치가 있다.

> 첫번째와 마지막 이유가 뒤바뀐 데에는 청교도들이 결혼의 의미를 동반자 됨으로 강조했기 때문이라 볼 수 있다. 다른 각도에서 말하자면, 청교도들은 왜 제일 먼저 결혼 제도가 수립되는가를 설명할 때, 흔히 인용되는 창세기 1장의 한 구절—"생육하고 번성하라"—보다 2장의 한 구절—"사람의 독처하는 것이 좋지 못하니 내가 그를 위하여 돕는 배필을 지으리라"—에 더 주목했다고 보는 것이다.[57]

---

[57] James Johnson, p. 114. 존슨은 또한 이렇게 논평한다. "자손 번식보다 부부간의 화합을 더 중시하는 태도가 발견된다고 해서 청교도들이 자손 번식을 결혼의 대사에서 빼버렸다는 뜻은 결코 아니다. 오히려 그리스도인이라면 화합하는 생활의 결과로 자손을 생산해야 한다는 기대를 받았다"(p. 116).

가톨릭 교리에서 성은 오직 자녀 출산을 위할 때에만 정당성을 인정받는다. 그러나 청교도들의 생각은 달랐다. 퍼킨즈는 "남편과 아내가 한 몸 되는 비밀이 자녀 출산을 위함이 아니고는 어쩔 수 없이 욕정이라는 죄에 물든다고 주장하는 학자들은 실수를 범하고 있다"[58]고 기술했다. 이 점에서 밀턴 역시 비슷한 의견을 내놓는다.

> 하나님께서 결혼을 제정하시면서 우리에게 결혼의 목적을 가르쳐 주셨다……그것은 고독한 삶이라는 결핍을 물리치고 위로와 새 힘을 얻게 하시려는 뜻이었다. 앞으로 후손들을 출산해 내야 한다는 어떤 언질도 없다.[59]

부부가 누리는 성의 목적이 사랑과 동반자 됨의 표현이라면, 그것을 단지 육체적인 행위로 축소하는 것은 대단한 왜곡이 아닐 수 없다. 그래서 클리버(Cleaver)는 이렇게 물었다 : "어떻게 두 사람이…… 적법하게 한 몸이 될 수 있는가? 마음에서 우러나온 합일과 결합이 아니겠는가? 그리고 이런 마음이야말로 결혼이 부과한 일체의 의무를 진실되고 자연스럽게 준행할 수 있는 근본이 아니겠는가?"[60] 퍼킨즈 역시 이와 비슷한 생각을 가지고 있었다 : "아내를 매춘부 대하듯 사랑하는 일보다 더 부끄러운 일이 어디 있는가?"[61] 그리고 밀턴도 이렇게 썼다 :

---

[58] *Christian Economy*[James Johnson, p. 68].

[59] *The Doctrine and Discipline of Divorce*[CPW, 2 : 235]. 루터 역시 이와 비슷한 견해를 밝힌다. "자손 증식은 우리의 의지나 힘으로 되지 않는다. 어느 부모도……아들을 낳을지 딸을 낳을지 예측할 수 없다. 우리 부모님께서도 나 마틴 루터 목사를 이 세상에 태어나게 할 것이라고 생각하지 못하셨다. 창조는 전적으로 하나님께 달린 일이기 때문에 우리는 그것을 감지할 수 없다"(*Tischreden*[Roland Bainton, *What Christianity Says About Sex, Love, and Marrige*(New York : Association, 1957), p. 79]). 로렌스 스톤은 저서 가정(*Family*)에서 이렇게 결론 짓는다. "신념에 찬 프로테스탄트 신학자들은 벌써 오래 전부터 부부간 결합의 두 가지 목적을 상호 위안과 애정으로 보았다"(p. 625).

[60] *A Godly Form of Household Government*[Schnucker, p. 302].

성적 결합을 결혼의 목적 가운데 하나로 넣더라도, 그것이 부부 사랑의 결과가 아닐 때에는 혼인에 뿌리내린 순결한 사랑이라 보기 어렵다. 사랑이……식어도……육체적인 행위는 계속할 수 있지만, 그런 행위는 거룩하거나 순수하거나, 아니면 결혼이 맺어 준 거룩한 유대에 어울리지 않는다. 기껏해야 동물의 교접(交接)이라고 말할 수 있을 것이다.[62]

두 목적을 하나로 묶다

청교도들이 결혼에서 인간적이고 육체적인 목적을 강조한 것이 사실이지만, 그렇다고 등뼈에 해당하는 영적인 목적을 무시한 것은 아니다. 그들은 이 문제에서도 영적인 것, 육체적인 것의 통합을 잊지 않았다. 다니엘 로저스(Daniel Rogers)는 로맨틱한 사랑을 "종교와 자연의 절묘한 조합"이라고 말했다.[63] 존 로빈슨은 "본성적이고 영적인 삶에 유익을 주시기 위해"[64] 하나님께서 결혼을 제정하셨다고 믿었다.

청교도들은 부부의 사랑이 하나님의 사랑에 매여야 한다고 의심없이 믿었다. 그러나 그들은 이 둘을 보완적이라고 보았지 적대적이라고 보지 않았다.

존 윈스롭은 결혼 후 아내 마가렛에게 처음으로 보낸 편지에서 그녀를 "구원의 소망 다음으로 가장 소중한 위로"라고 불렀다.[65] 인간

---

[61] *A Godly and Learned Exposition of Christ's Sermon in the Mount*[Schnucker, p. 360].
[62] *Tetrachordon*[CPW, 2 : 608-609].
[63] *Matrimonial Honour*[Haller, "The Puritan Art of Love," p. 264].
[64] *Works*[George, p. 268].
[65] *Life and Letters of John Winthrop*[Edmund Morgan, *Puritan Family*, p. 50]. 에드워드 테일러는 "부부간 사랑에 비견할 만한 것은 없다"고 주장한 후에, "그러나 모든 인간의 사랑은 적정한 한계 안에서 이루어져야 한다. 왜냐하면 그 모든

적인 사랑과 신적인 사랑의 보완적인 본질에 관해서라면, 부부애를 시적으로 정의한 밀턴의 실락원이 아름답게 그려내고 있다.

> 사랑은 생각을 정련하고
> 마음을 넓히며, 이성(理性) 안에 자리를 편다.
> 사랑은 사려 깊고, 천상의 사랑으로
> 당신을 올려다 줄 사다리.[66]

토머스 게이테커는 결혼이라는 그분의 선물이 남편과 아내에게 "하나님께 영광, 그들에게 유익"[67]이 되게 하는 것을 결혼의 이상으로 보았다.

청교도들은 다른 곳에서와 마찬가지로 여기서도 그것 자체보다 더 상위의 목적을 구현하는 행위를 주장하고 있다. 존 코튼은 "결혼 자체보다 더 높은 목적을" 겨냥하지 않는 실수를 통박하고, 배우자를 찾을 때 "인간적인 목적을 위해서가 아니라 하나님을 더 잘 섬기고 그분께 가까이 나갈 수 있도록"[68] 하라고 권면했다. 토머스 테일러는 이렇게 썼다.

> 모든 결혼한 사람들은 무엇보다도 서로 사랑하고 존경하며, 은혜를 끼쳐야 한다. 미모, 재산, 지위, 젊음과 같이 쉬 무너져 내릴 조건을 보지 말고, 하나님과 그분의 은혜 안에서 해야 한다. 그런 결혼은 견고하다.[69]

사랑이 하나님의 영광을 드러내야 하기 때문이다"라고 덧붙였다(*History of Norwich, Connecticut*[Edmund Morgan, *Puritan Family*, p. 50]).

[66] *Paradise Lost*, bk. 8, lines 589–592.

[67] *A Good Wife God's Gift*[James Johnson, p. 96].

[68] *Practical Commentary Upon John*[Edmund Morgan, *Puritan Family*, p. 48].

[69] *A Good Husband and a Good Wife*[Halkett, p. 38].

성적 연합을 배제하지 않으나 그것을 넘어서는 데 결혼의 목적을 둔 청교도들의 견해는 토머스 비콘의 정의에 일목 요연하게 요약되어 있다.

혼인은 지극히 거룩하고, 사람이 아닌 하나님께서 친히 제정하신 복된 삶의 질서이다……한 남자와 한 여자가 한 몸, 한 육체로 짝짓고 서로 얽힘으로 이 질서 안으로 들어간다. 이때 이들을 묶는 것은 자유스럽고 사랑스러우며, 진심에서 우러나온 선의의 합의이다. 이들은 서로 한 육체, 한 몸, 한 뜻, 한마음으로 살겠다는 의지를 품는다. 이들의 마음에는 정직, 미덕 그리고 경건이 넘쳐난다. 결국 이들은 감사하게도 하나님께서 그들에게 보내신 모든 좋은 것들에 공평하게 참예하는 삶으로 일관한다.[70]

성의 배경이 되는 관능미

청교도들은 경건하고 동반자가 되는 결혼이라는 이상을 추구했을 뿐 아니라 관능(官能)적인 정념도 지녔던 사람들인가? 청교도들이 너무 이성적이고 현실적이며, 또 가정에 매였던 사람들이기에 오늘날 우리가 정념이라고 부르는 상태와는 무관하다고들 말한다. 그러나 청교도들이 관능적인 사랑에 관해 언급한 내용을 들어보면, 그들에게서도 정념의 체취를 맡을 수 있으리라 주장하고 싶다.

미국의 시인이며 목사인 에드워드 테일러는 연인에게 보낸 편지에서 그녀를 향한 사랑이 "황금빛으로 타오르는 깨끗한 불덩이"[71]라고 했다. 존 파이크(John Pike) 목사는 아내를 "내 눈의 소원"[72]이라고 불렀다. 윌리엄 웨이틀리는 남편과 아내가 나누는 오붓한 사랑은

---

[70] *Book of Matrimony*[Powell, pp. 126–127].
[71] Edmund Morgan, *Puritan Family*, p. 50에서 인용.
[72] *The Probate Records of Essex Country*[Ulrich, *Good Wives*, p. 108].

"열렬하고 풍성해야"한다[73]고 말했다.

존 윈스롭이 아내에게 보낸 편지는 청교도들의 낭만을 보여 주는 아주 유명한 예이다. 윈스롭은 아내에게 보내는 편지마다 이런 구절들로 글을 맺고 있다.

"가장 부드러운 사랑으로 당신에게 입맞추고 사랑하오", "평안을 빌며 당신에게 입맞추오", "소중한 아내에게 입맞춤을 보내며, 언제나 당신에게 좋은 남편이 되려 하오", "몇 번이고 당신에게 입맞추고 싶소", "당신을 향한 내 부드러운 사랑으로 달콤하게 입맞추고 순결하게 포옹하오."[74]

이 사람들이 말한 사랑은 연인에게 감정적인 환희를 안겨 주는 사랑이다. 헨리 스미스는 교인들에게 "마음의 합일과 연정(戀情)의 합치"[75]가 있어야 참결혼이라고 말했다. 윌리엄 구지는 아내들에게 "남편이 아내를 사랑해야 하지만, 아내도 남편에게 연인이 되라"고 촉구했다. 그리고 "사랑 아래서 다른 모든 의무는 이렇게 저렇게 조절될 수 있지만, 사랑이 없으면 어떤 의무도 잘 수행할 수 없다……사랑은 마치 불 같아서 그 자체가 뜨거우면서 그 주변에 온기를 나누어 준다."[76]라고 덧붙여 말했다.

몇몇 청교도 저술가들은 심지어 정념의 신비를 구구하게 설명하지 않아야 한다는 인상을 풍긴다. 토머스 게이테커는 이렇게 썼다.

> 믿음과 마찬가지로, 사랑도 강요할 수 없다. 억지로 요구할 수 있는 애정이 없듯이, 강제와 의무 밑에서 변색하지 않을 애정도 없다……애정에는 이성이 도저히 밝혀낼 수 없는 비밀이 간직되어 있다.[77]

---

[73] *Prototypes*……[Schnucker, p. 302].
[74] *Life and Letters of John Winthrop*[Edmund Morgan, *Puritan Family*, p. 60].
[75] *Sermons*[Halkett, p. 65].
[76] *Of Domestical Duties*[Lerner, p. 121].
[77] *A Good Wife God's Gift*[Lerner, p. 121].

다니엘 로저스도 비슷한 말을 남겼다.

> 남편과 아내는 마치 친한 두 친구 사이 같아야 한다. 한 운명으로 살고 하늘의 감화로 단련받는다. 하늘은 오직 자비와 섭리로만 먼저 오늘의 그들을 만들고, 그 다음으로 두 사람을 엮는다. 다시 말해서 하나님께서 이 넓은 세상에서 우리 각자를 불러 서로를 위하도록 하신 것이다.[78]

"청교도들은 결혼이 지닌 종교적인 중요성만을 강조하는 분위기에서 정서적이고 정념적이며, 또 혼인 관계라는 이상적인 국면으로 초점을 옮겼다"[79]는 말은 옳은 말이다.

청교도들이 관능적인 사랑을 재조명했다고 보는 데에는 또 다른 근거가 있다. 그것은 문학사와 관련이 있다. 중세의 연애시와 연애담은 다분히 간음에 가까운 연애 이야기로 가득 차 있었다. 그러나 16세기 말엽에 이르러서는 부부간의 관능적인 사랑이, 흔히 문학의 주제가 되어 온 중세의 음란한 궁정풍 연애(courtly love)를 축출했다. 루이스는 "궁정풍 연애가 일부 일처에 뿌리를 둔 관능적인 사랑으로 진환된 데에는 영국 시인들, 특히 청교도 시인들에게 힘입은 바 크다"[80]고 말했다. 다른 학자 역시 청교도들이 "궁정풍 사랑을 노래하던 사람들이 하지 못한 일을 했다. 그들은 관능적인 사랑의 관계와 결혼 관계를 조합시킴으로써 낭만적인 결혼이라는 새로운 사회 제도를 만들어냈다"[81]고 주장했다.

---

[78] *Matrimonial Honour*[James Johnson, p. 110].

[79] Haller, "The Puritan Art of Love," p. 265.

[80] "Donne and Love Poetry in the Seventeenth Century," p. 75. 청교도들이 결혼한 부부가 주고 받는 애정에 관해 가지고 있었던 생각이 문학에 미친 영향에 관해 알아보려면 다음과 같은 서적들을 참고하라. Laurence Lerner, *Love and Marriage : Literature and Its Social Context* : and Leven L. Schucking, *The Puritan Family : A Social Study from the Literary Sources*.

청교도들은 부부가 나누는 관능적인 사랑을 이상으로 삼았다. 이런 사랑이 없다면, 부부의 성행위는 역겨운 일로 전락하고 만다. 윌리엄 웨이틀리는 "사랑이야말로 인생과 결혼의 알맹이이다"[82]라고 썼다. 벤자민 워즈워스는 "하나님께서 결혼에서 상호 애정을 요구하시므로 상대를 향해 진정 마음에서 우러나는 사랑이 없다면"[83] 결혼하지 말아야 한다고 주장했다. 존 윙(John Wing)의 애정론은 이렇다. "아내를 향한 남편의 사랑은 가장 귀하고 친밀하며, 소중하고 송두리째 주는 사랑이어야 한다. 오직 하나님의 사랑만이……그것을 압도할 수 있고, 자기애(自己愛)가 그것과 어깨를 나란히 할 수 있을 뿐, 타인애는 그것의 발뒤꿈치에도 이르지 못한다."[84] 어떤 현대 학자는 "청교도들의 가정을 끈끈하게 이어주는 끈은 사랑이었고, 성이 그 사랑을 표현하는 수단으로 인식되었다"[85]라고 요약했다.

결혼은 죄인을 위한 제도이다

지금까지 서술했듯이 청교도들은 결혼에 여러 가지 이상을 제시했으나, 그렇다고 환상에 빠져 있던 사람들은 아니었다. 그들은 이상과

---

[81] Herbert Richardson, p. 67. 리처드슨은 이렇게 주장한다. "로맨틱한 결혼, 그리고 청교도들의 지지……이것은 기독교 전통 안에서 일어난 일대 혁신이었다"(p. 69).

[82] *A Bride-Bush*[James Johnson, p. 107].

[83] *The Well-Ordered Family*[Edmund Morgan, *Puritan Family*, p. 54]. 게이테커는 "남자는 결혼함으로 사랑해야 할 의무를 진다. 그러나 다른 무엇보다도 자기 아내를 사랑해야 할 의무를 지는 것이다"라고 말했다"(*Marrige Duties*[Schnucker, p. 105]).

[84] *The Crown Conjugal*[Schnucker, p. 104]. 이 말은 다음과 같은 구지의 논평과 닮은 데가 있다. "친구, 자녀, 부모보다 아내를 더 사랑해야 한다. 그녀는 가슴 속에 품은 아내가 아닌가. 이 말은 아내야말로 가슴 깊은 곳에 자리잡은 사람이 되어야 한다는 뜻이다"(Of Domestical Duties[Schnucker, p. 105]).

[85] Bremer, p. 177.

더불어 현실을 붙들었다. 그들은 결혼 역시 타락의 영향 아래 있음을 알았다.

보스턴에 사는 한 청교도는 이렇게 적었다. "결혼은 매우 어렵다. 왜냐하면 우리가 가지고 있는 많은 연약함 때문이다. 이 점을 아는 부부들은 인내와 겸손, 오래 참음, 용서, 그리고 화를 내지 않는 훈련을 쌓아야 할 것이다."[86] 토머스 대처(Thomas Thatcher)는 "배우자에게서 완벽을 찾으려고 하지 말라. 그런 것은 결혼이 필요 없는 곳에 예비해 두셨다"[87]고 충고했다.

존 옥슨브리지(John Oxenbridge)는 "기대를 줄임으로써" 또 "타락한 아담 자손과 결혼했음"[88]을 기억함으로써 결혼 생활에서 오는 어려움에 대처할 수 있다고 조언했다.

여성을 대하는 태도

관능적 사랑에 관한 세간의 태도 변천을 연구한 권위자 한 사람은 "한 시대를 풍미한 결혼관과 성관, 그리고 여성관 사이에는 보통 밀접한 연관이 있음"[89]을 밝혀냈다. 성과 결혼을 고귀하게 본 청교도들은 여성관의 형성에도 비슷한 긍정적 영향을 끼쳤다. 여성의 지위를

---

[86] Thomas Thatcher, Boston Sermons[Edmund Morgan, *Puritan Family*, pp. 51-52].

[87] Ibid., p. 52.

[88] Ibid.

[89] Bailey, *Sexual Relation*, p. 61. 성과 여자에 대한 태도 사이에서 나타나는 상관성은 중세 가톨릭 시대에 창궐한 여성 혐오자들을 볼 때 그림을 보듯 드러난다. 여성 혐오자를 연구한 어떤 사람은 이렇게 결론 짓는다. "성에 대한 혐오감이 반드시 여성 혐오로 이어지지는 않는다. 그러나 이 둘 사이에 어떤 상관 관계가 있는 것만은 분명하다. 성을 혐오하면 성의 대상 역시 혐오하게 된다"(Katharine M. Rogers, *The Troublesome Helpmate : A History of Misogyny in Literature*[Seattle : University of Washington Press, 1966], p. 8).

이렇게 높게 볼 수 있었던 데에는 창조 교리, 만인 제사장설, 그리고 동반자로 결합하는 결혼에서 아내의 역할을 위로자로 보는 시각 등이 한몫 했다.[90]

이유가 무엇이었던간에 청교도들은 여성을 존대했다. 특히 그리스도인 아내와 어머니의 역할에 존경하는 마음을 보였다. 다니엘 로저스는 아내를 "진정한 친구", "하나님과 더불어 화평하는 일 다음으로……해 아래서 얻을 수 있는 가장 큰 만족"[91]이라고 불렀다. 로버트 클리버의 글을 보자.

> 여성들이 남자들과 다를 바 없이 이성적인 존재이고, 선악 간에 유연한 재치를 지녔음은 굳이 부인할 필요가 없는 사실이다……악하고 음탕한 여자들이 없지 않지만, 그것이 남자보다 여자의 본성이 더 악함을 증명하는 것은 아니다. 따라서 몇몇 여인네들의 악행을 보고 여성 전체를 싸잡아 욕하는 일은 대단히 우스꽝스럽고 바보 같은 소행이다.[92]

여성을 높이 보는 청교도들의 시각에는 여성을 비하한 중세 가톨릭에 대한 도전의 의미가 일부 담겨 있다. 가부장 제도에 물든 사람들이 쓴 책들에서 여자는 남자를 유혹하는 요물에 지나지 않았다. 한편, 청교도들의 견해는 새로 결혼한 남편들에게 주는 다음과 같은

---

[90] 울리히는 저서 좋은 아내(*Good Wives*)에서 청교도들이 아내에 관해 가지고 있던 견해가 이렇다고 믿는다. "그들의 생각은 남녀 동등성을 강조하는 창조교리에 바탕을 두고 있다(p. 109). 로베르타 해밀턴은 저서 여성 해방(*The Liberation of Women*)(London : Allen and Unwin, 1978)에서 이렇게 쓰고 있다. "남녀의 기본적이고 영적인 평등은 원초적인 기독교 신조임에도 불구하고, 개신교도들은 이 점을 애써서 강조했다. 논리적인 면에서 볼 때 이러한 자세는 만인 제사장설에서 나왔다"(p. 66). 조지가(家) 사람들은 "부부의 화합을 강조함으로써 아내를 남편의 돕는 베필로 보는 견해가 성립할 수 있었다"라고 결론 내렸다(P. 287).

[91] *Matrimonial Honour*[Powell, p. 139].

[92] *A Godly Form of Household Government*[Irwin, p. 76].

충고에 잘 배어 있다.
"아내는 짐이나 덫이 아니라 축복이다. 그대의 자유가 아내에게 순결이 되게 하라. 그리고 조금도 죄책감을 갖지 말고 아내의 침소에 들어가라."[93] 존 코튼도 맞장구 친다.

> 여자 없는 남자에게 편안한 삶이란 있을 수 없다. 여자는 그런 존재이다······그러므로 여자를 무시하거나 모욕하는 사람, 여자를 필요악이라고 부르는 사람은 신성 모독자이다. 왜냐하면 여자는 필요선(必要善)이기 때문이다.[94]

클리버도 가만히 있지 않았다.

> 하나님께서는 아내를 무용지물, 필요악이라 부르는 사람들과는 달리 돕는 배필이라 친히 칭하셨다······사람들은 악의로 또 얕잡아 보는 태도로 다분히 비하적인 이런저런 말들을 내뱉는다. 그러나 이런 말들은 성령님의 마음과는 상반된다. 성령님께서는 아내가 방해물이 아니라 돕는 배필이라고 말씀하셨다.[95]

뒤에서 청교도 가정에 관해 말할 때, 그들이 남편의 머리 됨과 아내의 복종을 얼마나 힘주어 말했는가 살펴볼 기회를 만들 작정이다. 이 장에서는 성과 결혼에 관한 청교도 사상이 부부 사이의 위계를 완화하는 데 기여했다는 대목만을 짚고 넘어가는 정도로 그쳐야겠다. 로렌스 스톤(Lawrence Stone)은 "남성······권위를 보존하려는 청교도들의 바람은 거룩한 결혼을 이루려는 그들의 열정에 의해 훼손된 것이 사실이다"[96]라고 짤막하게 요약했다.

---

[93] Rogers, *Matrimonial Honour*[Frye, p. 159].
[94] *A Meet Help*[Edmund Morgan, "The Puritans and Sex," p. 41].
[95] *A Godly Form of Household Government*[Irwin, p. 76].

청교도들은 부부 사이의 위계를 말할 때에도 "평등"이라는 말을 여러 차례 쓴다. 사무엘 윌라드는 남편과 아내 되는 사람들에게 모든 불평등한 질서에 관해 이렇게 썼다. "평등해지려고 애쓰라. 그러면 어떤 부분에서는 대등한 위치에 서게 된다. 이런 사람들은 짝을 이루며 그것은 평등을 나타낸다."[97] 존 밀턴만큼 남편의 머리 됨을 열심으로 믿은 청교도도 없다. 그러나 그 역시 위계 질서 아래서 평등을 구현하려고 매우 애썼다. "남자는……하나님이 그에게 하사하신 제국의 일부로 여인을 받았다. 동격은 아니지만 넓게 보았을 때 그와 똑같은 형상과 영광을 지닌 여자를 말이다."[98]

윌리엄 세커의 주장은 이렇다. "하나님께서는 하와를 아담과 평행이 되는 자리에 세우셨다. 더 위에 세우셔서 우월을 주장하도록 하지 않으시고, 동등함에 만족하도록 그의 곁에 세우신 것이다."[99] 로저스는 "우리가 말하는 위계는 노예제를 말함이 아니요, 동등하면서도 충실한 그 무엇을 말함이다"[100]라고 피력했다. 또 구지는 이렇게 기술한다. "사람마다 차이야 있겠지만, 남편과 아내 사이에는 약간의 불평등이 있다." 그리고 그는 이렇게 부연한다.

> 남편이 머리라면 아내는 머리 다음으로 신체에서 중요한 기관인 심장에 해당한다. 심장은 머리의 지배를 받는 다른 어떤 기관보다 탁월하다. 그리고 여러 면에서 머리와 거의 동등하고 머리만큼이나 소중하다.[101]

청교도들이 이렇게 말했다고 해서 남편의 머리 됨을 묵살하지는

---

[96] Stone, *Family*, p. 14.
[97] *A Complete Body of Divinity*[Ulrich, *Good Wives*, p. 8].
[98] *Tetrachordon*[CPW, 2 : 589].
[99] *A Wedding Ring*[Ulrich, *Good Wives*, p. 107].
[100] *Matrimonial Honour*[Stenton, p. 150].
[101] *Of Domestical Duties*[Irwin, p. 98].

않았다. 오히려 동반자를 만나는 결혼이라는 청교도적 이상으로 남성 지배를 완충하고, 부부간 위계에 관해 한걸음 더 나아간 견해를 만들어냈다 해도 과언이 아니다.

요약

성에 관한 청교도들의 교리는 서구 문명사에서 하나의 분기점을 만들었다.

그들은 독신을 평가절하하고 동반자로 만나는 결혼을 이상으로 삼았으며, 부부가 나누는 성을 필요하고 순결한 행위로 보았을 뿐더러, 부부간의 낭만적인 사랑을 이상으로 제시하면서, 동시에 아내의 역할을 평가절상 했다.

밀턴은 서사시 실락원에서 아담과 하와의 결혼 생활을 묘사하면서 이런 사상과 가치들을 아름답고도 웅변적으로 제시한다. 그는 4권(券)에서 완전한 결혼을 노래하면서 아담과 하와가 타락 전에도 성적으로 연합했음을 설명하려고 갖은 애를 다 쓰고 있다. 하루 일을 끝낸 아담과 하와가 보금자리로 돌아간 시간이 시의 무대이다.

> 그들은 나란히 곁에 누웠던 것 같다
> 아담은 소중한 아내에게 등을 보이지 않았고
> 하와 역시 신비한 부부 사랑의 의식을 거절하지 않았다.
> 하나님이 순결하다 하시고
> 다 너희들 것이라고 선언하신 것들이
> 모두 부정한 양
> 위선자들이 순결과 의무와 동정(童貞)을
> 거만스레 말하더라도.
> 창조주께서는 생육하라 하셨는데, 누구인가 말리는 자
> 하나님과 사람의 원수, 그 파괴자인가? [102]

가톨릭 전통과 완전 의절한 밀턴은, 한걸음 더 나아가서 부부 사랑에 관하여 유명한 돈호시(頓呼詩)를 남겼다.

> 귀하다 부부의 사랑, 모든 인류에게 신비한 법이요
> 진정한 모태이며, 다른 어떤 것이라도 제치고
> 먼저 지켜야 할 낙원의 예법이다.
> 너로 말미암아 사람에게서 추방당한 추악한 욕정이
> 돼지떼에게로 들어갔다. 너로 말미암아
> 충직하고 공평하며 순결한 관계가
> 이성 안에 소중히 세워졌다, 그리고 부자, 형제간의
> 도리가 무엇인가 이제 드러났다.
> 그대에게 죄와 수치를 논한다니 가당찮고
> 괜한 위선과 가식의 자리에
> 그대를 모시고 싶지 않다.
> 그대 행복한 가정의 영원한 샘,
> 그대의 침실은 더럽혀지지 않고 언제나 정결하다.[103]

청교도들이 평소 고민하던 주제가 이 시 한 편에 고스란히 농축되어 있다. 즉 성을 옹호할 수 있는 성경적 기반(전문에서 엿보이는 몇 가지 핵심적인 성경적 암시로 보아 확증할 수 있다), 동물의 욕정과 인간의 관능적 사랑의 차이, 성적 성취의 배경이 되는 가정, 낭만적인 분위기 등이 여기에 들어 있다. 이것이 청교도들이 성에 관해 말한 실체이다. 나머지는 모두 오늘날 근거 없이 떠도는 고정 관념일 뿐이다.

---

[102] *Paradise Lost*, bk. 4, lines 741–749.
[103] Ibid., lines 750–761.

추천 도서

William Haller and Malleville Haller, "The Puritan Art of Love", *Huntington Library Quarterly* 5 (1941–42) : 235–272.

Roland M. Frye, "The Teachings of Classical Puritanism on Conjugal Love", *Studies in the Renaissance* 2 (1955) : 148–159.

Derrick Sherwin Bailey, *Sexual Relation in Christian Thought* (1959).

Charles H. George and Katherine George, *The Protestant Mind of the English Reformation, 1570–1640*, chap. 7(1961).

Edmund S. Morgan, *The Puritan Family : Religious and Domestic Relations in Seventeenth-Century New England*, (1944, rev. ed. 1966).

Robert V. Schnucker, *Views of Selected Puritans, 1560–1630, on Marriage and Human Sexuality* (1969).

James Turner Johnson, *A Society Ordained by God : English Puritan Marriage Doctrine in the First Half of the Seventeenth Century* (1970).

John Halkett, *Milton and the Idea of Matrimony* (1970).

Joyce L. Irwin, *Womanhood in Radical Protestantism, 1525–1675* (1979).

Roberta Hamilton, *The Liberation of Women*, chap. 3(1978).

청교도 노동 윤리는 근면과 절약의 혼합물로서, 때로 돈버는 데 주효하기도 했다. 청교도들은 그리스도인으로서 돈을 어떻게 써야 하는가라는 주제에 진지하게 주목했다. 조스트 앰먼(Jost Amman)의 목판화, *Book of Trades* ; 영국 도서관(the British Library)의 호의를 입어 실음.

제 4 장

돈

> 하나님께서는 결코 공짜를 주시지 않지만, 그때 그때마다 그분의 영광이 이런 것이구나 하고 알게 할 일을 일으키신다. 그분은 부를 선사하시고, 가난한 자들이 그 곁에서 곁불이라도 쬐게 하신다.
>
> — 휴 래티머

우리 세기에서 가장 영향력 있고 논쟁을 불러일으킨 책 가운데 하나는 막스 베버(Max Weber)가 지은 개신교 윤리와 자본주의 정신(*Protestant Ethic and the Spirit of Capitalism*, 1930)이다. 베버는 중산 상교역층이 주로 개신교도들 사이에서 나왔음을 지적하는 고찰로부터 시작해서, "개신교 윤리"와 "근대 자본주의 정신"의 연계를 하나씩 파헤쳐 나간다. 그는 이 둘 사이에서 많은 관련을 발견했다. 세속적인 직업 가운데서 하나님을 섬길 수 있다는 믿음, 절제, 아니 심지어 금욕적으로 사는 생활 태도, 개인주의, 강한 근로 의식, 축재(蓄財)에 대한 긍정적인 평가 등이다. 비록 베버가 자료들을 매우 선별적으로 고찰하였다 할지라도, 개신교 운동에서 중요한 많은 것들을 밝혀낸 것은 사실이다.

그러나 소위 베버의 명제는 바람직하지 못한 결과도 빚어냈다. 마치 개신교도들이 축재를 도덕적 의무라고 보고, 모든 상거래상의 경쟁을 미덕으로 인정하는 등, 돈벌이를 인생 최고의 목표로 삼은 양 그린 것이다. 그러나 청교도들이 돈에 어떤 자세를 지녔고 어떻게 실천했는가를 살펴보는 순간, 베버의 명제가 발상의 훌륭함에 비해 진실을 심각하게 왜곡하는 이론임을 알게 된다.[1]

돈, 깨끗한가 더러운가?

루터는 수도사가 될 때 청빈을 맹세했다. 이런 맹세는 가난이 본질적으로 사람에게 덕이 된다는 가톨릭의 해묵은 견해를 반영하는 것이었다. 그러나 루터 자신을 포함해서 개혁자들은 그렇게 보지 않았다. 돈과 재물에 관한 그들 생각의 시발점은 이것들이 원칙상 선하다는 긍정론이었다.

청교도들은 "돈은 그 자체로 선하다"[2]는 칼빈의 노선을 따랐다. 사무엘 월라드가 존 헐(John Hull)의 장례식에서 그를 칭송할 때, 그가 한 사람의 상인으로서 "세태를 거슬러서 산 세상 속의 성자"이면서도 사업에 근면하였음을 높이 들어, "하나님께서 섭리로 이 세상 재물의 복을 주셨다"[3]라고 말하기를 서슴지 않았다. 리처드 백스터는 "사람

---

[1] 베버의 가설은 일정 기간 나름대로 어떤 이유 때문에 외면당해 왔다. Hyma, *Christianity, Capitalism and Communism* ; Robertson, *Aspects of the Rise of Economic Individualism*과 같은 비판서와 *Protestantism and Capitalism : The Weber Thesis and Its Critics*, ed. Robert W. Green ; and Walzer, *The Revolution of the Saints*, pp. 304-307과 같은 여러 저자들의 글을 참고하라.

[2] Matthew 19 : 24[Hyma, p. 182] 주석.

[3] *The High Esteem Which God Hath of the Death of His Saints*[Miller, *Nature's Nation*, p. 38].

들, 세상, 또는 부를 사랑한다고 해서 죄가 아니다. 하나님이 지으신 모든 것이 그 자체로 선하기 때문이다"[4]라고 말했다.

사무엘 윌라드는 "부는 경건과 상합(相合)한다. 가지면 가질수록 부를 이용해서 선을 행할 기회가 늘어난다. 단, 하나님께서 그에게 그런 마음을 주신다면 말이다"[5]라고 나름대로 이론을 펼쳤다. 윌리엄 아담스는 그리스도인이 돈을 벌기 위해 노력하는 것은 가치 있는 일이라고 했다. 그는 이렇게 썼다. "그리스도인은 세상 안에서, 또 세상을 위해서 할 일이 많다. 이 세상이야말로 그리스도인이 열심으로 봉사해야 할 곳이다. 그는 이 세상에 애정을 쏟아야 한다."[6]

청교도들은 돈이 선하다는 점을 천명하면서, 돈에 대해 험담을 퍼뜨리는 사람들에 맞서서 돈이 지닌 합법적인 면모를 변호해야 할 필요를 느꼈다. 윌리엄 퍼킨즈는 마태복음 6:19-20을 설교하면서, 그리스도께서 금하지 않으신 일들을 열거하면서 돈이 지닌 합법적인 면모를 변호했다.

> 자기 본분을 근면하게 수행하면, 자기는 물론이요 자기에게 기대고 있는 식구들에게 필요한 물건들을 공급해 줄 수 있다…… 재물과 부를 소유하고 쌓는다는 것은 하나님의 축복을 선용한 결과이다…… 보화를 모으고 쌓는 일을 그저 막을 일이 아니다. 왜냐하면 고린도후서 12:14에서 보듯이 하나님 말씀이 일부 그것을 허용하기 때문이다.[7]

청교도들은 축재를 죄악시하지 않았다. 돈 버는 일 자체가 일종의 청지기 노릇이었다. 베버의 명제가 이정표로 삼은 문장의 하나는 다음과 같은 리처드 백스터의 말이었다.

---

[4] *A Christian Directory*[Kitch, p. 113].
[5] *A Complete Body of Divinity*[Foster, p. 111].
[6] Emerson, *Puritanism, in America,* pp. 141-142에서 인용.
[7] *Works*[Kitch, pp. 108-109].

하나님께서 그대에게 다른 어떤 방법으로보다 더 많은 물질을 얻을 수 있는 길을 보여 주셨는데도(그대 영혼이나 다른 사람에게도 해가 되지 않는) 그 길을 거절하고 재물을 덜 얻는 길을 택한다면, 그대는 부름심받은 목적 하나를 말살하는 셈이다. 그리고 하나님의 청지기 되기를 거부한 것이다.[8]

경제에 관한 백스터의 글을 넓은 맥락에서 살펴볼 때, 효율과 생산성을 강조하는 이런 글에는 인지상정과 아울러, 하나님의 선물을 관리하는 훌륭한 청지기가 되려는 강한 소망이 담겨 있다.

왜 청교도들은 돈이 선하다고 강하게 확신했는가? 무엇보다도 돈과 부가 하나님의 선물이라고 믿었기 때문이다. "많은 재산을 상속받았다면, 하나님의 축복과 선물로 알고 선한 양심으로 즐겨야 한다."[9] 퍼킨즈의 말이다. 존 로빈슨은 "주님의 축복이 부를 가져다 준다……부는 그 자체로 하나님의 축복이므로, 그것을 소원해야 한다. 왜냐하면 부가 세상살이와 시민 생활에 안락함을 주기 때문이다"[10]라고 언급했다. 리처드 시브즈는 "돈과 재물이 하나님의 선물이라면, 이 세상 재물은 본질상 선하다. 재물은 천성 가는 발걸음을 가볍게 만든다"[11]라고 강하게 주장했다.

청교도들은 재물을 하나님의 선물로 보았기 때문에, 인간의 공로가 스며들 길을 철저하게 봉쇄했다. 재물이 선물이라면, 어떻게 노력으로 얻을 수 있단 말인가?[12] 사람이 노력한다고 해서 성공이 보장되지는

---

[8] *A Christian Directory*[Harkness, pp. 184-185].
[9] *Works*[Hyma, p. 233].
[10] *Observations of Knowledge and Virtue*[Reinitz, p. 73].
[11] *The Saints' Cordials*[George, p. 125].
[12] 베버 가설을 옹호하는 사람들은 칼빈이 돈을 잘 벌면 선택받았다는 증거가 되는 양 가르쳤다고 주장하면서 그를 공격한다. 그러나 정작 칼빈은 부와 덕성은 필연적인 관계가 없다고 잘라 말했다. 예를 들어 이렇게 말하는 대목을 한번 살펴보자 : "우리는 부가 인간의 공로, 지혜, 아니면 수고 때문에 창출되지 않고 오직 하나님의

않는다. 하나님께서 노동에 번영으로 축복해 주신다면, 축복을 가져오는 것은 사람의 공로가 아니라 하나님의 은혜이다. 코튼 매더는 이렇게 주장했다. "우리는 직업을 통해 이익을 낸다. 그러나 이익을 가져다 주시는 분은 하나님이시다."[13] 존 로빈슨은 "근면, 섭리, 그리고 기술로 재물을 얻을 수 있다면, 재물을 얻을 수 있도록 능력을 주시고 그것을 쓰게 하시고 써서 성공을 거두게 하시는 분은 하나님이시다"[14]라고 썼다. 청교도 윤리는 은혜의 윤리이지, 인간 공로의 윤리가 아니다.

청교도들은 돈을 합법하다고 생각했기에 사유 재산을 옹호했다.[15] 윌리엄 에임즈는 사유 재산이 "인간적일 뿐 아니라 자연적이며 또 천부적인 권리"[16]라고 못박았다. 또 다른 곳에서는 "소유를 합법적으로 보호하는 일"[17]은 정의 수호에 해당한다고 적었다. 매사추세츠의 초기 호상(豪商) 가운데 한 사람이었던 존 헐은 네덜란드인들에게 선단(船團)을 잃고도 하나님의 섭리로 위안을 삼았다. "주님께서 나를 그분 앞으로 더 가까이 이끌고, 사람의 위로에 기대지 않도록 하신다면, 재정적 손실 따위는 아무것도 아니다." 그러나 전령(傳令) 한 사람이 그의 말 한 마리를 훔쳤을 때에는 "그 말은 하나님께서 섭리

은혜로 말미암음을 일반 원리라고 보아야 한다"(Sermon on Deut. 8 : 14-20[Harkness, p. 217]). 칼빈은 시편 127 : 2에 관한 주해에서 이렇게 언급했다. "솔로몬은 근검 절약하는 생활이나 생업을 부지런히 꾸려가는 행위가 그 자체로 아무 유익도 없음을 못박아 말한다."

[13] *Sober Sentiments*[Perry, p. 312]. 칼빈은 이렇게 썼다. "사람이 수고로 자신을 헛되이 소진시키고, 부를 손에 넣기를 안달함으로 자신을 망치고 있다. 사실 부는 오직 하나님의 축복일 뿐인데도 말이다"(Commentary on Ps. 127 : 2).

[14] *Observations of Knowledge and Virtue*[Reinitz, p. 73].

[15] 표준이 되는 자료로는 이런 것이 있다. H. G. Wood, "The Influence of the Reformation on Ideas Concerning Wealth and Property," pp. 141-177 in *Property : Its Duties and Rights*[no editor](New York : Macmillan, 1922).

[16] *Conscience with the Power and Cases Thereof*[Miller, *Nature's Nation*, p. 34].

[17] *The Marrow of Theology*, p. 323.

로서 허락하신 내 재산인 줄 몰랐느냐"[18]며 호통을 쳤다.

  하지만 청교도들이 돈과 재물에 긍정적인 태도를 취했다고 해서 물질을 영적 가치보다 우위에 두었다는 쪽으로 해석해서는 안 된다. 존 윈스롭은 "외적 번영을 지고한 복"[19]으로 오해하는 사람들을 경멸했다. 피터 벌케리(Peter Bulkeley)는 그리스도인들이 "자기 자신을 위해 많은 일들을 할 수 있지만", "하나님과 그분의 영광에 상반되지 않고 종속되는 경우"[20]에 그렇게 할 수 있다고 적었다.

  리처드 로저스(Richard Rogers)는 개인 일기에서 부를 옹호하는 청교도들의 관점을 짧은 말로 간추리고 있다.

> 우리의 외적 번영에 대해 이러쿵 저러쿵 많은 말을 할 수 있을지도 모른다. 아무튼 하나님께서 아주 큰 격려로 우리에게 그것을 주신 이상, 우리는 각양 좋은 것들을 다른 사람들과 함께 기꺼이 누릴 수 있다. 우리는 하나님에 관한 가르침으로 그것을 수용하고 사랑하며, 그리스도의 구속하심 안에서 기쁨을 발견하며 선한 양심을 좇아 노동함이 삶을 즐겁게 하는 활력소임을 확인해야 한다. 왜냐하면 인간의 어떤 악의나 마귀도 우리에게서 그것을 빼앗을 수 없기 때문이다.[21]

그렇다면 가난은?

부가 하나님의 선물이라면, 가난은 저주요 하나님이 버리셨다는

---

[18] Hull, *Diaries*[Miller, *Nature's Nation*, p. 37].

[19] *Winthrop Papers*[McGee, p. 45]. 이것은 다음과 같은 말에 드러난 루터의 견해와도 일치한다. "하나님 안에서 부요한 사람 아니고는 황제든 교황이든 아무도 부요하지 않다"(Exposition of Exod. 20:5 [Plass, 3:1438]).

[20] *The Gospel-Covenant : or the Covenant of Grace Opened*[McGiffert, pp. 36–37].

[21] Knappen, *Two Elizabethan Puritan Diaries*, p. 73.

증표가 되는데, 이런 논리는 옳은가? 청교도들은 아니라고 대답한다. 그들은 20세기에 그들에 대해 종종 말하는 그런 가정들의 전제에 대해 동의하지 않는다.

먼저 청교도들은 경건이 성공의 보증이라는 데 동의하지 않았다. 토머스 왓슨은 심지어 이렇게까지 말한다. "진정한 경건은 보통 박해를 데리고 다닌다……성도라고 해서 시련에서 면제되는 법은 없다……경건이 고난을 막아 주는 방패는 아니다."[22]

경건이 성공의 보증이 아니라면, 그 반대 역시 참이다. 고로 성공은 경건의 표증이 아니다. 이것이 청교도들이 문제를 이해한 방식이었다. 그래서 존 코튼은 그리스도인들 역시 "하나님께서 그들에게 그렇게 섭리하실 때 성공과 실패를 맛본다"[23]라고 이해했다. 사무엘 윌라드 또한 이렇게 썼다. "부가 하나님의 사랑을 보여 주는 증표가 아니듯, 가난은 그분의 진노나 미움의 표시가 아니다."[24] 사무엘 히런(Samuel Hieron)은 말한다. "하나님의 사랑을 입은 많은 종들이 쓰라린 아픔을 느끼듯이, 심지어 극악한 악한이라도……이 세상에서 떵떵거리며 살 수 있다."[25]

---

[22] *The Beatitudes*, p. 259. 루터는 이 경우에 관해 조금 더 단호한 입장을 나타냈다. "하나님께서는 악한의 금고를 채워 주실 수도 있다. 그렇다고 해서 그가 경건하다는 것은 아니다. 그분은 경건한 사람이 곤궁과 악운을 겪게 하기도 하신다" (Sermon on Exod. 20 : 2[Plass, 1 : 434]).

[23] *Christian Calling*[Miller/Johnson, 1 : 324]. 코튼은 다른 곳에선 이런 이론을 전개했다. "외적인 사건이나 재산만 가지고는 하나님께서 그를 사랑하시는지 아니면 미워하시는지 분간할 수 없다"(*A Brief Exposition on Ecclesiastes*[Foster, p. 128]).

[24] *A Complete Body of Divinity*[Foster, p. 128]. 윌라드는 부와 가난에 대해 이렇게 주장한다. "그것들 자체로는 사람을 개선하거나 악하게 만들지 못한다. 영원한 구원을 굳고 흔들리지 않게 하는 데 소용이 될 뿐이다."

[25] "A Prayer Fit for One Whom God Hath Enriched with Outward Things"[Emerson, *English Puritanism*, p. 182]. 루터는 "행운과 부와 건강이 뒤따르기 때문에……하나님이 함께하신다고 생각하게 하는 가르침은 어불성설이요 망상이다"라고 말했다(Exposition on Gen. 19 : 2-3[Plass, 3 : 1436]).

청교도들은 성공과 경건을 경박하게 연결시키는 풍조를 심히 우려하면서, 가난에 관해 몇 가지 결론을 내렸다.

첫째, 가난은 반드시 나쁘거나 부끄러워할 무엇이 아니라는 것이다. 에임즈는 "가난이란 그 자체로 무슨 범죄도 아니고 수치심을 느껴야 할 실책도 아니다. 아니 경건한 자를 바로잡아 주시려는 손길일 수도, 시련일 수도, 아니면 옥석(玉石)을 가려내는 과정일 수도 있다. 아니 이 둘 모두일 수도 있다"[26]고 썼다. 리처드 백스터는 이렇게 결론 내린다.

> 돈이 없다고 교회에 못 나오지 않는다. 그리스도께서 가난을 혐오하시지도 않는다. 빈 마음이 걸림돌이 될지언정, 빈 지갑은 아니다. 그분의 은혜 왕국은 부와 영예보다 멸시받은 가난과 더 잘 어울릴 때가 많았다.[27]

사실 청교도들은 가난이 하나님의 영적 축복이나 훈계의 한 방편이라고 주장했다. 사무엘 볼튼(Samuel Bolton)은 믿는 이들에게 주시는 하나님의 축복을 언급하는 성경 본문에 관해 이렇게 말했다.

> 일시적이고 외형적인 재물을 누리는 일 말고 축복의 본질에 관해서는 아무 따져 볼 것이 없는가? 재물을 누리는 일 뿐 아니라 손해 또한 축복이 되어서는 안 되는가?[28]

한편 토머스 왓슨은 "하나님의 자녀들에게 유익이 되는 일들"이라는 글에서 이런 설명과 함께 가난을 그 목록에 포함시켰다.

> 가난은 하나님의 자녀들에게 유익을 가져다 준다. 가난은

---

[26] *Conscience with the Power and Cases Thereof*, p. 253.
[27] *The Saints' Everlasting Rest*, pp. 62–63.
[28] *The True Bounds of Christian Freedom*, p. 175.

욕망을 억제하고 은혜를 증가시킨다. "세상에 대하여는 가난한 자를 택하사 믿음에 부요하게 하시고……"(약 2:5). 가난은 기도하게 한다. 하나님께서 자녀들의 날개를 가난으로 한풀 꺾으실 때, 그들은 은혜의 보좌로 쏜살같이 올라간다.[29]

그러나 청교도들은 가난을 본질적인 미덕으로 보는 가톨릭의 가르침과 혼선을 일으키지 않으려고 조심했다. 윌리엄 에임즈는 수도사의 청빈 서약을 "가난을 팔아 완덕(完德)을 보장받고 하나님 앞에서 만족과 공로를 얻는 데 우세를 유지하려는 미친 짓, 미신적이고 간악한 억측"[30]이라고 성토했다. 청교도들은 세상살이 가운데서 하나님께서 주실 수 있는 가난에서 영적인 교훈을 배운다는 이상을 기술하기 위해 "복음적인 가난"이라는 용어를 썼다.[31]

청교도들은 가난을 추구해야 할 무엇으로 이상화하지 않았다. 가톨릭의 금욕 이론과는 달리, 가난이 유혹을 피하는 확실한 안전로는 아니다. 리처드 백스터의 설명을 들어 보자.

가난에도 유혹은 담겨 있다……가난한 자도 그들이 결코 손에 넣어 본 적 없는 부와 풍요를 사랑함으로써 무너질 수 있고, 한번도 그 안에서 번영해 본 적 없는 세상을 지나치게

---

[29] *The Beatitudes*, p. 251.
[30] *Conscience with the Power and Cases Thereof*, pp. 252-253.
[31] 토머스 왓슨이 산상수훈 설교에서 "복음적인 청빈"에 관해 설교한 내용을 전형으로 손꼽을 수 있을 것 같다. "우리는 복음적인 청빈과 교황이 말하는 가난을 구분해야 합니다. 교황주의자들은 본문을 왜곡하고 있습니다. 그들은 '심령이 가난하다'라는 말씀을, 재산 갖기를 혐오하고 일부러 가난을 자청하고 수도원에 들어가서 사는 사람들이라고 해석합니다. 하지만 그리스도께서는 결코 그런 뜻으로 말씀하지 않으셨습니다. 자신을 짐짓 가난하게 만든 사람들, 재산과 직업을 함부로 버린 사람들은 복음의 빛에 비추어 볼 때 되레 가난한 사람들입니다"(*The Beatitudes*, p. 41).

사랑함으로써 멸망할 수도 있다.[32]

또한 청교도들은 가난한 사람들이 그저 가난에 만족하게 하는 무관심의 윤리를 거부했다. 그들이 보기에 가난은 지독한 불행이 아니었고, 사람들에게 권해야 할 목표는 더더욱 아니었다. 토머스 리버(Thomas Lever)는 한 설교에서 "부자들은 가난한 사람들에게 인색하지 않게 나누어 주고 위로해야 한다"[33]고 말했다. 휴 래티머는 "하나님께서는 결코 공짜를 주시지 않지만, 그때 그때마다 그분의 영광이 이런 것이구나 하고 알게 할 일을 일으키신다. 그분은 부를 선사하시고, 가난한 자들이 그 곁에서 곁불이라도 쬐게 하신다"[34]라고 설교했다. 그는 여기서 멈추지 않고 "가난한 자들은 부자들의 부에 대해 권리를 가지고 있다. 왜냐하면 부자들은 가난한 자들이 그의 부요함에서 한몫을 얻도록 돕고, 동시에 그를 위로해야 할 책임을 지고 있기 때문이다"[35]라고 선언했다.

결국 청교도들은 가난이 때로 경건한 사람이 져야 할 짐이고, 영적 축복도 될 수 있음을 가르쳤다. 그러나 가난은 결코 그 자체로 미덕이 아니기 때문에, 가난한 사람들은 그들을 도울 재력이 있는 사람들에게 관대함을 바라야 한다.

부가 지닌 위험

청교도들은 성공을 하나님의 인정, 또는 성공한 사람들의 덕으로 간주하기는커녕, 오히려 번영을 유혹으로 보는 쪽에 가까웠다. 제네바 성경(the Geneva Bible) 창세기 13 : 1의 난외주는 이렇게 말하고

---

[32] *A Christian Directory*[Kitch, p. 114].
[33] *A Sermon Preached at Paul's Cross*[Hyma, p. 182].
[34] *Sixth Sermon Preached Before King Edward VI* [Green, p. 70].
[35] *The Fifth Sermon on the Lord's Prayer*[Tawney, p. 262].

있다. "그가 애굽에서 얻은 큰 부 때문에 아브라함은 부르심을 따라가는 일에 방해를 받았다." 이 말에는 부가 쉽게 유혹으로 변질되었다는 의미가 담겨 있다. 존 로빈슨은 "가난이나 부나 우리를 유혹할 수 있다……그러나 굳이 말하자면……부의 유혹이 더 위험하다."[36] 토머스 리버는 "부자가 되려고 애쓰는 자는……여러 가지 유혹을 받고 끝내 마귀의 올무에 걸려 들 것이다"[37]라고 선포했다. 리처드 로저스는 자정이 지나 잠에서 깨어 일어난 후, 하나님의 축복이 "달콤함이라는 껍데기로 덮여 있어서……위험하게조차 느껴진다"[38]라고 전율하고 있다.

대단히 충격적이게도, 청교도들은 부와 경건이 반비례한다고 보았다. 만사가 반드시 이렇다는 뜻은 아니지만, 어쨌든 그들은 일반적으로 이런 견해를 피력한다. 리처드 백스터는 "부요함이 구원받는 일에 방해가 됨을 기억하라"[39]고 경고했다. 사무엘 윌라드는 "눈에 보이는 커다란 이점을 가지고……하나님께 열심을 내는 사람을 보기란 참 드문 일이다"[40]라고 한탄한다. 한편 리처드 시브즈는 "세상의 재물에 마음이 사로잡힌 때에는 하나님과 이웃에게 거짓 되기 쉽다. 또 우리의 소명에 불충실하고 신앙 생활에도 위선적으로 되기가 쉽다"[41]라고 적었다.

그러므로 "언제고 청교도들은 대적들이 그들의 허리춤을 바짝 잡아당길 때에 편안함을 느끼던 사람들이었다"[42]라고 말한 에드먼드 몰간은 옳다. 윌리엄 퍼킨즈는 "풍요를 구함은 영혼의 구원에 위험이 된다"고 말하고, 다른 곳에서는 조금 더 대담하게 말한다. "가룟 유다가

---

[36] *Observations of Knowledge and Virtue*[Reinitz, p. 73].
[37] *A Sermon Preached Before the King*[Hyma, p. 181].
[38] *Diary*[Knappen, *Two Elizabethan Puritan Diaries*, p. 81].
[39] *A Christian Directory*[Hyma, p. 224].
[40] Miller, *Seventeenth Century*, p. 473에서 인용.
[41] *The Saints' Cordials*[George, p. 125].
[42] "The Puritan Ethic and the American Revolution," McGiffert, p. 185에서 인용.

무엇 때문에 스승을 배반하였는지 생각해 보자. 부에 대한 욕망 때문이 아니었던가."⁴³ 리처드 그린햄은 "이 세상 재물의 풍부함을 의지하고 사느니 차라리 그것 없이 지내기가 훨씬 더 쉽다"⁴⁴라고 주장했다.

청교도들은 부가 지닌 위험이라는 문제를 신중하게 다루는 과정에서, 왜 돈이 위험한지 차근 차근 까닭을 밝힌다. 가장 중요한 것은, 돈이 궁극적인 헌신의 대상인 하나님을 밀어내려는 경향을 가지고 있다는 성질이다. 세상 재화는 "하나님과 우리 사이를 막고 있는 막(幕)이다. 우리의 시선을 그 막에 머물도록 하기 때문에, 그것을 뚫고 하나님을 보기란 여간 어렵지 않다."⁴⁵ "사람이 얼마나 쉽게 외적인 것으로 자기 행복을 망치는지 모른다."⁴⁶ 토머스 왓슨이 한 말이다. 존 로빈슨도 같은 말을 했다. "사람이 부요하고 부족함이 없을수록, 하나님을 부인할 위험에 빠진다. 교만에 가득 차서, 그분을 다분히 경멸하는 투로……여호와가 누구시냐? 라고 말하는 것이다."⁴⁷ 리처드 로저스는 부요한 주교들과 영국 국교회 사제들을 바라보면서 "그들은 더 부자가 되고 높은 자리에 올라가는 한에는 하나님에게서 크게 빗나갔다고 보이지 않는다"⁴⁸라고 적었다.

부가 위험한 그 두번째 이유는 그것이 하나님보다 자기를 믿도록 부추기기 때문이다. 리처드 백스터는 "세상에서 번성할 때 그들의 마음은 재산 때문에 들뜬다. 그래서 자기 자신의 죄와 허물을 보지 못하고, 이만하면 괜찮다는 생각을 한다"⁴⁹는 견해를 가지고 있었다. 존 로빈슨은 말했다. "보통 부자의 교만에서 다른 사람들, 특히 가난

---

[43] *Works*[Kitch, p. 108 : George, p. 172].
[44] *Grave Counsels and Godly Observations*[White, p. 228].
[45] Ibid.
[46] *The Beatitudes*, p. 25.
[47] *Observations of Knowledge and Virtue*[Reinitz, p. 73].
[48] *Diary*[Knappen, *Two Elizabethan Puritan Diaries*, p. 79].
[49] *The Practical Works*[Hyma, pp. 224-225].

한 사람들을 깔보는 마음이 나온다."⁵⁰ 사무엘 히런이 부자들을 위해 드린 모범 기도에서도 같은 관점을 엿볼 수 있다.

> 주님께서 저를 부요하게 하셨는데도……마음을 높은 데 두고 스스로를 자고(自高)하게 하며, 부요함을 의지하고 다른 사람들을 멸시하며, 이 세상을 사랑합니다.⁵¹

청교도들은 생각하기를, 부를 획득하기 위해서는 많은 시간과 정력을 쏟게 되고, 이로써 신앙 생활이 방해받고 다른 사람에게 종교적으로 관심을 갖지 못하게 된다고 한다. 리처드 매더는 고별 설교에서 이렇게 말했다.

> 세상 사업을 하다 보면 신앙 생활의 활력과 능력을 잃기 쉽고, 그 결과 외식만 남기가 십상임은 경험이 잘 보여 준다. 그것은 마치 세속주의가 알맹이를 다 먹어버리고 경건의 생명과 근본 정신을 다 소진(消盡)시킨 다음 잔해와 껍데기만 남은 꼴과 같다.⁵²

코튼 매더는 뉴잉글랜드 사회에 번지고 있던 물질주의를 같은 정신으로 경계했다. "종교가 번영을 낳았으나, 번영이 종교를 잡아 먹었다."⁵³

한편 청교도들은 돈이 결코 만족을 모르는 욕심을 만들어 내기 때문에 그 위험을 직시했다. 그들은 돈이 결코 약속을 지킬 줄 모른다고

---

⁵⁰ *Observations of Knowledge and Virtue*[Reinitz, p. 74].
⁵¹ "A Prayer Fit for One Whom Hath Enriched with Outward Things" [Emerson, *English Puritanism*, p. 181].
⁵² *A Farewell Exhortation to the Church and People of Dorchester in New-England*[Miller, *Colony*, p. 4].
⁵³ *Magnalia Christi Americana*[Foster, p. 121].

보았다. 헨리 스미스는 "돈은 그림 속의 포도와 비슷하다. 사람을 만족시킬 것 같아 보이지만 배고픔을 가라앉히거나 목마름을 해소시켜 주지 못한다. 부는 사람을 더 탐욕스럽게 만들고 시기하게 부추기며, 마음에 근심만 쌓이게 한다"[54]라고 썼다. 토머스 왓슨도 이런 생각에 동의한다.

> 영혼은 영적인 것이고, 부는 지상적인 것인데, 어떻게 부가 영적인 본질을 채울 수 있는가? ……사람은 이 세상을 부지런히 뒤좇아 가지만 결코 그의 기대는 채워지지 않는다. 세상은 영혼의 틈과 갈망을 메울 수 없다.[55]

"세상의 부가 채워 주지 못하는 가장 위대한 소원을 위해 애쓰라."[56] 리처드 백스터의 조언이다.

돈이 이렇게 위험하다면, 단순히 돈을 피하면 되지 않을까? 청교도들은 그렇다고 보지 않았다. 윌리엄 에임즈는 "부는……도덕적으로 선하지도 악하지도 않다. 단지 사람이 어떻게 쓰느냐에 따라 선하고 악함이 판가름 난다"[57]고 주장했다. 토머스 아담스는 고향 마을의 회중들에게 "돈가방이 아니라 탐심을 멀리 하라고 가르쳤습니다"[58]라고 말했다.

부가 가져 올 수 있는 죄를 피하려면 부에 대한 과도한 집착을 깨끗하게 물리치는 길이 있을 뿐이다. 이와 관련해서 청교도들이 언제나 제기한 주제는 부에 대해 깨끗한 마음과 정당한 애착을 갖는 것이었다. 백스터는 이렇게 쓰고 있다.

---

[54] *Works*[Irvonwy Morgan, p. 109].
[55] *The Beatitudes*, PP. 26, 28–29.
[56] *A Christian Directory*[Hyma, p. 224].
[57] *Conscience with the Power and Cases Thereof*, p. 253.
[58] *Works*[Hill, *Change*, p. 96].

세속심이라는 깊은 물을 조심하라…… 세상 재물을, 마치
그대에게 낙낙한 웃옷마냥 필요에 따라서는 언제고 벗을 수
있는 것으로 생각하라. 오히려 하나님과 그분의 영광을 그대
마음에 품으라. 그리고 그것이 그대를 살리는 피와 정신이
되게 하라.[59]

리처드 시브즈도 비슷한 조언을 내놓았다. "세상을 제자리에 있게
하라. 그곳은 당신의 발 아래이다."[60]
간단히 말해서 돈의 위험을 피하는 길은 첫번째 일을 첫번째에 놓
는 것이다. 다시 한번 백스터의 말을 들어 보자.

장사를 하거나 농사를 짓거나, 아니면 기타 이윤을 내는
일을 해서 많은 재물을 모은 사람에게, 그가 시간을 잘 활
용했다고 말하곤 한다. 하물며 하늘 나라, 하나님과 교통하
기, 거룩한 능력과 위로의 삶, 또는 기쁨과 소망으로 가득 찬
최후를 얻기 위해서라면 이런 것들을 위해 얼마나 선뜻 시
간을 내야 할까?[61]

얼마가 적당한가? 청교도들이 생각한 중용

청교도들이 중요하게 여긴 것은 한 사람이 얼마를 버느냐가 아니
라, 그가 얼마를 쓰느냐였다. 청교도들이 생각한 이상은 중용이었다.
물론 이런 이상은 청교도 외에도 많은 사람들이 가지고 있었지만,
"절제"라는 개념은 당대 청교도들을 떠올리기에 충분한 것이었다.
청교도들은 중용 또는 절제가 양극단 어느 쪽으로도 치우치지 않는

---

[59] *The Saints' Everlasting, Rest*, p. 124.
[60] *The Saint's Cordials*[George, p. 125].
[61] *A Christian Directory*[Hyma, p. 224].

중도라고 생각했다. 존 다우넘(John Downame)은 "평균치(중간) 재산을 가지고 있는 것이 대부호가 되는 것보다 낫다……적당한 재산을 가지고 있으면……하나님을 잊어버린다든지 신앙을 멀리한다든지, 또는 세속적이 된다든지 하지 않는다"[62]고 썼다. "양심을 가지고 어느 정도 소유하고 쓸 수 있는가?"라는 질문에 윌리엄 퍼킨즈는 이렇게 대답했다. "소유하고 소비할 때 다른 무엇보다 중용의 마음이 있어야 한다. 그리고 소유한 재산에 만족해야 한다."[63] 존 코튼 역시 비슷한 말을 남겼다. "믿음은……사람이 자기 천직을 중용의 태도로 감당하게 한다……믿음으로 중용의 도리를 몸에 익힐 수 있다."[64]

중용이 목적이라면, 양극을 피해야 함은 당연하다. 양극의 하나는 부에 대한 욕심으로, 탐욕과 맞물려 있기가 십상이다. 퍼킨즈는 마태복음 6:19-20을 설교하면서 이런 것을 그리스도께서 금하셨다고 말했다. "사람이 적당한 정도나 중용을 지키지 못할 때 뻔뻔스레 탐욕을 드러내고, 그 결과 제일 목적이 앞뒤 가리지 않고 이 세상 재물을 손에 넣는 일이 되는 것이다."[65] 리처드 스틸은 다음과 같이 경고했다.

> 상인(商人)은 탐심이 만족을 해치는 가장 추악한 죄이므로 경계해야 한다……내가 여기서 말하는 탐심이란 도저히 멈출 수 없는 재물욕으로서, 부자가 되지 않으면 행복해질 수 없다고 생각하는 태도를 말한다.[66]

코튼 매더는 미국의 상황을 보면서 사람들이 "땅과 세상 재화를 그칠 줄 모르고 탐하지만……겨우 몸뚱이 하나 누일 집 한칸을 갖게

---

[62] *The Plea of the Poor*[George, p. 162].
[63] *The Whole Treatise of the Cases of Conscience*[White, p. 263].
[64] *Christian Calling*[Miller/Johnson, 1:324].
[65] *Works*[Kitch, p. 109].
[66] *The Tradesman's Calling*[Kitch, p. 116].

될 뿐 아니냐"⁶⁷고 힐책했다.
 중용의 또 다른 상극(相剋)은 사치이다. 청교도들은 어떤 형태든 지－집, 의복, 여가, 또는 먹는 일－사치스러운 생활 행습을 곱게 보지 않았다. 리처드 백스터는 "부요함에 따르는 악덕"을 힐난하면서, 성적 유혹, 과식, 그리고 운동 경기와 여흥에 지나치게 몰입함 등을 포함시켰다.⁶⁸ 그가 "방탕과 죄 된 낭비에 빠지지 않기 위해 만든 지침"에는 "지나치게 배를 채우는 일……너무 비싼 음식과 음료", "불필요한 사치스런 나들이와 오락", 그리고 "필요 없이 호화스러운 건물"⁶⁹ 등에 대한 경계심이 가득 차 있다.
 청교도들 사이에서는 사치에 대한 이런 유의 경고가 일반사이다. 윌리엄 퍼킨즈는 "생존과 인간으로서 생활하는 데 필요한 이상의 부"라는 공식으로 사치를 정의하는 데 그치지 않고 한술 더 떠서 사치에 대한 그의 부정적인 평가를 이렇게 펴고 있다. "그것은 어린애 손에 들어간 칼 같아서 빼앗지 않으면 다치기 쉽다."⁷⁰ 사무엘 워드(Samuel Ward)는 대학 일기에서 "대학인들이 저지르는 죄" 가운데 하나로 "호사스러운 옷"⁷¹을 지적한다.
 청교도들이 사치를 반대했다고 해서 그들을 금욕적이라고 몰아붙이는 것은 잘못이다. 그들은 도에 지나치지 않은 탐닉을 부인하는 것이 곧바로 미덕이라고는 생각하지 않았다. 사실 그들은 사치에서 오는 유혹만큼이나 가난에서 오는 유혹을 제대로 파악하고 있었다. 백스터는 "모자라는 것과 세상적인 문제에 대한 지나친 염려", 불만, 탐심, 부자에 대한 시기, 영적인 의무 태만, 그리고 "자녀들을 거룩한 도리로 교육하는 일"에 관한 게으름 등으로 유혹의 종류를 열거한

---

 ⁶⁷ *Magnalia Christi Americana*[Hyma, p. 250].
 ⁶⁸ *Chapters from A Christian Directory*, ed. Jeannette Tawney(London : G. Bell and Sons, 1925], pp. 55－57.
 ⁶⁹ Ibid., pp. 157－163.
 ⁷⁰ *Of the Cases of Conscience*[Hyma, p. 235].
 ⁷¹ Knappen, *Two Elizabethan Puritan Diaries*, p. 122.

다.[72]

청교도들은 지나치거나 모자람 없이 사는 세 가지 비결을 발견했다. 하나는 수수한 생활에 만족하는 것이다. 한 청교도는 그리스도인의 생활 태도가 이래야 한다고 말했다.

> 이미 우리 손에 쥐어진 것에 만족하는 마음이 있어야 한다……분수를 넘어 집착하는 마음이 한번 들고, 더 나은 것을 얻겠다는 바람으로 마음이 불붙으면, 어떻게 설득해도 우리가 이미 가지고 있다는 사실을 믿으려 하지 않는다.[73]

두번째 비결은 지출과 탐닉에 자발적으로 자갈을 물리는 능력이다. 퍼킨즈는 이렇게 썼다. "사람이 선한 양심을 가지고 생활에 꼭 필요한 물품들을 구하고 바랄 수는 있다. 그러나 필요 이상의 물품들을 구하고 바라서는 안 된다. 왜냐하면 그렇게 하는 것이 곧 죄이기 때문이다."[74] 그러면 무엇이 필수 불가결한지 어떻게 아는가? 나면서부터 가지고 태어난 우리의 욕망을 믿을 수는 없는 노릇이다. 여기서 다시 퍼킨즈의 말을 들어 보자. "우리는 탐욕스러운 사람의 애착을 기준으로 만족도를 재어서는 안 된다. 왜냐하면 그들에게 만족이란 없기 때문이다."[75] 그는 "성경이 이 문제에 관해 구체적인 교훈을 주지 않았음"을 인정한다.[76] 그러나 그의 제안은 누가 보아도 현실적이다.

"우리는 우리 사회에서, 그리고 우리와 비슷한 나이 또래의 사람들 가운데서도 가장 근신하는 마음과 가장 온건하고 중도적인 사람들의

---

[72] *Chapters from A Christian Directory*, pp. 43-46.
[73] John Knewstub, *Ninth Lecture on the Twentieth Chapter of Exodus* [Trinterud, p. 357].
[74] *Works*[Hill, *Change*, p. 96]. 퍼킨즈는 다른 곳에서 이런 말을 덧붙였다. "각 나라의 백성과 신하는 나라가 얼마만큼의 양식과 의복을 주든지 그것에 만족할 줄 알아야 한다"(*Works*[Kitch, p. 107]).
[75] *Works*[Kitch, p. 107].
[76] *Works*[Hyma, p. 233].

본을 따라야 한다."⁷⁷ 간추려 말하면 이렇다.

재물과 물품은 탐심으로 가득 찬 사람의 만족할 줄 모르는 마음이 아니라, 다른 두 가지에 의해 필요하냐 그리고 충분하냐가 판가름난다. 그 두 가지란 현명하고 경건한 사람의 판단과 근신하고 검소한 사람의 모범이다.⁷⁸

세번째 비결은 부와 재물에 대한 흔들리지 않는 자리매김이다. 청교도들의 견해에 따르면, 물질적이고 한시적인 것보다 영적이고 영원한 것에 시간을 들이고 정력을 쏟을 가치가 있다. 리처드 백스터는 "그대가 영원한 나라를 믿고 묵상한다면, 부는 한낱 초개와 같아 보이리라"⁷⁹고 썼다. 존 뉴스텁(John Knewstub)은 "이웃의 재물을 배아파하는 우리의 썩은 기질"의 해독제로서 "구속이라는 처방(예수 그리스도로 말미암아 우리에게 실효를 갖는)"⁸⁰을 제시했다.

그러므로 청교도들이 돈과 재물을 얻었을 때, 일단 만족하고 중용을 취해야 할 필요를 느꼈다고 볼 수 있다. 그들은 금욕주의자는 아니었지만, 탐욕과 사치에 제동을 걸어야 함을 잘 알고 있었다. 적극 저으로 말해서, 그들은 모자람이나 지나침이 없는 생활에 만족하는 것을 미덕으로 보고, 물질적인 부요함보다 영적인 가치를 더 우위에 놓았던 것이다.

---

⁷⁷ Ibid. 어떤 다른 곳에서는 이 모형이 "우리 영토와 질서 속에서 살아가는 경건한 선남 선녀들에게 모범이요 판단의 근거가 되어야 한다"고 말했다(*Works* [Kitch, p. 107]).

⁷⁸ *Works*[Hyma, p. 234].

⁷⁹ *A Christian Directory*[Kitch, p. 114].

⁸⁰ *Ninth Lecture on the Twentieth Chapter of Exodus*[Trinterud, p. 377].

돈, 어디에 쓰는가?

청교도들의 태도를 살펴보면 살펴볼수록, 이 주제에 관해 그들이 한 모든 발언의 요지는 돈이 사회적 재화이지 개인 소유가 아니라는 그들의 확신을 뚜렷하게 볼 수 있다. 돈이 있는 목적은 사회 구성원 전체의 행복이지 어쩌다 돈을 손에 넣고 주무르게 된 사람의 개인적인 쾌락이 아니다.

청교도의 독특함은 존재 목적이 무엇이냐를 명쾌하게 꿰뚫는 데 있었는데, 돈 문제에 관해서도 그들의 독특함은 퇴색하지 않았다. 결국 문제는 한 사람이 어떻게 돈을 쓰느냐에 달려 있다. 백스터는 "문제는 그들이 그토록 땀흘려 번 것을 어떻게 쓰느냐, 그리고 얼마나 알뜰하게 저축하느냐이다. 그들이 하나님을 위해 또 자선을 목적으로 재물을 쓴다면, 이보다 더 바른 용도로 재물을 쓸 사람이 없다."[81]

돈의 목적과 용도는 무엇인가? 청교도들은 소신 있게 이 문제에 관해 말할 수 있었다. "부가 있으면 곤궁한 형제들을 도울 수 있고, 교회와 국가의 선행을 권장할 수 있다."[82] 돈은 "하나님의 영광과 이웃의 유익을 위해" 있다.[83] "우리가 이런저런 천직을 부지런히 수행하면 할수록, 가난하거나 불행을 만난 사람들에게 더 많은 자선을 베풀 수 있다."[84] "하나님의 자녀들은 세상 사람들이 자기 육체를 위해 쓰고 말아버리는 것들을 영적으로 쓸 방도를 찾아야 한다."[85] 위의 발언 가운데 어느 것 하나도, 번 돈은 단지 내가 그것을 벌었다는 이유 하나만으로 나를 위해 쓸 권리가 있다고 주장하는 인상을 어디

---

[81] *A Christian Directory*[Kitch, p. 114].
[82] Ibid., p. 113.
[83] Edward Browne, A *Rare Pattern of Justice and Mercy*[Hill, *Society and Puritanism*, p. 137]. 존 후퍼는 우리가 재물을 의지해서는 안 된다고 썼다. "재물을 잘 활용하든지 아니면 하나님의 영광을 위해 선용하려는 뜻이 아니라면 재물을 맹목적으로 축적하지 말라"(*Early Writings of John Hooper*[Hyma, p. 180]).
[84] *St. Paul the Tent-Maker*[Hill, *Society and Puritanism*, p. 136].
[85] Richard Greenham, *Works*[Hill, *Change*, p. 96].

서도 받을 수 없다.

윌리엄 퍼킨즈는 청교도들이 돈을 어떻게 써야 하는가를 간단한 말로 보여 준다.

> 소비와 소유가 하나님의 영광을 위하고 우리 영혼의 구원을 위하는 것이 되도록 소비하고 소유함이 마땅하다…… 우리의 부는 반드시 필요 불가결한 용도에 쓰여야 한다. 가장 먼저는 우리의 생존과 생활을 유지하고, 두번째로는 다른 사람들, 특히 우리 가족이나 친족들을 위해서 써야 한다…… 세번째로는 가난한 사람들을 구제하는 데 쓸 것이요…… 네번째로는 하나님의 교회와 건강한 종교를 위해 써야 한다…… 마지막으로는 국가 사회의 보존을 위해 쓴다.[86]

이 문제와 관련하여 칼빈은 많은 중상 모략을 받았으므로, 돈의 용도와 목적에 관한 그의 태도가 청교도들의 태도와 다르지 않다는 사실을 일부러라도 부각해야 한다. "금과 은을 얻었다면, 이웃에게 선을 베푸는 것이 우리 의무이다."[87] 한편 다른 곳에서 칼빈은 이렇게 밀한다.

> 부자들은 그들의 부유함으로 다른 사람들을 섬길 수 있을 때…… 의당 이웃을 도와야 한다…… 하나님에게서 많은 곡식과 포도주를 받은 사람은 그것의 일부를 주리고 목마른 사람들에게 나누어 주어야 한다.[88]

칼빈은 "부의 올바른 사용"이라는 제목으로 이렇게 썼다. "사람이 부유하면 부유할수록, 그 유족함으로 다른 사람들에게 선을 행할 수

---

[86] *Works*[Kitch, p. 108].
[87] Sermon on I Timothy 6 : 9[Hyma, p. 82].
[88] *Works*[Hyma, p. 82].

있는 기회가 커진다."[89]

돈이 사회적 재화라는 청교도들의 신념은 이윤에 관한 그들의 견해와도 일맥 상통한다. 16, 17세기의 고리 대금업에 관한 문헌은 너무 방대하여, 이 책에서 일일이 인용하지 못할 정도이므로 간략하게 요약해서 말하려고 한다.[90] 16세기 청교도들은 빌려 준 돈에서 이자를 취하는 관행을 쌍지팡이를 들고 반대했다. 그들은 구약이 그런 관행을 금지했고, 그런 습속 뒤에 숨어 있다고 느낀 정신, 즉 탐심과 탐욕 때문에 그것에 반대했다. 그러나 사회가 농경 사회에서 산업과 금융 중심의 사회로 변화하자, 청교도들은 이자와 고리 대금(착취에 가까운 이자)을 구별하기 시작했다.

얼핏 보기에 이 둘은 모순되는 듯 보이지만, 사실 그렇지 않다. 청교도들이 어떤 이자에 반대하고 어떤 이자에 찬성했는지 보자. 그들은 돈이 사회적 재화이므로 축재와 착취가 가당치 않다고 보았다. 그러나 사회가 점점 상업 중심으로 변모함에 따라, 적정한 이자를 받고 돈을 빌려 주는 마음이 가장 인정 있는 행위가 되기에 이르렀다. 백스터는 "정의나 자비에 위배되지 않는 대금업도 있다"고 말하고, 그것이 온정 있는 행위가 되는 조건을 적시(摘示)한다.[91]

도대체 왜 청교도들은, 오늘날 우리처럼 돈을 개인 소유로 보는

---

[89] Commentary on I Timothy 6 : 18.

[90] 이자와 고리 대금업에 관한 자료로는 다음과 같은 것들을 참조했다. Kitch, pp. 117-143 : Harkness, p. 204-209 : Hyma, *passim* : Robertson, pp. 111-132 : Baxter, *Chapters from A Christian Directory*, ed. Tawney, pp. 118-131 : Benjamin Nelson, *The Idea of Usury*, 2d ed. (Chicago : University of Chicago Press, 1969). 마지막으로 적시(摘示)한 자료에는 상당수 자료 목록이 포함되어 있다.

[91] *Chapters from A Christian Directory*, pp. 125-129. 윌리엄 에임즈는 일정 형태의 이자를 허용했지만 "고리 대금업자와 은행가들이 행하는 그런 종류"는 반대했다. 그는 그런 관행을 "천벌을 받아 마땅한 짓이다. 왜냐하면 그것은 남의 것을 가로채는 재주일 뿐이고 피도 눈물도 생각 않는 비정한 짓이다. 그런 일은 공정하지도 않고 그저 남의 재산이 제 수중에 들어오기만을 기다리는 작태이다"(*Conscience with the Power and Cases Thereof*[Hyma, p. 218]).

편이 훨씬 더 자연스러운 때에도 그것을 사회적 재화로 보았는가? 그들의 시각은 사람이 하나님께서 믿고 맡겨 주신 것을 관리하는 청지기라는 강한 신념에서 비롯되었다. 돈은 궁극적으로 하나님의 소유이지 우리 소유가 아니다. 영향력 있는 청교도의 책의 한 대목에 따르면, 돈은 "하나님께서 그대에게 빌려 주신 것"이다.[92] 그래서 윌리엄 퍼킨즈는 이렇게 말한다.

> 부자들은 하나님께서 만유의 주재이시고 또한 그 부요함의 주인이심을 깊이 묵상해야 한다. 그리고 그들은 그 부를 그분의 뜻에 합당하게 배분하는 일을 맡은 청지기에 불과함 역시 숙고해야 한다. 그리고 더 나아가서, 그들이 소유하고 쓴 부와 관련하여 그분 앞에서 회계(會計)해야 함을 가슴 깊이 간직해야 한다.[93]

백스터는 "주인이시고 통치자이시며, 수혜자(授惠者)이신 하나님의 재물을 관리하고 있으므로, 그것들을 그분께 드림이 너무 마땅하다"[94]라고 말했다.

이처럼 부를 가지고 청지기 노릇한다는 이론에 따라 돈을 제대로 썼는지 아닌지를 검증할 수 있다. 백스터의 말을 빌려 보자.

> 주님께 봉사할 목적으로 부를 원하고 또 그분을 위해 부를 쓰며, 불필요한 육체의 쾌락이나 자랑을 위해서가 아니고 그분의 뜻과 용도에 따라 당신 자신과 가족들을 보양(保養)하기 위해서, 다른 사람들이 더 충직한 청지기가 되도록 돕기 위해서 부를 썼음을 확증할 수 있다면······ 착하고 충성된

---

[92] John Dod and Robert Cleaver, *A Godly Form of Household Government*[Hill, *Change*, p. 96].
[93] *The Whole Treatise of the Cases of Conscience*[White, p. 263].
[94] *Chapters from A Christian Directory*, p. 157.

종의 칭호를 기대해도 좋다.[95]

돈에 대한 현대인들의 태도와 청교도의 비판

청교도들은 돈에 대한 현대적인 시각의 기원이라는 비난을 받아 왔다. 그러나 자세히 연구해 본 결과, 청교도들 탓으로 돌려 온 것들이, 하나님을 향한 지극한 충성과 그리스도인다운 도덕적 기준에 순종한다는 맥락 안에서만 받아들였던 그 무엇인가를 세속화해 놓은 변종(變種)에 지나지 않음이 백일하에 드러났다. 청교도의 태도와 현대인들의 태도 사이에 얼마나 틈이 벌어져 있는가 입증하기 위해, 현대인들의 견해에 대한 일련의 비판으로서 청교도들의 사상을 쭉 열거해 보았다.

성공 윤리. 현대 서구 문화는 믿기 어려울 만큼 성공 윤리에 기반을 두고 있다. 성공 윤리란 한마디로, 물질적 번영이 인생의 궁극적인 가치이고, 사람의 가치는 물질적이거나 사회적인 기준에 따라 측정된다는 신념이다. 이와 대조적으로 청교도 토머스 왓슨은 "사람의 복은……세상 물질의 획득에 달려 있지 않다. 행복은 어떤 화학 공식으로도 합성해 낼 수 없다"[96]고 주장했다. 사무엘 히런(Samuel Hieron)은 성공과는 아예 상관없는 사람처럼 보인다. 그의 기도를 들어 보자.

> 이 세상 보화의 영광과 달콤함에 제 눈이 어두워지거나 현혹당하지 않게 하소서……제 마음이 항구적인 부요함과 정금보다 귀하고 그 값이 순은(純銀)보다 값진 하늘 지혜의 열매를 사모하게 하소서. 또한 제가 주님의 은혜로 인해 부

---

[95] *A Christian Directory*[Kitch, pp. 114-115].
[96] *The Beatitudes*, p. 25.

요하고 배부른 영혼을 가장 소중히 여기게 하소서.[97]

자수 성가. 미국 문화에서는 "자수 성가한 사람"의 이미지를 이상하리만큼 이상화해 왔다. 자수 성가한 사람이란 자기 노력으로 부자가 되고 유명해진 사람을 말한다. 선물로 어떤 지위에 오른다는 생각은 이런 사람들에게 통하지 않는다. 그러나 청교도들은 자수 성가라는 말이 있을 수 없다고 못박았다. 은혜의 윤리를 바탕으로 한 청교도는 번영을 오직 하나님의 선물로만 보았다. 존 프레스톤은 부와 관련하여 "부를 주시는 분은 하나님이시다. 그것을 나누어 주시는 분 역시 하나님이시다. 상급을 주시는 분 또한 하나님이시다……우리는 다만 땀흘려 일할 뿐이다"[98]라고 썼다.

상거래 윤리. 사업을 하는 목적은 될 수 있으면 많은 이윤을 내려는 것이고, 어떤 경쟁 또는 거래 행위도 법의 테두리를 벗어나지 않는 한 받아들이지 못할 것이 없다는 논리가 오늘날 상거래에서는 철칙이 되어버렸다. 그러나 청교도들은 동의하려 들지 않는다. 한가지 예를 보면, 그들은 사업을 사회에 대한 봉사로 보았다. 존 뉴스텁은 "그러므로 우리는 물건을 사고 팔 때, 다른 사람의 이익을 우선으로 깨끗한 거래를 성사시킴으로써 이웃에게 우리의 사랑을 증거해야 한다"[99]고

---

[97] "A Prayer Fit for One Whom God Hath Enriched with Outward Things" [Emerson, *English Puritanism*, pp. 182-183]. 건물의 이름을 기증자의 이름을 따서 짓는 현대의 관행과는 달리 백스터는 "자신이 죽어 없어졌을 때 후손들이 그를 존경하게 하려고 어떤 기념비를 남기려는 사람들"을 좋지 않게 말하고 있다(*The Saint's Everlasting Rest*, p. 127).

[98] *The New Covenant*[George, pp. 137-138]. 루터는 일찍이 이러한 견해를 천명했다. "신앙이 없는 사람들은 부가 찾아왔을 때 자기 노력으로 그것을 잡았다고 생각한다. 부가 때로는 우리 수고를 통해서, 그러나 때로는 수고 없이도, 아니 분명한 것은 우리의 수고가 아닌 다른 무엇 때문에 찾아온다고는 생각하지 않는 것이다. 하나님께서는 자격이 없는 자에게 주시는 자비 때문에 우리에게 부를 주신다" (Exposition of Deut. 8:17-18[Plass, 3:1495]).

[99] *Ninth Lecture on the Twentieth Chapter of Exodus*[Trinterud, p. 351].

썼다. 윌리엄 퍼킨즈는 이렇게 말했다. "직업의 목적은 자기를 위해 재물을 긁어 모으라는 것이 아니라……사람들, 할 수 있는 대로 모든 사람들의 유익을 추구하는 가운데 하나님을 섬기라는 데 있다."[100]

또한 청교도들은 오늘날 횡행하는 경쟁이나 이윤 내기에 동의하지도 않는다. 값을 너무 비싸게 받는 상인 로버트 케이니(Robert Keayne)를 향해 보스턴 시민들이 원성(怨聲)을 토로할 때, 주지사는 200 파운드 벌금을 매기고, 얼마 후 교회에서 출교시켰다.[101] 존 코튼은 경제에 관한 한 공개 강좌에서 몇 가지 사업 원리를 제시하기 위해 바로 이 사건을 원용(援用)했다. 그는 아래와 같은 행위들을 거짓말로 몰아붙인다.

> 받을 수 있는 한 후한 값으로 비싸게 팔고, 살 때는 그 반대로 해야 한다…….
> 너무 높은 값을 받았거나 상품에 흠이 있는데도 이문 안 남기고 판다고 말한다. 그리고 다른 사람의 무지나 필요를 악이용해서 기술이나 능력으로 돈을 번다.[102]

영국에서는 존 뉴스텁(John Knewstub)이 청교도들과 당시 횡행하던 상업적 관행 사이에 얼마나 큰 격차가 있는가 보여 주었다. 그는 이런 사업가들을 향해서 아래와 같이 비아냥거린다.

> 얻을 수 있는 것이라면 무엇이나 손에 넣고 낚아채며 슬쩍 감추는 사람들로 득실대는……적국(敵國)의 도시를 노략질하듯이 사고 파는 데 열중하는 상인들이 있다. 그는 될 수 있는 한 많은 것을 손에 넣는 것이 최선이라고 생각한

---

[100] *Of the Cases of Conscience*[Hyma, p. 235].
[101] Winthrop's *Journal* contains the account[McGiffert, pp. 115–116].
[102] Winthrop, *The History of New England*……[McGiffert, pp. 115–116].

다……그러나 성령님께서는 사랑이라는 다른 문제를 거론 하신다.[103]

"간소한 생활" 철학. 현대 물질주의는 풍요와 소유를 본래적인 악덕으로 보는 반대파가 자생할 수 있는 길을 터주었다. 청교도는 유족한 생활보다는 차라리 앞서 말한 견해에 가까울 수 있으나, 이 둘 모두 그들에게 썩 어울리지는 않는다. 윌리엄 퍼킨즈는 이렇게 말했다. "이 세상 재물은 하나님의 선물이다. 따라서 누구도 쉽게 비난할 수 없다. 만약 세상 재물을 비난한다면, 사람들이 삶을 꾸려 갈 수 있도록 거두어 먹이고 입히시는 하나님의 나누어 주시는 손길과 섭리를 무시하는 처사이다."[104] 청교도들은 다른 사람보다 생활 수준이 높은 사람들을 싸잡아 비난하는 자들을 저으기 염려했다. 퍼킨즈의 말에 귀기울여 보자.

어떤 사람이고 이 정도 재물이면 족하다는 기준을 만들어서는 안 된다. 왜냐하면 그것은 처한 형편, 시간과 장소에 따라 다 달라지기 때문이다. 산간 벽촌에 틀어박혀 있는 범부(凡夫)보다는 공직에 있는 사람에게 무엇이고 더 필요한 것이 있을 터이고, 독신자보다 부양 가족을 지고 있는 사람 역시 무엇 하나라도 더 필요할 것이다.[105]

---

[103] *Ninth Lecture on the Twentieth Chapter of Exodus*[Trinterud, p. 351]. 아서 덴트는 당시 자행되던 경제적 "억압"에 관한 백서를 썼다. 거기서 그는 고리대금업, 전당, 그리고 "가난한 사람의 집을 저당잡는 행위" 등을 신랄하게 비난한다 (*The Plain Man's Path-way to Heaven*[George, p. 150]). 윌리엄 틴데일은 이렇게 엄중히 말한다. "그리스도인 지주들은 소작료를 더 올리지 말아야 한다. 소작료를 더 올리거나 소출을 더 요구하게 되면 농민들을 억압하는 것이다"(*Obedience of a Christian Man*[Knappen, *Tudor Puritanism*, p. 405]).

[104] *Works*[George, p. 123]. 윌리엄 에임즈 역시 부에 관해 이렇게 생각했다. "부는 하나님의 선물이요 축복이라고 불러 마땅하다"(*Conscience with the Power and Cases Thereof*, p. 253).

사회주의. 현대인들의 생활에서 청교도들이 동의하지 않을 모습 가운데 마지막 것은 사회주의이다. 청교도들은 그것이 국가 소유라는 노골적인 형태든, 복지 국가라는 소극적인 형태든간에 사회주의를 반대할 것이다. 윌리엄 에임즈는 이렇게 썼다. "잠언 22 : 2과 데살로니가후서 3 : 12에서 보듯이 소유권과 재산의 많고 적음은 하나님께서 정하시고 인정하신 바이다."[106] 존 로빈슨은 이런 설명을 내놓는다.

> 그렇게 마음만 먹으셨다면 하나님께서 사람들의 형편을 조금 더 평등하게 하시거나, 아니면 모든 사람들에게 충분한 재산을 주셨을 것이다. 그러나 그분은 부자와 가난한 자를 두셨다. 그래서 어떤 사람은 다른 사람의 곤궁을 굽어 보고 도울 수 있는 자리에 선다. 이렇게 하심은 부자들로 하여금 자비와 선의를 동원하여 나머지 다른 사람들의 필요를 공급하도록 하심이다.[107]

이 논의에서 알 수 있듯이, 아마 청교도들도 경제 문제와 관련해서라면, 오늘날 이런저런 집단들이 내세우는 전제 가운데 일부를 채택했을지도 모를 일이다. 그러나 그들은 그리스도교라는 배경을 가지고 추구했던 원리들을 세속주의와 사욕이 싸구려 공식으로 만들어

---

[105] *Works*[Hyma, p. 234].

[106] *The Marrow of Theology*, p. 323. 칼빈은 사회주의에 대해 일찍부터 포문을 열었다. "가난한 사람들은……부를 거머쥘 자격이 없다……하나님께서는 보시기에 합당한 자에게 재물을 나누어 주신다……아무리 부자라 하더라도 곤궁한 사람들에게 억지로 재물을 뜯겨서는 안 된다"(*Works*[Hyma, p. 82]).

[107] *Observations of Knowledge and Virtur*[Reinitz, p. 73]. 더들리 페너(Dudley Fenner)는 모든 사람이 똑같은 수입과 재화를 가져야 한다는 사회주의 이론에 답하면서 이렇게 진술한다. "너무 적게 갖는 사람도 없고 그렇다고 너무 많이 갖는 사람도 없다면, 받는 보상에 약간 차이가 있은들 무슨 상관인가"(*A Counter-Poison, Modestly Written for the Time*[Knappen, *Tudor Puritanism*, p. 403]).

놓은 모습을 보고 아연 실색할 것이 틀림없다.

요약

청교도 역사에서 당혹감을 감출 수 없는 사실 가운데 하나는, 근면하고 소박한 생활로 인해 상대적으로 풍요를 누린 사람들이 바로 그들이라는 점이다. 그러나 그들의 미덕은 상응하는 유혹도 낳았다. 한편으로 그들은 돈과 재물은 원칙상 선하며, 가난은 본질적으로 미덕이 아니며 자기 절제와 땀 흘리는 근로가 미덕이라는 등의 부와 재물의 축적에 도움이 되는 태도를 취했다.

한편으로 청교도들은 그들의 생활 자세에 뒤따라 올 수 있는 자기 탐닉을 제어하기 위해서 스스로를 부지런히 경계했다. 곧 하나님께서는 부요함만이 아니라 가난도 주신다는 사상, 풍요가 주는 위험에 대한 강박 관념에 가까운 각성, 중용이라는 이상, 모든 재물의 궁극적인 주인을 하나님으로 고백하는 청지기 교리, 그리고 돈을 사회적 재화로 보는 시각 등이 여기 속한다.

추천 도서

R. H. Tawney, *Religion and the Rise of Capitalism* (1926).
Max Weber, *The Protestant Ethic and the Spirit of Capitalism* (English ed., 1930).
E. A. J. Johnson, *American Economic Thought in the Seventeenth Century* (1932)
Albert Hyma, *Christianity, Capitalism and Communism : A Historical Analysis* (1937).
Ricard B. Schlatter, *The Social Ideas of Religious Leaders, 1660*

1688 (1940).
Robert W. Green, ed., *Protestantism and Capitalism : The Weber Thesis and Its Critics* (1959).
H. M. Robertson, *Aspects of the Rise of Economic Individualism* (1959).
M. J. Kitch, ed., *Capitalism and Reformation* (1967).
Stephen Foster, *Their Solitary Way : The Puritan Social Ethic in the First Century of Settlement in New England* (1971).
Richard L. Greaves, *Society and Religion in Elizabethan England* (1981).

이미 우리 손에 쥐어진 것에 만족하는 마음이 있어야 한다…분수를 넘어 집착하는 마음이 한번 들고, 더 나은 것을 얻겠다는 바람으로 마음이 불붙으면, 어떻게 설득해도 우리가 이미 가지고 있다는 사실을 믿으려 하지 않는다.
-청교도인

소비와 소유가 하나님의 영광을 위하고 우리 영혼의 구원을 위하는 것이 되도록 소비하고 소유함이 마땅하다…우리의 부는 반드시 필요 불가결한 용도에 쓰여야 한다. 가장 먼저는 우리의 생존과 생활을 유지하고, 두번째로는 다른 사람들, 특히 우리 가족이나 친족들을 위해서 써야 한다…세번째로는 가난한 사람들을 구제하는데 쓸 것이요…네번째로는 하나님의 교회와 건강한 종교를 위해 써야 한다…마지막으로는 국가 사회의 보존을 위해 쓴다.
-윌리엄 퍼킨즈

직업의 목적은 자기를 위해 재물을 긁어 모으라는 것이 아니라…사람들, 할 수 있는 대로 모든 사람들의 유익을 추구하는 가운데 하나님을 섬기라는 데 있다.
-윌리엄 퍼킨즈

162 청교도-이 세상의 성자들

청교도들의 가정은 가정 생활뿐 아니라 영성과 교육 활동의 중심지였다. 이 그림에서는 한 청교도 아버지가 가족들에게 노래를 가르치고 있다. *The Whole Book of the Psalms*의 전면. 폴저 셰익스피어 도서관의 호의를 입어 실음(STC 2431 frontispiece).

제 5 장

가정

신앙은 말해야 할 뿐 아니라 삶으로 살아야 한다.
　　　　　　　　　－엘리어잘 매더(Eleazar Mather)

한 유명한 목사는 가정의 붕괴에 관해 다음과 같이 말했다.

　오늘날 사람들은 다른 어떤 문제보다 결혼에 신경을 써야 한다. 왜냐하면 그 문제에 휘말리면, 읽거나 설교하거나 또는 연구할 수 없기 때문이다.

　뜨거운 열정으로, 안 보면 못 살겠다는 듯 남녀가 결혼을 한다. 그러나 반 년도 못 되어 서로가 서로에게서 도망친다.

　다섯, 또는 여섯이나 아이를 낳은 후에 서로 으르렁거리지만, 결혼했다는 사실뿐만 아니라 그들 결합의 열매 때문에 어쩌지 못하고 사는 사람들을 많이 보아 왔다. 몸은 함께 있을지 모르나 마음은 이미 떠났다.

이렇게 말한 목사는 마틴 루터이다.[1] 루터의 언급을 이 장 꼭두머리에 소개한 이유는, 청교도 시대에는 그리스도인 가정에 쏟아지는 사회의 비난이 없었던 양 넘겨서는 안 되기 때문이다. 그러나 청교도들은 오늘날 우리가 직면한 것과 동일한 압박에 마주하여, 우리 시대에도 통할 수 있는 가정에 관한 매력적인 이론을 구축했다.

가정이 존재하는 이유

청교도 가정관은 가정의 존재 목적에 관한 정의와 뗄 수 없는 사이에 있다. 청교도들에 따르면, 가정이 존재하는 가장 큰 목적의 하나는 하나님을 영화롭게 하는 것이다. 벤자민 워즈워스는 이런 이론을 펼친다.

> 모든 그리스도인은······하나님의 영광을 드러내기 위하여, 그리고 그 주변에 있는 사람들의 행복을 증진하기 위하여 최선을 다해야 한다. 이렇게 볼 때 질서가 선 가정들이 이런 일을 하기에 좋을 것 같다.[2]

리처드 백스터는 "경건한 자손의 부모가 된다는 것이 어디 보통 일인가. 이것이 바로 결혼 제도가 설립된 목적이다"[3]라고 말해서 자녀

---

[1] 마태복음 19 : 10 - 12에 관한 설교 : J. Airifaber가 기록한 말 [Plass, 2 : 899 - 900].

[2] *The Well-Ordered Family*[Willson Smith, p. 41]. 와즈워스는 하나님의 영광을 위해 존재하는 가정의 특징을 이렇게 말했다. "하나님을 진실되게 공경하고 지극히 경건한 교훈과 질서가 유지되는 그런 가정은 하나님 보시기에 아름답다. 그분은 그런 가정에 복 내리시기를 기뻐하신다."

교육에도 같은 원리를 적용했다. 이작 암브로스(Isaac Ambrose)에 따르면, 남편과 아내는 "가정에 그리스도의 영광스러운 나라를 힘있게 세우는"[4] 책임을 맡은 사람들이다.

청교도들은 일면 하나님께서 가정을 세우셨음을 믿었기 때문에 가정의 목적이 하나님의 영광에 있다는 견해를 고집했다. 퍼킨즈의 말을 빌자면, "결혼은 국가 사회와 교회의 이런 모습 저런 모양의 삶에서……샘이 되도록 하나님께서 제정하신……제도이다."[5]

가정의 목적을 하나님의 영광을 위하는 작은 사회로 보는 시각이 중요한 까닭은 무엇인가? 긴 안목에서 보면 이 시각이 가정에서 벌어지는 크고 작은 일을 결정한다. 가정을 이런 시각에서 볼 때 물질적인 방향보다 영적인 데에 우선 순위를 두게 된다. 시간을 어떻게 쓰고 돈을 어디에 써야 할지 결정한다.

청교도들은 이처럼 가정의 근본 목적을 규정한 뒤에, 세부적인 목표들을 세웠다. 그들은 가정이 경건한 사회를 이루는 기본 단위라고 믿었다. 제임스 피치(James Fitch)는 "궁극적으로는 교회나 국가도 마치 가정 같아야 한다"[6]고 말했다. 윌리엄 구지는 가정의 특징을 "다스림과 복종의 제일 원리와 근본을 학습하는 곳"이라 했고, 다른 곳에서는 가정을 가리켜 "국가의 참모습……가정이 잘 서면 나라도 절로 잘된다"[7]고 말했다.

---

[3] *A Christian Directory*[Halkett, p. 20]. 루터 또한 같은 견해를 보인다. "모든 일이 순조롭게 풀리기 위해서라도, 결혼 생활에서 가장 중요한 것은 하나님께서 우리에게 자녀를 주시며 그분을 섬기는 자녀들로 키우게 하셨다는 점이다. 이 일을 행함이 이 땅에서 가장 고상하고 소중한 일이다. 왜냐하면 영혼을 얻는 일보다 하나님을 기쁘시게 하는 일은 없으니까"(Sermon on Married life [Plass, 2 : 907]).

[4] *Works* [R. C. Richardson, p. 105].

[5] *Works* [George, p. 268].

[6] *An Explanation of the Solemn Advice* [Edmund Morgan, *Puritan Family*, p. 143]. 다른 청교도 저자들은 가정을 "교회와 국가의 모태", "모든 사회의 기반", "사회 공동체의 모판"이라고 했다(이 문구들은 모두 Morgan, p. 143에서 인용함).

청교도들의 사고에 따르면, 사회의 골격과 도덕적 신경 조직은 가정에서 자녀가 무엇을 보고 배우느냐에 달렸다. "질서가 있는 가정은 다른 집단이나 공동체에도 질서를 파급시킨다. 가정에 질서가 없고 규율이 없을 때, 다른 집단이나 공동체 역시 풍기 문란에 휩쓸리고 만다."[8]

청교도들은 가정을 우선 하나님과 사회의 유익을 위해 존재하는 제도라고 강조했지만, 또한 가정이 가족 성원 한 사람 한 사람의 인격적 완성을 위해 있는 집단임을 잊지 않았다. 이런 차원에서 청교도들은 공통적으로 동반자 의식과 서로 돕기를 말했다. 헨리 스미스는 이렇게 생각했다. "결혼의 목적 가운데 하나는 고독이라는 불편을 극복하는 것이다. 하나님께서는 이 세상에서 우리에게 닥치는 끊임없는 번민을 위로로써 무마하고, 서로 돕게 하시기 위해 결혼과 가정을 허락하셨다."[9] 윌리엄 에임즈는 결혼을 "남편과 아내를 개체적 동반자로 세우는 하나님의 제도"[10]라고 말했다.

청교도들은 이렇듯 가정의 목적을 고상한 데 두었기 때문에, 가정을 하나의 소명, 즉 사회적 선과 더 나아가서 일종의 사회적 행동으로 보게 된 것도 무리가 아니다. 윌리엄 구지의 말을 들어 보자.

> 한 가정의 사적 직임과 거기에 따르는 부수적인 기능들은 하나님께서 그리스도인들을 부르실 때와 다름없다……공적

---

[7] Gouge, *Works*[George, p. 275] : J. Bodis, *Six Books of the Commonwealth*[Hill, *Society and Puritanism*, p. 459].

[8] *A Family Well-Ordered*[Edmund Morgan, *Puritan Family*, p. 143]. 리처드 백스터는 여기에 동의한다. "종교의 생명, 교회와 국가가 싸워야 할 싸움과 취해야 할 영광은 가정을 어떻게 다스리고 그 의무를 어떻게 다하는가에 달려 있다해도 과언이 아니다. 우리가 이 의무를 대만히 하면, 아무것도 하지 않는 것과 다름없다"(*The Reformed Pastor*, p. 100).

[9] *Sermons* [Davies, *Worship and Theology*……*1534—1603*, pp. 318—319].

[10] *The Marrow of Theology*, p. 319.

인 소명을 받지 않았으면 전혀 소명을 받지 않았다고 생각하는 약한 믿음의 소유자들을 위해 이 말만은 짚고 넘어가야 한다……가정의 의무를 부지런히 행하는 것은 공직에 나가는 일과 대등하다.[11]

청교도들은 가정의 존재 이유에 대해 이처럼 고고한 견해를 지님으로써 가정이 수행하는 역할과 활동 또한 가치 있고 고귀하게 보게 되었다.

가정이 존재하는 이유는 무엇인가? 로버트 클리버는 내가 지금까지 논술해 온 바를 간결하게 요약해서 말한다.

> 가정은 작은 국가와 같다. 가정을 잘 다스리면 하나님의 영광이 선양(宣揚)되고 가정이 떠받치고 있는 국가가 부강해지며, 결국 그 가정 안에 속한 모든 식구들이 위안과 필요한 물품들을 제공받는다.[12]

남편/아버지의 머리 됨

청교도의 가정에 대한 견해는 권위의 위계에 뿌리 내리고 있다. 그들이 취했던 태도를 한마디로 말하면 이렇다. 그들은 남편, 아버지의 머리 됨을 성경의 명령으로 알았지만, 반면 그것에서 폭군의 전횡을 제외하는 일을 잊지 않았다.

가정의 위계 질서란 무엇보다도 남편, 아버지가 일어나는 사태를 수습하는 책임 있는 머리이자, 가정에서 어떤 일이 일어나고 있는지 감독해야 할 최종 책임자라는 뜻이다. 루터와 칼빈은 청교도들이 받

---

[11] *Works*[George, p. 276].
[12] *A Godly Form of Household Government*[James Johnson, p. 25].

아들이게 된 이 교리의 뼈대를 세웠다. 칼빈은 "남편은……아내의 머리가 됨으로써 이끌어야 한다……아내는……남편의 결정에 정숙하게 따라야 한다"[13]고 썼다. 루터는 이렇게 말했다. "아내는 실로 남편의 지도에 따라 살아야 한다. 남편의 말과 결정을 행해야 한다."[14]

청교도들도 이와 비슷하게 남편/아버지의 머리 됨을 인정했다. "남편은 아내에게 권위를 행사하는 사람이다. 남편과 아내는 둘이지만 한 몸이고, 그러면서도 남편은 아내의 머리이다."[15] 윌리엄 퍼킨즈의 말이다. 토머스 게이테커는 "남편이 머리라면, 아내는 몸이다"[16]라고 주장했다.

청교도들에 따르면, 남편의 머리 됨은 그리스도께서 교회의 머리이심과 뗄 수 없는 관계를 갖는 것으로서, 특권이 아니라 책임이다. 머리 됨은 남편에게 남을 마음대로 부릴 수 있는 권한을 부여하지 않는다. 존 로빈슨에 따르면, 특별히 "사랑과……지혜"가 남편들에게 요구된다. 남편의 아내 사랑은 "그리스도의 교회 사랑마냥 질적으로는 거룩하고, 양적으로는 거대해야 한다."[17] 토머스 게이테커 역시 비슷한 말을 남겼다. "아내의 주된 의무는 복종이고, 남편의 주된 의무는 사랑이다."[18]

청교도들이 이해한 머리 됨은 전횡이 아니다. 그것은 사랑에 뿌리박은 지도력이다. 벤자민 워즈워스는 좋은 남편은 자고로 "자상하고 순탄하게 아내를 이끌고, 두려움의 대상이 되기보다 사랑하고 싶은 존재가 되려고 노력하는 법이다"[19]라고 썼다. 사무엘 윌라드가 말하는 좋은 남편은 "아내가 남편의 지도를 즐겁게 따르고, 그것을 노예가 된 기분이 아니라 자유와 특권으로 느끼도록" 이끄는 사람이다.[20]

---

[13] Commentary on Matthew 19:5[Harkness, p. 153] 주석.
[14] Sermon on 1 Peter 3:7[Plass, 2:903].
[15] Works[George, p. 277].
[16] Marriage Duties[George, p. 277].
[17] Works[Demos, p. 91].
[18] Marriage Duties[James Johnson, p. 105].
[19] The Well-Ordered Family[Edmund Morgan, Puritan Family, p. 46].

아내/어머니의 위치

청교도들이 보기에 남편의 머리 됨에 상응하는 개념은 아내의 복종이다. 윌리엄 에임즈는 결혼의 뼈대를 이루는 "서로 돕기"란 "남편과 아내 양측의 노력으로 이루어지는 사회로서, 긴요하고 중요한 모든 문제에 걸쳐 공평하게 지켜져야 할 뿐 아니라, 남편은 이끌고 아내는 따라야 한다는 부부 유별(夫婦有別)의 대의를 지키는 가운데 그렇게 해야 하는 것"[21]이라고 설명했다. 어떤 청교도 설교가는 아내의 의무가 "가정을 이끌어 가는 일이지, 남편을 이끄는 일이 아니다"[22]라고 말했다.

아내의 복종에 대한 청교도들의 논의에서 공통된 주제는 그것이 성경에 드러난 하나님의 명령이라는 점이다. 윌리엄 구지는 "완전히 공평하다고는 말할 수 없을 듯 하지만, 하나님께서 그렇게 명시적(明示的)으로 복종을 명하셨으니 인정하지 않을 도리가 없다"[23]고 말했다. 토머스 게이테커는, 아내는 "남편, 곧 그녀의 머리를 인정해야" 한다고 말하고, 어떤 청교도 목사는 "하나님께서······여자가 남편에게 복종하도록 하셨다"[24]라고 주장했다.

그러면 이때 복종이란 어떤 의미인가? 청교도들이 정의한 바에 따르면, 위계 질서란 기능의 문제이지 가치의 문제가 아니다. 곧 한 가정을 경영하는 유형의 문제이지 개인 가치에 대한 평가가 아니다. 존 로빈슨은 하나님께서 남자와 여자를 영적으로 동등하게 지으셨고, "타락 이후에도 이를테면 남자보다 더 타락하지 않았다" 하는 의견을 내놓았다. 그러나 결혼 생활에서는 어느 한쪽이 최종적인 권위를 가

---

[20] *A Complete Body of Divinity*[Edmund Morgan, *Puritan Family*, p. 46].
[21] *The Marrow of Theology*, p. 320.
[22] Boston Sermons, September 30, 1672[Edmund Morgan, *Puritan Family*, p. 43].
[23] *Of Domestical Duties*[Irwin, p. 98].
[24] Gataker, *Marriage Duties*[George, p. 279] : Christopher Goodman, *How Superior Powers Ought to be Obeyed*[R. C. Richardson, p. 107].

져야 한다. 왜냐하면 "차이가 드러나 눈에 띄고, 그러면 한쪽이 수그리고 다른 한쪽에게 의존할 수밖에 없는데, 하나님께서는 여자가 남자에게 굽히도록 하셨다. 이 점은 우리 본성이 증거하는 바이다."[25] 한편 로버트 클리버에 따르면, 아내는 "남편을 머리로 인정하여 그에게 복종해야 하고, 마침내는 결혼의 결합이 요구하는 대로 일치 합심해야" 마땅하다.[26]

물론 아내가 주도권을 버려야 복종이 되는 것은 당연하다. 만일 남편이 강압적으로 그렇게 하라고 한다면, 그 싸움은 이미 진 것이다. 청교도 설교가들이 아내들에게 복종을 호소한 이유가 아마 여기 있었을지도 모른다. 물론 호소하는 방식은 여러 가지였다. 존 윈스롭은 그리스도인 아내의 복종이 "명예요 자유로서······ 그리스도의 권위 아래 있는 교회의 자유에 비길 만하다"[27]고 말했다. 게이테커는 "거룩한 지혜와 경건한 분별력으로······ 남편을······ 머리로 인정하라"[28]고 권면했다. 이런 발언에서 엿보이는 강조점은 중요한 요소인 아내의 태도에 있다.

청교도들은 마치 칼빈이 그랬듯이 영적 평등과 사회적 평등을 구분했다. 남편과 아내는 영적으로 평등하다. 그러나 가정이라는 사회 제도 안에서는 권위의 위계 질서가 있다. 로버트 볼튼은 이런 말로써 영적 평등의 뜻을 펴보였다.

"한 남자의 아내는 그 사람만큼이나 고상한 영혼의 소유자이다······ 영혼에는 성별(性別)이 없다."[29] 로버트 클리버는 영적 평등과 기능적 위계를 하나로 뭉친다. "남편과 아내는······ 영원한 생명이라는

---

[25] *Works*[Demos, p. 83].
[26] *A Godly Form of Household Government*[Irwin, p. 81].
[27] *The History of New England from 1630 to 1649*[McGiffert, p. 39]. 사무엘 윌라드는 이렇게 말한다. "아내는 남편이 그녀에게서 만족을 취할 수 있도록 이 일을 계속 수행해야 한다"(*Complete Body of Divinity*[Edmund Morgan, *Puritan Family*, p. 46]).
[28] *Marriage Duties*[George, p. 279]. 로빈슨은 아내들에게 "공손한 순종"을 하라고 촉구했다(*Works*[Demos, p. 83]).
[29] *Works*[George, p. 282]. 게이테커는 남편과 아내를 "은혜 안에서 하나된

면에서 동등하다. 그러나 가정을 다스리고 친교한다는 점에서는 동등하지 않다."[30]

실제로 권위는 어떻게 행사되었는가

내가 위에서 개략적으로 제시한 이론이 실제로 어떻게 적용되었는가를 살펴보면 유익하리라고 본다. 남편이 머리라는 말은 아내가 종이라는 뜻이 아니다. 존 다우넘(John Downame)은 "하나님께서 조력자, 그리고 위로자를 주셨다"고 말함으로써 이 점을 분명히 밝혔다.[31] 남편과 아내 관계를 규정하는 말로서 청교도들이 자주 입에 올린 용어는 "돕는 자"이다. 게이테커는 아내를 "도움 또는 조력자라고 부르며, 동반자도 되지만 조사(助士)도 되고 반려자도 되지만 조력자도 된다"[32]고 했다.

아내가 복종한다 해서 남자보다 지각이 떨어진다는 뜻은 아니었다. 개중에 그렇게 말하는 청교도들도 있었지만, 모두가 그런 것은 아니었다. 사무엘 토어쉘(Samuel Torshell)은 "여자들도 남자들이 이룰 수 있는 높은 성취와 고귀한 영예를 얻을 수 있다"[33]고 말했다.

한 가정에 위계 질서가 있다는 말이, 여자는 남편과 어떤 문제를 놓고 토론할 수 없다는 뜻은 결코 아니다. 사무엘 윌라드는 남편의 주장이 성경의 지지를 받을 때에만 순종해야 할 것이요, "남편이라도 강제할 권위는 없으므로 먼저 순종해야 하겠다는 확신을 심어 줄 것이요, 그런 다음 의견 합일할 것이다"라고 말한다. 이어서, 아내들은

동역자"라고 했다(*Marriage Duties*[James Johnson, p. 98]). 존슨은 청교도 이론에 관해 이렇게 논평한다. "지금 여기서 하나님의 은혜를 받는다고 해서 기존 질서가 파괴되지 않는다. 자연 질서 그 자체도 하나님의 선물이다"(p. 99).

[30] *A Godly Form of Household Government*[Irwin, p. 78].
[31] *The Plea of the Poor*[George, p. 285].
[32] *A Good Wife*[George, p. 287].
[33] *The Woman's Glory*[R. C. Richardson, p. 106].

"어떤 현안이 신중하게 제기되었는가를 이모저모 따져 볼 자유를 제삼자들보다 훨씬 더 많이 가지고 있다. 또한 피차 훈계할 의무라는 것도 있다. 그래서 남편과 아내는 피차 서로를 견책할 가장 좋은 시기를 골라야 한다. 왜냐하면 이것이 사랑과 의무가 요구하는 바이기 때문이다"[34]라고 말한다.

청교도들은 결혼 생활에서 각자 져야 할 책임 영역이 있고, 아내 또한 이 영역 가운데 일부에 대해서는 권위가 있다고 믿었다. 예를 들어, 아내는 남편/아버지와 나란한 존재이고, 아이들을 훈육하고 하인, 하녀를 관리할 권위를 가지고 있었다. 사무엘 윌라드에 따르면, "하나님께서 아내에게 권위를 수여하신 이상, 남편은 마땅히 인정해야 한다……남편이 아내의 머리라면 아내는 가정의 머리이다."[35] 사무엘 시월(Samuel Sewall)은 아내가 "나보다 일을 처리하는 능력이 뛰어나므로" 아내에게 가계(家計)를 맡겼다고 일기에 적었다.[36]

여기에서 발견할 수 있는 원리는 (존 밀턴의 말을 빌리자면) "아내가 신중함과 솜씨에서 남편을 능가하여 남편이 기꺼이 맡기고자 하면, 특별히 예외적으로" 남편의 권위를 "대신할 수 있다"는 것이다. 왜냐하면 우리 인간은 "여자든 남자든 더 현명한 자가 덜 현명한 자를 다스리는 더 우월하고 더 자연스러운 법칙이 있기 때문"[37]이다. 윌리엄 구지는 "가정을 잘 다스려 나가려고 할 때, 어느 한 사람이 다른 사람보다 일을 다루는 것이 적합할 때가 있다"라고 말하면서, 남편과

---

[34] *A Complete Body of Divinity*[Ulrich, "Vertuous Women Found", pp. 221-222].

[35] *A Complete Body of Divinity*[Edmund Morgan, *Puritan Family*, pp. 45-46].

[36] *Diary*[Edmund Morgan, *Puritan Family*, p. 43]. 리처드 매더는 아내가 죽었을 때 "더 슬프게 여겼다. 일을 누구보다 신중하게 여기는 그녀였기에 남편의 모든 세상 염려를 맡아 주었다는 점에서 더욱 슬펐던 것이다"(Increase Mather, *The Life and Death of That Reverend Man of God, Mr. Richard Mather*[Morgan, p. 43]).

[37] *Tetrachordon*[CPW, 2 : 589].

아내 모두 그 예가 될 수 있다고 했다.[38]

가정에 위계 질서가 있다 해서 여자가 남자를 종교적으로 가르치거나 영적으로 훈계하지 말라는 법은 없다. 어떤 청교도 저술가는 이 주제에 관해 "여자들도 개인적으로, 친밀하게 다른 사람들을 권면할 수 있고, 또 해야 한다. 그리고 은밀하게 남자를 훈계하고 꾸짖을 수도 있다"[39]라고 썼다. 체스터(Chester)의 목사 니콜라스 바이필드(Nicholas Byfield)는 아내라고 해서 무조건 남편에게 복종하면 안 된다고 단언했다.

영혼과 종교의 문제에 관해 남편의 뜻이 하나님의 뜻과 맞지 않을 때는 남편에게 복종해선 안 된다……이럴 때에는 복종할 것이 아니라, 남편의 뜻이 죄이고 위험하기 때문이라는 확신을 줄 수 있도록 단호하게 훈계하고 충고할 수 있다.[40]

최종적으로는 남편이 가정을 책임지는 머리라 할지라도, 그날 그날 가정을 감독하는 일과 관련해서 남편과 아내는 똑같은 권위를 가지고 일어나는 일에 대처한다. 그래서 윌리엄 구지는 "일반적으로 가정을 다스리는 일은……남편과 아내 그리고 이 둘 모두에게 속한다"[41]라고

---

[38] *Of Domestical Duties*[Irwin, p. 95].

[39] Samuel Torshell, *The Woman's Glory*[R. C. Richardson, p. 106]. 뉴잉글랜드 교회는 여인들이 교회 예배에서 공적 발언을 할 수 없다는 바울의 권면을 그대로 따랐다. 그렇지만 코튼 매더는 이렇게 주장했다. "여인들이라도 우리가 주목해야 마땅한 것들에 관해서라면 발언할 수 있다." 그리고 그는 에이비얼 굿윈(Abiel Goodwin)이 그에게 구원에 관한 도리를 풍성하게 가르쳐 준 사실 때문에 그녀를 칭송했다(Ulrich, "Vertuous Women Found," p. 225 에서 인용).

[40] *Commentary Upon the Three First Chapters……of St. Peter*[R. C. Richardson, p. 106].

[41] *Works*[George, p. 186]. 구지는 이런 말로써 자기 견해를 더욱 정교하게 만든다. "어머니와 아버지가 관계상 서로 다른 점이 있지만, 자녀를 대하는 문제에서라면 차별이 없고 같은 권위를 갖는다"(Ibid.).

썼다. 윌리엄 퍼킨즈는 남편을 "통솔자"로, 아내를 "직위와 권위라는 면에서뿐 아니라 남편에게 충고하고 지혜를 빌려 줄 수 있다는 면에서 부(副) 통솔자"[42]로 보았다.

자녀 양육의 책임

청교도들이 자녀들에게 보인 태도는, 자녀란 하나님의 소유요 청지기로서 양육하라고 부모에게 맡기신 존재라는 확신에 뿌리를 박고 있다. 데오닷 로슨(Deodat Lawson)은 "하나님께서 우리들의 가정에 아이들을 보내 주시니 그들이 태어났다. 그분은 그들을 우리 손에 맡기셨다"[43]고 선언했다. 코튼 매더는 부모들이 "그들 가정에 태어난 영혼에 대해 책임을 져야 한다"[44]고 말했다. 토머스 왓슨은 그리스도인 부모들이라면 "자녀들을 그들의 자녀로 만들기보다 하나님의 자녀로 삼기 위해 애쓴다"[45]고 믿었다.

부모가 자녀들에 관하여 하나님께 책임을 져야 한다는 이런 견해를 표명하는 데 자주 동원되었던 방법으로는 우리에게도 낯익은 언약 용어를 들 수 있다. 벤자민 워즈워스는 자녀에 관해 이렇게 썼다.

> 하나님께서는 우리 자녀들을 그분의 자녀로 부르신다……그들은 언약으로 말미암아 그분께 속한다. 그들은 그분을 섬기기 위해 엄숙하게 성별(聖別)된다.
>
> 그분을 위해서 자녀들을 키우지 않는다면, 도대체 누구를

---

[42] *Works*[George, pp. 286-287].
[43] *The Duty and Property of a Religious Householder*[Edmund Morgan, *Puritan Family*, p. 91].
[44] *Small Offers Towards the Service of the Tabernacle in This Wilderness* [Stannard, p. 51].
[45] *The Beatitudes*, p. 235.

위해 그들을 엄숙하게 성별했다는 말인가?[46]

토머스 코베트(Thomas Cobbett) 역시 비슷한 맥락에서 썼다.

> 언약 당사자인 부모가 하나님, 그리고 자녀들에게 보여 줄 수 있는 가장 큰 사랑과 신실함은 그들을 교육하는 것이다……그래서 그들이 언약의 조건을 숙지하고, 모든 언약을 충실하게 이행하도록 해야 한다. 왜냐하면 자녀들은 부모 안에서 그리고 부모와 더불어서 역시 언약 당사자이기 때문이다.[47]

언약의 핵심은 쌍무(雙務)에 있다. 언약 신학의 골격이 청교도들의 자녀에 대한 책임을 증가시키면 시켰지 결코 감소시키지 않았다. 청교도들이 준 경고 가운데 가장 엄중한 것은 자녀를 제대로 훈련하지 않는 부모의 태만에 관한 것이었다. 그 중에서도 심판날 자녀 훈련을 게을리 한 부모들을 원망하는 자녀들을 그린 리처드 매더(Richard Mather)의 글이 인상적이다.

> 저희가 지금 당하는 이 모든 고통은 부모님들 때문입니다. 아버지, 어머니께선 저희에게 하나님을 가르쳐 주셨어야 했습니다만, 그러지 않으셨어요. 죄에서 멀리하도록 하고 잘못을 바로잡아 주셔야 했는데, 그러지 않으셨지요.
> 아버지, 어머니는 저희에게 타락과 죄책을 물려 주신 장본인인데도 거기서 구출받을 수 있는 어떤 방편도 보여 주지 않으셨습니다……이처럼 육적이고 부주의한 부모를 둔 우리에게 화 있을지어다. 자녀들을 영원한 불행에서 건질 동정과

---

[46] *The Well-Ordered Family*[Edmund Morgan, *Puritan Family*, p. 91].
[47] *A Fruitful and Useful Discourse*[Edmund Morgan, *Puritan Family*, p. 91].

연민조차 가지고 있지 않던 부모들에게 화 있을지어다.[48]

부모가 자녀에게 져야 할 책임은 정확하게 무엇인가? 거기에는 틀림없이 물질적인 공급도 포함된다. 사무엘 윌라드는 "가족 중 어떤 사람이 결핍에 시달려도, 그렇게 할 거리가 있는 한 자녀들을 먼저 돌보아야 한다"[49]고 주해(註解)했다. 뉴잉글랜드에서는 자녀들을 먹이고 입힐 것을 법률로 제정한 법안을 통과시켰다.[50]

청교도들은 물질적인 공급에서 한걸음 더 나아가서, 자녀들에게 근로를 가르쳐야 할 중요성을 역설했다. 자녀들이 성인이 되었을 때 무엇인가 기여할 수 있는 사회 성원이 되게 하려는 의도였다. 뉴잉글랜드 법에 따르면, 아버지들은 자녀가 "농업 또는 다른 장사에 종사하여 그들 자신과 국가 사회에 기여하도록 정직하고 합법적인 천직, 노동 또는 직업을 갖게"[51] 지도해야 한다. 벤자민 위즈워스는 부모들이 자녀가 "사업, 합법적인 직업에 종사하도록" 키워야 한다고 말하면서, 부모가 자녀를 "사회에 봉사하는 사람으로 키우면 게으르게 버려 두거나 많은 재산을 물려 주지 않는다 해도 스스로 잘 살아갈 수 있을 터"[52]라고 덧붙였다.

그러나 청교도들은 물질적인 공급에 비해 영적이고 도덕적인 훈련을 결코 가볍게 보지 않았다. 존 헐은 보스턴에서 이렇게 설교했다. "자녀들을 사랑한다면, 그들이 하나님을 알아가도록 애쓰고 또 애쓰시오."[53] 코튼 매더 역시 동의한다.

> 모든 것에 앞서서, 또 무엇보다도 부모가 자녀를 가르쳐야

---

[48] *Farewell Exhortation*[Edmund Morgan, *Puritan Family*, p. 92].
[49] *The Child's Portion*[Stannard, p. 52].
[50] Edmund Morgan, *Puritan Family*, pp. 65−66.
[51] Ibid., p. 66.
[52] *The Well-Ordered Family*[Wilson Smith, p. 48].
[53] 보스턴 설교, August 31, 1679[Edmund Morgan, *Puritan Family*, p. 140].

한다는 것이 그리스도교의 신조(信條)이다……나머지 것들이야 그것이 대단한 교양이든 아니든간에, 우리 자녀들은 그것 없이 영원한 행복에 이를 수 있다……그러나 주 예수 그리스도의 말씀으로 말미암은 경건한 가르침의 지식은 그들에게 수백만 번이라도 더 필요하다.[54]

청교도들의 문서 가운데서 가장 위압적인 것은 1677년 매사추세츠 도체스터에 있는 교회 회원들의 결의문이다. 그들은 이 결의문에서 생활 개혁을 다짐하고 있다. 그들이 서명한 그 언약문의 일부를 소개하면 이렇다.

우리는 가정을 쇄신하기로 결의한다. 우리 가정에서 하나님을 예배하는 전통을 세우고 유지하며, 모든 가정적인 의무를 충실히 이행하는 온전한 마음으로 가정을 세워 나간다. 우리가 해야 할 의무에는 자녀들을 교육, 훈계, 견책하고, 모든 식솔들이 여호와의 도(道)를 행하게 하는 일이 포함된다.[55]

자녀 징계

청교도들은 종교 교육의 중요한 한 면이 바로 징계에 있다고 보았다. 게다가 청교도들에게서 징계는 부정적인 경향에 규제를 가한다는 의미가 있었다.

존 노튼(John Norton)은 "교리와 모범만으로는 부족하다. 징계야말로 여호와의 훈계에서 핵심적인 부분 가운데 하나이다"[56]라고 주장

---

[54] *Cares About the Nurseries*[Edmund Morgan, *Puritan Family*, p. 90].
[55] *Records of the First Church in Dorchester*[Edmund Morgan, *Puritan Family*, p. 140].

존 번연은 그 바쁜 생활 중에서도 따로 시간을 내서 자녀들을 위한 책을 썼다. 휘튼 대학 도서관(Wheaton College Library) 특수 소장실(所藏室)의 호의를 입어 실음.

했다. "욕보다 매질!"이라는 코튼 매더의 격언은 청교도들의 자녀 양육 철학의 골자를 보여 준다.[57] 존 엘리어트(John Eliot) 역시 같은 태도를 보였다.

> 어머니의 부드러운 매는 아주 부드럽다. 뼈나 살을 상하게 하지 않는다. 오히려 하나님께서 그 매질에 축복하시고 지

---

[56] *Abel Being Dead Yet Speaketh*[Edmund Morgan, *Puritan Family*, p. 103]. 코튼 매더는 동생 Nathaniel에 대해 이런 글을 남겼다. "동생은 자기를 훌륭하게 교육시키려는 아버님에게 걱정을 끼치지 않으려 노력했다. 많은 젊은이들이 마귀의 올무에 빠져 음란하고 거칠게 생각하고 행동하는데, 하나님께서는 동생이 그런데 빠지지 않도록 붙들어 주셨다"(*Magnalia Christi Americana*[Morgan, p. 94]).

[57] *Help for Distressed Parents*[Edmund Morgan, *Puritan Family*, p. 103].

혜를 더해 주셔서, 마음에 타락을 일으키고 마는 굳은 옹이를 부순다.[58]

가정에서 징계를 받느냐 하는 여부가 교회와 국가와 같은 영역에서 순종하느냐 하는 점과 직결된다는 것이 청교도들의 생각이었다. 워즈워스는 "젊은이들은 가정에서 잘 교육을 받지 않으면, 목사가 공적으로 무슨 말을 하든지 별로 개의치 않는다. 또 가정에서 훈계와 지도를 잘 받지 않으면 시민적 권위로 제정한 훌륭한 법들도 별로 존중하려고 하지 않는다"[59]고 말했다.

청교도들은 자녀들의 의사를 제어하는 과정에서 그들의 기상(氣像)을 꺾는 사례를 방지하기 위해, 부드러운 징계와 자녀의 기질을 고려한 징계의 필요를 역설했다. 앤 브래드트리트(Anne Bradstreet)는 "아이들마다 서로 다른 성격을 가지고 있으니, 자녀들의 성격에 맞게 훈계하는 부모들이 지혜로운 부모"[60]라고 썼다. 사무엘 윌라드는 "먼저 자녀들의 선천적인 성향, 기질을 파악하고, 최후 수단으로 엄격함을 쓰라"[61]고 충고했다. 리처드 그린햄은 부모 자신이 자녀의 고집스러운 행동의 원인이 될 수 있다는 것을 깨닫고 그렇기 때문에 "가장 부드러운 방법과 최수한의 격노로"[62] 징계해야 마땅하다고 말했다.

책임감은 청교도들의 양심에서 빼놓을 수 없는 덕목이다. 책임 의식을 자녀 양육에 적용하자면, 자녀들이 어른의 지도와 감독 없이 자라도록 방치하지 않겠다는 뜻이 된다. 청교도들은 "자녀들을 방치해서는 안 되고, 스스로를 다스리지 않고……제멋대로 하도록 목적을

---

[58] *The Harmony of the Gospels*[Edmund Morgan, *Puritan Family*, p. 103].
[59] *The Well-Ordered Family*[Edmund Morgan, *Puritan Family*, p. 139].
[60] *Works*[Edmund Morgan, *Puritan Family*, pp. 107−108].
[61] 보스턴 설교[Edmund Morgan, *Puritan Family*, p. 108].
[62] *The Works*[Emerson, *English Puritanism*, p. 151].

잃게 해서도 안 된다"[63]는 원칙을 가지고 있었다. 이런 징계를 하기 위해 치러야 할 대가는 청교도뿐만 아니라 어느 시대 부모에게도 마찬가지일 것이다. 자녀에게서 눈을 떼지 말아야 하고 인내해야 하며, 시간과 육체적으로만 아니라 정신적인 힘을 엄청나게 쏟아야 한다.

청교도들이 자녀 훈련을 강조한 신학적 근거로는 원죄와 생래적 (生來的) 타락을 들 수 있다. 청교도들은 자녀들을 그냥 내버려 두면, "본래의 악한 의지에 휩쓸려버리고"[64] 만다고 믿었다. 이 방면에서 가장 자주 인용되는 발언 중 하나로 존 로빈슨의 말을 들어 보자.

> 모두 똑같지는 않지만 우리 자녀들은 완고함과 타고난 교만에서 나오는 완강함을 가지고 있다……이런 성품은 반드시 부서져야 하고 꺾여야 한다……이 천성적인 타락의 열매와 하나님과 사람을 거스르는 역심(逆心)은 결코 용인해서는 안 되고 기필코 분쇄해야 한다……부모는 이 완고함을 꺾고 제어하기 위해서…… 자녀들의 의사와 사특함에 제한을 가하고 억눌러야 한다.[65]

이런 발언에 깔려 있는 신학적 전제는 아이들이라도 타락했고 따라서 회심해야 한다는 것이다. 어떤 청교도 문헌에는 이렇게 씌어 있다.

> 요람에 누인 어린 아기일지라도 고집스러움과 혀를 내두

---

[63] Benjamin Wadsworth, *The Well-Ordered Family*[Wilson Smith, p. 49].
[64] Samuel Willard, *A Complete Body of Divinity*[Edmund Morgan, *Puritan Family*, p. 92]. 워즈워스는 자녀들에 관해서 이런 이론을 세웠다. "그들의 심령은 자연 그대로라면 죄와 악의 둥지요 뿌리이며 샘물일 뿐이다. 악한 것들이 쌓인 데서 악한 일이 나온다……실로 아담의 첫 범죄와 그 죄책에 동참함으로써……그들의 심령은……말로 다할 수 없이 사악하고 하나님에게서 멀다." (*A Course of Sermons on Early Piety*[Morgan, p. 93]).
[65] *The Works of John Robinson*[Stannard, p. 49].

를 만한 집착을 가지고 있다. 비록 몸집은 작을지 모르나 마음만은 여물대로 여물어 일심으로 악에 기울어 있다……만일 이 샘을 넘치도록 그냥 내버려 둔다면, 곧 무서운 속도로 온 집을 휩쓸어버리고 만다. 사람은 천품(天稟)이 아니라 교육에 의해 개선되고 선해지므로……부모들은 근심하고 각성하여 감독해야 한다……부모들은 말로써 허물을 바로잡고 책망해야 한다. 그렇게 하지 않으면 자녀는 금새 삐딱하게 나간다.[66]

사무엘 윌라드는 자녀들을 "순결한 독사"[67]라고 불러서 자녀들에 대한 청교도의 역설적인 태도를 한마디로 보여 주었다.

청교도들의 발언은 현대인들의 다분히 감상적인 자녀 교육관과 잘 어울리지 않는다. 그러나 어조의 거침과 무뚝뚝하기 그지없는 진술 때문에 본질적인 문제에서 벗어나서는 안 된다. 아이들은 선하게 태어나서 본능적인 경향을 따르든지, 아니면 죄 중에 태어나서 교정을 받아야 하든지 둘 중 하나이다. 우리 시대 문화는 전자를, 그러나 청교도들은 후자를 받아들인다.

자녀 교육에 관한 진보적인 태도

청교도들은 적어도 세 가지 결정적인 주제에 관하여 현재 득세하는

---

[66] Robert Cleaver and John Dod, *A Godly Form of Household Government*[Walzer, p. 190]. 토머스 후커 역시 같은 생각을 이렇게 개진했다. "부모들이여, 순진 무구한 그대 자녀들을 위해 울라. 그대가 가장 사랑하고 좋은 천품을 지녔을지도 모르며, 외적으로 그대에게 순종하는 자녀를 볼 때, 바로 그런 자녀들을 볼 때……이 점이 그대의 마음을 찌를지도 모른다. 그러면 그대는 오열을 터뜨리며 이렇게 말할지도 모른다. 화로다 나여. 어쩌다 이런 자식을 낳았단 말인가. 생긴 그대로 내버려 두니 내 자식이 아니라 악의 자식이구나"(Emerson, *English Puritanism*, p. 223).

[67] *The Mourner's Cordial Against Excessive Sorrows*[Stannard, p. 52].

자녀 교육 이론의 선구자라고 말할 수 있다. 하나는 조기 훈련의 중요성이다. 존 코튼은 "유아들은 백지와 같은 상태라서 쉽게 물든다. 그러니 젊을 때나 나이가 들었을 때보다 지금 선한 물이 들도록 훈련하는 편이 훨씬 낫다"[68]고 말했다. 사무엘 윌라드는 사탄이 유아 시절부터 공격을 퍼붓기 시작하므로 "유아를 규제하려거든 지체하지 말라. 그들이 한마디라도 알아들을 수 있을 때 즉시 교훈을 주입하라"[69]는 주장을 폈다.

조기 영적 훈련에 관한 청교도들의 집념은 무엇을 낳았는가? 한마디로 그들의 뛰어난 관찰이다. 리처드 백스터는 "중생한 경건한 사람의 자녀들 대부분은 어린 시절에 중생을 경험한다고 말하지 않을 수 없다"[70]고 적었다.

여기에 상응하는 부정적인 관찰을 말하라면, 어린 시절 몸에 익은 악습을 청산하기가 얼마나 어려운가 하는 것이다. "만일 우리가 외면적이고 난잡한 악함, 또는 내면적인 완고함, 고루함, 그리고 불신에 길들여져 있고 익숙하다면, 그것을 부수고 거기서 빠져 나오기란 여간 어렵지 않다."[71]

현대 이론도 경탄해 마지 않는 두번째 청교도적 원리는 부모들이 말이 아니라 모범을 통해서 가르쳐야 한다는 것이다. 리처드 그린햄은 이렇게 썼다.

"우리는 아이들이 규율, 교리, 개념, 또는 훈계를 지켜워하고 표정, 몸짓, 그리고 행동을 더 좋아함을 경험을 통해 잘 알고 있다."[72] 엘리

---

[68] *Practical Commentary Upon John*[Edmund Morgan, *Puritan Family*, p. 96].

[69] *Useful Instructions for a Professing People*[Edmund Morgan, *Puritan Family*, p. 96]. 코튼 매더는 이 질문에 대해 이렇게 답변했다. "우리는 언제 성경을 자녀들에게 가르쳐야 하는가? 바로 지금이다! 바로 지금이다! 우리의 자녀들이 어려서부터 성경을 알아야 한다"(*Corderious Americanus*[Morgan, p. 96]).

[70] *Works*[Watkins, p. 53].

[71] Benjamin Wadsworth, *Exhortations to Early Piety*[Edmund Morgan, *Puritan Family*, p. 94].

어잘 매더의 글을 보자.

> 모범이 없는 개념은 별로 좋지 않다. 훈계뿐 아니라 모범을 통해서도 아이들을 그리스도께로 인도할 수 있다. 그대는 먼저 그대 자신을 보여 주고, 말뿐 아니라 삶으로 말해야 한다. 신앙은 말해야 할 뿐 아니라 삶으로 살아야 한다.[73]

청교도들은 이 같은 맥락 가운데서 선한 교훈을 헛수고로 만들어 버리는 나쁜 행동거지를 몹시 염려했다. 한 청교도는 이렇게 생각했다.

> 자녀들 앞에서 훌륭한 모범을 보여야 한다……경건한 행동거지를 보여 주며 가르치지 않는 이상, 다른 교훈 방법은 그리 좋은 효과를 가져 오지 못한다.
> 그대가 앞서 제시한 규율들에 스스로 위배된다면, 아무리 좋은 규율이라도 자녀들이 그것을 마음에 두리라 생각하지 말아야 한다……그대의 훈계는 그럴 듯한데 행동거지가 형편없다면, 자녀들이 그럴 듯한 훈계로 유익을 얻기보다는 그대의 형편없는 행동거지 때문에 상처를 받기가 아주 쉽다.[74]

한 영국 청교도 역시 매우 비슷한 말을 남겼다.

> 만일 어떤 부모가 자신의 자녀들이 교회와 가정에서 자녀들이 칭찬을 받게 하려면 집에서 부주의, 세속적인 타산, 또는 불경건함으로 타락한 행동거지를 보이지 않도록 주의

---

[72] *The Works*[Emerson, *English Puritanism*, p. 152].

[73] *A Serious Exhortation to the Present and Succeeding Generation in New England*[Edmund Morgan, *Puritan Family*, p. 102].

[74] Benjamin Wadsworth, *The Well-Ordered Family*[Wilson Smith, p. 52].

를 거듭 하라고 명하는 바이다. 그렇지 않으면, 밖에서 목사와 교사가 아무리 좋은 것을 가르친다 해도, 가정에서 부모가 자녀들에게 단박에 큰 상처를 줄 수 있다.[75]

한마디로 말해서, 청교도들은 자녀들에게 고매한 이론과 사상을 되풀이해서 가르칠 자격이 있던 사람들이었다.

오늘날에도 우리가 받아들이는 청교도적 원리 가운데 마지막 것은, 효과적인 자녀 훈련을 부정적 측면과 긍정적 측면 이렇게 두 면으로 생각해 볼 수 있다는 것이다. 부모들은 자녀들이 하려는 대로 내버려 두어서는 안 되고 제어를 해야 하지만, 아이들의 호연지기(浩然之氣)를 키워 주어야 한다. 이기심, 거짓, 그리고 배타적인 행습 등으로 기울려는 충동은 억눌러야 하지만, 자아상(自我像)과 좋은 성품은 자꾸 키우고 세워 주어야 한다. 부모가 담당해야 할 부정적인 책임은 "억제하고 꾸짖고, 바로잡아 주는 일"이다. 그러나 이것은 "부드러운 사랑과 관심으로 돌보고, 그런 사랑과 관심을 자녀들 앞에 열어 보이려는" 굳은 결심에 의해 균형을 이룰 수 있다."[76]

토머스 코베트는 이런 이중 책임을 아주 상세하게 설명했다.

> 부모가 현명한 관찰을 통해서 자녀의 성향과 선입견을 알아채고 있다면, 거기에 맞게 그들을 대해야 한다. 만일 다른 아이들에 비해 유난히 더 악에 강하게 기울어 있다면……더 손쓸 수 없기 전에 그런 경향이 발견되는 그 순간 견책하라……만일 자녀들이, 성령님의 일반적인 또는 구원하시는 능력으로 말미암아 더 온화한 기품을 갖고 더 나은 사람, 또 더 긍정적인 기질을 소유하게 된다면, 그런 모습을

---

[75] Richard Greeham, *The Works*[Emerson, *English Puritanism*, pp. 151-152].

[76] Benjamin Wadsworth, *The Well-Ordered Family*[Wilson Smith, pp. 49, 46].

가정 185

발견할 때 역시 진중하고 경건한 방식으로 그런 마음가짐을 북돋아 주어야 한다.[77]

청교도들은 지나친 엄격과 너그러움 사이에 그들의 이론을 세웠다. 사무엘 윌라드는 부모가 "혹독함과 응석받이라는 양극을 피하면서 권위를 유지해야 하고, 금수(禽獸)나 노예처럼 다뤄서는 안 되고 오냐오냐 하는 식으로, 매사 뜻대로 하도록 내버려 두는 식으로 키워서도 안 된다"[78]고 당부했다.

청교도들은 자녀의 부패한 본성에 대해 직선적으로 말했지만, 그들이 젊은 그리스도인이 될 가능성을 매우 낙관했다. 그래서 토머스 후커는 이렇게 썼다. "할 수 있는 대로 우리 자녀들을 하늘 나라 가까이로 데리고 가자……그들에게 절제를 가르치고 그들을 개혁시키는 일은 우리 손에 달렸다. 그리고 그 일은 우리가 마땅히 해야 할 바이다."[79] 코튼 매더는 "어린 성도는 나이 든 천사가 된다. 이 세상에 그런 어린 성도를 많이 두심을 인해 하나님께 감사하자"[80]라고 말했다. 그래서 그는 자기 어린 시절을 떠올린다.

경건하신 부모님은 나를 주의 교양과 훈계로써 양육하셨다. 부모님의 감화가 없었다면 나 역시 빠져들고 말았을 여러 가지 눈에 보이는 죄악의 도발에서 보호받고, 성령님께

---

[77] *A Fruitful and Useful Discourse*[Edmund Morgan, *Puritan Family*, p. 108].

[78] *A Complete Body of Divinity*[Greven, *Protestant Temperament*, p. 161].

[79] *The Application of Redemption*[Edmund Morgan, *Puritan Family*, p. 95].

[80] *Early Religion Urged*[Edmund Morgan, p. 96]. 데오닷 로슨(Deodot Lawson)은 이렇게 썼다. "모든 어린이들이 아주 어려서부터 타락한 본성을 가지고 있다. 하지만……돌보고 교육하면 타락한 심성을 어느 정도 눌러 놓을 수 있다. 또한 그들 안에 있는 좋은 성향을 계발할 수도 있다"(*The Duty and Property of a Religious Householder*[Morgan, p. 95]).

귀한 감동을 많이 받은 시기는 젖먹이 어린 아기 시절부터이다.[81]

가정의 영적 요새화

청교도들은 가정 하면 늘 교회의 인상을 떠올렸다. 백스터는 "그리스도인의 가정은······하나님을 더 잘 예배하고 봉사하려는 목적을 가진 그리스도인들이 모여 이룬 사회······곧 교회이다"[82] 라고 말했다. 윌리엄 구지는 말하기를 "가정은 작은 교회"라고 했고, 퍼킨즈는 "하나님을 예배하는 가정이 이를테면 작은 교회이다. 아니 이 지상에 이루어진 일종의 낙원이다"[83]라고 썼다.

청교도들은 교회가 가정이 살아야 할 종교적 삶을 대신하지 못함을 잘 알았다. 사실, 교회의 건강은 가정의 상태에 달려 있다 해도 과언이 아니다.

리처드 그린햄은 "하나님의 교회가 우리 가운데서 영속하게 하려면, 우리 가정 안으로 교회를 가지고 들어와서 거기서 융성하게 해야 할 것이다"[84]라고 말했다. 윌리엄 카트라이트(William Cartwright)는 "가정에서는 가장이, 그리고 교회에서는 목사가" 교리 교육을 담당해야 한다고 주장하고, "왜 가정에서까지 교리 교육을 하는가?"라는

---

[81] *Parentator*[Edmund Morgan, *Puritan Family*, p. 95].
[82] *Works*[Davies, *Worship and Theology*······1603−1690, p. 123].
[83] Gouge, *Works* : Perkins, *Works*, 양쪽 모두 George, p. 275에서 인용하였다. 존 거리(John Geree)는 전형적인 청교도 아버지를 이렇게 묘사한다. "그는 가정을 교회로 만들려고 노력하는 사람이다"(*Character of an Old English Puritan* [Collinson, p. 375]).
[84] *Works*[Hill, *Society and Puritanism*, p. 443]. 존 앤지어(John Angier)는 이렇게 썼다. "우리가 하나님을 고요히 예배하면 할수록 가정 예배를 더 잘 드리게 되고, 가정에서 하나님을 예배하면 할 수록 공 예배를 더 잘 드릴 수 있게 된다"(*Help to Better Hearts for Better Times*[R. C. Richardson, p. 91]).

놀고 있는 청교도의 아이들. 조안 코메니우스(Johann A. Comenius) 작, Orbis Sensualium Pictus. 폴저 셰익스피어 도서관의 호의를 입어 실음(Wing C5525 p. 276).

질문에 "가정은 예비 교회니까"라고 대답했다.[85]
 가정을 작은 교회로 보는 가정관으로 청교도들이 실제로 가정에서 어떤 일을 했는지 충분히 설명하고도 남음이 있다. 먼저, 예배는 정규 가정사(家庭事)였다. 니콜라스 바이필드는 "자녀들이 요람에서부터 경건의 실천을 볼 수 있도록 가정에서 하나님을 예배하는 본을 조심스럽게 세워야 한다"[86]고 부모들에게 충고했다. 사무엘 윌라드는 교회가 "모든 가정이 가정 예배와 훈육을 제대로 실시하는지 감독해야 한다"[87]고 주장했다. 보스턴에 있는 인크리스 매더(Increase Mather)의 교회는 아래와 같은 선언서를 발표했다.

---

[85] Cartwrightiana[Hill, Society and Puritanism, p. 454].

[86] Commentary Upon the Three First Chapters of the First Epistle General of St. Peter[R. C. Richardson, p. 91]. 로버트 클리버(Robert Cleaver)는 가정의 가장은 "하나님을 섬기기 위해 가정에 질서를 세워야 한다"라고 말했다(A Godly Form of Household Government[James Johnson, p. 30]).

[87] 보스턴 설교, Oct. 14, 1677[Edmund Morgan, Puritan Family, p. 139].

우리는 (그리스도의 도우심을 힘입어) 각 가정에서 하나님과 동행하기를 전심 전력 힘쓰기로 다짐합니다. 우리는 그분의 말씀이 요구하는 바에 따라, 가정에서 하나님을 예배하는 일을 멈추지 않을 것이고, 기도와 성경 읽기 또한 게을리 하지 않겠습니다. 그리하여 그리스도의 말씀이 우리 가운데서 흥왕하도록 하겠습니다.[88]

가정을 교회로 본 청교도들은 가정의 경건을 지극히 당연한 생활 특성으로 삼았다. 리처드 백스터가 작성한 그리스도교 예식서(*Christian Directory*)를 보면, 매주 두 번 가정에서 예배를 드리도록 규정하고 있다.

지난 밤에 취한 휴식을 인하여 매일 아침 감사드리고……새 날을 살아 갈 수 있는 인도, 보호 그리고 채워 주심과 축복을 구한다……한편 저녁 시간은 하루 동안 베풀어 주신 자비에 감사하고 지은 죄를 고백하며 용서를 구하고, 한밤이 다 지나도록 안식과 보호를 주실 것을 간구하기에 좋은 시간이다.[89]

벤자민 워즈워스 역시 비슷하게 말했다. "(특별한 일이 일어나지 않는 한) 하나님 말씀의 한 귀퉁이라도 읽지 않고 지나가는 날이 있어서는 안 된다."[90]

---

[88] *Returning Unto God the Great Concernment*[Edmund Morgan, *Puritan Family*, p. 140].

[89] *A Christian Directory*[Davies, *Worship and Theology*……1603-1690, p. 123]. 다른 어느 곳에서 백스터는 이렇게 논평한다. "경험으로 보건대 가정에서는 매일 죄가 저질러지고 또 매일 자비를 경험합니다. 그뿐 아니라 필수품도 매일매일 필요합니다"(*A Christian Directory*[Davies, *Worship of the English Puritans*, p. 279]).

[90] *Exhortations to Early Piety*[Edmund Morgan, *Puritan Family*, p. 89]

이런 하루 지내기 가운데서, 가정 예배는 가족의 일체성을 다지는 결정적인 계기가 되었다. 토머스 패지트(Thomas Paget)는 가정의 경건이 아래와 같은 이유에서 합당하다고 말했다.

> 왜냐하면 한 가정 식구들은……정도 차이야 있을지언정 서로서로 행복과 불행을 나누고 거기에 참예한다. 따라서 그들은 하나님께서 서로의 유익과 선을 도모하게 하시기 위해 거룩하게 하시고 제정하신 수단을 써야 한다.[91]

교회가 교리와 도덕을 교육하는 중심이라면, "작은 교회"인 가정 역시 그렇다. 존 펜리(John Penry)는 아버지가 자녀와 하인들을 "주의 훈계와 지식으로" 인도해야 할 의무를 진다고 말했다.[92] 토머스 테일러는 "가족 한 사람 한 사람에게 여호와 경외하는 법도를 가르쳐야 할"[93] 필요를 강조했다.

청교도들이 발견한 가장 효과적인 그리스도교 교육은 교리 교육이었다. 이 문답 형식은 믿음의 지적 내용을 강조하는 청교도들의 경향과 논의를 요목화하려는 그들의 취향에 잘 어울렸다. 리처드 백스터는 개혁주의 목사(*The Reformed Pastor*)라는 책의 한 장을 "개인적으로 교리를 공부하고, 특별히 위임받은 양무리를 교육할 의무"에 관해서 상술했다. 교리 교육의 목적은 암기가 아니라 이해에 있었다. 코튼 매더는 부모들에게 "마치 앵무새처럼 문답서를 기계적으로 달달 외게 하지 말고, 자녀들이 하나님에 관한 지식을 습득할 수 있도록 호기심을 자아내야 한다"[94]고 당부했다.

청교도들은 개인적으로 특별한 종교 기념일을 만들어 지키기를 주

---

[91] *Demonstration of Family Duties*[R. C. Richardson, p. 93].
[92] *Three Treatises*[Hill, *Society and Puritanism*, p. 455].
[93] *Works*[Hill, *Society and Puritanism*, p. 455].
[94] *Cares About the Nurseries*[Edmund Morgan, *Puritan Family*, p. 98]. 몰간은 98-100페이지에서 다른 저자들과 비슷한 견해를 피력한다.

저하지 않았다. 그들은 가톨릭 교회의 교회력을 그날 추모를 받는 성인(聖人)과 더불어 거부했지만, 가족 금식일과 감사일 등으로 다채롭게 주일을 지켰다.

가정은 저절로 영적 공동체가 되지 않는다. 누군가가 가정의 대소사 전체를 관장해야 한다. 청교도들은 그 사람이 아버지라고 생각했다. 제네바 성경은 "가장이 가정의 설교자가 되어야 하고, 위로는 연장자로부터 아래로는 하인들에 이르기까지 하나님의 뜻에 복종해야 한다"[95]고 적고 있다. 어떤 청교도 거물은 "하나님께서 가장으로 하여금 가족 전체를 책임지게 하셨다"[96] 라는 주장을 폈다.

한편 청교도들은 가정을 영적으로 요새화하는 비결의 하나가 결혼의 영적 고결함을 지키는 데 있다고 보았다. 그들은 가정이 그리스도를 중심으로 강력하게 뭉치기에 앞서 남편과 아내가 서로 격려하고 자극하여 높은 영적 표준에 다다라야 한다고 생각했다. "남편과 아내는 아름다움과 부요함에 앞서 미덕과 경건을 구하라"[97]고 워즈워스가 말했다. 존 코튼은 결혼이란 부부가 "하나님을 더 잘 섬기기 위해 조화하는 것이요, 그들을 하나님 앞으로 더욱 가까이 나아가게 하는 대사(大事)이다"[98]라고 말했다.

---

[95] 창세기 17 : 23 난하주.

[96] John Dod and Robert Cleaver, *The Ten Commandments*[Hill, *Society and Puritanism*, p. 443]. 틴데일은 일찍이 이렇게 주장했다. "남자라면 자기 말과 행실로 가족에게 설교해야 한다. 자기 책임 아래 있는 사람들에게 말이다"(*Expositions and Notes on⋯⋯the Holy Scriptures*[Hill, *Society and Puritanism*, p. 465]).

[97] *The Well-Ordered Family*[Edmund Morgan, *Puritan Family*, p. 80]. 1680년 열린 뉴잉글랜드 노회는 다음과 같은 선언을 인준했다. "그리스도인들은 주님 안에서 결혼해야 할 의무를 진다"(Cotton Mather, *Magnalia Christi Americana* [Morgan, p. 182]).

[98] *Practical Commentary Upon John*[Edmund Morgan, *Puritan Family*, p. 48].

요약

청교도들에게 가정은 언약 신학을 적용해 볼 수 있는 좋은 시험 기회였다.

언약은 먼저 하나님, 그 다음으로 다른 사람들과 맺는 관계를 의미한다. 청교도들은 가정의 목적이 하나님을 영화롭게 하는 데 있다는 전제에서 출발해서, 그들의 가정을 "작은 교회"로 세우려고 무진 애를 썼다. 그리고 이상적인 가정은 거룩한 관계로 얽힌 장이요 함께 하나님을 예배하는 처소였다.

"질서 잡힌" 가정이라는 개념은 청교도 가정관을 설명하는 데 빠뜨릴 수 없는 요소이다. 청교도들이 이상으로 생각했고 또 실현하려고 했던 가정은 남편/아버지가 책임 있는 머리이고, 남편에게 복종하는 아내/어머니가 어떤 부분을 책임지며, 자녀들은 양친에게 훈련과 양육을 받는 위계 조직이었다.

청교도들은 자녀 교육과 관련해서, 아이들 역시 부모와 마찬가지로 타락한 존재로서 그들의 죄된 경향을 하나님과 도덕적 선을 향해 선회해야 하는 인격임을 강조했다. 청교도적 자녀 교육의 세 가지 기초는 조기 훈련의 중요성, 개념뿐 아니라 모범의 영향, 제재(制裁)와 적극적인 후원의 조화였다.

추천 도서

Charles H. George and Katherine George, *The Protestant Mind of the English Reformation, 1570−1640*(1961).

Christopher Hill, *Society and Puritanism in Pre-Revolutionary England,* chap. 13(1964).

Edmund S. Morgan, *The Puritan Family : Religion and Domestic Relations in Seventeenth-Century New England*(1944, rev ed. 1966).

John Demos, *A Little Commonwealth : Family Life in Plymouth Colony*(1970).

Levin L. Schücking, *The Puritan Family : A Social Study from the Literary Sources*(1970).

Lawrence Stone, *The Family, Sex, Marriage in England, 1500－1800*(1977).

Joyce L. Irwin, *Womanhood in Radical Protestantism, 1525－1675* (1979).

Richard L. Greave, *Society and Religion in Elizabethan England* (1981).

Laurel Thatcher Ulrich, *Good Wives : Image and Reality in the Lives of Women in Northern New England, 1650－1750* (1982).

Steven Ozment, *When Fathers Ruled : Family Life in Reformation Europe*(1983).

하나님께서 우리들의 가정에 아이들을 보내 주시니 그들이 태어났다.
―데오닷 로슨

가정이 잘 서면 나라도 절로 잘된다
―윌리엄 구지

그리스도인의 가정은……하나님을 더 잘 예배하고 봉사하려는 목적을 가진 그리스도인들이 모여 이룬 사회……곧 교회이다
―리처드 백스터

194 청교도-이 세상의 성자들

설교는 청교도의 심장과 같다. 뉴잉글랜드의 청교도들이 교회에 설교를 들으러 떼지어 가는 그림이다. 휘튼 대학 산하 빌리 그레이엄 센터의 호의를 입어 실음.

제 6 장

청교도의 설교

설교는 듣는 것이 아니다. 설교는 우리를 하늘 나라 아니면 지옥 근처로 데려간다.

— 존 프레스톤

청교도의 설교에 관한 논의의 무대를 설정하기 위해서, 나는 독자들을 16세기로 넘어서는 길목의 영국으로 초대한다. 캠브리지 엠마누엘 대학(Emmanuel College) 초대 학장인 로렌스 채덜톤(Laurence Chaderton)은 고향 랭카셔에서 설교했다. 그곳 북부 지역은 가톨릭 교회의 교구였다. 사람들은 훌륭한 설교를 거의 들어 보지 못했다. 채덜튼은 두 시간 동안 설교했다. 그는 결론을 지으려 하다가 이렇게 말한다. "여러분, 시간이 너무 오래 지났습니다." 그러나 청중들은 그 설교자가 거기서 멈추도록 가만히 있지 않았다. "선생님, 제발 더 말씀해 주십시오." 그들은 강청했다. 그러자 "채덜튼은 그의 예상이 빗나갔음에 놀라며 또 그들의 끈질김에 만족하면서, 긴 강론을 베풀었다"[1]는 기록이 있다.

이 사건은 청교도 당시 이런 일이 희귀한 일이 아니라 흔했다는 이유 때문에 기록할 가치가 있는 사건이다.

종교적 대적자들의 입장에서 영국의 청교도들을 잠깐 살펴보면, 그 대적자들을 가장 떨게 만든 것이 바로 청교도의 설교였음을 알 수 있다. 17세기 초엽 영국을 강타한 것은 바로 청교도의 강단이었다. 영국 국교회의 한 런던 주교는 청교도들을 가리켜 "가톨릭쟁이들이 걸핏하면 순례를 떠나듯이 뻔질나게 모이는 작자들"[2] 이라며 불평을 내뱉었다.

영국 국교회주의의 대표적인 옹호자격인 리처드 후커(Richard Hooker)는 청교도의 설교가 국교회의 고상한 강설(講說)에 비해 저속하다고 빈정거렸다. 그는 "오직 설교만이 지나치다 싶을 정도로 부각되고, 다른 모든 은혜의 방도들은 한쪽 구석에 처박혀 있거나 아예 사라진 것처럼 보였다"라고 말하면서, 한편으로 "어디서나 사람들이 설교에 대해 보인 식지 않는 열심과 관심, 그리고 거창한 강설에 대한 냉담함"[3]을 인상깊게 적었다.

한 무리의 그리스도인들을 이처럼 흥분시킨 요소가 무엇이든 한번 찬찬히 들여다 보아야 할 필요가 있다. 우리는 청교도의 설교가 지녔던 호소력을 어떻게 설명할 수 있는가?

청교도 목사상

"한평생을 설교를 들어⋯⋯설교가 무엇이고 설교자가 누구인지 확실하게 아는 사람들, 이쯤 되면 지식 있고 비판적인 평신도가 되는

---

[1] 이 기사는 Thomas Fuller, *The Worthies of England* [Davies, *Worship and Theology*⋯⋯*1603-1690*, p. 315에서 발췌하였다.

[2] Babbage, p. 11에서 인용.

[3] *The Laws of Ecclesiastical Polity*[Davies, *Worship of the English Puritans*, p. 186].

것도 당연하다."⁴ 이 말은 청교도들에게 결코 틀린 평가가 아니다. 따라서 청교도들이 이 문제를 어떻게 생각했는지 직접 들어 봄으로써 이상적인 목사상을 잠시 살피고 넘어가야 한다고 본다.

존 필드(John Field)가 런던에서 설교하는 일을 잠시 멈추자, 교구민들은 "진지하게 고민하고……순수하게 하나님 말씀만을 전하며, 자녀들에게 교리를 가르치고, 하나님과 위정자들에게 순종하도록 가르칠 뿐더러, 질서 있고 단정한 생활을 권한다"⁵는 필드 자신의 말을 인용해 가면서 그가 다시 돌아와 설교해 줄 것을 간청했다. 청교도 운동이 낳은 수많은 "선언서" 중 하나는, "목사가 담당해야 할 큰 의무 세 가지"를 "설교하고 성례를 집전하며 기도하는 일"⁶이라고 말한다.

윌리엄 퍼킨즈는 이렇게 생각했다. "진실한 목사는 두 가지 면에서 해석자이다. 하나님의 말씀을 받아 사람들에게 설교하는 일로 인해 하나님의 해석자이고, 사람들의 소원을 펼쳐 놓고 그들의 죄를 고백하며, 사죄와 용서를 간구함으로 하나님 앞에서 사람들의 해석자이다."⁷ 사람들은 리처드 그린햄을 가리켜서 "상처 입은 마음을 위로하는 대가(大家)"⁸라고 말했다. 토머스 윌콕스(Thomas Wilcox)는 "경건하게 살아가려는 사람들에게 자상하고 쉽게 필요한 힘을 주고 방향을 제시하는"⁹ 목사로서 정평이 높았다.

1584-1585년 의회 보고용으로 만든 교구 조사서는 청교도들이 인허(認許)한 목사들을 칭찬하면서 "정직한 언사(言辭)", "교양 있는 언어", "학식, 열성, 그리고 경건을 겸비하고 목회자 자질을 구비한 사람"¹⁰ 등의 덕목을 말하고 있다. 존 코튼은 "인생 길을 지도하는

---

⁴ Seaver, p. 43.
⁵ *The Second Part of a Register*[Seaver, p. 37].
⁶ *A Brief and Plain Declaration Concerning the Desires of All Those Faithful Ministers*……[Trinterud, p. 270].
⁷ *The Calling of the Ministry*[Brown, p. 74].
⁸ Thomas Fuller, *The Church History of Britain*[Collinson, p. 128].
⁹ Roger Morrice가 그렇게 묘사하고 있다[Collinson, p. 128].

하나님의 말씀처럼, 평이하게 설교하는 것이 목사의 의무"[11]라고 생각했다.

이같이 칭찬하는 발언을 들으면, 청교도들이 이상으로 삼은 목회자를 묘사하려면 더 많은 미사 여구를 동원해야 하지 않나 하는 생각이 든다. 그러나 가장 흔하게 들을 수 있던 칭송은 역시 "경건하고 학식 있다"[12]는 것이었다. 왜 "경건한" 목사를 제일로 손꼽았는가? 이것은 일부 영국 국교회에 대한 반동이라고도 볼 수 있다. 국교회의 많은 목사들은 성직을 사회적인 배경으로 차지하고 있었다.[13] 청교도들이 자주 문제 삼은 것은 영적인 자격도 갖추지 않고 교회 요직을 차지한 사람들의 방종한 생활이었다. 월터 트래버스(Walter Travers)는 "사악한 삶과 불경건한 행위의 시범이라고 말할 만한 사람 가운데 교회 중진인 사람들이 얼마나 많으냐"[14] 하면서 혐오감을 나타냈다.

성직을 사회적인 배경으로 여긴 국교회 목사들은 "돈이 필요했고", 따라서 소속도 되어 있지 않은 교구에서라도 생활비를 긁어 모으느라

---

[10] Collinson, pp. 280-281].
[11] *Cottonus Redevivus*[Mitchell, p. 116].
[12] 이를테면 벌써 1547년에 토머스 비콘은 목사를 "학식 있고 경건한 설교자"라고 불렀다(*The Jewel of Joy*[Bailey, *Thomas Becon*, p. 60]).
[13] 허드슨은 후원 제도에 관해 이렇게 묘사한다. "나라에 속한 주교가 성직 임명권을 장악하고 있었다. 그러나 막상 교구 배치권은 지방의 유력한 평신도가 쥐고 있기가 일쑤였다. 그리고 후보자가 간신히 자격 조항을 만족시키는 정도라도 주교에게 압력을 넣어 부임을 성사시키기도 했다. 어떤 성직 후보자가 임직 자격이 있는가 여부를 심사하는 시험에서 주교는 오로지 후보자의 정치적인 성향만을 문제 삼았다. 주교는 영국 왕을 종교의 수장으로 인정하는 맹세를 하고 예배서를 사용하겠다는 데 합의하는 사람을 임명하도록 은근한 압력을 받았고, 다른 점에 관해서라면 너무 까다롭게 굴지 말라는 주의를 받았다"(p. 202).
[14] *A Full and Plain Declaration of Ecclesiastical Discipline*[George, p. 329]. 에드워드 데링(Edward Dering)은 영국 교회를 오염시키는 사람은 "게으르고 비속하며 무식하고 재능 없는 목사들"이라고 일침을 가했다(*Works*[George, p. 329]).

혈안이었다. 엘리자베스 시대의 한 주교였던 성 아삽의 윌리엄 휴즈 (William Hughes of St. Asaph)는 부주교 직을 맡아 모두 16개 교회로부터 생활비를 받았고, 아내, 자녀, 누이 그리고 사촌들에게 땅을 임대해 주었다.[15] 더 전형적인 예는 6개 교회에서 생활비를 받은 대주교 뱅크로프트(Bancroft)였다. 이런 성직자들의 생활상은 청교도들에게 추문에 불과했다. 청교도 조사단들은 어떤 교회를 방문하고 나서 국교회 교구 사제들과 부사제들이 카드 놀이, 주사위 놀이, 그리고 여러 잡기(雜技)에 시간을 허비하며 "선술집 주변을 맴도는" 위인들이요, "술주정뱅이에 호색가", "하는 일이라고는 다치거나 병든 사냥매를 돌보는 것밖에 없는"[16] 사람들임을 폭로했다.

이런 배경을 안다면 왜 청교도들이 "경건한 목사"를 높이 쳤는가 그 이유를 쉽게 알 수 있다. 리처드 버나드(Richard Bernard)는 "평범한 사람들은 목사의 설교보다 그의 삶을 더 존경한다"[17]고 하는 말로 청교도들의 태도를 한마디로 요약해 말했다. 윌리엄 퍼킨즈 역시 비슷하게 말했다. "다른 사람들에게 경건한 열심을 불러일으켜야 할 사람은 먼저 그 자신이 경건한 감화를 받아야 한다."[18] 어떤 현대 학자에 따르면, 영국 국교회는 예배 집례를 목사가 할 가장 핵심적인 일로 간주함으로써 "궁극적으로 교구 사제들의 지적 능력이나 도덕성이 썩 중요하지 않았던" 데에 비해, 설교를 강조한 청교도들은 "도덕적인 권위를 가지고 말할 수 있는 교육받은 목사가 필요했다"[19]고 한다.

우리는 또한 청교도들이 목회자를 어떤 이름으로 불렀는지 주목함

---

[15] 이 수치들은 Emerson, *English Puritanism*, p. 19에서 나왔다. 그는 이어서 이렇게 말한다. "1603년 당시 9,000여 개가 넘는 영국 교회 중에서 약 4,000 군데 정도가 비성직자 재산 관리인(impropriator)에 의해 운영되고 있었다. 그러니 교구 목사가 예산을 관리하지 못하고, 왕, 귀족, 주교단, 대학, 그리고 주임 사제나 교구 관리 사제들이 예산을 독차지했음은 뻔한 이치이다."

[16] Collinson, pp. 290-291.

[17] *The Faithful Shepherd*[Haller, *Rise of Puritanism*, p. 138].

[18] *Works*[Hudson, p. 205].

[19] Seaver, p. 43.

으로써 무엇인가를 얻을 수 있다. 영국 국교회는 가톨릭 용어인 "사제"(priest)를 이어받았는데, 이 말에는 직업적인 교회 직위라는 언외(言外)의 뜻이 담겨 있다. 청교도들은 "사역자(minister)", "목사(pastor)"라는 호칭을 택했다. 사역자란 그들이 하는 일, 곧 남들을 돌아보고 곤란에 처한 사람들을 돌보는 일을 하는 데서 나온 이름이다. "목사" 또는 "목자" 역시 같은 내용을 말하고 있다. 목자는 다른 어떤 일보다도 양떼를 먹이고 감독하는 일을 하는 사람을 말한다.

이렇게 대강 살펴보더라도 다양한 역할을 하는 직분을 머리에 떠올리게 된다. 가르치고 성례를 집행하며, 선한 양심을 북돋우고 경건한 삶의 모범을 보이며, 상담하는 일을 수행하는 그런 직분 말이다.[20] 그러나 이 직무 중 어떤 것도 핵심적인 것은 아니다.

청교도들은 한 목소리로 목사의 주임무가 설교라고 말한다. 아더 힐더쉠(Arthur Hildersham)은 설교가 "목사의 주요 임무"라고 말했고, 존 오웬은 "목사가 해야 할 최우선이고 가장 중요한 책임은 말씀을 부지런히 전파함으로 양떼를 먹이는 일"[21]이라고 믿었다. 윌리엄 브래드쇼(William Bradshaw)는 청교도 운동을 당시대에서 관찰하면서, 다음과 같은 말을 전한다.

> 그들은 목사가 지닌 가장 고상하고 지엄한 직임과 권위는 복음을 엄숙하고 공개적으로 회중에게 전하는 것이라고 여

---

[20] 상담은 대부분 설교와 "각성을 촉구하는" 글의 형태를 띠었다. 피터 루이스(Peter Lewis)의 저서 *The Genius of Puritanism*에서는 목회 상담이 대부분 이렇게 이루어졌음을 간략하게 보여 주고 있다. 허드슨은 리처드 백스터가 목요일 저녁 그의 가정을 "집단 치료소"로 개방했다고 말한다(p. 99). 사람들은 모여서 주일에 들은 설교를 "되새겼다."

[21] Hildersham, *CLII Lectures Upon Psalm LI*[Lewis, p. 35] : Owen, *Works*, 16 : 74. 리처드 시브즈는 설교가 "모든 은사 중에 뛰어난 은사이다……하나님께서, 또 그리스도께서 설교를 그렇게 보시기에 우리 역시 설교를 은사 중의 은사로 여겨야 한다" 하고 비슷한 주장을 폈다(*Works*[Lewis, p. 36]).

졌다. 그들이 생각한 복음 전파는 하나님의 기록된 말씀을 해석하고 권면과 견책으로 그들에게 그대로 적용하는 것이었다. 그들은 이 일이 그리스도와 그분의 사도들이 행한 가장 위대한 일이었다고 보았다.[22]

대중을 사로잡는 설교, 진한 감동

당대 청교도들의 쉬운 설교는 일대 선풍을 몰고 왔다. 헨리 스미스는 너무 인기가 좋아서 그의 교회는 (토머스 풀러가 전하는 말에 따르면) "교양 있는 사람들까지도 복도에 주저앉아"[23] 설교를 들을 정도로 붐볐다. 크리스토퍼 힐은 훌륭한 설교자가 있다는 것은 한 마을에 큰 재산이라고 했다. 왜냐하면 그 설교자가 장날에 설교하는 것을 들으러 많은 사람들이 그 마을로 몰리기 때문이었다.[24] 설교자로서 윌리엄 웨이틀리의 명성은 널리 퍼져 나가서, "고매한 현인들"과 옥스포드 대학 물을 먹었다는 사람들이 그의 설교를 듣기 위해 30킬로도 더 떨어진 밴버리까지 왔다.[25] 마이클 왈저(Michael Walzer)가 설교자를 "16세기 청교도 운동의 영웅"[26]이라 부른 것은 조금도 이상하지 않다.

영국 성공회가 당면한 가장 큰 문제 가운데 하나는 "설교를 따라 이리저리 좇아다니는 평신도들"이었다. 다시 말해서 교구민들이 원 교구를 버리고 훌륭한 설교를 들을 수 있는 이웃 마을로 간다는 것

---

[22] *English Puritanism*······[Davies, *Worship of the English Puritans*, p. 183].

[23] *The Church History of Britain*[Hudson, p. 185].

[24] *Society and Puritanism*, pp. 98−99.

[25] Stenton, p. 108.

[26] Walzer, p. 119. 왈저는 청교도 설교가를 이렇게 묘사한다. "교육받은(혹은 독학한) 사람들로서 공격적이다. 교회 정치를 실질적으로 주도해 나가려고 하면서도 교회에 모든 은사가 필요함을 아는 사람들이다"(p. 120).

이다. 그리고 이때 훌륭한 설교를 들을 수 있는 그곳에는 십중 팔구 청교도 설교자가 있었다. 랭카셔 태생으로 런던에서 설교한 조지 워커 (George Walker)는 자기 고향 마을 사람을 아주 생생한 언어로 묘사했다.

> 고향 사람들은 그곳에서 들어 보지 못한 설교를 듣기 위해 불원천리 달려간다. 이때는 돈 버는 일도 뒷전이다. 하나님 말씀을 대언(代言)하고 강론하는 잦은 공적 모임에 참석하기 위해 주중이더라도 일을 멈추기가 예사였다.[27]

윌리엄 다이크(William Dyke) 역시 사람들 입에 널리 오르내리던 설교자였다.

> 사람들은 그를 아꼈다. 그래서 주일에도 자기 교구의 교회를 빠지고, 그 교회 담임 목사의 설교를 뒤로 하면서까지……다이크의 설교를 듣기 위해 달려갔다. 이런 이탈자들은 여기저기서 몰려들어서 밤 늦게나 집으로 갔다.[28]

청교도의 설교는 국민 전체에게 영향을 미쳤다. 이것은 그들 청교도들이 사회 지도층, 특히 떠오르는 젊은이들을 잡을 수 있었다는 데 일부 이유가 있다. 리처드 시브즈는 "그레이즈 인 법학원(Gray's Inn)에서 청교도 정신을 강론했고", 그의 친구 존 프레스톤은 링컨

---

[27] *An Exhortation for Contributions to Maintain Preachers in Lancashire* [R. C. Richardson, p. 84]. 워커 역시 이렇게 쓴다. "한 설교자가 얼마나 어렵게 여러 마을을 여행하며 여러 날을 그곳에 머물렀는지 모른다. 마을 사람들은 강청하여 설교를 들었는데, 설교가 있을 것임을 알리는 시간이 길지 않았는데도 삽시간에 많은 사람들이 모여 들었다. 게다가 그들은 존경심 넘치는 눈빛과 한시라도 한눈 팔지 않는 집중력을 가지고, 기쁘고 고양된 모습으로 설교를 경청했다."

[28] Collinson, p. 373에서 동시대 자료들을 인용하였다. 청교도 설교가들은 영국과 미국의 정부 지도자들과 두터운 교분을 가지고 있었다.

즈 인(Lincoln's Inn)으로 사람들을 끌어들였다.[29] 피터보로 주교 스캠블러(Scambler)가 국교회가 제정한 공동 기도집을 낭송하는 국교회식 예배보다 설교가 있는 예배를 더 좋아하는 사람들의 심리에 대해 불평을 늘어놓을 때, 청교도 설교자들에 관해 자못 경고조로 이렇게 말했다. "그들은 여러 층의 젊은 목회자들을 가리지 않고 긁어 모았다……그들은 매우 뻔뻔스럽고 좌충 우돌이다. 왕후 장상(王侯將相) 친구라도 둔 듯한 행동거지이다."[30]

청교도의 설교가 그렇게 인기 있었던 이유 가운데 하나는 그들이 설교에 대해 보였던 투철함에서 나온 결과라고 할 수 있다. "설교는 듣는 것이 아니다. 설교는 우리를 하늘 나라 아니면 지옥 근처로 데려 간다"[31]고 말한 존 프레스톤에게서 그들이 지녔던 태도를 단적으로 볼 수 있다. 자주 인용되는 리처드 백스터의 발언에서도 같은 분위기를 발견한다.

> 회중 앞에 서서, 우리 구원자의 이름으로 살아 계신 하나님의 말씀을 들어 구원과 저주의 말씀을 전한다는 것은 보통 일이 아니다. 무지한 자라도 알아 들을 수 있도록 쉽게, 죽은 심령이라도 느낄 수 있도록 진지하게, 지독한 적대자라도 침묵하도록 확신 있게 전한다는 것은 보통 어려운 일이 아니다.[32]

청교도들이 설교에 대해 가지고 있었던 가장 중요한 척도는 잦은 설교 횟수이다. 청교도 목사들은 교리를 강론하는 일 말고도, 장소를 가리지 않고 일 주일에 세 번에서 다섯 번 설교했다.[33]

---

[29] Haller, *Rise of Puritanism*, pp. 160-164.
[30] Letter to Burghley, *Lansdowne MSS*[Babbage, p. 11].
[31] *A Pattern of Wholesome Words*[Hill, *Society and Puritanism*, p. 46].
[32] *The Reformed Pastor*[Davies, *Worship and Theology*……1603-1690, p. 162].

설교는 하나님의 말씀을 사람들에게 쏟아내는 일이므로 지극히 중요했다. 존 코튼의 설교를 들은 어떤 사람은 이런 감사의 마음을 표현했다.

> 코튼 목사는 권위 있고 능력 있게, 또 생명력 있게 설교하십니다. 그래서 그분이 선지자나 사도의 말씀을 가지고 설교할 때면 그분의 목소리가 아니라, 선지자 자신의 목소리를 듣습니다. 아니, 제 마음속에서 말씀하시는 예수 그리스도의 말씀을 듣습니다.[34]

청교도들은 당시 설교에 대한 열심으로 정평이 나 있던 사람들이었다. 그래서 토머스 풀러는 청교도 시대를 이렇게 평한다.

> 그들이 얻은 가장 큰 명성은 설교자들이 사람이 모이는 곳이라면 어디서나 고통스럽게, "고민한 흔적이 뚜렷이 보이는 설교를 조심스럽게 풀어 놓는다"는 점이다. 강단이라는 방향타(方向舵)를 잡은 사람은 원하는 대로 사람들의 마음을 움직일 수 있다. 이런 일이 지금 영국에서 일어나고 있다.[35]

현대 사가들도 이런 평가에 동의한다. "입으로 전하든 글로 전하든 설교는 청교도들의 생명이었다"라고 존 뉴(John F. H. New)는 주장하고, 윌리엄 할러(William Haller)는 청교도를 "외침의 열망"[36]이라고 말했다.

---

[33] Davies, *Worship of the English Puritans*, pp. 200-201.
[34] Roger Clap, *Memoirs of Captain Roger Clap*[Vaughan and Bremer, p. 70]. 데이비스는 이렇게 말한다. "말씀 전파는 도덕 강의나 철학 논설이 아니다. 그것은 귀하신 하나님을 권세 있게 선포하는 작업이다. 거기에 설교의 중차대함이 있다"(*Worship of the English Puritans*, p. 185).
[35] *The Church History of Britain*[Hudson, p. 185].
[36] New, p. 71 ; Haller, *Rise of Puritanism*, p. 258.

설교에서 지적 요소의 중요성

나는 청교도들이 "경건하고 학식 있는" 목사를 이상으로 생각한 데에는 영국 국교회 성직자들을 은근히 공격하는 의도가 담겨 있다고 말했다. 사무엘 존슨(Samuel Johnson)처럼 무지한 시대와 의식(儀式)의 시대[37]를 그대로 일치시킬 수는 없지만, 설교 없이 기도집을 읽는 것으로 예배를 가름하는 국교회 관행이 성직자들의 무지를 부추겼다는 말은 재론의 여지가 없다. 존 후퍼가 조사한 바에 따르면 (311명의 성직자 가운데) 171명이 십계명을 암송하지 못했고, 33명은 십계명이 어디 나오는지도 몰랐다. 30명은 주기도문이 성경 어디에 있는지 몰랐고, 27명은 주기도문을 가르치신 분이 누군지도 몰랐다. 그리고 그 중 10명은 주기도문을 외우지 못했다.[38]

성직자들의 무지는 자연스럽게 평신도들의 무지를 낳았다. 켄트 교구의 부주교 조시아스 니콜라스(Josias Nicholas)는 400명의 교구민 가운데 40명이 채 안 되는 숫자만이 "그리스도에 관해, 그분의 인격과 사역에 관해, 죄가 어떻게 세상에 들어왔는지에 관해, 죄에 따르는 형벌이 무엇이고 무덤에서 썩은 우리 육체가 궁극적으로 어떻게 되는지에 관해"[39] 초보적인 지식을 가지고 있음을 조사를 통해

---

[37] *A Journey to the Western Islands*[Hill, *Change and Continuity*, p. 101].

[38] Knappen, *Tudor Puritanism*, p. 100. 존 스톡우드는 1579년 바울의 십자가 교회에서 행한 설교에서 20개 교구 가운데 오직 하나만이 자격 있는 교사를 확보하고 있다고 주장하면서 이렇게 개탄했다. "그러니까 사람들이 그런 무지와 암흑 가운데 사는 것도 당연하다"(*A Very Fruitful Sermon*……[Hill, *Society and Puritanism*, p. 52]). 힐은 설교하는 목회자들의 비율이 영국 각지를 놓고 볼 때 얼마나 저조했던가를 여러 통계(예를 들어, 12명 중 1명, 288명 중 58명, 220명 중 20명)를 통해서 밝힌다(pp. 52-53). 데릭 윌슨 역시 왜 상대적으로 적은 수의 청교도 설교자들이 막대한 영향을 끼칠 수 있었던가를 수치를 들어 설명한다. "최소한 한 달에 한 번 정도는 모든 교구의 교회에서 설교를 들을 수 있어야 했다. 그리고 이 문제에 관해서 설교를 하지 않는 성직자들은 청교도 동료들에게 때로 기대지 않을 수 없었다" (p. 135).

[39] *The Plea of the Innocent*[Hill, *Society and Puritanism*, p. 56]. 종교문

알았다.

청교도들은 의회 연설을 통해 "설교와 학식 있는 목회자의 필요성"을 역설하고, "교양 있는 목회자를 양성하기 위해 특별한 과정을 두자"[40]고 제안했다. 에드워드 데링(Edward Dering)은 여왕 앞에서 행한 설교에서 "교회가 당할 수 있는 가장 큰 참화(慘禍) 가운데, 목사가 무식해서 아무것도 외칠 수 없다는 사실만큼 비참한 일도 없습니다"[41] 하고 말했다.

설교에서 지적 깊이를 갈망하는 청교도들의 바람은 여러 모양으로 나타났다. 그중 하나는 대학 교육을 받은 목사를 원하는 것이었다. 매사추세츠에 상륙한 지 불과 6년 만에 하버드 대학을 설립한 이유는 "목사들이 무식을 벗지 못해 무지 몽매하게 교회를 섬길까"[42] 저어하는 마음 때문이었다. 영국에서도 사정은 비슷했다. 영국에서는 "학식 있고 여유 있는 사역"[43]을 뒷받침하기 위한 기관을 세워야 한다는 골자를 담은 대학 개혁안이 나왔다. 종교 개혁 당시 옥스포드와 캠브리지 대학사(大學史)를 전문으로 연구한 한 권위자는 이 두 대학의 굵직한 특색들이 어떻게 영국 청교도에 규범적인 영향력을 행사했는가 보여 주는 책을 집필했다.[44]

제에 관한 영국 성공회의 무지에 관해서라면 Hill, *Society and Puritanism*, pp. 250 – 251 과 George, p. 336을 참조하라.

[40] Collinson, pp. 312, 315.

[41] *A Sermon Preached Before the Queen's Majesty* ······[Trinterud, p. 159] 영국 성공회 옹호자인 리처드 후커는 무엇이 난점인지도 전혀 파악하지 못했다. 그는 설교가 낭비 투성이의 작업이라고 목청 높여 규정하면서, 이런 비방조의 말을 던졌다. "예식서를 읽지 않는 설교······예식서에 따르지 않는 설교, 만들어지자마자 없어지고 마는 설교, 아마 모인 회중 앞에서 한 번은 써먹을 수 있을지도 모른다"(*The Laws of Ecclesiastical Polity*[Davies, *Worship of the English Puritans*, p. 185]).

[42] *New England's First Fruits*[Miller/Johnson, 2 : 701].

[43] Quoted in Curtis, p. 190에서 인용.

[44] Curtis, *Oxford and Cambridge in Transition, 1558 – 1642*, ch. 7. 청교도들의 영향력이 캠브리지보다 더 강했음에도 불구하고, 옥스퍼드에는 청교도들의 영향력이 별반 미치지 않은 양 이미지를 바꾼 장본인은 바로 커티스이다.

고향인 영국 베드포드에서 설교하는 존 번연. 번연 기금(the Trustees of Bunyan Meeting)의 호의를 입어 실음.

"성경 해석 경연"(prophesying)과 "특별 강연"(lectureship)이라는 두 가지 독특한 제도 역시 지적인 설교 여부를 결정한다. 성경 해석 경연(엘리자베스 여왕 때에 이르러 폐지됨)은 설교 세미나 또는 설교의 질을 높이기 위한 일종의 연구 집회였다. 거기에는 한 지역 목사들이 참가했다. 목사들은 그 지역에서 중간쯤에 자리 잡은 교회에 모여서, 사전에 합의한 본문에 관해 참가자 중 다섯 명이 설교를 하고 이어 강평회를 갖는다.[45]

청교도들이 실시한 특별 강연은 평신도들이 그리스도교 신앙의 내용을 더 잘 파악하도록 돕는 방편이었다. 강사로 참가하는 사람들은 설교자 또는 평신도들에게 추앙받는 개인 연사였기 때문에, 제도 교회의 직접적인 통제가 미치지 못했다.[46] 크리스토퍼 힐은 이 강연자

---

[45] Davies, *Worship of the English Puritans*, pp. 188–189. 트린터우드는 "설교 향상을 위해 청교도들과 유사한 조치"가 필요하다고 예언자적으로 촉구했다(p. 191).

[46] 가장 완벽한 자료는 Paul S. Seaver의 저서 *The Puritan Lectureships*이다. 시이버는 당시 상황을 이렇게 전한다. "책임 있는 목회자가 전해야 하는 만큼 설교를 전하지 못하거나 전하려고 하지 않는다면, 평신도는 교회 정규 예배 시간이 아닌

들을 가리켜서 "자유 목사"(free-lance clergy)라고 불렀고, 어떤 사람은 그 강연 자체를 이렇게 묘사했다. "그것은 우리가 지금 하고 있는 성경 공부의 조부모님뻘 된다. 그런 강연회에서는 상당히 길고 깊이 있는 설교가 있었는데, 인근 청교도 교회 목사들과 회중이 참 가자였다."[47]

목회자와 평신도의 종교 교육을 강조한 청교도들이기에 회중들이 교리 안에 담긴 진리를 깨닫도록 강하게 호소할 수 있었다. 청교도 설교자들은 하나님께서 사람들에게 말씀하시고 진리를 깨닫게 하시는 통로로서 지성을 으뜸으로 꼽았다. 벤자민 위치코트(Benjamin Whichcote)는 이런 의견을 밝혔다. "선명하게 이해되는 설교가 마음에도 진하게 와 닿음을 느끼고는 한다."[48] 윌리엄 애임즈는 이렇게 말한다. "말씀을 받는 일은 정신 집중과 의지, 이렇게 둘로 이루어져 있다."[49]

미국 청교도들도 공감했다. 리처드 매더의 전기(傳記) 작가는 "그의 설교가 아주 평이하면서도 뜨거웠지만, 내용이 알차고 시시비비가 뚜렷했다"[50]고 적었다. 이런 설교는 분명 감성뿐 아니라 지성에도 호소한다. 그래서 어떤 미국 교육사가(敎育史家)는 심지어 이렇게까지 말한다. "청교도 성직자들은 학식 있는 지배 계급으로 한걸음 더 바짝 다가섰다. 아니 조금 더 적절하게 말해서 지배 권력과 긴밀하게 연결된 지성인층을 형성했다. 그 후로 미국은 항상 그래 왔다."[51]

시간에 다른 성직자 또는 강설자(講說者)를 청빙하여 가끔 설교를 들을 수 있다. 만일 정규 교구 수입이 너무 적어서 설교 담당 성직자를 청빙할 수 없는 형편이라면 강론을 듣기 위해 평신도들이 주머니를 털 수도 있다. 이런 제도적 장치가 성공을 거둘 수 있었던 이유는 얼마간 그 간편성에 있다. 왜냐하면 이 제도는 얼마든지 지역 상황에 맞추어 실시할 수 있었기 때문이다"(p. 6).

[47] Hill, *Society and Puritanism*, p. 80 ; Lewis, pp. 61-62.
[48] *Sermons*[Brown, p. 121].
[49] *The Marrow of Theology*, p. 254.
[50] Increase Mather, *The Life and Death of……Richard Mather*[R. C. Richardson, p. 43].
[51] Richard Hofstadter, *Anti-Intellectualism in American Life*(New York : Knopf, 1963), p. 59.

책으로 나온 청교도 설교를 정독할 시간을 낼 수 있는 사람은 그들의 설교가 설교자와 청중 양편 모두의 지성을 자극하는 내용임을 단박 알아차릴 수 있을 것이다. 먼저, 설교 시간은 보통 한 시간 정도였다. 그래서 윌리엄 카트라이트는 "매주 안식일에는 두 번 설교 시간이 있어야 한다. 그러나 설교는 한 시간 안에 끝내도록 항상 노력해야 한다. 특히 평일에 설교할 때는 더욱 그렇다"[52]라고 규정할 정도였다.

청교도 설교가들은 주도 면밀하게 설교를 준비했다. "고민에 찬 설교"가 그들이 가지고 있었던 이상이었다. 그것은 자기 고민이 있고 세세한 부분에까지 신경을 쓰며, 면밀히 준비한 설교를 말한다. 대부분 목사들은 짤막한 메모를 가지고 설교했지만, 완벽한 원고를 작성하는 설교가들도 제법 있었다.

토머스 굿윈(Thomas Goodwin)은 "깊은 연구 없이 즉흥적으로 설교하는 사람들이 있는 반면, 바울은 디모데에게 묵상과 연구에 힘쓰고 이 일에 전심 전력하라 말씀한다"[53]고 못박아 말했다. 리처드 백스터는 너무나 바빠서 도무지 설교 원고를 작성할 수 없을 때를 제외하고는 그의 설교를 찬찬히 읽어 보고 설교했다.[54]

미국 청교도들 역시 마찬가지였다. 존 엘리어트는 "철저하게 연구한 설교가 아니면 가치 있게 보지 않았고", "깊은 연구를 하여 설교에서 어정쩡하게 넘어가는 대목을 만들지 않겠다"고 굳게 결심했다. 코튼 매더는 존 코튼의 설교에서 "밤을 지새운 흔적이 엿보인다"는 이유로 그를 칭찬했다.[55] 매더 역시 즉흥적으로 설교하기보다 설교 요지를 요약해 적으면 더 충실하게 준비할 수 있다면서 흥미 있는

---

[52] Davies, *Worship of the English Puritans*, p. 193에서 인용.

[53] *Works*[Davies, *Worship of the English Puritans*, p. 194].

[54] *Sheet Against the Quakers*[Davies, *Worship of the English Puritans*, p. 194].

[55] 엘리어트와 매더의 글은 Miller, *Seventeenth Century*, p. 352에서 인용했다. 토머스 쉐퍼드는 이렇게 말했다고 전한다. "하나님께서, 일주일 내내 일에 휩

분석을 내놓았다.

> 설교 요지를 요약해 적어야 하는 것은 우리의 능력이 부족해서가 아니라, 우리의 직무와 듣는 사람의 유익을 증진하기 위함이다……간단한 원고라도 준비해서 설교 한 번 하기가 원고 없이 세 번 설교하기보다 훨씬 더 어렵다.[56]

청교도의 설교에 관한 사료(史料)를 살펴보면 물론 위대한 업적을 발견할 수 있다. 존 하우(John Howe, 그는 크롬웰 군대의 군목 중 하나가 되었다)의 설교가적 자질을 시험해 보려던 크롬웰은 애초의 시험 계획을 바꿔서 설교에 앞서 즉석에서 강해를 해보도록 시켰다. 하우는 크롬웰이 제시한 본문에 관해 두 시간이나 설교를 했고, 다시 모래 시계를 뒤집어 세우려 할 때 멈추라는 요청을 받았다.[57]

강해 설교

청교도들은 교리와 신학을 떠받들었지만, 특정 성경 본문의 의미를 "활짝 여는" 강해 설교를 거의 절대적으로 지지했다. 윌리엄 에임즈는 성경 한 구절을 읽고 요약하는 정도의 제목 설교를 탐탁하지 않게 여겼다.

싸여 전전긍긍하고 토요일 오후가 되서야 겨우 짬을 낼 수 있다면, 그런 생활을 결코 기뻐하실 리 없다. 하나님께서는 그 시간이 기도하고 통회하며 마음을 쏟을 만큼 그렇게 긴 시간이 아님을 잘 아신다"(Quoted in Babette May Levy, *Preaching in the First Half Century of New England History*[1915 : reprint New York : Russell and Russell, 1967], p. 82). 쉐퍼드는 설교 준비를 하는 데 주 삼 일을 썼다.

[56] *Magnalia Christi Americana*[Mitchell, p. 22].
[57] Davies, *Worship of the English Puritans*, p. 193.

설교를 시작할 때 어떤 본문을 꺼내 청중들에게 던져 놓고는 금방 잊어버린다. 그리고는 이말 저말을 늘어 놓거나 그 본문에서 아무것도 캐내지 못하고 그저 거기서 맴돌고 마는 목사들이 있다.[58]

예배 중 설교를 시작하면서 성경책을 여는 행위는 강해 설교의 목적, 즉 특정 성경 본문에 숨어 있는 의미를 밝히고 드러내는 일을 상징화한 것이다.

청교도 설교가들은 이런 목적을 가지고 있었기 때문에 방법론으로 우왕좌왕하지 않았다. 오직 전체 설교를, 선택한 본문에 밀착시키기만 하면 될 뿐이었다. 윌리엄 채펄(William Chappell)은 설교를 "성경 본문에 대한 강론으로서, 원순서에 따라 자연스럽게 배열하는 작업"[59]이라고 정의했다. 앞으로 보게 되겠지만, 청교도들은 본문에서 시작해서 적용으로 끝나는 설교를, 역설했다.

윌리엄 에임즈는 "먼저 본문이 담고 있는 내용을 진술해야 한다……본문이 담고 있는 진리를 개진할 때 목사는 먼저 이를 설명한 후 거기에 따르는 모범을 펼쳐 보여 준다."[60]고 했다.

청교도의 설교를 전통적으로 세 부분으로 나눈다면, 둘은 성경 그 자체에 밀접하게 연결되어 있다. 웨스트민스터 총회는 공예배 모범을 채택했는데, 거기에 따르면 이렇다.

> 성경에서 가르침을 추출할 때 신중을 거듭해야 한다. 먼저 그것이 하나님의 진리인가를 살펴야 하고, 두번째로 그 안에 진실이 배어 있는가 혹은 진실 위에 서 있는가, 그리고 회

---

[58] *The Marrow of Theology*, p. 191.
[59] Miller, *Seventeeth Century*, p. 340에서 인용.
[60] *The Marrow of Theology*, p. 191. 에임즈 역시 이렇게 썼다. "하나님의 뜻은……말씀에서 환히 드러나 보이기 때문에, 성경을 중시하지 않는 자, 특히 평신도보다도 성경에 대해 무지한 자가 목회자가 될 수 없다"(p. 191).

중이 그 가르침에서 하나님의 간섭을 어떻게 분별할 수 있는가를 조심스럽게 살펴야 하는 것이다.[61]

설교에서 성경이 중심이 되어야 한다는 확신은 설교의 세세한 부분까지라도 주로, 아니 오직 성경에만 의거해야 한다는 사상에 힘입어 크게 강화했다. 예를 들어, 윌리엄 퍼킨즈는 설교를 준비할 때 교부(敎父)의 문헌을 많이 읽도록 권했지만, 강단에서는 직접 인용하지 못하도록 금했다.[62]

사도 바울의 십자가 설교가 런던에서 전파되던 세기에 관해 전문적으로 연구한 어떤 현대 학자는 청교도들의 성경적 설교 유형이 미친 영향에 대해 아주 잘 간추려 말한다.

> 청교도들에게 설교는 단지 성경책에 달려 있지 않다. 조금 더 문자적으로 말하자면 하나님 말씀 안에 그들의 설교가 들어 앉아 있다. 본문이 설교가 아니요 설교가 본문 안에 있는 것이다…… 한마디로 말해서, 설교를 경청함은 곧 성경 안에 존재하는 상태를 말한다.[63]

---

[61] Davies, *Worship of the English Puritans*, p. 191. 윌리엄 할러(William Haller)는 저서 *Elizabeth I and the Puritans*(Ithaca : Cornell University Press, 1964)에서 청교도 설교가들에 관해 이렇게 말한다. "그들은 본문에서 출발한다. 즉, 성경에 나오는 특정 기사, 인물, 또는 사건을 이야기하는 것인데, 이렇게 하여 인접 문맥 속에서 본문의 의미를 밝히고, 그것을 적정하다고 생각하는 다른 본문들과 연결시켜 보며, 마지막으로 적용에 앞서 적합한 교훈 또는 교리를 추출한다"(p. 36).

[62] *The Art of Prophesying*[Breward, p. 345].

[63] Millar Maclure, *The Paul's Cross Sermons, 1534-1642*(Toronto : University of Toronto Press, 1958), p. 165.

설교의 짜임새

　청교도들은 설교의 방법론에 (물론 다른 문제도 마찬가지이지만) 촉각을 곤두세웠다. 그들은 설교가 취해야 할 형식에 관해 거듭 이론을 내어 놓았고, 고지식하다 싶을 만큼 그것을 좇았다. 그들은 일반적으로 3부로 구성된 설교를 모델로 삼았다. 물론 모든 사람이 똑같이 3부를 말하지는 않았다.
　윌리엄 퍼킨즈가 쓴 책 성경 해석의 실제(*The Art of Prophesying*) 끝 부분을 보면 청교도 설교 구성의 전형을 대할 수 있다.

1. 정경(正經)의 한 부분을 선택해서 읽는다.
2. 그렇게 읽음으로써 본문의 의미가 그것 자체만으로도 확연히 드러나게 한다.
3. 무리 없이 본문에서 추출할 수 있는 몇 가지 유익한 교리를 구성한다.
4. 설교자에게 그런 은사가 있다면, 정확하게 구성한 교리들을 아주 쉽고 평이한 말로 생활과 인간사에 적용한다.[64]

　본문 봉독을 합당한 설교를 위한 예비 과정으로 여길 수 있다면, 설교의 3부를 이렇게 말해도 무방하다. (1) 본문의 표면적 의미를 포착한다. (2) 그 본문에서 교리적 또는 도덕적 원리를 끄집어 낸다. (3) 이런 원리들이 그리스도인의 일상에서 어떻게 적용될 수 있는가 제시한다.[65] 구도를 놓고 볼 때 논리와 전달력에서 큰 흠을 찾을 수 없다.
　실제 설교에 눈을 돌려 보자. 아무리 기본 요소를 정교하게 갖추

---

[64] *The Art of Prophesying*[Breward, p. 349].
[65] Davies, *Worship and Theology*……1534-1603. 데이비스는 이렇게 쓴다. "성경 본문의 강해 형식을 취하는 구조……각 구절에서 교훈들(또는 '교리들')을 모으고 그것들에서 도덕적인 적용점(또는 '유용성')을 덧붙인다"(p. 304).

었다 하더라도, "드러냄-교리-적용"이라는 말끔한 구도가 불균형이라는 미로에 빠져서 상실되는 경우도 많았다. 주범(主犯)은 설교의 두번째 부분이었다.

본문에서 교리를 추출해 내는 작업은 본문 "분해"이다. 그런데 세심하지 못한 설교자들은 꼬리에 꼬리를 물 듯이 교리를 열거하기에 바빴고, 심지어 존 유돌(John Udall)과 같이 명망 있는 설교자조차도 "성경의 각 문장에서 적어도 한 가지 이상의 일반 교리를 끄집어 낼 수 있어야 한다"[66]고 말할 정도였다.

청교도들은 본문에서 교리를 발견했을 뿐 아니라, 각 교리들이 "모범과 성경의 증거, 그리고……성경에 뿌리를 박은 건강한 추론의 힘에 의해" 보강되어야 한다고 느꼈다.[67] 이같이 "증거"와 "추론"을 중시하는 목적은 특정 본문에서 추출한 교리가 배경을 이루는 성경 전체의 지지를 받음을 확증하기 위함이었다. 존 도드는 그가 제시한 증거가 "기억하기 어려울 만큼 시시콜콜하거나, 모든 진리를 몇몇 본문으로 꿰뚫으려는 양 하는"[68] 인상을 주지 않도록 했다. 청교도 설교가들이 여기에 동의했음은 의심할 여지가 없다.

페리 밀러(Perry Miller)는 청교도 설교의 이상을 이렇게 요약한다.

> 청교도는 본문을 낭독하고 가능한 한 간략하게 그 내용을 "드러낸다." 다시 말해서 본문의 정황과 문맥을 밝히고 문법적 의미를 설명한 후, 난해한 비유와 사유(思惟)를 쉬운

---

[66] *Commentary Upon the Lamentations of Jeremy*[Emerson, *English Puritanism*, p. 112].
[67] Ibid.
[68] Samuel Clarke, *General Martyrologie*[Haller, *Rise of Puritanism*, pp. 134-135]. 사실 윌리엄 에임즈는 증거를 너무 산만하게 제시하지 말아야 한다고 말한다. "교리 논의는 만일 회중이 질문해 올 때 증거 제시가 어느 정도 중요하지만 (모두가 납득할 수 있을 정도로 길게 논의를 이끌고 간다면 어리석은 일이다), 이미 입증된 진리를 예화를 들어 잘 설명하는 일도 못지 않게 중요하다"(*The Marrow of Theology*, p. 192).

문장으로 풀고 거기에 들어 있는 논리적 의미를 물 위로 끌어올린다. 그런 다음 평이하고 서술적인 문장으로 본문에 담겨 있거나 거기서 논리적으로 연역할 수 있는 "교리"를 선포한 후에, 첫번째 근거 또는 증거로 나아간다. 추론은 추론으로 이어진다. 이때 한 번에 한 가지씩 추론해 나가야 함을 잊지 않는다. 마지막 증거를 제시한 후에는 구체적인 사용 또는 적용을 시도한다. 이때에도 순서 있게 해야 함은 물론이다. 더 이상 언급해야 할 내용이 없을 때 설교를 마친다.[69]

청교도들은 설교를 계획하고 치밀하게 구성했다. 길고 세밀했지만, 결코 축 늘어지지 않았다. 신중하게 절제하면서 최종 목표를 향해서 한걸음씩 나갔다. 설교 내용이 성경을 떠나지 않도록 방법론적으로 배려함으로써 진리를 지적으로 파악하고 모든 생활에 신학적인 교리가 적용되도록 했다.

교리 적용

청교도 설교에서 가장 눈길을 끄는 특징 가운데 하나가 있다면,

---

[69] Miller, *Seventeenth Century*, pp. 332-333. 이 점은 동시대인 윌리엄 번(William Bourne)의 말과도 일치한다. "그는 설교 방법을……거의 바꾸지 않았다. 본문에 대한 자세한 설명 뒤에 교리를 말하고, 그것을 성경과 정연한 논리를 동원하여 입증한 다음, 거기에 따르는 반대 의견들을 하나 혹은 둘 정도 반박하고 그 다음에 그것의 적용을 말한다……그리고 마지막으로 권면을 준다"(Richard Hollingsworth, *Mancuniensis*[R. C. Richardson, p. 43]). 리처드 백스터의 전기를 쓴 작가 역시 비슷하게 증거한다. "본문을 조심스레 '열고' 난제 혹은 반대에 답하는 순서를 밟는다. 그 다음에 '적용 가능성'을 말하고 마지막으로 양심과 심령으로 그것을 받아들이라고 열렬하게 호소한다"(F. J. Powicke, *A Life of the Reverend Richard Baxter* [Daives, *Worship of the English Puritans*, p. 192]).

교리를 생활에 적용해야 한다고 역설한 점이다. 설교의 세번째 부분은 성경을 근거로 설명하고 도식화한 교리의 "용도"를 탐색하는 것이다. 청교도들은 매우 실천적인 사람들이었기 때문에, 성경 진리에서 하루하루의 삶으로 이르는 "다리를 놓지" 않는 한 교리란 생명력 없는 문구에 지나지 않음을 누구보다도 잘 알았다. 토머스 후커는 이렇게 말했다. "그저 교리만을 읽어도 이해 못 할 내용은 없다. 그러나 모범을 듣고 읽을 때는 마치 우리 자신의 이야기를 듣고 있는 듯한 감동이 우러난다."[70]

이 말은 다른 측면에서 보았을 때, 청교도 설교가 수사학적이고 설득하는 기술이었음을 말해 주는 것이다. 설교가 이루려는 최종 목적은 회중의 마음을 움직여서 영적이고 도덕적인 결단을 취하게 하는 것이다. 제임스 더럼(James Durham)이 한 말처럼 여기서도 방법론이 열쇠이다.

> 설교의 꽃은 적용이다. 심오한 진리를 펼쳐 열어 보이는 데 요구되는 것만큼이나, 진리의 요점을 회중의 양심에 적용하고 역설하는 데에도 연구, 기술 연마, 지혜, 권위와 평이함이 꼭 필요하다. 따라서 목사들은 이 둘 다를 깊이 연구해야 한다……아마 이런 까닭에 설교를 설득, 간증, 간청, 탄원 또는 요청, 권면 등등으로 부르지 않나 생각한다. 그런데 이런 요소들은 모두 적용 부분에 들어간다.[71]

청교도들은 회중의 양심에 호소하는 일이 적용이라고 믿었다. 그 대표적인 예가 윌리엄 에임즈이다.

> 그저 진리가 여기 있다고 말하거나 단순하게 설명하는 데

---

[70] Miller, *Seventeenth Century*, p. 356에서 인용.
[71] *A Commentary Upon the Book of Revelation*[Lewis, p. 49].

집착하는 설교자들은……중대한 실책을 범하는 셈이다. 그들은 적용과 실천을 무시함으로 경건한 종교 생활과 축복을 놓치고 만다. 이런 설교자들은 마음에 힘을 주는 일을 거의 하지 않거나 전혀 하지 않는다.[72]

그의 말이 시사하듯이 적용의 목표는 그리스도인들이 양심의 각성을 통해 마땅히 고쳐야 할 행위를 고치는 데 있다. 청교도들이 생각한 설교는 전복(顚覆) 작업이었다. 목표는 성품과 행동을 "거룩하게 개혁하는" 데 있었다. 윌리엄 퍼킨즈의 말을 빌리자면 "경건하지 않은 데로부터 삶을 돌이키는" 일을 도모하는 작업이다.[73]

적용은 설교자뿐 아니라 회중에게 떠맡긴 책임이기도 했다. 아니, 적용을 해야 설교를 더 잘 듣게 된다. 그래서 토머스 맨튼(Thomas Manton) 같은 이는 "말씀을 행하는 사람이 가장 잘 듣는 회중이다"[74] 라고 말했다. 사무엘 워드는 일기에서 스스로를 이렇게 타이른다. "하나님 말씀을 들을 때면 언제나 내게 부딪히는 말씀을 나 자신에게 적용하기를 잊지 말자. 그러면 깊은 생각 없이 지나치는 일이 덜 일어나리라."[75]

청교도들은 설교를 인격적으로 적용해야 한다고 역설하던 사람들이기에, 앞서 말한 영국 국교회의 판에 박힌 강설을 거부할 수밖에 없었다. 그것은 지역 형편을 무시하기가 일쑤였다. 여기서 리처드 백

---

[72] *The Marrow of Theology*, p. 192. 에임즈는 "적용"이라는 말을 교리의 "용도, 선함, 또는 목적"이라고 정의한다.

[73] *The Art of Prophesying*[Breward, p. 343]. 데이비스는 *Worship and Theology……1534-1603*에서 이렇게 쓴다. "청교도 설교의 구조를 볼 때 아마 가장 흥미 있는 점은 행동의 변화를 수반한 심령의 변화를 유도하는 쪽으로 큰 방향을 잡고 있다는 것이다. 그들의 설교에는 관조적인 사고나 심지어 관조적인 신성(神性)을 동경하는 경향이 거의 나타나지 않는다. 가장 지고한 관심은 하나님의 뜻을 알고 그것을 따르려는 경건이었다"(p. 305).

[74] *Complete Works*[Lewis, p. 48].

[75] *Diary*[Knappen, *Two Elizabethan Puritan Diaries*, p. 108].

스터의 주장에 귀기울여 보자.

> 회중들이 술에 인박인 사람들임을 아는데도, 그런 죄를 짓지 말라고 몇 번 말하거나 기도집을 읽어 주고, 기껏해야 탐욕과 기호(嗜好)가 이렇다는둥 저렇다는둥 몇 마디 하고 말아야 하는가?[76]

청교도 설교가들이 교리를 적용할 때에 취했던 방법의 일부를 보여 주기 위해서라면, 퍼킨즈가 쓴 책 성경 해석의 실제(Art of Prophesying)를 다시 거론하고 싶다. 그는 회중의 상태에 따라서 "적용 방법"을 일곱 가지 범주로 나누었다.

> 1. 무지하고 가르치기 힘든 불신자 2. 배우려고는 하지만 무지한 자 3. 지식은 조금 있으나 오만 불손한 자 4. 겸손한 자 5. 믿는 자 6. 타락한 자 7. 이런 요소 저런 요소를 고루 가지고 있는 자…….

덧붙여 말해서 "적용은 정신적일 수도, 또 실천적일 수도 있다." 실천적인 적용이란 "생활과 행위를 중시하는 자세로서, 훈계와 책망이라고 말할 수 있다." 정신적이든 실천적이든 이것들 각각에 대해서 더 많은 이야기를 할 수 있다.[77]

청교도 설교가들이 설교를 통해서 달성하려 했던 바를 분명히 알고 있었음은 더 말할 나위가 없다. 그들은 목표 지향적이었다. 그들이 마음에 두었던 목표는 거룩한 생활이었다. 교리는 그 목표에 도달하게 하는 수단에 불과했다. 토머스 맨튼은 이렇게 쓰고 있다. "실천을 이끌어 내는 지식이 가장 고상한 지식이다…… 회중의 삶이 설교자에게는 상급이다."[78]

---

[76] *Five Disputations*[Davies, *Worship of the English Puritans*, p. 188].
[77] *The Art of Prophesying*[Breward, pp. 342–343].

살아 꿈틀거리는 설교

청교도들은 설교에서 지적인 요소를 무척 강조했지만, 이런 이지적 이해가 마음과 의지에 뜨겁게 호소하는 힘과 잘 조화를 이뤘다. 그들의 설교는 살아서 꿈틀거렸다. 왜냐하면 청중에게 호소하고 영향을 끼치려는 목표를 가지고 있었기 때문이다. 백스터는 이 점에 관해 정연한 이론을 펼친다.

> 설교가 듣는 이의 마음을 건드려 주지 않는 한, 사람은 고분고분 자기가 아는 진리를 따라 살려 하지 않는다. 사변(思辨)이 열정을 짓누르고 있는 한, 설교가 선사하는 단 맛을 맛볼 수도 없다. 이해하는 것만이 능사가 아니다. 고로 이해로 모든 면을 다 가름할 수는 없다……지식은 진리를 담고 있어야 하고 진리로 하여금 의지를 움직일 준비를 시켜야 한다. 또한 진리를 받아서 열정에게 위임해야 한다……사실 열정은 영혼을 떠받치는 저변(低邊)이다.[79]

우리는 저술가들이 이론을 기술할 때 쓰는 전형적인 이미지에 주목함으로써 이 면에 관한 청교도 정신을 한눈에 볼 수 있다. 리처드 매더는 "사람들의 머리가 아니라 마음과 양심을 향해 화살을 쏜 사람"[80]이라는 말을 들었다. 토머스 카트라이트는 "넘실대는 불길이 온기를 전해 주듯이, 설교가 불붙인 하나님 말씀은……듣는 이들의 가

---

[78] *Complete Works*[Lewis, p. 48].

[79] *The Saints' Everlasting Rest*, p. 142. 존 노트가 리처드 시브즈에 대해 평한 내용은 아마 모든 청교도 설교가에 대해서도 똑같을 것이다. "페리 밀러를 시발로 최근에 이루어진 청교도 설교에 관한 논의들은 대부분 그 설교에 나타난 합리성을 강조했다……밀러의 말이 어느 정도 합당하든간에……청중의 감정에 호소하는 시브즈의 장기(長技)가 제대로 다루어지지 않은 것만은 사실이다"(p. 46).

[80] Samuel Clarke, *Lives of Sundry Eminent Persons in This Later Age* [Haller, *Rise of Puritanism*, p. 132].

슴에 뜨거운 불을 지른다"[81]라고 말했다. 백스터는 "당신의 말이 칼날같이 날카롭지 않다면, 못처럼 단박에 찔러 꿰뚫을 수 없다면, 돌 같은 마음을 움직이기 힘들 것이다"[82]라고 말했다. 청교도들은 마치 파죽지세(破竹之勢)를 연상시키는 이런 이미지들을 살아 꿈틀대는 설교 이상으로 생각했다.

설교에 깃든 생동력은 설교자가 회중을 조작한다고 해서 생기지 않는다.

그것은 성령님이 역사하실 때에만 일어난다. 그래서 리처드 시브즈는 "하나님의 거룩하신 말씀을 전파함은 성령님께 속한 역사이다"[83] 라고 말했다. 토머스 후커는 "성령님의 역사는 항상……하나님 말씀과 함께한다"[84]고 썼다.

한편, 살아 꿈틀대는 설교를 이상으로 생각하는 청교도들에게 설교를 듣는다 함은 유유 자적(悠悠自適) 방관함이 아니요 적극적인 개입을 의미했다. 기도집을 읽는 예배를 옹호하는 사람들이 청교도 시대에나 오늘날에 설교를 비판하는 내용을 들여다 보노라면, 바람직한 설교 경청이 주는 활력이 무엇인지 모르는구나 하는 한탄을 금할 수 없다. 청교도들에게 설교를 듣는다 함은 온 신경을 집중해야 하는 활동적인 작업이 아닐 수 없었다. 어떤 청교도 관습을 보면 회중들이 대단히 적극적이었음을 충분히 엿볼 수 있다.

이런 관습 중 하나로 지금은 청교도식 예배의 표준적인 특징이 된 설교 적기(notetaking)를 손꼽을 수 있다. 미 대륙에서 영국을 방문한 코메니우스(Comenius)가 런던의 회중들이 설교를 속기(速記)하자 경탄해마지 않았다는 기록을 볼 수 있다.[85] 청교도 교육가인 존 브린슬리(John Brinsley)는 이렇게 충고했다.

---

[81] Davies, *Worship of the English Puritans*, p. 186에서 인용.
[82] *The Reformed Pastor*, p. 117.
[83] *Works*[Rooy, p. 37].
[84] Emerson, *English Puritanism*, p. 45에서 인용.
[85] R. C. Richardson, p. 101, Hill, *Society and Puritanism*, p. 65 참조.

"안식일이나 다른 날에 설교가 있으면, 모든 사람이 설교에서 무엇인가를 배우도록 자극을 주어야 한다. 아무리 어린 아이라 할지라도 공책에 설교를 적도록 하라."[86]

두번째로 살펴보아야 할 청교도들의 관습은 설교를 듣고 난 후 차근히 묵상하는 것이다. 에드먼드 컬래미(Edmund Calamy)는 설교란 마치 식탁 위에 차려 있는 음식과 같다고 하면서, "먼저 음식을 먹어야 한다. 먹고 나서는 씹어야 한다. 그리고 소화시켜야 한다……차근히 묵상함으로 잘 소화한 한 편의 설교가 묵상 없이 듣기만 한 스무 편의 설교보다 훨씬 낫다"[87]고 잘라 말했다.

묵상을 돕는 방편으로는 암송이 좋았다. 윌리엄 에임즈는 난삽하게 설교하는 설교자들을 이렇게 비난했다.

> 회중이 기억하기에 어렵게 설교해서는 안 된다……회중은 설교의 요지를 암기해서 후에 집에서 개인적으로 그것을 복습할 수 없다.
> 따라서 쉽게 설교하지 않으면, 설교를 통해서만이 하나님의 교회가 참예하고 누릴 수 있는 큰 열매를 잃고 만다.[88]

에임즈는 설교가 던질 수 있는 가장 큰 파문은 예배를 마친 후 교회 밖에서 일어난다고 생각한 흔적을 잡을 수 있다.

그러나 설교 적기와 적극적인 암송이 전부가 아니었다. 그것들은 집에서 가족들이 모였을 때 "그 설교를 재현함"으로써 더 보강될 수 있었다. 청교도 시대를 산 어떤 인물은 청교도들이 "예배 시간에 들은

---

[86] *Ludus Literarius*[Mitchell, p. 32]. 브린슬리(Brinsley)는 필기를 하는 사람들이 아마 "1. 본문이나 본문의 일부, 2. 할 수 있는 대로 모든 교리를 동원해 보고 증명하려고 시도한 후 그것들을 어떻게 추론하여 적용할 수 있는지를 적었을 것 같다"라고 짐작한다(p. 33).
[87] *The Art of Divine Meditation*[Kaufmann, p. 119].
[88] *The Marrow of Theology*, p. 192.

바"를 "자기 스스로 또 가족과 더불어 조신하게 재현해 보는 모습"을 관찰했다.[89] 데오필러스 이튼(Theophilus Eaton)은 여러모로 청교도 가정에서 벌어지는 전형적인 광경을 보여 주었다. 그는 주일 저녁 가족들을 한 자리에 모으고 "아주 근엄한 태도로 그날 아침 하나님의 집에서 공급받은 바에 관하여 가족 모두에게 자세히 소감을 밝힌 후, 그들 모두에게 하나님의 축복이 함께할 것을 비는 기도로 순서를 마쳤다."[90]

한마디로 청교도의 설교 이론은 종교적으로 교육받은 평신도라는 이상과 발걸음을 함께했다. 그래서 설교는 개인적으로든 아니면 가정에서든 매일매일 펼쳐지는 많은 일들에 자극을 주는 활력소가 되어야 한다고 생각했다. 디킨즈의 말을 들어 보자.

> 청교도들은 교회의 미래가 새롭게 불타는 열정, 탁월한 지적 준비, 그리고 명확하게 의사를 전달할 수 있는 능력을 지닌 우수한 목회자들에게 달려 있다고 생각했다……성직자들을 새롭게 충원하는 목적은 평신도들에게 열심을 나누어 주어, 그들로 하여금 그들을 위해 일할 목자를 선택하는 일에 간여하고 영적인 삶을 면밀히 검토하며, 경건한 책들을 읽고 교회 행정에 참예하게 하는 일을 위해서이다.[91]

달리 말해서 설교의 목적은 교회 안에서 이야기된 내용이 아니라 교회 밖에서 발휘되는 설교의 위용에 따라 판단되었다.

---

[89] John Geree, *Character of an Old English Puritan*[Collinson, p. 377].
[90] Cotton Mather, *Magnalia Christi Americana*[Edmund Morgan, *Puritan Family*, p. 102]. 니콜라스 보운디가 쓴 영향력 있는 책 *Doctrine of the Sabbath*는 가정에서 주일 설교를 반복하는 일을 주일 활동에서 빼놓을 수 없는 부분으로 규정한다(Collinson, p. 377).
[91] *The English Reformation*, p. 320.

쉽고 편안한 설교

사실 지금껏 내가 말한 내용은 청교도들이 그토록 힘주어 말했던 쉽고 편안한 설교를 논제로 삼기 위한 정지(整地) 작업이었을 뿐이다. 설교를 사회 계층 모두에게 호소하는 대중적 활동으로 본 설교관, 듣는 모든 이에게 하나님 말씀을 쥐어 주어야 하는 것이 설교라는 신념, 실천적이고자 하고 또 사고의 발전을 자극하려던 목표 등이 한데 어우러져서 하나의 설교 유형을 만들어 냈고, 설교자들은 마치 워즈워스(William Wordsworth)가 시인을 "다른 사람들에게 말하는 사람"이라고 했듯이, 자신을 그렇게 보았다.

평이한 산문체를 고집한 이유는 명쾌한 전달이라는 목적 때문이었다. 윌리엄 퍼킨즈는 이렇게 말했다. "설교는 쉽고 명료하며 군더더기가 없어야 한다……본보기가 될 만한 설교는 바로 쉬운 설교이다. 다시 말하지만 쉬우면 쉬울수록 더 좋다."[92] 리처드 시브즈도 이렇게 주장했다.

> 진리는 꼭꼭 감추어 있기를 제일 두려워하고, 모두가 볼 수 있도록 투명하게 드러나기를 가장 원한다. 진리는 벌거 벗을수록 사랑받고 강해진다.[93]

헨리 스미스 역시 "쉽게 설교한다는 것은 되는 대로 하거나 교양 없이 하거나, 아니면 뒤죽박죽으로 설교한다는 말이 아니고, 평이하고 명쾌하게 설교해서 많이 배우지 못한 사람이라도, 꼭 자기 이름을 부르는 소리를 듣는 것처럼 무엇을 가르치려 하는지 단박에 아는 설교를 말한다"[94] 하고 말했다.

평이한 설교란 없어야 할 요소는 빼고 갖추어야 할 요소는 갖춘

---

[92] *Works*[George, p. 338].
[93] *Works*[Haller, *Rise of Puritanism*, p. 140].
[94] Brown, p. 85에서 인용.

설교를 말한다. "교부의 글들을 잔뜩 인용하고 라틴어나 헬라어를 거듭 말하는 일 따위"는 피해야 한다.[95] 청교도들은 여기저기서 인용해 온 문구들로 가득 찬 설교나, 그것 자체의 허식에 정신을 빼앗기게 하는 미사 여구 투의 설교를 원하지 않았다. 사무엘 토어쉘이 보기에 "교부의 글을 얼마나 읽었다든지, 유명 학자들을 많이 안다고 떠벌린다든지, 자기가 무슨 대단한 언어학자라도 되는 양 으스대는 설교자의 설교는 좋지 못한 설교요 가증스러운 교만이었다."[96]

그러면 왜 청교도들은 젠체하는 설교를 싫어했는가? 첫째 그런 설교는 회중의 주의를 설교 내용에서 설교자에게로 돌린다고 믿었다. 그리고 이런 데 맞들인 설교자는 시쳇말로 "자기 도취"에 빠지게 된다. 퍼킨즈는 "으쓱대는 설교를 한다면, 그리스도가 아니라······결국 우리 자신을 드러내는 것이다"[97]라고 말했다. 로버트 볼튼은 이런 설교는 "자기 찬미요 자기 목적을 위한 설교"[98]라고 질책했다.

청교도들이 평이한 설교를 주장한 데에는 다른 까닭도 있었다. 그 중 하나는 사회적인 것이다. 그들은 사회 모든 계층 사람들에게 다가가려는 전략을 가지고 있었다. 존 도드의 소신에 관해 이런 이야기가 전해 온다.

> 가난하고 학식이 없어서 기독교가 무엇인지 잘 모르는 사람이라도 그의 설교를 들으러 가서는 그 설교에 관해 한 마디 하지 않을 수 없었다. 그가 외치는 설교는 미천한 사람들도 하나님의 신비를 듣도록 능히 감화를 끼쳤다······그가 그들이 쓰는 말과 사투리로 설교한 때문이었다.[99]

---

[95] Richard Baxter, *The Practical Works*[Mitchell, p. 104]. Perkins wrote, "Neither the words of arts, nor Greek and Latin phrases and quirks must be intermingled in the sermon"(*Works*[George, p. 339]).

[96] *Three Questions*······[R. C. Richardson, p. 42].

[97] *Works*[George, p. 338].

[98] Ibid., p. 339.

청교도 운동의 기수는 설교자였다. 그들은 평신도들의 의견을 집약하여 교회 개혁과 사회적 행동에 효율적으로 투영했다. 고(故) 친코억정(변언 각) 핀(版)에시. 휘튼 대학 도서관 특수 소장실의 호의를 입어 실음.

더 인상 깊은 것은 토머스 풀러가 퍼킨즈에게 돌린 칭송이다. 퍼킨즈는 그 당시 사람들이 말하기를 이렇게 설교했다고 한다. "그의 설교는 너무 비속하지 않아서 경건하고 학식 있는 사람들이 그의 설

---

[99] Samuel Clarke, *General Martyrology*[Haller, *Rise of Puritanism*, p. 58]. 마틴 루터는 이 비슷한 목소리를 냈다. "설교가들이 야심을 가지고 있음을 알고 있습니다……그들은 평범하고 단순한 사람들을 무시합니다. 진실한 설교자라면 어린 사람, 하인들, 그리고 교회에서 잔 심부름하는 여인네들, 한마디로 교육받지 못한 사람들을 배려해야 합니다"(Lauterback-Weller, *Nachschriften*[Plass, 3 : 1130]).

교에 경의를 표한다. 한편 너무 난해하고 복잡하지 않아서 배움이 짧은 사람들도 쉽게 이해한다."[100]

청교도들이 쉽게 설교한 이유는 설교의 궁극적인 목적이 미학적인 탁월함에 있는 것이 아니요, 영적인 훈계에 있다는 신념 때문이기도 하다. 출간된 청교도들의 설교집 서문은 하나같이 "즐기기 위함이 아니요 교훈하기 위해서, 혹 즐김보다 더한 무엇이 있다 하여도 교훈하려는 일념으로 동원한 수단이다"라는 의도를 밝히고 있다(어느 설교집 서문에 나오는 말 그대로)[101]. 인크리스 매더가 관심을 두었던 유일한 기교가 있다면 "알아 듣도록 하는 기술"[102]이었다.

설교 내용이 형식보다 더 중요하다는 전제 위에 설교 유형에 관한 그들의 소신이 뿌리 내리고 있음은 움직이지 않는 사실이다. 존 플레이벨(John Flavel)은 "말은 이차적이다. 자물쇠 구멍에 맞는 쇠 열쇠가 보물 창고 문을 열지 못하는 황금 열쇠보다 백 번 천 번 유용하다"[103]라는 의견을 비추었다.

청교도들에게 말은 목적을 이루기 위한 아주 "유용한" 수단이었지 목적 그 자체는 아니었다.

존 코튼은 캠브리지 시절에 두 가지 유형 모두를 경험했는데, 아주 재미있는 일화를 많이 남겼다. 그는 캠브리지 대학에서 알아 주는 고고한 설교자 가운데 한 사람으로서 많은 청중들에게 "그 당시 대학을 풍미하던 풍으로, 즉 될 수 있는 한 많은 책과 저자의 이름을 들먹이는 식으로" 설교했다. 그러나 자신이 교만을 떨고 있음을 자각하게 된 이후로는, "평이하고 실생활에 밀착한 방식으로, 교리를 추출하고 근거를 제시하며 그것을 적용하는 식으로" 설교하기로 작심했다. 코튼의 강론에 참석했던 학자들은 언제나 그랬듯이 장황하고

---

[100] *The Holy State*[Davies, *Worship and Theology*……*1534-1603*, p. 305].

[101] Miller, *Seventeenth Century*, p. 358 서문에서 인용.

[102] Ibid.

[103] *The Works of John Flavel*[Lewis, p. 48].

고매한 인용을 기대했지만, 실망을 감추지 못하고 "새로운 설교에 노골적인 적의를 드러냈다." 나중에 임마누엘 대학 학장이 된 존 프레스톤은 실망한 학자들 사이에 앉아 있었지만, 자신의 학적인 명성에도 불구하고 코튼의 메시지에 감화를 받았다. 그는 "여러 번 자리에서 일어나고 자세를 바꾸면서 코튼의 설교에 집중할 정도로 깊은 감명을 받았다"[104]고 한다. 이렇듯 청교도들에게 설교의 목적은 은혜의 방도로 봉사하는 것이다.

경박이라고 말해야 할 단순함이 있는가 하면 존귀한 단순함도 있다. 전자에 속하는 것으로 성경의 단순함을 들 수 있는데, 청교도들은 성경이 말하는 단순함을 본받기를 갈망했다. 벤자민 키치(Benjamin Keach)가 한 말을 들어 보자. "모든 진지한 사람들에게 경탄을 불러일으키는 위엄 있는 단순함이 있다. 복잡한 말과 이론, 지루하기만 한 키케로(Cicero)의 미문(美文)보다 훨씬 더 잘 먹혀 들어가는 단순함 말이다."[105]

요약

청교도 설교 이론을 요약하면서 몇몇 청교도 설교가들의 말을 직접 들어 보는 것보다 좋은 방법은 없겠다는 생각이 든다.

> 나는 내가 느낀 것, 특히 내가 아픔을 겪으며 느낀 것을 설교한다……사실 나는 죽음에서 일어나 사람들에게 보냄을 받은 자와 같은 신분이다. 나는 차꼬가 채워진 채 역시 차꼬에 묶인 그들에게 설교하러 간다. 그들을 깨워 일으키기 위해서 내 마음에 불을 담아 간다.[106]

---

[104] Miller, *Seventeenth Century*, p. 331.
[105] *Tropologia*[Knott, p. 48].
[106] John Bunyan, quoted in Brown, p. 146.

다시 설교할 수 있으리라는 생각으로 설교해 본 적이 없다.
나는 죽어가는 사람들에게 보냄을 받은 죽어가는 사람이다.[107]

설교에 동원된 언어는 치유의 수단이요 구원 마차이다……말씀 전파는 그리스도께서 내다 보시며, 또 그분 자신을 성도들에게 내보이시는 창문이라고나 할까.[108]

신실한 설교자가 없다면 하나님 나라는 사람들에게 그 위용을 드러내지 못한다……그렇다. 하나님 나라의 영광은 설교하는 베드로와 바울을 가진 조그마한 마을의 영광에 지나지 않는다.[109]

설교가 죽어 있어서는 안 된다. 설교는 살아 있어야 하고 또 효과적이어야 한다. 불신자가 교회에 왔다가 감화를 받고, 말씀을 들음으로 하나님께 영광을 돌리는 사람으로 변화될 정도가 되어야 한다.[110]

진실로 설교는 하나님께서 창안하신 제도이다. 믿음을 얻고 거룩한 지식을 쌓으며, 의지와 정열을 그리스도께 복종시키기 위한 신성한 제도이다.[111]

---

[107] Richard Baxter, *Poetical Fragments*[Keeble, p. 12].
[108] Thomas Watson[*The Beatitudes*, p. 251].
[109] Richard Heyricke, Worsley MSS[R. C. Richardson, p. 71].
[110] William Ames, *The Marrow of Theology*, p. 194.
[111] Richard Sibbes, *Works*[Rooy, p. 63].

추천 도서

John Brown, *Puritan Preaching in England*(1900).
Caroline Francis Richardson, *English Preachers and Preaching, 1640−1670*(1928).
W. Fraser Mitchell, *English Pulpit Oratory from Andrews to Tillotson*(1932).
Perry Miller, *The New England Mind : The Seventeenth Century*, chap. 12(1939).
Babette May Levy, *Preaching in the First Half Century of New England History*(1945).
Winthrop S. Hudson, "The Ministry in the Puritan Age," pp. 180−206 in *The Ministry in Historical Perspectives*, ed. H. Richard Niebuhr and Daniel D. Williams(1956).
Christopher Hill, *Society and Puritanism in Pre-Revolutionary England*, chaps. 2 and 3 (1964).
Irvonwy Morgan, *The Godly Preachers of the Elizabethan Age* (1965).
Paul S. Seaver, *The Puritan Lectureships : The Politics of Religious Dissent, 1560−1662*(1970).
David D. Hall, *The Faithful Shepherd : A History of the New England Ministry in the Seventeenth Century*(1972).
Peter Lewis, *The Genius of Puritanism*(1977).

230 청교도 - 이 세상의 성자들

이것이 청교도 예배의 정수이다.
단순하고 순수하고 밝고 의식(儀式)과 인간이 변형시켜 놓은 것을 의뢰하지 않고 말씀 선포를 중심으로 이루어진다. 사진 더글라스 길버트 (Douglas R. Gilbert)

제 7 장

교회와 예배

> 나는 교회를 이루는 모든 요소들이 순수하고 단순해야 한다고 생각한다. 그리고 세상적인 요소나 화려함은 될 수 있는 한 멀리해야 한다고 본다.
>
> — 리처드 콕스(Richard Cox)

청교도는 "몇몇 경건하고 학식 있는" 사람들이 "순전한 하나님의 말씀과 순리에 따라 교회의 경건과 의식(儀式)을 개혁하기를 소원하고 떨쳐 일어난"[1] 운동으로 시작되었다. 이러한 청교도의 기원이 시사하듯이, 청교도라는 이름은 애초에 영국의 제도 교회를 가톨릭적인 유습에서 정화하려는 기도(企圖)를 담고 있다. 그런데 역설적이게도 영국 청교도들은 교회 개혁이라는 목표를 궁극적으로 달성하지 못했다.

그들 나름대로 자유롭게 교회를 세울 수 있었던 미국에서는 청교

---
[1] *A Part of a Register*의 표제어[Holifield, p. 33].

도가 분리된 분파를 형성하지 않았다. 아니 종교개혁이 시작되면서 부터 루터 교회나 개혁 교회에 대해서라면 몰라도, 청교도에 대해서는 분파라는 말이 어울리지 않았다. 청교도는 다양한 교파에 걸쳐 널리 흩어져 있었다. 그러므로 우리가 청교도의 교회관을 이렇게 저렇게 해석할 수는 있을지언정, 어떤 특정 교파에 귀속되는 것은 아니다.

대부분 영국 청교도들은 영국 국교회에 그대로 몸을 담았다. 그들 중 일부로서 충분히 동화할 수 없던 사람들은 영국 국교회를 떠나든지 아니면 그 교회에서 출교당했다. 이러한 상황은 영국 정부가 오직 한 교회만을 공적으로 인정함으로 국가 교회 체제가 구축되었음을 감안할 때, 거의 피할 수 없는 일이었다. 청교도들이 제도 교회에서 솎아져 나오면 나올수록, 그들을 분리주의자라고 생각해도 전혀 무방하다. 이 운동이 일어나고 있던 어떤 특정 기간에 청교도들은 그들을 장로교인이라고 표방했는데, 미국 청교도들 역시 그랬다. 그리고 많은 미국 청교도들이 이론적으로는 국교회에 도로 남으려고 노력했지만, 교회 정치상으로는 회중 교회를 옹호했다.

예배와 무엇이 교회이냐 하는 문제에 관해서 사변적인 청교도들 간에는 의견 일치가 있었음이 분명하다. 청교도는 또한 최소한 한 가지 영구적인 유산을 물려 주었는데, 그것은 국가 교회에서 분리된, 그리고 독립 교회를 증가시키는 "모이는 교회"라는 현상이다. 그러나 청교도들은 교파 문제에 관해서 루터교, 개혁 교회, 그리고 장로교회에 비해 처음부터 혼선을 보였음을 염두에 두는 것이 중요하다.

교회 정치를 결정하기 위한 성경적 기초

청교도들이 지녔던 교회에 대한 신념을 탐구하는 논리적 출발점은 그들의 사상이 어디서 비롯된 것인가를 유념하는 데 있다. 청교도들은 가톨릭이 지배하던 시기에 가득 쌓여 온 외식(外飾)과 의식(儀式)에

질린 나머지, 성경이라는 권위에 강력히 호소했다. 그들은 교회 정치와 예배를 성경에서 발견되는 확언과 절차에서 직접 유래한 것에만 국한하기로 굳게 다짐했다. 단 "무방한 경우"만을 제외하고는 말이다 (이 경우에도 우회적이나마 성경적인 근거를 요구하였다).

루터는 청교도들만큼 강력하게 성경적 보증 원리를 고집하지는 않았어도 이런 글을 남겼다.

> 종교와 예배 형식에 관해 엄청난 혼란이 난무하고 있다. 이런 혼란으로 말할 것 같으면……하나님의 말씀을 무시하고 사람의 마음이 내키는 대로 판단한 결과이다……하나님께서는 자신이 원하시는 방법말고 다른 방법으로는 예배받기 원하지 않으신다.[2]

칼빈 역시 비슷한 말을 남겼다. "교회 정치 형태를 사람 마음대로 정할 일이 아니다. 사람은 하나님의 명령을 기다려야 한다."[3]

청교도들은 교회 관행을 결정할 때에도 동일한 성경적 보증을 구했다. 영국을 버리고 제네바로 온 청교도들이 예배 모범을 정할 때에도 이런 정신이 그대로 반영되었다. 그들의 결의를 들어 보자.

> 개혁 교회의 형태와 질서는 하나님 말씀이라는 범위 안으로 국한됨이 마땅하다. 이는 우리 주님께서 우리의 행위를 규제하기에 충분한 것으로 여겨 우리에게 주신 것이므로, 이 말씀에 무엇이든 인간의 꾀를 더함은 결코 선하거나 거룩하거나 아름답지 않다. 오히려 하나님 보시기에 악하고 사특하며 가증스럽다.[4]

---

[2] 이사야 10 : 10-11 주석[Plass, 3 : 1548].

[3] *Commentary on Hebrews*[Avis, p. 114].

[4] *The Form of Prayers and Ministration of Sacraments, etc., Used in the English Congregation at Geneva*[Knappen, *Tudor Puritanism*, p. 140].

카트라이트는 1570년 캠브리지 대학에서 사도행전 1, 2장을 강론했는데, 사람들은 이것을 청교도적 이정표로 손꼽는다. 카트라이트는 초대 교회를 오는 세대의 모든 교회들이 본받아야 할 모범으로 제시했다. 그가 이렇게 사도적 규범에 호소했다는 것은 광범위한 의미를 갖는다. 왜냐하면 이렇게 함으로써 청교도들은 가톨릭과 영국 성공회의 복식(服飾) 제도와 외식에 가까운 의식을 전면 거부하게 되었기 때문이다. 이런 것들은 신약 경륜에서 이미 효력을 상실한 구약 규범에 근거를 두고 준수하던 허식이었다.[5]

대륙의 선례와 카트라이트의 영향을 받은 청교도들은 교회 정치 형태를 결정하는 성경적 권위를 누차 강조하였는데, 특히 공적 강연과 결의서 등에서 드러내 놓고 강조했다. "월드그레이브 기도서"(the Waldegrave Prayer Book)를 지은 저자들은 그들의 책이 "오직 그분의 말씀이라는 시금석"에 의해서만 판단받기를 원하였다.[6] 의회주의자들에게 주는 교훈(*An Admonition to the Parliament*)은 의회주의자들에게 "하나님의 교회를 주님 자신께서 그 말씀으로 명하신 바 안에 세우도록" 하라고 권고한다.[7] 예배 관습을 답습하거나 그것을 다음 세대에 전승하지 않는다고 칼로 자르듯이 다짐할 수는 없다. 그러나 청교도들은 성경 외적인 전통을 교회의 관행으로 받아들이지 않음으로써 가톨릭과 성공회가 남긴 선례들과 완연하게 결별했다.

청교도들의 이러한 태도는 성경 권위에 대한 그들의 견해가 외적으로 연장된 것이었을 뿐이다. 칼빈이 그랬듯이 청교도들에게 성경은 개인 구원이라는 문제뿐 아니라 삶의 모든 영역에 미치는 완전하고 충족적인 권위였다. 윌리엄 에임즈가 한 말에 요점이 담겨 있다.

---

[5] 예를 들어 윌리엄 터너(William Turner)는 이렇게 썼다. "복음 전도자들과 사도들은 교황이 행하는 의식, 법규, 그리고 전통에 대해서 아무 말이 없다. 그러므로 그런 것들은 그리스도의 교회에서 중요시 여길 필요가 없다"(*The Second Course of the Hunter*······[Knappen, *Tudor Puritanism*, p. 69]).

[6] Davies, *Worship of the English Purtians*, p. 2에서 인용.

[7] *Puritan Manifestoes*, p. 8.

성경은 믿음과 행위를 규제하는 완전한 준칙이다. 성경은 결코 어느 특정 부분만을 규제하지 않는다. 고로 하나님의 교회에서 전통이나 다른 여타의 권위, 그리고 성경이 직시하지 않은 내용이 버젓이 통용되어서는 안 된다.[8]

헨리 제이콥(Henry Jacob)은 같은 맥락에서 "신약은 하나님을 어떻게 예배해야 할지 완전 무결하게 가르쳐 준다"고 말했고, 존 오웬은 "성경에는 하나님을 예배하는 방법과 절차에 관한 한 모든 필요한 것이 담겨 있다"[9]고 확신했다.

교회의 관행이 반드시 성경의 보증을 받아야 한다는 청교도들의 주장은, 종교적 신념의 토대로서 인식되어 온 전통에 대한 광범위한 거부의 한 몸짓이었다. 실제로 문서들을 살펴보면, 청교도들은 성경의 재가(裁可)와 전통에 바탕을 둔 가톨릭과 영국 성공회의 관행에 대한 공격을 병행하고 있다. 1605년에 작성된 왕에게 보내는 "탄원서"는 다음과 같은 허락을 구하고 있다.

> 어디에서든 공개적인 장소에서 하나님을 예배하고 섬길 수 있게 하여 주시기를 간청하나이다. 이때 외부 간섭 없이 소신들만의 예배 모범과 교회 정치를 향유하도록 허하여 주사이다……어떤 형태든 인간의 전통이 아니라 오직 기록된 하나님 말씀이 구체적으로 지시하는 대로 행하려 하나이다.[10]

무엇보다도 성경적인, 특히 사도적인 전례를 교회 정치의 이상형

---

[8] *The Marrow of Sacred Divinity*[Davies, *Worship of the English Puritans*, p. 5].

[9] Jacob as quoted in Davies, *Worship of the English Puritans*, p. 77, Owen, *Works*, 14 : 84.

[10] Davies, *Worship of the English Puritans*, p. 79. 사무엘 러더포드는 이렇게 말했다. "하나님 말씀에 무엇 하나라도 섞는 행위는 불법이다"(*The Divine Right of Church-Government*……[Rogers, p. 352]).

으로 받아들이려 한 데에는 가톨릭과 성공회의 제의, 의식, 그리고 허례(虛禮)에 대한 반발이 작용했다. 존 베일(John Bale)은 철두 철미 이 점을 주장했다. 그는 이렇게 말한다.

> 그리스도께서는 결코 그 따위 의식을 용인하지 않으셨다. 그분은 긴 망토를 입고 십자가와 촛대를 들고 행진하지 않으셨다……그분은 결코 미사, 아침 기도, 그리고 저녁 기도를 말씀하지 않으셨다……그분은 예배당, 성배(聖杯), 재, 그리고 종려나무, 초, 종을 거룩하게 하지 않으셨다. 그분은 성수(聖水), 영성체(領聖體) 등등을 만들지 않으셨다. 하나님께서 명하지 않으신 그런 의식들은 우리 주님이 말씀하신 것처럼 바리새인의 누룩이요 저주받을 위선이다.[11]

그러나 청교도들 모두가 한결같이 성경의 보증 원리를 엄격하게 적용하지는 않았다. 그리고 청교도 내부에 이견을 일으킬 만한 특수한 상황도 발생했다.(존 후퍼가 말했듯이) "사활(死活)이 걸린 문제라고 볼 수 없는 것도 하나님 말씀에 기원과 근거를 두고 있어야 하지만" 그러한 보증 역시 성경에서 추론한 일반 원리일 뿐이지 구체적인 규정은 아니다.[12] 토머스 카트라이트는 예배에 관한 세부 사항을 결정하는 네 가지 성경적 기준을 이렇게 제시했다.

> 고린도전서 10 : 32 첫째, 하나님의 교회에 배치되는 것이서는 안 된다.
> 고린도전서 14 : 40 둘째, 질서 정연하게 시행되어야 할 것이다.
> 고린도전서 14 : 26 셋째, 교훈하고 훈육하는 것이어야 한다.
> 로마서 14 : 6-7 넷째, 하나님의 영광을 위해야 한다.[13]

---

[11] *Yet a Course at the Romish Fox* [Knappen, *Tudor Puritanism*, p. 66].

[12] John Hooper, *The Regulative Principle and Things Indifferent*[Murray, p. 55].

결국 이 말은(카트라이트의 말을 다시금 인용하자면) 이런 뜻이다. "어떤 사안은 교회가 알아서 해야 할 것들도 있다. 왜냐하면 그런 것들은 본질적으로 세대, 장소, 회중, 그리고 다른 조건에 따라 달라지기 때문에, 한번에 결정해서 영원한 표본으로 세울 수 없기 때문이다."[14]

윌리엄 브래드쇼가 1605년에 일목 요연하게 정리한 영국 청교도에 관한 문건(文件)은 저자가 말한 성경 보증 원리를 정확하게 묘사하고 있다.

> 그들은 교회의 머리이신 그리스도께서 선지자들과 사도들을 통해 주신 글에 담긴 하나님 말씀이 절대적으로 완전하고, 이것이 종교와 예배, 그리고 섬김이라는 문제에 관해서도 동일하게 유일한 정경이요 규준이라고 믿고 주장한다. 따라서 기록한 말씀이 정당하다고 인정하지 않는 것은 무엇이나 합법하지 않다.[15]

이 말이 필요 이상으로 제약적이라고 느낀다면, 청교도들이 헤치고 나아가야 했던 상황을 기억해야 한다. 그들은 기존 교회 구조를 개혁하려고 애쓰는 중이었다. 그들은 나름대로 판단하기에 인간의 전통을 따름으로써 본령에서 빗나간 것들을 개혁할 수 있는 영적 권위를 필요로 했다. 이런 상황에서 "순전한 하나님 말씀에 따라 교회의 치리와 예식을 개혁하려는 의사"를 갖는다는 것은 어떻게 보면 당연지사이다.[16] 홀튼 데이비스가 지적했듯이 "개혁주의 신학은 예배 모범의 개혁과 맞물리지 않을 수 없기에" 성경의 권위를 수용하는 것이

---

[13] *The Works of John Whitgift* [Coolidge, p. 5].
[14] Ibid., p. 6.
[15] *English Puritanism*……[Davies, *Worship and Theology*…1534-1603, p. 70].
[16] *A Part of a Register*의 표제어[Holifield, p. 33].

개혁주의 신학의 초석이다.[17]

영적 실체인 교회

교회론에 관하여 청교도들이 남긴 모든 유산 가운데에서 가장 위대한 유산은 그 당시 수준으로는 혁명에 가까운 것이었다. 그것은 교회가 영적인 실체라는 개념이다. 교회는 위압적인 건물이나 화려한 성의(聖衣)도 아니요, 구원받은 자들의 모임이다.

청교도들은 다음과 같은 루터의 선언에 전적으로 공명(公明)했다. "교회는 영적인 집합체이다…… 참되고 진실하며 순전하고 바로 선 교회는 외형적이 아니요 영적인 무엇이다."[18] 윌리엄 구지는 교회가 "성령으로 말미암아 내적으로, 또 효과 있게 그리스도를 믿는" 사람들로 이루어졌다고 보았다.[19] 존 후퍼는 교회가 "주교, 사제, 그리고 여타의 사람들"로 이루어지지 않았다고 항변하면서, "하나님 말씀과 그 말씀에 순종하는 모든 사람들의 모임"이라고 강력하게 주장하였다.[20] 리처드 백스터 역시 공감을 나타낸다. "교회는 공예배와 거룩한 삶을 통하여 서로 교제하고 돕는 거룩한 그리스도인의 무리이다."[21]

이러한 정의에는 어떤 유형의 제도보다도 보이지 않는 교회를 더 우위에 두는 청교도들의 생각이 은연중에 스며 있다. 교회는 결코 직업적인 성직자나 그들이 집전하는 제의가 아니다. 존 볼(John

---

[17] *Worship of the English Puritans*, p. 15. 로저스는 "청교도들이 종교적 예식 주의를 반대한 까닭은 성경을 교회의 모든 교리와 관행의 지침으로서 받아들인 결과이다"라고 논평했다(p. 60).

[18] Debate with Alveld[Plass, 1 : 272].

[19] *Works*[George, p. 316].

[20] *Later Writings*[Knappen, *Tudor Puritanism*, p. 101].

[21] *A Christian Directory*[Rooy, p. 92]. 할러는 그의 저서 *Rise of Puritanism*에서 청교도들이 "참된 교회를 사회나 국가와 일치시킨 것이 아니요, 오로지 성도의 회중과 일치시켰다"라고 지적했다(p. 176).

Ball)이 만들었다는 교리문답서는 "그대는 교회를 무엇이라 하느뇨?" 하고 묻는다. 그리고 그 답은 이렇다. "교회는 교황이나 주교나 공의회에 참석한 추기경이 아니요……믿는 자들의 모임 전체이다."[22] 만약 교회가 우선적으로 제도가 아니요 비가시적인 무엇이라면, 교회의 머리는 교황이나 공의회가 아니라 그리스도이시다. 청교도들은 구지가 "그리스도께서 머리되신 교회"[23]라고 말하던 바로 그 심정으로 이 점을 쉬지 않고 강조하였다.

교회를 무엇보다도 영적인 것으로 보는 견해가 만들어낸 또 하나 필연적인 귀결은, 사원이든 대성당이든 아니면 교회 건물이든간에 교회를 어떤 장소와도 따로 떼어서 생각하는 사고이다. 윌리엄 틴데일은 일찍부터 이 견해를 옹호하던 인물이었다.

> 하나님은 영이시므로 신령으로 예배받으신다. 다시 말해서 하나님은 어디에도 계시나, 그분의 법도를 사랑하고 그분의 약속을 믿는 자들의 마음……정신 안에서 살아 역사하시고 영광받으신다. 그리고 그러한 마음이 있는 곳 어디에서든 하나님은 장소를 가리지 않고 기도를 들으신다. 그러므로 장소는 크게 도움이 될 것도, 또 해가 될 것도 없다……[24]

---

[22] *A Short Treatise*……[Warfield, p. 182]. 에드워드 데링은 이렇게 쓴다. "하나님의 집은 로마나 로마의 수도에 있지 않고……모든 민족 모든 나라들 안에 있다. 하나님을 두려워하고 의를 행하는 사람들, 그들이 바로 교회이다"(*Works*, George, p. 379). 조지 가문 사람들은 이런 말을 남겼다. "영국 청교도의 전체 특징은 제도 교회를 벗어버리고, 더 영적인 교회를 세워 가자는 움직임이라 말할 수 있다"(p. 317).

[23] *Works*[George, p. 316].

[24] *Works*[Campbell, p. 98]. 루터는 같은 주제를 반복해서 강조했다. "건축미가 빼어나다고 해서, 좋은 석재를 썼다고 해서, 혹 은이나 금으로 치장을 했다고 해서 거룩한 교회가 세워지는 것이 아니다. 오직 하나님 말씀과 건강한 설교만이 교회를 거룩하게 한다. 하나님의 선하심이 기림받고 사람들을 선대하심이 높이 드러나서 모두가 그분을 의지하고 환난 날에 주님을 찾을 수 있는 그런 곳이라면, 진정 웅대한 성전이 세워지는 것이다"(Commentary on Gen. 13:4[Plass, 1:297]).

조지 갈레스피(George Gillespie)는 이와 관련하여 유명한 말을 남겼다.

> 우리 그리스도인들에게는 어떤 땅도 낯설지 않고, 어떤 곳도 속되지 않다. 모든 해안은 유대인의 땅이고, 모든 집은 시온이다. 모든 신실한 자들, 그렇다. 모든 신실한 육체는 그 안에서 하나님을 섬기는 성전이다.[25]

교회를 장소에 국한시켜 생각하지 않음으로 인해서 예배 개념 역시 엄청나게 영향을 받았다. 더 이상 예배는 사제가 어떤 거룩한 특정 장소에서 행하는 행위에만 국한되지 않는다. 이제 예배는 모든 그리스도인들이 하루 중 어디에서든 드릴 수 있는 것이 되었다. 패트릭 콜린슨(Patrick Collinson)은 청교도의 이론과 실천을 이렇게 요약해서 말한다.

> 어떤 의미에서 청교도의 삶은 예배의 연속이었다. 이때 그들은 하나님의 섭리와 큰 뜻 아래 산다는 지속적이고 생생한 의식을 가지고 예배에 임하려고 노력했으며 종교적인 활동, 개인, 가정, 그리고 공공 영역에서 벌이는 활동을 통해 끊임없이 예배에 새로움을 불어넣었다.[26]

만일 교회가 직업적인 성직 제도 또는 건물이 아니라면, 눈에 보이는 표지는 무엇인가? 청교도 교회론에서 교회의 가시적 표지는 어떤 행위와 관계, 또는 믿는 이들간의 교제라는 말로써 정리된다.

진정한 교회는 그 활동이 밖으로 드러난다. 존 칼빈의 뒤를 이어 리처드 시브즈는 이런 활동이 "건전한 복음 전파, 올바른 성례 시행,

---

[25] *Dispute Against the English Popish Ceremonies*[Davies, *Worship and Theology*…*1603—1690*, pp. 21—22].

[26] Collinson, p. 356.

경건한 기도, 악한 자에 대한 징계"라고 주장하였다.[27] 의회주의자들에게 주는 교훈은 이렇게 단언하고 있다.

참된 기독교회는 말씀의 순전한 선포, 신실한 성례 시행, 그리고 교회의 권징이라는 외적 표지로 알 수 있다.[28]

실제로 청교도들이 행한 활동 가운데서 핵심을 추리라면 설교, 성례, 그리고 권징이라고 할 수 있는데, 어떤 저자는 기도와 구제를 추가하기도 했다.

청교도들은 가톨릭과 성공회에서 말하는 것과는 다르게 가견(可見) 교회를 정의하였으므로, 즉각 다음과 같은 사실을 내세웠다.

교황이 군림하는 교회를 볼 때 그리스도의 참된 교회가 그것에 비해 얼마나 빛나고 아름다운가! 그리스도의 참교회는 하나님 말씀을 진실되게 선포하고 성례와 권징을 순전하게 시행한다.[29]

교회가 드러남으로써 부차적으로 그리스도인들간에 관계가 형성된다. 존 데이븐포트(John Davenport) 신조는 교회를 정의하면서 관계를 강조한다.

교회는 신실하고 거룩한 백성, 또는 이 세상에서 부르심을 받아 예수 그리스도와 사귐을 갖게 된 사람들의 모임이다. 교회는 각 지체들이 머리이신 그분에게, 또 서로에게 한 무리로서 합한 연합체이다. 이러한 교회는 하나님을 예배하고 서로가 서로를 훈계하는 모든 일에서 교제라는 거룩한 언약

---

[27] *Works* [Rooy, p. 33].
[28] *Puritan Manifestoes*, p. 9.
[29] John Bradford, *The Hurt of Hearing Mass*[Murray, p. 17].

을 따라 선다.[30]

얼핏 대할 때와는 달리 이 말은 상당히 충격적인 말이었다. 왜냐하면, 비록 청교도들이 모든 결과를 예견할 수 없었다 하더라도, 이로 말미암아 국가 교회에 강압적으로 가입하는 것이 아니라 자발적으로 교회의 회원이 될 수 있다는 사고 전환을 이룰 만한 말이기 때문이다. 헨리 제이콥이 쓴 교리 문답서는 "이러한 교회는 어떻게 구성되느뇨?" 하는 질문에 대해 "성도들이 거룩한 사회의 구성원으로서 함께 살겠다고 합의하여 피차 자유롭게 가입하고 언약함으로써 이루어진다"고 하는 답을 내놓았다.[31]

우리는 여기서 가장 집요한 청교도 이상 가운데 하나를 만난다. 그것은 구성원보다 교회를 우선으로 놓으면서도 자발적인 교회 가입권을 인정하는 풍토이다. 콜린슨이 쓴 것처럼, 청교도들은 "정확하게 자발성과 독립주의를 지향하는" 풍토를 만들었다.[32]

청교도들이 영적 활동과 교제를 존중하고 교회의 제도적 측면을 뒷전으로 밀어 놓았던 것은 제도 교회가 오류를 범할 수도 있다는 교리와도 상관없지 않다. 존 프레스톤은 이렇게 말한다. "무오성이란 하나님에게나 돌릴 성품이지······ 결코 피조물에게 붙일 말이 아니다."[33] 윌리엄 퍼킨즈는 "모든 지상 교회는······ 배도(背道)할 위험이 있다"고 말했고, 존 오웬은 "이 땅에 있는 교회는 어떤 의미에서든······ 범실과 무관하지 않다"고 주장하였다.[34]

우리가 청교도들의 성상 파괴(교회에서 물체로 된 형상 일체를 제거함)라는 다소 곤혹스러운 주제를 비로소 이해할 수 있으려면 필자

---

[30] Printed in John Cotton's *The Covenant of God's Free Grace* [H. S. Smith, p. 112].

[31] *Principles and Foundations of Christian Religion* [H. S. Smith, p. 83].

[32] Collinson, p. 381.

[33] *Sermons*[George, p. 318].

[34] Perkins, *Works*[George, p. 318], Owen, *Works*, 14 : 30.

가 지금까지 이야기해 온 정황 속으로 들어가야 한다. 만약 밀턴이 말한 것처럼 하나님께서 "어떤 성전보다 올곧고 깨끗한 마음을 더 기뻐하신다면,"[35] 물리적인 형상에 시선을 돌리게 하는 처사는 얼토당토 않을 뿐 아니라 영적인 오도(誤導)이다.

청교도들은 교회를 "모이는 집"이라고 불렀는데, 이는 물리적인 장소에서 예배의 진정한 중심이 되는 영적 활동으로 시선을 옮겨 보려는 노력의 하나였다. 교회의 "아름다움은 진실로 내적인 데에 있다고 믿는 사람에게는……외적인 것은 아무것도 아니다." 고로 교회에서 시각을 자극하는 형상들을 치워버리는 것만이 유일하게 타당한 처사이다.[36] 앞으로 보겠지만, 청교도들이 성상을 파괴한 데에는 다른 이유도 있다(주로 우상 숭배를 혐오했기 때문이다). 그러나 영적인 것의 우위를 주장하는 교회론이 역시 주된 이유였다.

평신도의 부상

청교도 교회론에서 또 하나 혁명적인 요소는 교회와 예배에서 평신도의 역할이 급부상한 것이다. 평신도의 부상(浮上) 역시 여러 각도에서 살펴야 할 주제이다.

평신도의 역할 변화는 무엇보다도 청교도의 교회 정치관에서 찾을 수 있다. 토머스 카트라이트는 캠브리지 대학 교수직 파면 사태를 몰고 온 사도행전 강론에서, 회중이 목사를 선출하고 정치 형태를 결정하는 장로제를 지지했다. 카트라이트는 중앙 통제적인 국가제 교회보다 장로제를 선호함으로써 청교도 가운데 다수가 장로제 지지자가 되었다. 감독제를 외면하지 않은 청교도들조차 지교회 회중이

---

[35] *Paradise Lost*, bk. I, lines 16-17. Davies가 그의 저서 *Worship and Theology*……*1603-1690*에서 "퀘이커 교도나 청교도들에게……오직 성별된 사람만이 하나님의 진정한 성전이었다"라고 논평한 것을 참조하라(pp. 19-20).

[36] John Bradford, *The Hurt of Hearing Mass*[Murray, p. 17].

목사 선택과 예배 순서 결정과 같은 문제와 관련하여 실권을 잡아야 한다는 원칙에 동의하는 쪽으로 기우는 경향이었다. 어떤 이는 이 문제와 관련하여 청교도들이 지녔던 이상형을 "목사의 지도력과 평신도의 책임이 절묘하게 조화한 형태"라고 말하였다.[37]

미국에서 지교회 정치를 좌우하고 목사를 뽑는 회중의 힘은 주로 회중 교회주의라는 정치 제도로 급기야 제도화하게 되었다. 영국 청교도들이 이만한 힘을 갖지는 못했지만, 평신도들은 위계적인 교회에 맞서 힘을 겨루는 방법을 터득했다. 때로 그들 역시 강론자를 임의로 선정하기도 했다. 그들은 양보를 받아내기 위해 하원에 압력을 넣을 줄도 알았다. 평신도들은 성직자들이 성의를 입는 것을 완강히 반대했기 때문에 많은 목사들이 그런 복장을 포기할 수밖에 없었다.[38]

우리는 평신도들의 역할 확대를 가정 모임, 또는 영국 청교도들의 일상사가 되어버린 "비밀 집회"(conventicle)에서 더 분명하게 확인할 수 있다(이러한 집회 때문에 많은 청교도들이 교회 법정에 호출되었다). 체스터 지방 다이오시스(Diocese)라는 마을 법정 기록에는 갖가지 고소, 고발이 접수되어 있다. 즉 "오전 교리 문답 시간에 배운 내용을 복습하기 위해 모인 집회" 건, 12명의 청교도들이 "워링 클락스톤(Waring Croxton)이라는 사람 집에서 성탄절 하루 동안 금식한 혐의"로 고발된 건, 몇몇 사람들이 종교적인 목적으로 "여러 집에서 만난" 혐의로 고소된 건, "목적을 알 수 없는 이유로 남녀 무리를 자기 집으로 모이게 한" 혐의로 고소된 어떤 사람에 관한 건,

---

[37] Knappen, *Tudor Puritanism*, p. 92. 루터는 이미 일찍부터 청교도에게 하나의 모형을 제시했다. "회중의 선택, 의지, 요청 없이 주교는 누구도 사제로 임직시켜선 안 된다. 주교는 단지 회중이 선택하고 요청한 사람만을 추인(追認)할 수 있다"(Treatise of 1523[Plass, 2 : 925]).

[38] Collinson, pp. 94-97. 콜린슨은 여기저기서 증거를 들이댄다. 그는 마리아를 위한 분향에 분개하는 청교도들에게 사제복은 "억압 계급의 복장"이요 근세로 따지자면 나치의 복장과 하등 다를 바가 없는 것이라고 말한다. 사제들이 복장 문제로 평신도들을 건드리지 않으려 했다는 증거는 R. C. Richardson, pp. 74-75에서도 나온다.

그리고 수명의 사람들이 "집에서 사사로운 회합을 가진" 혐의로 고소된 건 등등이다.[39]

패트릭 콜린슨이 쓴 책 엘리자베스 시대의 청교도 운동(The Elizabethan Puritan Movement)에는 "경건한 자들의 모임"이라는 중요한 장이 나온다. 그 장은 청교도 평신도들이 국가 교회, 제도 교회로부터 쏟아지는 조롱과 무시 속에서도 어떻게 독창적으로 영적 존속을 이루어 왔는지 그 다양한 방법을 소개한다.[40] 이렇게 해서 청교도 전통 가운데 가장 고상한 전통인 "교회 안에 있는 교회", 즉 그리스도인의 삶을 고민하는 사람들이 크고 제도적으로 정착된 교회 안에서 영적인 교제를 나누는 전통이 태어났다.

평신도의 힘이 날로 커지면서 예배 역시 변모했다. 종교 개혁 초기로부터 지속되는 추세로서, 예배를 드릴 때 라틴어 대신 영어가 사용되었다. 평이한 설교가 선포됨으로써 모든 회중이 설교 내용을 이해할 수 있게 되었다. 가톨릭과 성공회 사제들이 "성직자는 언제 어디에서든 평신도와 금방 구별되도록……옷을 입어야 한다"[41]는 원칙 아래 성의를 착용하였으나, 청교도들은 성직자와 평신도를 가르는 외적 표지를 일체 폐지했다. 청교도들은 교회 건축 양식을 두 공간에서 한 공간 예배처로 영구히 바꾸어버렸다. 두 공간으로 구분된 예배처에서는 사제가 의식을 집전할 때 회중은 방관자가 될 수밖에 없다.

평신도들은 설교 내용을 성경과 비교함으로써 목사의 설교를 비평하도록 격려받았다. 에드워드 레이놀즈(Edward Reynolds)는 이렇게 썼다.

---

[39] R. C. Richardson, pp. 86-88. 리처드슨은 이렇게 결론 짓는다. "비밀 집회는……조직된 평신도"의 존재를 확인시키는 가장 뚜렷한 방증이다.

[40] Collinson, pp. 372-382. 찰스 햄브릭-스토우(Charles Hambrick-Stowe)는 저서 The Practice of Piety, pp. 137-143에서 작은 집단 모임이 미국 청교도에서도 나타나는 특징임을 보여 준다.

[41] Knappen, Tudor Puritanism, p. 38.

가르침을 받는 사람은 우선 말씀의 규정과 기준에 비추어 사람의 교훈을 시험해 보아야 한다……해석과 판단은 원칙적으로 말씀의 사역자에게 속한 일이지만, 하나님께서 모든 성도들에게 영들을 시험해 보고 성경에 비추어 보아 들은 내용이 과연 그러한가 혹 그렇지 아니한가를 결정하는 분별과 판단의 임무를 주셨다.[42]

종교개혁에서 싹튼 성직자와 평신도 사이의 격차 줄이기는 가히 혁명적이었다. 성직자와 평신도의 위상을 평등하게 하려는 이 운동은 만인 제사장주의에 뿌리를 둔 것이었다. 이 교리는 교회가 사람과 하나님 사이에서 구원을 중개하는 필요 불가결한 중보자라는 인상을 깨끗이 지워버리고 평범한 사람들의 영적 지위를 고르게 상승시키는 데 두 몫의 공헌을 했다. 에드워드 레이놀즈는 이렇게 묻는다. "우리 모두가 왕 같은 제사장이 아닌가? 그리스도의 교회에서 아무리 보잘것없는 지체라 하더라도 세월과 믿음의 지식이 쌓임에 따라 자라날 수 있는 존재가 아닌가?"[43]

---

[42] *An Explication of the Fourteenth Chapter of the Prophet Hosea*[Rogers, p. 383].

[43] *The Life of Christ*[Rogers, p. 384]. 밀러는 그의 저서 *Seventeenth Century*에서 이렇게 결론 내린다. "청교도들은 평범하기 짝이 없는 사람이라도 하나님과 인간 사이에 있는 중재자들, 즉 교회, 사제, 신비한 성례, 성인들, 그리고 동정녀 마리아를 배제할 수 있다고 담대히 주장했다(p. 45). 데이비스는 저서 *Worship of the English Puritans*에서 이렇게 진술했다. "제도 교회의 왕정적인 정치에 반기를 들고 민주적인 교회 정치를 주장한 청교도들은 선택과 만인 제사장 교리를 신조로서 붙들고 나갔다. 그 결과 그들의 사역은 사제적 위계주의와 반대의 모양을 띨 수밖에 없었다"(p. 22).

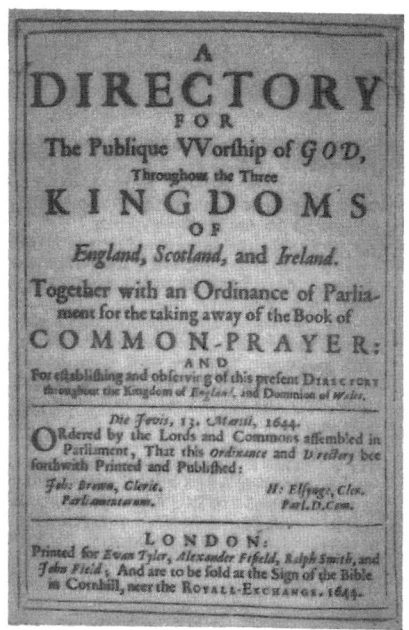

온전한 예배에 대한 청교도들의 관심은 "공예배를 위한 웨스트민스터 총회 규정서"(the Westminster Assembly's Directory for Public Worship)에서 잘 나타난다.

예배 간소화

청교도들이 어떤 원칙을 가지고 공예배의 다양한 국면들을 통합하려 했는지 보려면, 간소성을 생각하면 된다. 청교도들은 가톨릭과 성공회 예배에서 발견되는 허례 허식에 질린 나머지, 예배의 총괄적인 지향점을, 잡다함을 제거하고 거룩한 교훈으로 줄여 말할 수 있는 예배의 본질에 초점을 두는 쪽으로 정했다. 그러면 청교도들이 드린 공공 예배는 어떠하였는가?

첫째, 그들의 예배는 질서 정연하고 조직적이었다. 그들은 가톨릭과 성공회에서 자행하는 의식 남발과 예배 전 예비적인 설교를 행하는 경건주의적인 유형 사이에서 중용을 취했다. 그들은 영국 성공회의 일반 기도서를 반대했지만, 예배서 혹은 예배 규정까지 거부하지는 않았다. 아니, 그들 역시 나름대로 예배서 또는 예배 규정을 만들었다.[44] 이런 예배서에서 발견되는 전형적인 예배 순서는 대충 다음과 같다.

1. 죄 고백
2. 용서를 구하는 기도
3. 시편 낭송
4. 조명을 구하는 기도
5. 성경 봉독
6. 설교
7. 세례와 혼인 공고
8. 긴 기도와 주기도문
9. 사도신경(목사가 암송함)
10. 시편 낭송
11. 축도(구약 또는 신약적인 강복〈降福〉 기도)[45]

둘째, 청교도들은 의식과 제의를 최대한 자제했다. 청교도들의 예배는 가톨릭이나 성공회의 예배와 비교할 때, 한마디로 반(反)의식적이라고 평할 수 있다. 성공회 대주교인 밴크로프트는 "의식이 없는 곳에 종교가 없다"고 말했으나, 청교도 목사인 리처드 그린햄은 "의식이 극성을 부릴수록 진리는 줄어든다"고 말하였다.[46]

---

[44] For a survey, see Davies, *Worship of the English Puritans*, pp. 115–161.

[45] *The Form of Prayers and Ministration of the Sacraments, etc., Used in the English Congregation at Geneva*[Davies, *Worship of the English Puritans*, p. 119].

[46] 둘 다 Hill, *Change*, pp. 88–89에서 인용.

따라서 청교도들은 여러 이유에서 혐오해 온 성직자들의 요란한 제의(祭衣)를 없애버렸다.[47] 웰즈에 사는 식물학자이며 청교도인 윌리엄 터너(William Turner)는 강아지를 훈련시켜서, 국교에 영합하는 성직자들의 사각모를 훌쩍 뛰어 물어 올 수 있게 할 수 있었다![48] 청교도들은 가톨릭과 성공회가 만들어 놓은 성일이니 축일이니 하는 날들을 주일 예배로 대치했다. 리처드 그린햄은 이렇게 말한다. "우리에게는 매주일이 부활절, 승천일, 성령강림절이다."[49]

청교도들이 의식을 반대함으로써 잉태된 소박함을 실감하려면, 존 폭스(John Foxe)가 풍자적으로 묘사한 예배 집전 광경을 보면 된다. 폭스는 사제가 다음과 같은 행동을 할 때 어떻게 웃음이 터져 나오지 않을 수 있는지 의아하다는 투이다.

> 뒤로 돌았다가 다시 돌고, 반쯤 돌았다가 아예 한 바퀴 빙글 돈다. 입맞추고 강복하고, 몸을 웅크렸다가 고개를 끄덕이고, 십자가를 긋고 두드리고, 몸을 깊이 수그리고 물로 닦고, 헹구고 들어 올리고, 만지고 쓰다듬고, 웅얼거리고 멈추어 서고, 액체를 떨구고 절하고, 혀로 핥고 갑자기 훌쩍거리고……그러다가도 갑자기 정색을 하는 등 수백 가지도 넘는 짓을 한다.[50]

이런 의식들을 과감히 없앤 청교도 예배는 당시 사람들에게 너무나도 소탈하고 간단하다는 인상을 주었을 것이다.

---

[47] 청교도들은 다음과 같은 논지에서 사제 복장을 거부하였다 : 종교 자유의 침해, 로마 가톨릭을 연상시킬 우려, 그리스도와 같은 겸손을 멀리하고 오히려 화려함과 겉치레를 조장함, 평신도와 성직자간에 위화감 조장.
[48] Collinson, p. 73.
[49] *Works*[Greaves, *Society and Religion*, p. 421].
[50] *Acts and Monuments*[Davies, *Worship and Theology*……*1534-1603*, p. 74].

셋째, 청교도들은 교회 건물과 집기들을 단순하게 만들었다. 그들은 각종 형상과 조각상을 교회에서 치워버렸다. 돌 제단도 만찬상으로 바꾸었다. 사제와 회중을 갈라 놓는 예배실도 구분을 없애고 직사각형으로 바꾸고 벽은 하얀 색으로 칠했다. 청교도 교회에 들어갔을 때 시선을 끄는 물건들은 한가운데 자리잡은 높은 설교대와 거기로 올라가기 위해 만든 나선형 계단, 설교대 위 쿠션에 펼쳐 놓은 성경, 설교대 아래 있는 성찬상, 그리고 어지간해서는 눈에 잘 띄지 않는 세례반이다.

이러한 단순성을 단지 상징주의를 피하려는 시도로 해석해서는 안 된다. 그것은 청교도 예배의 상징이었고, 실로 여러 가지 복합적인 의미를 지닌 상징이었다. 우상, 그리고 하나님과 사람 사이를 중보하는 인간 중보자를 혐오하는 청교도들의 태도가 이러한 시각적 형태에서도 엿보인다. 그것은 하나님과 그분 말씀 앞에서 지녀야 할 겸손함의 상징이었다. 그리고 그것은 본질적으로 내면적이고 영적인 예배의 상징이었다. 또한 하나님께서 지상적이고 인간이 만든 개념에 구속되실 수 없고, 오히려 초월적이고 주권적이심을 보여 주는 상징이었다. 게다가 청교도들은 그들이 모이는 곳을 "모이는 집"이라고 부르고, 예배를 하늘 아버지와 영적 가족의 만남이라 하여 예배에서 가족성을 부각시켰다.

그러나 소박함을 실현하였다고 해서 반(反)심미적이었던 것은 아니다. 단순 소박함은 그것 자체가 하나의 장식이었고 또 아름다움이었다. 홀톤 데이비스는 청교도 교회 건물의 단순미를 가리켜 "울긋불긋하고 복잡한 국교회 교회 건물들에 비해……마치 흑백 동판화에서 보는 것 같은 진득함"이라고 말하였다.[51] 청교도들의 언어를 조사한 한 연구서는 "꾸밈 없는"(naked)이라는 말이 예배와 연결되어 쓰인 가장 긍정적인 어휘라고 밝힌다. 청교도 교회에서 예배자는 하나님 말씀의 순전한 비춤과 그분의 임재 앞에서 "적나라하게" 섰다. 교회 건축물 연구에 독보적인 권위를 지닌 한 학자는 청교도 교회를

---

[51] Davies, *Worship and Theology*……1603-1690, p. 11.

"깨끗하고 어두컴컴하지 않은 구조로서 청교도가 지향하는 예배의 핵심, 즉 아무 방해 없이 하나님 말씀을 경청할 수 있는 분위기를 만드는 데에만 전력한 흔적이 역력하다"고 평하였다.[52]

네번째로, 청교도는 예배 음악을 단순하게 정리했다. 청교도들은 복잡하고 어려운 화음을 이용한 작곡, 애매모호한 라틴어 노랫말, 그리고 직업적인 음악가를 배제했다. 그들은 교회에서 오르간을 치웠다 (그러나 개인이 가정에서 쓸 수는 있었다). 청교도들은 이런 것들을 온 회중이 함께 부르는 시편으로 대체하였다.[53]

또한 청교도들은 성례를 간소화했다. 그들은 가톨릭의 7성사를 성만찬과 세례, 이렇게 둘로 줄였다. 그들은 성사가 가져 오는 효력에 대한 정의 역시 축소했다. 서임받은 성직자가 시행하는 성사가 하나님의 은혜를 나누어 주는 데 필요 불가결하다는 개념을 거부하고, 오히려 성사는 하나님의 구원 은혜를 표증하고 인치는 기능을 할 뿐이라고 주장했다. 청교도들은 공동 예배 예식을 간소화하고, 예배시 침묵을 유효 적절히 이용할 줄도 알았다.[54]

브룩스 홀리필드(E. Brooks Holifield)가 쓴 책 인 친 언약 : 청교도 성례 신학의 발전(*The Covenant Sealed : The Development of Puritan Sacramental Theology*)을 조심스럽게 읽어 보면, 청교도들이 성례를

---

[52] James F. White, *Protestant Worship and Church Architecture*(New York : Oxford University Press, 1964), p. 107.

[53] 이 난감한 주제에 관련해서 가장 좋은 자료를 꼽으라면 Scholes, *The Puritans and Music*을 들 수 있다. 청교도들이 교회에(가정이나 세속 장소는 무방함) 오르간 놓는 것을 극히 싫어한 까닭은 주로 상징적인 이유에서였다. 그들에게 오르간은 로마 가톨릭 의식과 신학 전체를 표상하는 상징물이었다. 이 점에서 그들의 생각은 틀리지 않았다. 청교도들은 가톨릭적 예배 유습 추방을 위해 옥스퍼드 대학 채플 구내에 설치된 오르간을 해체해 버렸다. 앤서니 우드(Anthony Wood)는 왕정 복고기에 오르간이 다시 설치되자 가톨릭적 유습에 젖은 예배가 다시 등장했다고 기록한다 (Davies, *Worship and Thology*······ *1603-1690*, p. 253).

[54] Davies, *Worship of the English Puritans*, p. 209.

신약이 자리 매긴 바로 그 자리에 올려 놓았음을 알 수 있다. 그들에게 성례는 예배에서 빠뜨릴 수 없는 중요한 요소이지만, 가톨릭, 영국 고교회, 신학적인 대적자들이 수세기에 걸쳐 강조해 온 것과는 다른 의미에서 중요하게 생각했다.

마지막으로, 상대적으로 청교도 예배가 간소한 것은 그들이 예배의 목표를 명확하게 정의한 까닭이다. 예배의 목적은 "하나님을 영화롭게 하고 성도를 교화하며, 영적 지식과 거룩함, 형제를 향한 기쁨을 피차 전하고 하나님 나라를 이 세상에 드러나게 하는 데 있다"고 하는 리처드 백스터의 언급은 하나의 좋은 모범이 된다.[55]

청교도 저자들이 예배에 관해 쓸 때 동원한 어휘를 세심하게 살펴본다면, 그들이 어떤 사고를 가졌는지 한눈에 파악된다. 그것은 아마도 저자가 아래 인용문들에서 강조한 고딕체의 말들로 요약될 수 있을 것이다.

> 나는 교회를 이루는 모든 요소들이 순수하고 단순해야 한다고 생각한다. 그리고 세상적인 요소나 화려함은 될 수 있는 한 멀리해야 한다고 본다.[56]

> 만일 종교가 순전하고 영적이며, 질박하고 소탈하다면 — 이것이 바로 복음이다 — 그 드러남 또한 순전하고 영적이며 질박하고 소탈해야 할 것이다.[57]

> 우리의 주요 관심과 소원은 그리스도께서 친히 제정하신 의식을…… 잘 집행하는 것이다…… 이때 우리는 인간적인 잔꾀를 덧입힐 생각을 버리고, 그것의 때묻지 않은 순수성과 단순함을

---

[55] *A Christian Directory*[Rooy, p. 93].
[56] Richard Cox, *Original Letters*[Knappen, *Tudor Puritanism*, p. 127].
[57] John Milton, *The Reason of Church-Government*[*CPW*, 1 : 766].

보존해야 한다.[58]

예배와 회중의 참여

청교도 예배가 이룩한 한 가지 혁신은 회중 전체가 예배에 참여하는 것이다. 이 변화를 실감하기 위해서라면 종교 개혁 이전 가톨릭에서 행하던 예배를 돌이켜 보아야 한다. 가톨릭 미사는 라틴어로 드려졌다. 음악은 기악이든 성악(라틴어로 부르는)이든 직업적인 또는 전문적으로 훈련받은 음악가가 연주했기 때문에, 일반인에게는 요령부득이었다. "성가대"(영국 교회 일부에서는 성가대가 앉거나 일어서기도 한다)는 회중석에서 보이지 않는 곳에 자리 잡았다. 사제석과 동서남북으로 달려 있는 부속실 때문에 예배자들은 마치 서로 등을 돌리고, 또한 집례자가 서 있는 제단이 중심이 되지 못하고 이리저리 나뉘어 있는 듯한 형국이었다. 이런 요소들 때문에 평신도 회중은 예배에서 수동적이 될 수밖에 없었다.

그러면 청교도들은 평신도들의 참여를 위해 어떻게 하였는가? 그들은 먼저 교회 내부를 바꾸었다. 장막을 걷어버리고, 예배소 또는 그냥 강당이라고 말할 수 있는 장소를 만들어서 모든 사람이 예배 전과정을 보고 들을 수 있게 했다. 부속실에 들어가 있던 성찬상을 꺼내서 회중 가까이에 놓았다.

앞서 이미 언급한 대로, 음악 역시 회중의 참여를 위해 비슷하게 개혁되었다.[59] 청교도들은 기악과 대위법적(對位法的)인 합창 대신에, 음율이 있는 영어 시편 찬송을 무척 좋아했다. 인크리스 매더는 아들이 쓴 책 **성공한 가수**(*Accomplished Singer*)의 서문에서 이렇게 말한다. "나는 젊은이들에게 정기적으로 노래를 부르는 습관을 들이라

---

[58] John Cotton, quoted in Miller, *Seventeenth Century*, p. 437에서 인용.
[59] The best source on Puritan music is Scholes, *The Puritans, and Music*.

고 권하고 싶다. 그러면 예배가 더 아름답게 드려지고 더 즐겁게 예배에 참여할 수 있을 것이다."[60]

회중 찬송은 독일 루터교에서 그것이 차지했던 비중만큼이나 청교도 운동에서 중요한 자리를 차지한다. 당대의 어떤 인사는 회중 찬송의 효과에 대해 이렇게 적었다.

> 교회에서 함께 찬송을 부름으로써 우리에게 많은 유익이 있다. 런던에 있는 어느 작은 교회에서 회중이 함께 찬송을 시작하자마자, 이웃 교회들과 심지어 멀리 외곽에 떨어져 있는 교회들까지도 마치 경쟁이라도 하듯이 회중 찬송을 도입했다. 당신은 가끔 성 바울의 십자가 교회에서 예배 후 6천 명이나 되는 남녀 노소가 함께 하나님을 찬양하는 노래를 하는 광경을 볼 수 있을 것이다.[61]

한마디로 말해서 청교도들은 일반인이 하나님을 찬양하는 일에 참여할 수 있는 권리를 회복하였다.

청교도 예배는 설교에서 절정을 이루는데, 이는 오늘날 우리에게 회중의 참여라는 개념과 모순되는 것처럼 보인다. 그러나 청교도들은 결코 설교를 방관적인 일로 여기지 않았다. 위스비치에서 거행된 야외 설교를 목격한 예수회 사제 윌리엄 웨스턴(William Weston)에 따르면, 참석자들은 자기 성경을 무릎 위에 펴놓고 설교자가 인용한 성구를 열심히 찾았다. 설교가 끝난 후 "그들은 남녀 노소, 빈부 귀천을 떠나 모든 사람이 여러 군데 성경 구절의 의미에 관해 서로 의견을 나눈다."[62] 설교를 적어 집에 돌아가서 복습하는 일 역시 청교도들이 설교 경청자가 얼마나 능동적이어야 한다고 생각했는지를 보

---

[60] Morison, *Intellectual Life*, p. 156.
[61] John Jewel, *Zurich Letters* [Davies, *Worship and Theology……1534−1603*, pp. 385−386].
[62] Collinson, p. 380.

여 주는 단면이다. 이와 대조적으로, 그저 기도서를 읽어 내려간다면, 정신적으로 느슨해지기가 훨씬 더 쉬웠을 것이다.

말씀 우위

개신교 종교 개혁은 대륙에서 일어난 것이든 아니면 청교도 운동이든, 말씀에 근거를 둔 경건을 위해 일어났다. 사람이 하나님을 직접적으로 뵙는 장소라는 확신에서 출발하는 성경은 여러 가지 의미 심장한 의미에서 문학적인 경험이라고 할 수 있다. 개혁자들과 청교도들이 강조한 바, 성경을 읽고 그 의미를 묵상하며, 성경에 입각하여 깨달은 교리를 다른 사람에게 말하는 등의 예배 행위는 압도적으로 문학적인 행위였다. 청교도들은 성경을 읽고 본문에 관해 말할 때 경이감, 아니 신비감마저 나타냈다.

이처럼 말씀(넓게 정의해서 성경이라고 말할 수 있지만 그 밖에도 많은 것들이 포함된다)을 강조하는 태도를 볼 때 왜 청교도들이 성경 봉독과 강해를 공예배의 절정으로 여겼는지 일면 이해할 수 있다. 청교도들에게 말씀은 음성으로 매개되는 성례였음이 틀림없다(그들은 이런 용어를 쓰지 않으려고 했지만). 성례란 성도 한 사람 한 사람이 매우 독특하면서도 강력한 방법으로 하나님의 임재 가운데 들어가는 은혜의 방도이다. 청교도 예배에서 말씀의 지위는 이랬다.

> 말씀은 육신이 된다. 우리의 눈이 아니라 마음 가운데서 육신이 되는 것이다. 떡이나 포도주처럼 맛을 볼 수 없고 향기처럼 냄새를 맡을 수는 없지만, 들음으로써 우리 가운데 거하시는 육신 말이다. 설교는 진정 성례이다.[63]

---

[63] Millar Maclure, *The Paul's Cross Sermons, 1534-1642* (Toronto : University of Toronto Press, 1958), p. 165.

청교도들은 가톨릭과 성공회 예배에서 시청각적 상상력에 의존했던 부분을 언어적 상상력을 이용하여 수행했다. 이 점에서 청교도 예배는 셰익스피어 연극과 닮은 데가 있다. 셰익스피어는 최대한 소도구를 절제하고, 대사 자체가 장면과 이미지를 구성하도록 했다. 이와 비슷하게 청교도들은 가톨릭과 성공회가 즐겨 쓰던 "소도구들"을 치워버리고, 주로 성경에 바탕을 둔 언어적 이미지와 상징에 의존했다.

최근 이루어지고 있는 문학 연구에서는 중심 이미지, 풍부한 상징성, 그리고 성경 인유(引喩) 등 청교도적 상상력의 풍성함을 인정하는 분위기가 일고 있다.[64] 청교도 설교는 바로 이런 이미지에 기반을 두고 있다. 그들의 설교는 우리가 흔히 생각하듯이 그렇게 추상적이고 신학적이며, 사변적이지 않았다. 언어적 이미지가 얼마나 강력한지 인정한다면, 청교도 예배가 상상력을 결여하였다든가 아니면 예배자들을 따분하게 만들었다고 말하지는 못할 것이다. 성경 인유는 사람들에게 굉장한 상상력과 정서적인 상승 작용을 일으켰는데, 마치 족장들이 이웃집 사람이고, 마리아와 마르다가 자기 누이요 언니인 양 여기게 할 정도였다.[65]

이렇듯이 청교도 예배는 결코 이미지와 상징을 결여하고 있지 않았다. 이미지와 상징들은 예배를 드리는 과정에서 드러나는 것이라기보다는 설교에서 구체적으로 모습을 드러냈다. 이 주장을 입증하기 위해 필자는 조교가 저자 연구실로 막 가지고 온 청교도 설교에 관한

---

[64] 청교도들의 상상력에 관한 좋은 개론서로는 이런 것들이 있다. Sacvan Bercovitch, *The American Puritan Imagination*(Cambridge : Cambridge University Press, 1974), Barbara K. Lewalski, *Protestant Poetics and the Seventeenth-Century Religious Lyric*(Princeton : Princeton University Press, 1979), E. Beatrice Batson, *John Bunyan : Allegory and Imagination*(London : Croom Helm, 1984).

[65] Bercovitch는 저서 *The American Puritan Imagination*의 서문에서 이렇게 논평한다. "식민지 개척자들의 글은 지적인 전망을 유지함에 있어서 매우 비유적이었고, 은유, 병행, 암시, 정형(定型)과 수사적 표현이 많았으며, 아주 세련된 수사학적 도구들을 이렇게 저렇게 동원했다(pp. 4-5).

세 권의 책을 임의로 펼쳐 보았다. 여기 필자에게 반가운 구절들이 있어서 소개한다.

> 죄인은 실한 열매를 맺는 무화과가 아니라 가시덤불입니다……여호람과 같은 악인은 "창자가 빠져나와"(대하 21 : 19) 죽었습니다. 그의 마음은 자비로도 움직일 수 없으므로, 금강석과 같은 마음입니다(슥 7 : 12). 회심하기 전의 죄인은 잔혹한 늑대, 포악한 사자와 다를 바 없습니다(사 11 : 6)…….[66]

> 아담의 죄는 그의 후손의 죄보다 더 크고 무겁습니다. 처음에는 사람 손바닥만한 구름이 점점 커져서 나중에는 하늘을 온통 뒤덮습니다. 처음에는 얕게 보이던 물이 점점 불어 발목까지, 발목에서 무릎까지, 무릎에서 허리까지, 허리에서 머리까지 차오릅니다. 이렇게 되면 도저히 건널 수 없는 큰 강이 됩니다. 죄도 이렇게 불어 납니다……눈밭에서 굴리면 굴릴수록 더 커지는 눈덩이, 죄가 바로 이렇습니다.[67]

> 사슬로 늑대를 묶을 수는 있습니다. 그러나 늑대 같은 본성을 변화시키는 것은 바로 복음입니다. 율법이 대중 요법(大衆療法)이라고 한다면, 복음은 원인 치료책입니다.[68]

이 정도로 상상력을 자극하는 예배를 지나치게 관념적이라고 평할 수는 없다. 물론 청교도들이 설교를 예배의 절정으로 여긴 데에는 다른 이유도 있다. 그것은 교리적 진리에 대한 그들의 열정이라고 말할 수 있다. 그들은 예배에 지적 호소가 담겨 있어야 한다고 생각

---

[66] Thomas Watson, *The Beatitudes*, p. 143.
[67] Ralph Venning, *The Plague of Plagues*, p. 165.
[68] Samuel Bolton, *The True Bounds of Christian Freedom*, p. 84.

했다. 청교도들은 종교 변혁기, 교리 논란기에 살았기 때문에 종교적인 현안에 매우 민감했다. 시인 에드먼드 스펜서가 페어리 퀸(*The Faerie Queene*) 1권에서 은혜가 아닌 진리를 성결로 인도하는 안내자로 삼았는지에 관해 루이스가 설명한 내용을 청교도 운동에도 원용(援用)할 수 있다.

> 스펜서는 오류를 피하는 것이 시급한 과제인 종교적 회의와 논쟁의 시대, 아니 어떤 면에서 죄의 정복이라고 하는 더 중요한 과제와 씨름하던 시대를 산 작가이다. 이런 점 때문에 어떤 시대에는 그의 이야기가 별반 흥미를 끌지 못했을 수도 있으나, 우리 시대에는 대단한 매력을 주는 작가이다.[69]

영적 깨달음이 중요하다는 확신과 한덩어리 된 선포되는 말씀의 성례적인 효과를 확인할 때, 왜 청교도들이(루터와 마찬가지로) 설교가 두 성례의 시행을 동반해야 한다고 주장했는지 이해할 수 있다. 윌리엄 카트라이트는 "성례의 생명은 말씀 선포에 달려 있기 때문에 단순 낭독이 아니라 사람들을 향해 선포되는 말씀이 필요하다"고 주장하였다.[70] 듀들리 페너(Dudley Fenner)는 성찬을 시행하기 위해서 설교가 반드시 필요하고, "설교가 생략된다면 성찬의 의미가 반감한다"고 말한다.[71]

청교도 예배는 설교에서 절정을 이룬다. 청교도 설교가 많은 사람들로부터 인기를 얻게 된 반면, 성공회라는 국가 교회는 예배에서 설교의 역할을 제한하는 수많은 조항을 만들었다.[72] 청교도들은 결코 머뭇거리지 않았다. 그 이유는 앞서 필자가 말한 바 있다. 그들은 성

---

[69] *The Allergory of Love*(Oxford : Oxford University Press, 1936), p. 334.
[70] New, p. 70에서 인용.
[71] *The Whole Doctrine of the Sacraments*[Holifield, p. 37].
[72] Hill, *Society and Puritanism*, pp. 62-74, Knott, p. 37 참조.

경을 하나님의 권세 있는 말씀으로 지극히 존중하였고, 그 말씀을 언어로 매개되는 성례로 경험한 바, 그 성례를 통하여 하나님의 임재 가운데 들어갔으며, 상상력을 자극하는 설교에 만족하였고, 또한 진리를 지적으로 올바르게 이해하기를 사모했다.

창조적이고 신선한 예배

청교도들이 예배와 관련하여 추구한 주요 목표의 하나는 단순 반복으로 말미암아 예배가 신선함을 잃고 따분한 일상사로 전락하지 않도록 노력하는 것이었다. 청교도들이 성공회의 일반 기도서에 대해 품었던 적대심에는 이런 본심이 담겨 있었다.

청교도들은 매주일 예배마다 같은 어구를 반복하지 않고 설교자가 매주 새롭게 설교한 내용에서 기도 제목을 얻었다. 위대한 청교도 논쟁자 리처드 후커(Richard Hooker)가 매주 반복되는 기도문을 신랄하게 고발한 것은 유명하다. 후커는 왜 설교가 대중적이어야 하는가를 이론적으로 설명하면서, "사람은 전에도 여러 번 들은 소리, 또는 마음 내킬 때면 언제든지 들을 수 있다고 생각하는 소리는 한 귀로 듣고 한 귀로 흘려버리는 습성을 가지고 있다"고 간파했다. 반대로 설교는 "언제나 신선하게 다가옴으로……시선을 제압하는" 자연스러운 힘을 가지고 있다.[73] 이것이 청교도들이 설교에 대해 할 수 있는 최상의 말이었다.

청교도들은 방만하고 위선적인 예배는 질색이었다. 별 생각 없이 "몸짓만 하는" 예배가 성에 찰 리 없었다. 리처드 백스터는 바른 예배의 어려움에 관해 이렇게 썼다.

> 예배가 입술을 움직인다든지, 무릎을 꿇는다든지 하는 몸

---

[73] *The Laws of Ecclesiastical Polity*[Davies, *Worship of the English Puritans*, p. 186].

의 움직임뿐이라면, 세상에 예배만큼 쉬운 일이 있겠는가!
하루 종일 묵주알이나 헤아리고 어떤 문구, 기도문이나 암
송하는 것이 예배라면, 참으로 쉬운 일이 예배 아니겠는가!
그러나 예배는 이런 일과는 원천적으로 다른 힘든 절차인
것이다.[74]

청교도들은 또한 자발적인 예배를 원했다. 그들은 회중의 필요에 맞는, 그리고 예배서가 미리 정한 설교문이 아니라 성령님께서 감동하시는 설교 주제를 택할 설교자의 권리와 의무를 보호했다. 그들은 기도서에서 "할당한" 기도문을 읽는 행태를 몹시 싫어하였다(그렇지만 공중 기도를 미리 적어 읽는 것은 반대하지 않았다). 당대의 어떤 인사는 청교도들의 기도에 대해 이렇게 적었다. "그들은 하나님께서 주신 은사인 기도, 현재의 필요와 사정에 따라 표현이 다양해지는 기도를 높게 평가하였으나······어느 정도 형식을 두어도 무방하다고 생각하였다."[75]

청교도들에게, 기도서에 있는 기도문을 읽는 것은 아침 상에 둘러앉은 식구들에게 예법서에서 해당 인사를 골라 읽는 것과 하등 다르지 않았다. 홀튼 데이비스는 "우리는 그리스도의 사랑 안에서 아버지이신 하나님께 아뢰는 법을 배운 사람들이다"라고 논하였다.[76] 청교도들은 자유를 갈망하고 구속을 거부했다. 밀턴은 "가둘 수 없는 두 가지, 곧 우리의 기도와 그 기도가 쏟아져 나오도록 하시는 성령님을 강압적으로 언어의 축사(畜舍)에 가두려는 것은 이만저만한 압제가 아니다"라고 간파하였다.[77]

---

[74] *The Saints' Everlasting Rest*, p. 128.
[75] John Geree, *The Character of an Old English Puritan*[Collinson, p. 361].
[76] *Worship and Theology*······*1603-1690*, p. 191.
[77] *Eikonoklastes*[*CPW*, 3:505]. 윌리엄 하인드(William Hinde)는 이렇게 썼다. "그저 기도서에만 의존하고 자기 마음에서 우러나오는 말로 하나님께 아뢰려 하지 않는다면, 그런 사람은 진정한 기도의 능력과 실행력, 위로와 열매를 도무지 알지 못할 것이다"(*Life of John Bruen*[R. C. Richardson, p. 47]).

청교도 예배가 얼마나 창의적이었는가는 교회 건물 밖에서 드린 예배에서 가장 잘 나타나지 않았는가 생각한다. 이런 예배는 대개 두 가지 형식을 띠기 마련이었다. 하나는 개인적인 매일의 묵상으로서, 이런 묵상은 사실 청교도라는 단어와 동의어라고 보아도 무방한 것이었다. 청교도들은 이런 개인 묵상을 강조하는 한 방편으로서, 묵상 조력(aids-to-meditation)이라는 영역을 만들었다. 이런 묵상은 오늘날까지도 많은 사람들의 사랑을 받는 백스터의 책 성도의 영원한 안식(*Saint's Everlasting Rest*)에서 그 전형을 유감없이 보여 주고 있다.[78]

청교도들은 개인 차원의 예배를 독려하였을 뿐 아니라, 가정 예배 역시 구태 의연하게 드리지 않도록 창의성을 불어넣었다. 가정에서 드리는 예배는 가족에 국한되기도 하고, 때로는 이웃과 친구들과 함께 하기도 했다. 한편 청교도 가정은 그들 나름대로 추수 감사절과 금식일을 지키기도 하였다.[79] 어떤 일기책에는 각 가정이 주도하는 이런 모임의 정취에 관해 이렇게 적고 있다.

> 아내와 아들의 쾌유를 비는 엄숙한 감사절 모임을 우리 집에서 가졌다. 아들 엘리에젤이 개회를 했고 다우슨 씨와 존 씨가 진행했으며, 내가 설교와 기도로 모임을 마쳤다. 50명이 조금 넘는 사람들이 모였다. 진정 축복된 시간이었다.[80]

---

[78] 청교도들의 묵상집에 대한 분석으로는 다음을 참조하라. U. Milo Kaufmann, *The Pilgrim's Progress and Traditions in Puritan Meditation*, Charles E. Hambrick-Stowe, *The Practice of Piety, Puritan Devotional Disciplines in Seventeenth-Century New England*.

[79] 어떤 목사의 일기에는 이런 가정 예배에 관해 많은 내용이 적혀 있다. 그 목사는 4년간이나 그 가정 예배에 참여했는데 일년 참여 횟수는 각각 57, 48, 64, 그리고 47회이다(Davies, *Worship of the English Puritans*, p. 283).

[80] Oliver Heywood, *Diary*[Davies, *Worship of the English Puritans*, p. 282].

랭커스터에 사는 경건한 성도 토머스 패지트는 가정 묵상의 확대로서 가정 모임을 적극 권장한다.

> 한 가정의 가장이 가끔, 그리고 특별한 경우에 경건한 형제들과 믿는 이웃들과 함께 모이고, 그들의 도움을 구하는 것은 종교적인 의무를 착실히 수행하기 위해서 합당하고 필요한 일일 뿐더러 유익하며 필수적인 일이기도 하다.[81]

가정 예배를 청교도의 표지로 보는 것이 학문적으로 일반적인 경향이다. 크리스토퍼 힐은 청교도들이 일으킨 "가정의 영화(靈化)"에 관해서 썼다.[82] 로렌스 스톤은 "가정이 교회를 대신하는 일반적인 조류"에 관해 말하면서, "청교도의 알맹이는 가정 교회"라고 결론 내렸다.[83] 윌리엄 퍼킨즈는 가정을 "작은 교회"라고 불렀다.[84]

청교도와 안식일

주일 성수는 복잡하고 긴 주제이나, 청교도 예배와도 무관하지 않기에 간략하게나마 언급하고 지나가려 한다. 필자는 청교도들이 가르친 안식일 교리에서 몇 가지 주요한 부분을 간략하게 소개하는 것으로 만족할 것이다. 몇몇 탁월한 연구서들은 이 주제를 아주 세밀하게 다뤘다.[85]

---

[81] *Demonstration of Family Duties*[R. C. Richardson, p. 90].
[82] *Society and Puritanism*, pp. 443–481.
[83] *Family*, p. 141.
[84] *Works*[Wakefield, p. 55].
[85] 청교도들의 안식일관에 관한 중요한 연구서로는 아래와 같은 것들이 있다. W. B. Whitaker, *Sunday in Tudor and Stuart Times*(London : Houghton, 1933), James T. Dennison, *The Market Day of the Soul*, Winton U. Solberg, *Redeem the Time : The Puritan Sabbath in Early America*, Christopher Hill, *Society and Puri-*

안식일 준수론자 하면 청교도를 떠올리게 되었음에도 불구하고, 주일 성수는 단지 청교도라는 분파를 배경으로 다룰 문제가 아니다. 이것은 교회 문제이면서도 정치적이며 사회적인 문제이다. 16세기에 일부 국교도들은 청교도들만큼이나 안식일 정책 때문에 부심했다. 안식일 준수에 관한 역사를 살펴보면, 주일에 일을 하지 않으려는 바람이 종교적이면서 동시에 사회적인 움직임이었음을 잘 알 수 있다. 청교도들은 주일 성수에 신학적인 근거를 제공했다. 따라서 청교도들이 안식일 준수론자였음에도 불구하고, 모든 안식일 준수론자들이 청교도는 아니었다.

청교도들은 다양한 성경적 근거 위에서 주일 성수를 주장했다. 일주일 가운데 하루를 쉬는 것은 하나님의 세상 창조와(창 2:1-3에 의거하여) 창조 질서를 되새기는 기념식과 같은 것이었다. 십계명의 제4계명 역시 이레 가운데 하루를 성결하게 하라는 주문을 도덕적인 명령으로 주고 있다. 신약의 주일은 일요일을 그리스도의 부활을 기념하는 날로 삼은 것인 바, 일곱째 날(유대인의 안식일)이 한 주의 첫 날로 옮겨졌다. 일요일은 노동을 멈추고 예배하는 날이므로, 믿는 자가 하늘 나라에서 영원히 누릴 복락을 앞당겨 맛보는 경험이기도 했다.

청교도들의 주일 성수 주장은 부분적으로는 4계명에 근거를 두고 있었기 때문에, 구약의 안식일과 신약의 주일 사이에 연속성을 인정하고 받아들였다. 그렇지만, 이렇게 하면서도 구약의 안식일이 지닌 의식법적 성격과 도덕법적 성격에 각별히 주목했다. 일곱째 날에 안식하도록 제정된 법이나 일과 활동을 극단적으로 금지하는 등 구약의 안식일적 국면들은 그리스도께서 오신 후로 폐지된 의식법이다. 그러나 칠 일 중 하루를 휴식과 예배의 날로 지켜야 한다는 도덕적 원리는 "당연하고 도덕적이며 항구적인" 원리라고 간주하였다.[86] 어떤

---

tanism, ch. 5, R. J. Bauckham, "Sabbath and Sunday in the Protestant Tradition", pp. 311-344 in *From Sabbath to Lord's Day : A Biblical, Historical, and Theological Investigation*, ed. D. A. Carson(Grand Rapids : Zondervan, 1982).

청교도 사상가는 "7일 중 하루를 여호와를 섬기는 날로 구별하라"는 명령이 안식일 준수의 항존적인 도덕적 성격이고, "정확하게 토요일을 정하여 하던 모든 일을 멈추고 곧이곧대로 쉬라"는 명령이 그리스도로 말미암아 폐기된 의식법적 성격이라고 구별을 두었다.[87]

4계명에 나타난 원리에 따라, 주일 성수는 일상사에서 손을 놓고 쉰다는 개념을 일부 포함한다. 이렇게 함으로써 주일 성수를 통하여 세속주의를 막을 수 있다. 아더 힐더쉠(Arthur Hildersham)은 안식일 준수가 "세상에 물들고 세상과 짝할" 염려가 많은 고된 노동을 하는 사람들에게 특히 필요했다고 말한다.[88] 니콜라스 보운디(Nicholas Bownde)는 "세상 일에 노심 초사한다면, 하나님의 일에 참예할 수 없다"고 비슷한 어조로 말하였다.[89] 윌리엄 에임즈에 따르면, 주일에 하지 말아야 하는 구체적인 행위로는 "우리 자신의 건강이나 이익을 염려하는 일들"이라고 말하였다.[90]

동기야 어떻든, 안식일 휴무는 일종의 인본주의적이고 사회적인 행동이었다. 중앙, 그리고 지방 정부가 안식일 법 통과와 강화에 그토록 열을 올린 이유 가운데 하나는 만약 이런 법이 없을 경우 고용주들이 7일 노동을 강행할 것이 뻔했기 때문이다. 안식일 준수론자들은(백스터의 말을 빌리자면) "끝없이 일로 몰아붙일 뿐더러 하나님을 섬기지 못하도록 하는 사용자 밑에서 골병이 들 것이 뻔한 노동자들"을 보호하였다.[91] 리처드 바이필드(Richard Byfield)는 하인

---

[86] Nicholas Bownde, *The Doctrine of the Sabbath*[Baukham, "Sabbath and Sunday", p. 324].

[87] Gervase Babington, *A Very Fruitful Exposition, of the Commandments* [Dennison, p. 36].

[88] *CLII Lectures Upon Psalm LI*[Hill, *Society, and Puritanism*, p. 175].

[89] *The Puritan Doctrine of the Sabbath*[Dennison, p. 48]. 보운디는 "안식일 준수가 오직 공적인 데에만 해당한다고 생각한 나머지, 교회 문 밖을 나서자마자 세속적인 이야기를 입에 올리는 사람들을" 신랄하게 비판한다.

[90] *The Marrow of Theology*, p. 299.

[91] *The Catechizing of Families*[Hill, *Society and Puritanism*, p. 166]. 힐은

들에게도 주일 노동을 거부할 권리가 있다고 옹호하였다.[92] 크리스토 퍼 힐은 한걸음 더 나아가서 이런 보호가 필요한 사람은 고용인뿐 아니라 고용주라고 말했다. "17세기에는 부지런한 사람이 지나친 일 욕심으로 몸을 망치지 않을 길이 단 하나 있었다. 그것은 주일 완전 휴무와 시장 통행 금지였다."[93] 18세기 사람인 조셉 에디슨(Joseph Addison)은 청교도들이 영국에 소개한 주일 성수를 회상하면서 이런 결론을 내렸다.

> 만약 일곱째 날을 거룩하게 지키는 제도가 단지 인간의 제도에 불과하다 해도, 인류를 개명(開明)하게 하는 방법으로서는 여지껏 고안된 것 중 으뜸으로 칠 만한 것이 틀림없다…… 왜냐하면 정해진 시간에 마을 사람들 전체가 좋은 낯빛으로, 또 점잖게 차려 입고 만나서 고상한 주제를 가지고 이야기 꽃을 피우며, 또 그들이 이행해야 할 의무에 대해 듣고, 지고자(至高者)를 경외하는 분위기 속에서 서로 어울리니 말이다.[94]

우리는 여기서 안식일 준수를 세속적인 입장에서 바라보는 듯한 감을 잡을 수 있으나, 안식일 준수가 지닌 사회적인 국면을 상기시켜 주는 대목이라 할 수 있다.

주일 성수가 지닌 도덕적인 일면은 도움을 필요로 하는 사람들에게 자선을 베푸는 일에서 두드러지게 나타난다. 밀턴은 주일을 "성경을

종업원들을 일주일 내내 부려 먹으려는 공장주와 사업주들을 예로 든다(p. 152).

[92] *The Doctrine of the Sabbath Vindicated*[Hill, *Society and Puritanism*, p. 177]. 윌리엄 구지는 토요일 저녁에는 성찬을 준비하지 못하도록 했다. 하인들이 저녁 준비를 하느라 늦게까지 집에 남아 있는 일을 막으려는 생각에서였다. 그리고 주일에는 끼니 준비를 위해 하인들이 집에 남아 있지 않도록 조치했다(Hill, p. 181).

[93] *Society and Puritanism*, p. 152.

[94] *The Spectator*, No. 112[Hill, *Society and Puritanism*, p. 217].

연구하고 자선을 몸소 실천하는 일에" 쓰는 방법에 대해 말했다. 그리고 조지 위더(George Wither) 또한 "이웃에게 갚아야 할 자선"에 관해 말하였다.[95]

청교도들은 지금 필자가 말하고 있는 공리주의적인 주일 성수에서 한걸음 더 나아갔다. 그들이 안식일 준수론에 기여한 바가 있다면, 그것은 주일의 기본 목적이 예배에 있다고 초지 일관 주장한 것이다. 여기에 관해서 니콜라스 보운디는 이렇게 쓰고 있다. "그러므로 휴식을 취하는 근본 목적은 영적으로나 육적으로 원만하게 예배에 참여하려 함이다."[96] 피터 베일리(Peter Bayley)는 아래와 같은 교훈을 준다.

> 사람들이 주일을 그저 일 안 하고 노는 날이 아니라, 천직으로 행하는 일을 잠깐 놓고 영적인 의무를 수행하는 날로 알도록 해야 할 것이다.[97]

존 필드(John Field)가 열거했다는 주일 의무는 참으로 전형적이다. 그는 하나님의 백성이 "말씀 청종, 기도, 성례 참여, 그분이 행하신 놀라운 역사를 묵상함, 그리고 거룩한 의무 실천"에 전심 전력해야 한다고 역설한다.[98]

청교도들이 안식일에는 일을 쉬어야 한다고 생각했다면, 여기에는 동시에 주일을 게으름 피우는 날로 만들지 않아야 한다는 뜻이 담겨 있다. 청교도들이 말하는 주일은 아무 일도 하지 않는 날이 결단코 아니었다. 어떤 청교도는 이렇게 말한다.

---

[95] Milton, Hill, *Society and Puritanism*, p. 199에서 인용. Wither, *Hymns and Songs of the Church*[Hill, *Society and Puritanism*, p. 212].
[96] *The Doctrine of the Sabbath*[Hill, *Society and Puritanism*, p. 171].
[97] *The Practice of Piety*[Hill, *Society and Puritanism*, p. 182].
[98] *A Godly Exhortation*……[Knappen, *Tudor Puritanism*, p. 448].

일상사에서 손을 놓는 정도로 안식일을 지키는 사람은 축생(畜生)과 다름없이 그날을 지키는 사람이다. 그리고 이 날 무엇보다도 우선해서 전능하신 하나님을 외면적, 내면적으로 예배해야 한다는 점을 생각할 때, 휴식 따위는 차라리 금지되었다고 말해도 무방할 지경이다.[99]

만일 우리가 주일 성수의 골간을 이루는 원리를 적절하게 파악하지 못한다면, 청교도들이 금지한 어떤 행위는 어리석기 그지없게 보일 수 있다. 안식일 준수의 핵심은 그날을 거룩하게 구별하여 하나님께 드린다는 표시였다. 노동이든 운동이든 여흥이든간에, 이렇게 따로 떼어 드린다는 자세가 반드시 표시되어야 한다. 윌리엄 에임즈는 아래와 같은 말을 통해서 문제의 정곡을 찌르고 있다.

> 주일을 제대로 준수하려면 휴식과 구별된 휴식, 이 두 가지가 필요하다……그날 자체가 구별된 것처럼, 그날 취하는 휴식은 하나님을 예배하는 데서 거룩하게 구별된다……만약 장사, 교역, 잔치, 운동 경기, 그리고 다른 활동들로 인해 거룩한 일을 도모하거나 실천할 수 없도록 마음이 흩어진다면, 이날을 제대로 준수하지 못하는 것이다.[100]

리처드 그린햄은, 사람들이 주일에 일을 한다면 그것은 "그날을 거룩하게 따로 구별하는 법을 배우지 않았다"[101]는 증거일 뿐이라고 말했다.

청교도들이 추구한 안식일의 중심은 하나님께 예배하고 이웃에게

---

[99] A. B., *The Sabbath Truly Sanctified*[Dennison, p. 133].

[100] *The Marrow of Theology*, pp. 298–300. 에임즈는 교리를 안식과 성화, 이렇게 두 부분으로 구분했는데, 많은 청교도 저자들은 안식 부분을 기준으로 삼아 글을 전개했다.

[101] *Works*[Hill, *Society and Puritanism*, p. 151].

봉사하기 위해 그날을 따로 구별하는 것이었기 때문에, 제대로 주일을 보내기 위해 여흥을 철저하게 거부했다. 윌리엄 퍼킨즈는 이렇게 쓴다.

> 많은 사람들이 주님의 날을 운동 경기나 소일거리를 하며 지내는 모습이 눈에 띈다. 그러나 이날은 마땅히 하나님을 예배하고 신성한 의무를 수행하는 데 보내야 할 것이다.[102]

리처드 백스터는 이 점에 관해서, 한 주 동안 육체적으로 과로하는 사람이라 하더라도 마음이 피곤한 것이 아니라 몸이 피곤하므로, "몸의 피로를 덜어 주기에 알맞은 여흥은 없다. 오히려 창조주이시며 구속주, 그리고 영원한 안식이신 그분에게 마음을 쏟는 거룩하고 유쾌한 일이 있을 뿐이다"라고 자기 주장을 폈다.[103] 백스터, 도드, 그리고 클리버와 같은 청교도들은 노동자가 오락을 즐길 수 있는 날이라고는 주일밖에 없다는 강변(強辯)에 대해서 "고용주들이 고용인들에게 주 중에 오락을 즐길 수 있도록 시간을 허락해야 한다"[104]고 지극히 인도주의적인 답변을 내놓았다.

지금까지 말한 주일 성수를 삭막하고 무미 건조한 종교 행사로 간주하는 것은 종교가 냉대받던 시대의 유물일 뿐이다. 정작 주일 성수를 실천한 청교도들은 하나님과 동료 시민들 앞에서 분명한 의식을 가지고 또한 자발적으로 그렇게 했다. 존 프레스톤은 주일을 "기쁨으로 지켰다"고 말했다.[105] 조지 위더는 주일을 지킨 보상으로 "거룩한 기쁨"과 "더 강건해진 양심"을 손꼽았다.[106] 토머스 풀러(Thomas Fuller)는 안식일 준수의 인기에 대해서 이렇게 묘사한다.

---

[102] Ibid., p. 174.
[103] *The Divine Appointment of the Lord's Day*[Dennison, p. 176].
[104] Dennison, p. 176, Hill, *Society and Puritanism*, p. 197.
[105] *The Saint's Qualification*[Hill, *Society and Puritanism*, p. 176].
[106] *Hymns and Songs of the Church*[Hill, *Society and Puritanism*, p. 212].

일부는 안식일 자체가 가지고 있는 순전함 때문에, 그리고 다른 일부는 안식일을 지키는 사람들이 보여 주는 뛰어난 경건 때문에, 안식일에 관한 가르침이 사람들에게 대단히 인기가 있었다는 것은 거의 믿기 힘들 정도이다. 이렇게 해서 사람들은 주일을······제대로 지키기 시작했다.[107]

나는 토머스 후커가 물었던 적절한 질문을 던지는 것으로 결론을 대신하고자 한다. "안식일을 속되게 보내는 편보다 거룩하게 구별해서 지키는 편이 낫지 않은가?"[108]

교회와 교제

내가 지금까지 말해 온 청교도 교회관은 언제 말머리를 꺼내느냐가 문제일 뿐, 교제라는 주제와 밀접히 연결되어 있다. 청교도들은 성직자 위계주의와 화석화(化石化)한 의식들이 난무하는 제도 교회를 비판하는 입장에 있었으므로, 하나님을 예배하는 성도들 가운데서 교제가 가장 중요한 현실이 되도록 역동적이고 유연한 교회를 세웠다.

교제에 대한 강조는 그들의 교회 정의에서도 발견된다. 한 예로, 윌리엄 에임즈는 교회를 "그들 가운데 성도의 사귐을 계속적으로 실천하도록 특별히 하나로 뭉쳐진 믿는 이의 사회"라고 정의했다.[109] 다른 영국 청교도는 "거룩한 언약으로 말미암아 하나님, 그리고 서로에게 하나로 묶인 사람들의 집단"이라고 정의했다.[110]

교구가 자동적으로 교회 성원을 결정해버리는 국가 교회 체제 아래에서, 청교도들은 자발적인 교인 가입을 통해 한 지역 사회 안에

---

[107] *The Church History of Britain*[Dennison, p. 43].
[108] *The Christian's Two Chif Lessons*[McGee, p. 247].
[109] *The Marrow of Theology*[Emerson, *Puritanism in America*, p. 26].
[110] Miller, *Seventeenth Century*, p. 435에서 인용.

"형성되는" 교회를 이상으로 삼고 실천했다. 이런 자유 정신은 플리머스 조합 교회(Plymouth church)에 관한 총독 윌리엄 브래드포드의 다음과 같은 언급에서도 잘 스며들어 있다. "주님의 자유로운 백성들이(주님의 언약을 통해서) 교회, 곧 복음의 교제 안으로 들어왔다."[111]

교제를 교회의 특징으로서 강조하기 쉽게 만든 분위기가 있다면, 위계적인 교회 개념에 비할 때 청교도 회중들 사이에 이미 퍼져 있던 민주성을 손꼽을 수 있다. 몇 년 전 내가 존 번연이 청소년 시절 출석하던 교회를 방문했을 때, 안내자는 그곳이 본래 가톨릭 교회였다면서 될 수 있는 한 평신도들과 접촉하지 않으려 한 사제가 이용하던 한쪽 문을 보여 주었다. 이런 상황을, 교회를 병원에 빗댄 리처드 시브즈의 말과 대조시켜 볼 수 있다.

> 그리스도의 교회는 종합 병원이다. 이 병원에 있는 사람들은 모두 정도 차이야 있겠지만, 영적인 병을 앓고 있다. 그러므로 우리는 피차 지혜와 겸손으로 대하려는 자세를 가져야 한다.[112]

나는 앞에서 청교도들이 영적 일체성을 강조했다고 말한 바 있다. 그 결과 제도적인 구성체가 아니라 영적인 동아리 정신이 믿는 이들 사이에서 싹텄다. 그리스도인의 영적 교통은 청교도들이 내건 큰 깃발 가운데 하나였다. 올리버 크롬웰의 친족인 윌리엄 후크(William Hooke)는 "모든 믿는 이들의 마음 속에는 같은 은혜의 실로 놓은 수가 아로새겨 있다"고 말했다.[113] 토머스 왓슨 역시 비슷한 비유를 사용했다. "하나님의 자녀들은 사랑의 끈으로 하나로 묶였다. 마치 몸의 모든 지체들이 갖가지 신경과 관절로 뭉쳐진 것처럼 말이다."[114]

---

[111] *History of the Plymouth Plantation*[Schneider, p. 22].
[112] *The Bruised Reed*[George, p. 414].
[113] *New England's Tears*……[McGee, p. 155].

리처드 시브즈가 교제 절연(絶緣)을 "극악 무도요 파렴치"라고 본 것은 조금도 이상한 일이 아니다.[115]

그들이 핍박받는 소수(미국에서는 벼랑에 선 사람들이었고)였다는 점 역시 이렇게 구구 절절이 연합을 강조하는 분위기를 만드는 데 한몫 했음은 더 말할 나위가 없다. 사실 그들은 쭉정이를 가려낸 알곡이 될 수밖에 없는 상황에 처해 있었다. 다른 소수 집단과 마찬가지로, 그들은 투철한 공동 신념을 가지고 서로 굳은 연대를 맺었다. 토머스 케이스(Thomas Case)는 옥중 서신에서 "옥에 갇힌 몸이 되고 보니 성도의 동거함과 안식일을 지킴이 어찌 그리 아름다운지 깨닫게 됩니다" 하고 썼다.[116] 토머스 둘리틀(Thomas Doolittle)은 "그리스도의 양떼들은 붙임성 있는 존재들이다. 늑대들이 아니라 양떼들과 함께하기를 무척 좋아한다"고 말했다.[117]

청교도들이 지녔던 교제관은, 어느 정도는 그리스도인들이 서로 좋은 영향을 주고 받을 수 있다는 신념에서 나왔다. 청교도들은 서로 영적인 도움을 주고 받는 일을 으뜸가는 이상의 하나로 여겼다. 시브즈는 "거룩함 가운데 서로 힘과 용기를 북돋아 주는……성도의 아름다운 교통"을 높게 사면서, 그리스도인들에게는 "다른 사람들로 하여금 가장 고상한 것을 사랑하도록……이끌 수 있는 능력"이 있다고 말했다.[118] 토머스 왓슨은 이렇게 권면한다. "거룩한 사람들과

---

[114] *The Beatiudes*, p. 231. 어떤 청교도들은 영적 교제라는 대목에서 매우 육감적인 언어를 동원했다. 로버트 코치맨(Robert Coachman)은 영적 교제를 "상큼한 이슬과 향내 나는 연고, 우리의 시선을 송두리째 빼앗는 것, 기분 좋은 향기"라고 말했다(*The Cry of a Stone*[McGee, p. 206]). 로버트 볼튼은 "성령님께서 진실한 그리스도인의 마음에 형제 사랑의 불씨를 한번 심어 놓으시기만 하면……그 불꽃은 결코 꺼지지 않고……그 마음에서 훨훨 불타며……이 땅에서라도 가장 행복하고 이해심 넘치는 상호 이해를 만들어 낸다"라고 쓴다(*Instructions for a Right Comforting Afflicted Consciences*[McGee, pp. 205-206]).

[115] *A Consolatory Letter to an Afflicted Conscience*[McGee, p. 205].

[116] *Correction, Instruction : or, a Treatise of Afflictions*[McGee, p. 205].

[117] *Rebukes for Sin by God's Burning Anger*[McGee, p. 186].

어울림으로써, 그들의 충고, 기도, 그리고 경건한 모범으로 말미암아 당신 역시 거룩해질 수 있다. 우리의 모임이 사도신경에서 기도하는 그대로 성도의 교통이 되어야 한다."[119]

청교도들이 생각한 권면과 치리는, 다른 믿는 사람을 올바르게 세워 주려던 그들의 진실한 소원을 염두에 두고 이해해야 한다. 사무엘 워드는 일기에서 이렇게 쓰고 있다.

> 사람들이 죄의 물결을 향해 달려가는 모습을 볼 때, 욕하지 말고 슬퍼하라. 그들의 기분을 상하게 하는 거친 말을 쓰지 말고 친절하게 바로잡아 주려고 애쓰라.[120]

로버트 코치맨(Robert Coachman)은 "믿음의 형제가 다른 형제들을 사랑스러운 눈길로 지켜 보아 주고, 또한 형제가 죄에 빠졌을 때 그냥 두고 보지 않는 공동체 속에서 산다는 것은……이만저만한 특권이 아니다"라고 감격어린 어투로 말했다.[121]

교회를 그리스도에게, 또 서로에게 헌신한 사람들이 나누는 교제로 파악한 청교도들의 인식은 사람의 마음을 움직이기에 충분했다. 리처드 매더는 교회를 이렇게 그렸다.

> 교회는 하나님의 은혜와 자비로써 부르심을 받아 그리스도와 교제를 나누게 된 그리스도인의 집단이다. 그분의 미리

---

[118] *The Saints' Cordials*[McGee, p. 195]. 시브즈는 다른 곳에서 "거룩한 회합의 유익과 거기서 얻는 경건한 지침, 그리고 위로와 형제애에 바탕을 둔 권면과 자상한 이해가 주는 유익을 무시하는" 위험에 관해 썼다(*A Consolatory Letter*……[McGee, p. 195]).

[119] *A Body of Divinity*[McGee, p. 202]. 왓슨은 산상수훈에서 이렇게 쓰고 있다. "그대가 순전하다면, 순전한 사람들과 행동을 같이하라……사귐은 동화(同化)를 낳는다"(p. 195).

[120] Knappen, *Two Elizabethan Puritan Diaries*, p. 120.

[121] *The Cry of a Stone*[McGee, p. 198].

정하심으로 말미암아 동거하도록 부르심받았고, 은혜로 말미암아 믿음과 형제애로 하나되어 서로 밀착하도록 부르심 받았다……그들은 성령님의 도우심을 힘입어 한 길을 걷고 주님과 서로에게 그들을 묶은 사람들이다. 이런 증표로서 하나님을 거룩하게 예배하고 서로에게 훈계를 베푸는 일을 한다.[122]

요약

청교도들은 결코 독립 교파를 구축하지 않았다. 그들이 남긴 유일한 제도적 유산이 있다면, 교회가 조금 더 국가의 간섭에서 놓이도록 함으로써 교파 다원주의의 기초를 세웠다는 것이다.

그러나 이런 제도적인 유산보다 훨씬 더 중요한 것은 그들이 붙잡았던 원칙이다. 그들은 교회 정치보다 성경의 권위를 더 중요하게 보았다. 그들은 교회를 영적인 실체로 파악하고, 평신도의 역할을 크게 신장시켰다. 그들은 예배를 간소화하고, 회중의 참여를 유도했다. 하나님 말씀의 능력을 존중하고 예배에 신선함을 불어넣었다. 한편 그들은 주일을 예배드리는 날로 따로 구별하고, 교회만이 줄 수 있는 교제를 즐겁게 나누었다.

추천 도서

Percy A. Scholes, *The Puritans and Music in England and New England*(1934).

Nathaniel Micklem, ed., *Christian Worship : Studies in Its History*

---

[122] Miller, *Seventeenth Century*, p. 435에서 인용.

and Meaning (1936).

Horton Davies, *The Worship of the English Puritans*(1948).

Patrick Collinson, *The Elizabethan Puritan Movement*(1967).

James H. Nichols, *Corporate Worship in the Reformed Tradition* (1968).

Horton Davies, *Worship and Theology in England : From Cranmer to Hooker, 1534 − 1603*(1970).

E. Brooks Holifield, *The Covenant Sealed : The Development of Puritan Sacramental Theology in Old and New England, 1570 − 1720*(1974).

Horton Davies, *Worship and Theology in England : From Andrewes to Baxter and Fox, 1603 − 1690*(1975).

Winton U. Solberg, *Redeem the Time : The Puritan Sabbath in Early America*(1977).

Paul D. L. Avis, *The Church in the Theology of the Reformers* (1981).

Charles E. Hambrick-Stowe, *The Practice of Piety : Puritan Devotional Disciplines in Seventeenth-Century New England*(1982).

의식이 극성을 부릴수록 진리는 줄어든다.
―리처드 그린햄

안식일을 속되게 보내는 편보다 거룩하게 구별해서 지키는 편이 낫지 않은가?
―토머스 후커

그리스도의 교회는 종합 병원이다. 이 병원에 있는 사람들은 모두 정도 차이야 있겠지만, 영적인 병을 앓고 있다. 그러므로 우리는 피차 지혜와 겸손으로 대하려는 자세를 가져야 한다.
―리처드 시브즈

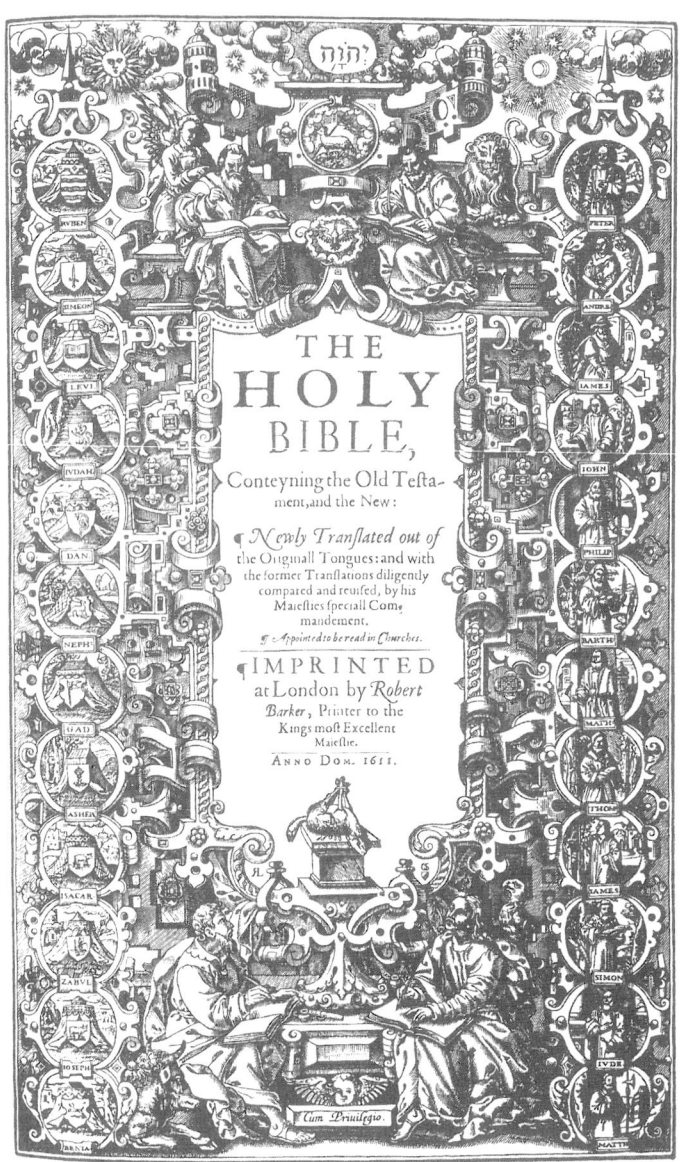

1611년 발간된 킹 제임스 성경 표지. 헌팅턴 도서관의 호의를 입어 실음.

제 8 장

성경

> 하나님의 자녀들은 답보하지 않는다. 말씀 안에는 기대어 살 법도와 나아가야 할 향방이 있다. 게다가 그것은 대단히 유효 적절하다.
>
> — 토머스 구지

청교도들이 성경을 대하는 태도에 관해 아직도 더 할 말이 과연 있는가? 우리는 개신교 종교 개혁이 성경을, 종교적 신념을 판단하는 유일하고 최종적인 권위에 올려 놓았음을 너무도 잘 알고 있다. 그래서 이런 장은 이 책에 포함되지 않아도 괜찮다는 예단(豫斷)을 가지고 있었다.

그러나 시간이 지나면서, 필자의 연구가 사람들에게 낯선 것임이 천천히 드러났다. 우리는 청교도 성경관 연구를 통해서 현재 논의되고 있는 문제들을 새롭게 조명하는 것은 물론이고, 복음주의적 청교도가 본래 어디에서 기본적인 원리를 빌려 왔는가 하는 물음에 답할 수 있다. 우리 시대 그리스도인들이 아예 아무 생각도 없다고 말할 수 있을 만큼 가볍게 여기는 성경관에 청교도들은 달통한 사람들이었다. 한마디로 말해서, 청교도들이 성경을 대하는 태도는 지금도 다루어야 할 적절한 주제요 역사적으로 중요한 문제이며, 오늘날 우리에게 반성의 기회를 제공한다.

성경을 볼 수 있는 평신도들의 권리

영국에서 일어난 종교 개혁은 그리스도인들이 저마다 자기 나라말로 쓰인 성경을 읽고 해석할 수 있는 권리를 갖는다고 하는 표어로 집약될 수 있는 성경 중심 운동이었다. 이런 생각을 처음으로 꼭집어서 표현한 사람은 루터이다. 그는 이렇게 말한다. "우리는 다른 것을 바란 적이 없다……오직 하나님 말씀, 즉 성경을 소유하고 가르치며 실천할 자유만을 바란다."[1]

영국 개신교도들 역시 같은 심정이었다. 가톨릭 교도였던 에라스무스가 농부와 옷감 짜는 사람들이 일을 하면서 성경 몇 구절이라도 암송할 수 있었으면 하고 바랐다면, 청교도 윌리엄 틴데일의 꿈은 조금 더 야무졌다. 그는 글로스터셔(Gloucestershire)에 있는 한 사제에게 "하나님께서 많은 세월이 흐르기 전에 내게 그런 힘을 주신다면, 저기 쟁기를 끄는 소년을 가르쳐서 당신보다 성경에 더 능통한 사람이 되게 하겠소" 하고 톡 쏘았다.[2] 존 볼의 교리문답서는 "모든 사람이 성경을 아는 지식을 갖느뇨?" 하는 물음에 "그렇다. 성경을 아는 지식은 모든 사람에게 허락되었을 뿐 아니라, 저마다 힘써 읽고 듣고 깨닫도록 권면받고 명령받는다……성경은 그 나라말로 번역되어야 하고 또 해석되어야 한다"고 답하고 있다.[3]

---

[1] 1528[Plass, 3 : 1178]의 편지.

[2] Tyndale, *Works*[Hughes, p. 14]. 제네바 성경의 서문에서는 성경은 "민족과 방언이 어떠하든, 교육받았든 못 받았든 모든 사람을 위해" 쓰여진 책이라고 기술한다[Trinterud, p. 218].

그리스도인들은 저마다 제 나라말로 된 성경을 대할 수 있어야 한다는 소신에 충만했던 청교도들은 다른 영국 개신교도들과 손잡고 성경을 영어로 번역하는 모험을 감행했다. 이야기는 열렬한 개혁자이고 7개 국어에 능통한 언어의 천재 윌리엄 틴데일에게서 시작된다. 그는 영국 가톨릭이 성경 번역을 방해하자 1524년 대륙으로 건너가 신약 번역을 계속한다. 1526년, 틴데일의 영어 신약성경 초판본은 가톨릭 당국자들의 극심한 반대 속에서 영국에 전해진다. 틴데일은 구약 번역에 손을 댄 지 얼마 되지 않아 심각한 위기를 만난다. 그는 세상을 떠나기 바로 직전에 오랜 세월을 두고 청교도들의 심금을 울릴 만한 명언을 남겼다. "주여, 영국 왕의 눈을 열어 주옵소서."

청교도들이 성경 번역에 구체적으로 어떤 공헌을 남겼는지 살펴보려 한다면, 1560년 간행된 제네바 성경(Geneva Bible)을 보아야 한다. 칼빈이 활동하던 제네바에서 살던 영어권 신자들이 만든 이 성경은 몇 세대를 두고 청교도들에게 사랑받는 성경이 되었을 뿐 아니라, 셰익스피어와 스펜서가 보던 성경이기도 했다. 이 성경의 여백에는 청교도적이고 칼빈주의적인 본문 해석이 곁들여 있었다. 이 성경이 지닌 조금 더 장기적인 중요성은, 이것이 장차 나올 영어 성경의 표준이 될 만한 몇 가지 혁신을 이룩했다는 점이다. 이 성경은 흑체(고딕체)가 아니라 로마자 서체로 인쇄되어서 일반인들이 더 편하게 읽을 수 있도록 배려했다. 원문을 조금 의역한 경우에는 이탤릭체로 표기하여 이해가 쉽도록 덧댄 부분임을 밝혔다.

제네바 성경은 곧 쉽게 구입할 수 있고 대중적인 역본으로 자리 잡았다. 50년 남짓해서 이 성경은 영국인들이 가장 많이 읽고 또 가장 빈번하게 중판을 찍는 성경이 되었다. 스코틀랜드에서는 일찌감치 교회에서 공적으로 사용하는 성경으로 지정받았다. 1643년 발행된

---

[3] Warfield, pp. 188–189에서 인용. 웨스트민스터 신앙 고백문을 작성한 사람 중 하나인 에드워드 레이놀즈는 "모든 가정에 성경이 비치되었으면" 하는 바람을 나타냈다(*An Explication of the Fourteenth Chapter of the Prophet Hosea*……[Rogers, p. 401]).

크롬웰의 "병사용 휴대 성경"(*Soldier's Pocket Bible*)은 의회군이 보던 것이었는데, 제네바 성경을 본문으로 추려서 실었다. 아마도 가장 우리의 주목을 끄는 공헌은, 제네바 성경이 다른 어떤 역본보다 1611년에 나온 킹 제임스 성경에 지대한 영향을 끼쳤다는 사실일 것이다.

영어 성경 번역의 절정이며 모든 영어 성경 가운데 으뜸은 제임스 왕과 영국 교회의 재가 아래 나온 킹 제임스 성경이었다. 이 역본은 일면 청교도의 작품이라고 할 수 있다. 이 역본은 1604년 1월에 열린 햄프톤 궁정 회의에서 처음으로 논의되었다. 이 회의에서 청교도들은 제임스 왕에게 몇 가지 소청을 올렸는데, 그 가운데 하나가 새로운 성경 번역 사업이었다.

이 제안은 옥스포드 대학 학장이며 영국 청교도 진영의 지도자인 존 레이놀즈(John Reynolds)의 마음을 움직였다. 왕은 결코 청교도들에게 호의적인 인물이 아니었다. 사실을 말하자면, 왕은 "청교도들을 영국에서 몰아내겠다, 아니 그보다 더 끔찍한 일이라도 서슴지 않겠다" 하며 으름장을 놓았다. 그런데도 무슨 바람이 불었던지 그 유명한 성경이 태어날 수 있도록 산파 노릇을 자청했고, 역설적이게도 그 성경은 그의 이름으로 불리게 되었다. 왕은 그 회의에서 이렇게 말했다. "짐은 제대로 된 영어 성경을 보지 못했노라. 그 중에서도 제네바 성경이 가장 아랫길이라고 생각하노라."[4]

그래서 제임스 왕은 청교도들을 괴롭혀 줄 심산으로 번역 작업을 추진할 54명의 학자들로 위원회를 만들게 했다. 그러나 어떤 사학자는 번역자들은 영국 성공회와 청교도가 거의 같은 수로 참가했다고 고증한다.[5] 그 결과 이전에 나온 모든 영어 역본들을 참조했지만, 다른 어떤 역본보다도 제네바 성경을 많이 참조한 성경이 나왔다.

물론 이 성경은 개인이 소유하지 않았다. 왜냐하면 가정과 교회

---

[4] F. F. Bruce, *History of the Bible in English*, 3d ed(New York : Oxford University Press, 1978), p. 96에서 인용.

[5] Perry, p. 238.

회중석에 영역본이 비치되어 있기 때문이다. 그러면 영역본들의 등장으로 말미암아 청교도들은 성경에 더 쉽게, 더 많이 접근할 수 있게 되었는가?

종교 개혁 시대를 산 진지한 그리스도인들이 우리 시대의 복음주의 그리스도인들보다 성경을 더 잘 알았다는 점에는 의심할 여지가 거의 없다. 그들은 그야말로 말씀에 대해 왕성한 식욕을 보였다. 존 코튼은 "말씀을 먹고 살라"고 회중들에게 말했다.[6] 리처드 백스터는 독자들에게 "성경을 사랑하고 존경하며, 읽고 연구하며, 순종하고 늘 친근히 하라"고 간청한다.[7] 존 밀턴의 아버지는 젊은 시절에 영어 성경을 읽다가 가톨릭 교도인 아버지에게 들켜서 집에서 쫓겨나고 상속에서도 영원히 제외되었다.[8] 존 윈스롭은 회심한 후에 "하나님 말씀에 대한 갈증"에 사로잡혔었노라고 적었다.[9]

성경을 가까이 할 수 있게 된 청교도들에게는 어떤 버릇들이 생겼다. 그 하나는 매일 집에서 성경을 읽는 습관이다. 코튼 매더는 이렇게 썼다. "하루라도 성경을 간절히 사모함으로 읽고 묵상하지 않고 어영부영 지나가는 날이 없게 하라."[10] 또한 청교도들은 영국 성공회 관리들의 간섭과 훼방을 피해서 늦은 시간, 혹은 이른 시간에 은밀히 성경 공부와 기도회를 가졌다.

영어 성경의 등장과 더불어 성경에 근거를 둔 설교가 활짝 꽃피었다. 사실, 젊은 헨리 뉴컴(Henry Newcome)이 첫 목회를 시작했을 때, 어떤 늙은 설교자가 그의 설교에 성경 이야기는 얼마 없고 역사 이야기가 너무 많이 들어 있다고 지적했다. 그는 이런 사실을 깨달았다. "사람들은 성경을 가지고 온다. 그리고 성경 인용을 기대한다."[11]

---

[6] *Christ the Fountain of Life* [Carden, p. 14].

[7] *The Saints' Everlasting Rest* [New, p. 27].

[8] William Riley Parker, *Milton : A Biography* (Oxford : Oxford University Press, 1968), 1 : 4.

[9] *Winthrop Papers* [McGee, p. 244].

[10] *Military Duties Recommended to an Artillary Company* [Carden, pp. 12-13].

성경이 번역됨으로 나타난 가장 의미 심장한 결과가 있다면 성직자들이 성경 지식과 해석을 더 이상 독점할 수 없게 되었다는 사실이다. 가톨릭 교도인 토머스 모어는 평신도들이 성경 해석에 "참견하는" 행사를 꾸짖으면서, "백성들이 모세에게 '당신이 하나님께 들으시고 우리에게 말씀하소서' 하고 말한 것처럼 서품받은 설교자에게 물으라"고 잘라 말했다.[12] 이와는 반대로, 윌리엄 에임즈는 "신도들에게는 물어야 할 의무가 있다. 또한 공적으로나 사적으로 진리를 분별할 은사 역시 그들에게 부여되었다"고 말한다.[13]

믿는 자 모두가 이러한 접근권(接近權)을 가지고 있다고 인정함으로써 어떤 결과가 빚어졌는가는 존 브루엔(John Bruen)의 하인으로서 글을 읽지 못하던 로버트 패스필드(Robert Pasfield)의 사례에서 잘 확인된다. 브루엔의 자서전에 의하면, 패스필드는 "읽기는커녕 자기 이름조차 쓸 줄 모르던 완전 까막눈"이었다. 그러나 그는 "성경 역사와 각 책과 장 절수 그리고 전체 줄거리를 두루 꿰고 있었다. 사람들이 이런 구절 혹은 저런 문구가 어디에서 나오느냐고 물으면 잠시 머뭇거리다가 어느 책 몇 절에 나온다고 대답하면 대개가 정확하게 맞을 정도였다."[14]

성경의 권위, 그 본질과 범위

종교적인 믿음에서 가장 중요한 질문은 도대체 무엇이 그 믿음을 구성하는가 하는 것이다. 사람들은 궁극적인 권위를 세 가지로 생각해 왔다. 그것은 성경, 교회 전통, 그리고 인간의 이성인데 이것들 하나하나가 권위를 행사하기도 하고 또는 결합해서 행사하기도 한다. 그

---

[11] Henry Newcome, *Autobiography* [R. C. Richardson, p. 104].
[12] *The English Works*[Knott, p. 169].
[13] *The Marrow of Theology*, p. 188.
[14] William Hinde, *Life of John Bruen* [R. C. Richardson, p. 102].

러나 대륙 개혁자들의 발자취를 따른 청교도들은 오직 성경만을 신앙의 최종적인 권위라고 주장했다. 코튼 매더는 이렇게 썼다. "양심이 푯대로 삼고 나아가야 할 것은 하나님께서 성경 안에 계시하신 내용이다."[15] 라이트풋(Lightfoot)은 여기에다 이렇게 덧붙였다. "성경으로 기초를 삼는다는 것은 교회의 영광이요 든든한 자산이다······ 참된 교회의 초석은 성경이다."[16]

성경을 최종 권위로 천명한다는 말은 그 밖의 다른 유사 권위를 일체 거부한다는 뜻이다. 청교도들은 이 문제를 바로 이렇게 인식했다. 조셉 캐릴(Joseph Caryl)은 말하기를, 종교적 진술의 진위(眞僞)는 "흔히 고풍 구습이라고 부르는 그것이 아니라 인간의 고풍, 습속, 모략, 그리고 전통(이런 모든 것들이 백해 무익하지는 않되)을 모두 넘어서는 하나님 말씀으로" 재고 달아 보아야 한다고 했다.[17] 존 오웬은 이렇게 말한다. "사람의 생각에 신앙을 붙잡아 매지 말라. 성경이 시금석이다."[18] "오직 성경"(*Sola Scriptura*)이라는 생각은 청교도들에게 대단히 중요했다. 로버트 바일리(Robert Baillie)는 "전통을 숭상하는 교황제의 오류는 한두 가지 정도가 아니라 개신교 종교개혁을 떠받치고 있는 기초석 전부를 뒤흔든다"라고 적었다.[19]

청교도들은 성경이 영감된 하나님 말씀이라고 믿었기에 오직 성경만을 최종적인 권위로 삼았다. 다른 책들의 경우와는 다른 의미에서,

---

[15] *A Companion for Communicants* [Carden, pp. 8-9].

[16] *Works*[Warfield, p. 303].

[17] *The Works of Ephesus Explained*[John Wilson, p. 209]. 루터와 칼빈은 처음에 관습과 이성에 관해 이렇게 비판을 가한다. "얼마나 좋은 것인지는 몰라도 모든 관습은 하나님 말씀에서 분리시켜야 한다"(Address to the Diet at Augsburg, 1530[Plass, 3 : 1181]). 칼빈은 이런 확신을 피력한다. "우리는 믿음과 종교 생활의 유일한 규준으로서 성경만을 따르기 원한다. 하나님 말씀과는 무관한 인간의 의견이 만들어 낼 수 있는 온갖 잡스러운 것들을 물리치고 말이다"(1536 *Confession of Faith* [Jarman, p. 110]).

[18] *Works*, 13 : 40-41.

[19] *The Unlawfulness and Danger of Limited Episcopacy*[Rogers, p. 349].

성령님을 성경의 저자라고 말할 수 있다. 토머스 왓슨은 "당신이 읽고 있는 성경 한 줄 한 줄에서 하나님이 말씀하신다고 생각하라"고 말했다.[20] 매사추세츠 록스버리 교회가 파송한 인디언 선교사인 존 엘리어트는 "성경의 글은 곧 하나님 말씀이다"라고 말했다.[21] 존 오웬은 "성경의 권위는……그 신적 기원에 있다……성경은 성경을 쓰신 분 때문에 권위를 갖는다"고 말했다.[22]

청교도들은 하나님이 성경의 저자라면, 성경은 그리스도인들을 전혀 속이지 않는 믿을 만한 지침이라고 생각했다. 에드워드 레이놀즈는 성경 전체가 "진리의 영이 기록하신 책으로서 속이거나 기만하지 않는 책이다"[23]라고 말했다. 존 라이트풋은 "신령한 저자들이 기록한 모든 내용은 참이다(그러므로 성경에는 오류가 없다. 필사가나 번역자의 실수를 제외하고는 말이다)"[24]라고 주장했다.

성경 권위에 대한 청교도의 사유 방식에는 나무랄 데가 없다. 하나님이 성경의 저자이시라면 성경이 거짓일 리 없고 누구를 속이지 않을 터이고, 더 나아가서 오류나 거짓이 있을 수 없다는 것이다. 청교도들은 성경에 대해서 정확 무오라는 말을 주저없이 썼다. 사무엘

---

[20] *Body of Divinity*[Packer, p. 19]. 토머스 게이테커는 이렇게 썼다. "이 책에는 하나님께서 직접 찍으신 표지가 아로 새겨 있다……하나님의 영께서 직접 그렇게 하셨다"(*A Wife in Deed*[Rogers, p. 371]).

[21] *Tears of Repentance*[Carden, p. 4].

[22] *Works*, 16 : 297, 309. 인크리스 매더는 이렇게 믿었다. "화자(話者)의 권위만을 보고 성경을 받아들여야 한다……화자의 권위를 생각할 때 사람은 그저 듣고 두려워하며, 믿고 순종해야 할 이유만이 있는 것이다"(*The Latter Sign Discoursed*……[Carden, p. 3]).

[23] *An Explication of the Fourteenth Chapter of the Prophet Hosea* [Rogers, p. 409]. 루터는 성경의 권위와 신뢰성에 대해 확고부동한 자세를 보였다. 그는 헨리 8세에게 이렇게 편지했다. "하나님의 말씀은 모든 것을 초월하여 있습니다. 하나님께서는 실수하거나 속이지 않으십니다"(Plass, 3 : 1368). 언젠가 그는 "이 성경은…… 나를 속이지 않을 것이다" 하고 자기 신념을 표시하기도 했다(lecture on Gen. 37 : 9 : [Plass, 2 : 839]).

[24] *Works*[Warfield, p. 273].

러더포드는 "성경에는……결코 오류가 없다"고 하는 루터와 "성경은 거짓 없는……진리의 준칙이다"[25]라고 하는 칼빈의 입장에 동조하면서, "하나님의 말씀은……진실 무망하다"고 선언했다.[26] 윌리엄 에임즈는 "하나님에게서 직접적이고 진실 무망한 지침을 받았으므로 모든 오류에서 벗어난 사람들만이……믿음과 행위의 준칙을 세울 수 있다"라고 썼다.[27] 리처드 백스터는 사도들이 "어떤 오류도 없이" 성경을 기록했다고 주장했으며, 존 오웬은 성경이 "하나님의 뜻과 심정을 한치 오차도 없이, 또 아무런 오류도 없이 보여 주는 계시"라고 말했다.[28]

오늘날 기독교 진영에서는 성경의 무오성은 원본에 국한된다고 말하는 것이 상례이고, 우리가 지금 가지고 있는 성경에는 필사 오류가 있을 수 있다고 인정한다. 초기 청교도들 역시 이런 구분을 지지했다. 예를 들어 리처드 케이플(Richard Capel)과 같은 이들의 말을 들어 보자.

> 번역가나 필사가는 실수를 범할 수도 있다……그들은 무오의 영에 사로잡힌 사람들이 아니다. 그들이 번역한 역본에는 많은 실수가 끼어 있을 수 있다.[29]

---

[25] Luther, *Works*[John Warwick Montgomery, "Lesson from Luther on the Inerrancy of Holy Writ," in *God's Inerrant Word*(Minneapolis : Bethany Fellowship, 1974), p. 67], Calvin, *Commentary on Hebrews*[Kenneth S. Kantzer, "Calvin and the Holy Scriptures", in *Inspiration and Interpretation*, ed. John F. Walvoord(Grand Rapids : Eerdmans, 1957), p. 142]. 칸처는 같은 쪽에서 칼빈이 성경을 묘사하면서 "무오하고" 또는 "틀림이 없는"이라는 단어를 동원한 모두 8페이지에 걸친 글들을 인용한다.

[26] *A Free Disputation Against Pretended Liberty of Conscience*[Warfield, p. 247].

[27] *The Marrow of Theology*, pp. 185−186.

[28] Baxter, *Works*[Warfield, p. 273], Owen, *Works*, 14 : 273.

[29] *Remains*[Warfield, pp. 244−245].

존 라이트풋은 "성경에는 어떤 오류나 모순도 없다. 단지 어떤 사본에는 보존, 필사, 인쇄, 또는 번역상의 실수가 개입할 수 있다"고 주장했다.[30]

20세기 변증가들이 그토록 고심한 무오성 문제에 어떤 입장을 취했는지 알아보기란 어렵지 않다. 청교도들은 성경이 하나님 말씀이라고 믿었기에 의당 성경이 무오하다고 여겼다. 그러나 최근 벌어진 제한 무오류설 논쟁에서 보듯이, 성경이 무오하다고 말한다 해서 문제가 끝나지는 않는다. 성경은 어떤 영역에서 권위를 갖는가? 구원이라는 문제에 관해서만 권위를 갖는가? 아니면 삶의 모든 분야에 걸쳐 권위를 갖는가? 청교도들은 성경의 권위를 삶의 전영역으로 확대했다.

첫째, 성경은 종교적 진리를 검증하는 권위 있는 기준이다. 성경은 "모든 교리들을 검증하는 시금석"이고, "종교상의 모든 질문과 논쟁을 결정하는 판단자"이며, "어떤 진리를 믿어야 하는지 가르쳐 주는 규준(規準)"이다.[31] 토머스 카트라이트는 성경이 교훈이든 다스림이든 "하나님 나라에 관한 모든 것들을"을 가르친다고 믿었는데, 존 구프(John Gough)는 "성경이야말로 모든 가르침을 시험해 보는 시금석"이라고 믿었다.[32]

청교도들은 성경의 권위를 도덕의 문제에까지 확대시켰다. 그들은 성경이 "우리의 모든 행위를 규정하기에 충분"하다고 보았고, "인간의 모든 도덕적 행동을 지도하는 법률 또는 체계"로서 손색이 없다고 믿었다.[33] 사무엘 러더포드는 "완벽한 도덕률 체계와 골격을 가지고

---

[30] *Works*[Warfield, p. 273].

[31] William Tyndale, *Prologue to the Book of Genesis*[Knott, p. 20], Samuel Rutherford, *A Free Disputation Against Pretended Liberty of Conscience*[Warfield, p. 256], Increase Mather, *David Serving His Generation*[Carden, p. 7].

[32] Cartwright, *The Second Reply*[Emerson, *Puritanism in America*, p. 20], Gough, Prologue to the *Enchiridion* of Erasmus[Trintnerud, p. 38]. 토머스 게이테커는 성경을 "구원하는 진리가 담긴 유일하게 분명한 시금석"이라고 했다(*Shadows Without Substance*[Rogers, p. 433]).

있는 신구약성경이······모든 도덕률의 유일무이한 기준이 되어서는 안 된다"고 하는 주장은 몹시 의심스럽게만 보인다고 힘주어 강조했다.[34] 윌리엄 에임즈는 성경을 "믿음과 도덕률의 완전한 규준"이라고 불렀다.[35]

청교도들에 따르면 성경은 교회에서 벌어지는 갖가지 문제를 관장하기도 한다. 토머스 카트라이트는 "하나님의 말씀에는 교회와 관련되는 모든 교훈과 가르침도 포함되어 있다"고 하는 발언을 함으로써 영국 교회에 일대 혁명을 일으키기 시작했다.[36] 윌리엄 펄크(William Fulke)는 "하나님의 교회는······모든 일들을······거룩한 말씀에 규정된 질서에 따라 처리해야 한다"고 주장했다.[37] 윌리엄 에임즈는 "어떤 관행도······성경이 언급하지 않는 한 하나님의 교회에서 계속 행하지 못하고 존속하지 못한다"고 분명하게 못박았다.[38]

청교도들이 성경을 교리, 윤리, 그리고 교회 관습이라는 영역을 주관하는 무흠한 지침으로 여겼다고 말하는 것은 별로 신선한 느낌을 주지 못할 만큼 널리 알려진 이야기이다. 우리 시대에서 쟁점이 되는

---

[33] William Whittingham, *Reformation of the Church*[Jarman, p. 110], John Eliot, *The Christian Commonwealth*[Carden, p. 5]. 아서 힐더쉠(Arthur Hildersham)은 이렇게 쓰고 있다. "하나님의 말씀 안에서 명쾌한 지침을 얻지 못한다면, 어떤 사람도 선행을 할 수 없다"(*CLII Lectures Upon Psalm LI*[Kaufmann, p. 47]).

[34] *The Divine Right of Church-Government*[Rogers, p. 331].

[35] *The Marrow of Theology*, p. 187. 존 오웬은 성경에 관해 이런 글을 남겼다. "성경은 모든 의무를 이행하기에 안전한 규준이 되고 틀리지 않는 지침으로 선다. 사람은 성경으로 말미암아 하나님께서 우리에게 요구하시는 모든 순종하는 일, 즉 자기 자신과 이웃에 대한 의무를 수행할 수 있다······우리는 성경에서 우리의 의무가 무엇인지를 배우고 순종하는 마음으로 교훈을 얻는다"(*An Exposition of······Hebrews*[Kaufmann, p. 46]).

[36] *The Works of John Whitgift*[Jarman, p. 21].

[37] *A Brief and Plain Declaration*[Trinterud, p, 243]. 월터 트래버스는 "하나님의 말씀에 따라 공평하고 법이 지배하는 정부를" 수립하는 문제에 관해 말한다(*A Full and Plain Declaration*[Jarman, p. 66]).

[38] *The Marrow of Theology*, p. 187.

주제는 성경의 무오성과 권위라는 문제가 그 문제를 넘어서는 범위까지 확대되느냐 하는 것이다. 그러나 청교도들에게는 성경 권위를 협소하게 "종교적인" 문제에 한정하려는 시도는 삶 전체가 종교라는 원칙을 위배하는 것이다.

청교도들은 성경의 권위를 말할 때 그것을 구원에 관련된 문제로 제한하지 않고 여러 방면으로 개방해 두었다. 토머스 구지는 "말씀이 보여 주는 방향과 규준 외에 하나님의 자녀가 몸을 의탁하고 합당히 여길 만한 어떤 기준도 없다"고 썼다.[39] 리처드 시브즈 역시 같은 생각이다.

> 그리스도인은 이 세상에서 어떤 규준도 얻을 수 없다. 단지 성경이 제공하는 일반적인 규준만이 있을 뿐이다. 그리고 이 규준은 모범에 의해서 보강된다. 왜냐하면 그것은 실천적인 지식이기 때문이다.[40]

카트라이트는 성경이 "삶의 어떤 영역에 관한 것이든……적절한 지침을 담고 있다"고 파악했다.[41]

이러한 인식틀 안에서라면 청교도들이 성경의 원리와 증거 본문을 적용한 현안들이 얼마나 광범위했던가에 대해서 새삼 놀랄 필요가 없다. 윌리엄 퍼킨즈에 따르면 성경은 "많은 온건한 학문들을 결코 배척하지 않는데" 거기에 들어가는 학문들을 열거하면서 "윤리학……경제학(공공 복지를 올바르게 시행하기 위한 원리)……정치학(가정을 주관하는 원리)……교육학(학교를 주관하는 원리)……" 등을 포함시켰다.[42] 어떤 학자 역시 성경은 그 적용 범위가 아주 넓

---

[39] *Christian Directions* [Kaufmann, pp. 45-46].
[40] *Divine Meditations and Holy Contemplations* [Kaufmann, p. 46].
[41] *The Works of John Whitgift* [Davies, *Worship and Theology…1534-1603*, pp. 51-52].
[42] *Works* [Knappen, *Tudor Puritanism*, p. 355].

으므로 "학교와 대학"에서 가르치는 과목들도 성경과 무관하지 않다고 주장했다.[43]

이처럼 삶의 모든 영역에 성경을 적용한 청교도들은 그러나 문자 그대로 또한 직접적으로 따를 수 있는 구체적인 규정들을 찾아낼 수 있으리라고 단순하게 생각하지는 않았다. 그들이 발견한 것은 일반 원리이고, 이것은 동시대적 정황에 적용되거나 다양하게 갈래지워 나뉘는 사고에 이르는 일반 방법론으로 원용될 수 있을 뿐이다. 조지 갈레스피는 그가 가지고 있는 많은 신념들 하나하나가 성경의 뚜렷한 보증을 받는다고 말할 수는 없으나, 어떤 신념의 밑바닥에 깔린 원칙만큼은 "성경 자료에서 얻은 '필연적인 결과'"라고 믿었다.[44]

궁극적으로 말해서 청교도들이 성경 권위를 어떻게 생각했는지를 보여 주는 지표는 그들이 성경을 어떻게 적용하였는가를 보면 된다. 그들은 경제, 정부, 가정, 교회, 인생, 성, 자연, 교육 그리고 그 밖의 다른 모든 문제에 성경 본문과 성경의 모범을 끌어댔다. 청교도들은 제한된 무오설을 수용했는가 아니면 전적인 무오설을 수용했는가? 그들의 이론뿐 아니라 그들의 구체적인 삶을 볼 때 그들이 성경을 삶 전체를 위한 규준으로 삼았음이 분명하다.

성경이 무오한 권위라는 믿음을 나누지 않는 사람들은 언제나 "성경 광신"(bibliolatry)이라는 비난을 퍼부어 왔다. 이런 비난은 사실 경망스럽기 그지없다. 모든 사람은 자기 신념을 뒷받침하는 어떤 권위를 내세운다. 성경을 궁극적인 권위로 붙드는 태도가 곧 청교도들이

---

[43] H. Ainsworth and F. Johnson, *An Apology or Defense of Such True Christians as Are Commonly······Called Brownists*[Knappen, p. 356]. 성경의 권위 문제를 삶의 모든 영역으로 확대시키는 방식은 칼빈이나 루터 같은 개혁자들을 떠오르게 한다. 그들은 성경을 정치적인 문제를 거론할 때에도 인용했을 뿐 아니라, 코페르니쿠스주의자들이 주장하는 체계를 비난하는 과학적 근거로서도 성경을 사용했다 (Rogers, p. 96을 보라).

[44] *A Treatise of Miscellany Questions*[Rogers, p. 346]. 토머스 게이테커는 "성경에서 연역한" 결론을 믿고, 그 다음에는 그것을 현실 상황에 적용해야 한다는 비슷한 입장을 보였다(*Shadows Without Substance*[Rogers, p. 334」).

성경을 숭배했다는 말은 전혀 아니다. 인크리스 매더는 이렇게 썼다. "우리가 다른 어떤 책보다 성경을 존중하는 것은 사실이다. 그러나 우리는 성경을 숭배하지 않는다. 단지 성경을 쓴 분을 예배할 뿐이다."[45]

성경 해석 원리

청교도들이 지지한 해석 원리는 그것이 표준적인 개신교적 성경 독법(讀法)임을 고려할 때 대부분의 독자들에게 충격을 줄 것이다. 이것은 결코 우연이 아니다. 우리는 초기 청교도들에게서 기본적인 성경 분석 도구를 얻어 쓴 신세를 지고 있다. 필자가 탐색하려는 영역이 사람들에게 익숙한 것이라면, 이 원리들이 처음 등장했을 당시에는 가히 혁명적인 것이었음을 되새겨 둘 필요가 있다.

비(非) 풍유적 해석. 성경은 특수한 경우를 제외하고는 문자적 혹은 역사적으로 해석해야 하지, 애매 모호하게 풍유화해서는 안 된다는 것이 청교도들이 지닌 신념의 논리적 출발점이었다. 청교도들이 왜 문자적이고 단순 명쾌한 해석을 선호했는가를 이해하기 위해서는 성경 전체를 풍유적으로 해석해 온 유구한 가톨릭적 유습(遺習)에 관해서 사전 지식이 있어야 한다.

예를 들어 가톨릭 해석가들은 리브가 기사에서, 리브가가 아브라함의 집사를 위해 물을 길어 준 것은, 우리가 그리스도를 만나기 위해 매일 성경을 펼쳐야 한다는 의미라고 보았다.[46] 가나 혼인 잔치에 동원된 여섯번째 항아리는 육 일에 걸친 세계 창조를 나타낸다.[47] 아가

---

[45] Preface to Willard's *Brief Discourse Concerning That Ceremony of Laying the Hand on the Bible in Swearing*[Lowrie, p. 33].

[46] Frederic Farrar, *History of Interpretation* (1886, reprint, Grand Rapids : Baker, 1961), p. 199.

[47] Ibid., p. 200.

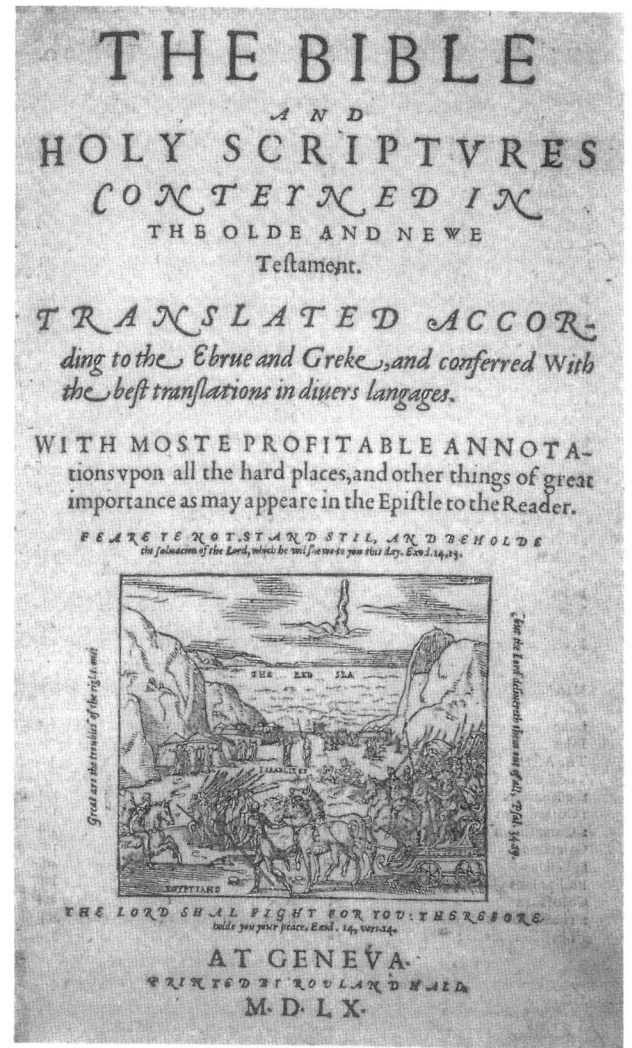

1560년 제네바에서 발간된 제네바 성경. 이 성경은 킹 제임스 성경이 그 자리를 잠식하기까지 청교도들의 표준적인 성경이었다. 이 성경은 다른 어떤 성경보다 킹 제임스 성경에 지대한 영향을 끼쳤다. 헌팅턴 도서관의 호의를 입어 이 사진을 실음

서에서 "나의 사랑하는 자는 내 품 가운데 몰약 향낭이요" 하고 언급한 대목은 그리스도가 그 중심이 되시는 신구약성경이다. 다른 주석가는 품이라는 말을 학식 있는 교회의 교사라고 해석한 반면, 또 다른 주석가들은 이 구절이 그리스도의 십자가 처형을 말한다고 했다. 왜냐하면 그리스도의 십자가야말로 신자가 그 품 안에, 곧 그의 마음속에 영원히 간직해야 할 기억이기 때문이다.[48] 청교도들이 보기에 이런 풍유화는 우스꽝스러운 해석일 뿐더러 도무지 믿을 수 없는 해석이기도 하다. 틴데일은 이렇게 주장했다. "성경은 한 가지 의미, 곧 문자적인 의미를 가지고 있고, 그 문자적인 의미가 모든 해석의 뿌리요 기반이며 결코 흔들리지 않는 닻과 같다."[49] 토머스 게이테커 역시 틴데일의 말에 동의한다. "그렇다, 문자가 명백하게 또 적절하게 의미를 전달하는 대목에서도 성경을 풍유적으로 풀려는 시도를 감히 해서는 안 되겠다."[50]

청교도들이 문자적 혹은 상식적인 성경 해석을 주장했다고 할 때 그들이 의도하지 않았던 바가 무엇인지 한번 찬찬히 따져 볼 필요가 있다. 그들은 성경이 비유적이라기보다 문자적이라고 못박지 않았다. 예를 들어 윌리엄 브리지(William Bridge)는 "성경은 전체적으로 볼 때 한 가지 의미로 해석되지만, 때로는 문자적으로, 또 때로는 비유적이고 은유적으로 해석된다"고 진술했다.[51] 또한 그들이 성경에 풍유적인 부분이 나온다는 점을 부인한 것도 아니다. 제임스 더럼은 "성경을 풍유적으로 해석한다는 것과, 성경에 풍유적인 본문이 나온

---

[48] 이 예들은 H. H. Rowley, "The Interpretation of the Song of Songs," in *The Servant of the Lord and Other Essays on the Old Testament*(London : Lutterworth, 1952), pp. 196-197에서 인용하였다.

[49] *Obedience of a Christian Man*[Knappen, p. 357].

[50] *Shadows Without Substance*[Rogers, p. 301].

[51] *Scripture-Light, the Most Sure Light*[Warfield, p. 252]. 존 볼 역시 비슷한 입장을 취한다. "때로 사물 그 자체가 다른 문제들에 의미를 부여하는 것처럼 표출된다 할지라도 사실은 합당하고 거슬리지 않는 한 가지 감각이 있을 뿐이다"(*A Short Treatise*……[Warfield, p. 189]).

다는 것은 별개이다"라고 파악했다.[52] 그는 한걸음 더 나아가서 성경 저자가 풍유적으로 해석하도록 의도한 본문과, 본문의 의도와는 관계 없이 해석자가 풍유적으로 해석하려고 몰고가는 경우를 날카롭게 구별시켰다.

성경의 명징성. 문자적 혹은 상식적인 해석이라는 기본틀을 생각할 때 청교도들이 가지고 있었던 두 가지 부차적인 원리들을 함께 언급하게 된다. 하나는 성경이 구원과 그리스도인의 도덕률에 필수적인 것이 되는 부분에 관한 한 어떤 사람에게도 명백하게 열려 있다는 것이다. 성경이 거의 혼선에 가까울 정도로 다양하게 해석되고 있다는 근자의 자격지심 때문인지는 몰라도, 우리는 성경의 명징성을 그다지 전폭적으로 주장하지 않으려고 한다. 그러나 초기 청교도들은 우리와는 아주 다른 상황에 있었다. 그들은 가톨릭 성직자들이 성경에 붙여 놓은 풍유적 해석이라는 딱지들을 떼어내기 위해 혼신의 힘을 기울였다.

리처드 케이플은 이런 말 속에서 명징성을 문자적 해석과 연결시킨다. "하나님의 말씀에는 한 가지 의미만이 들어 있다. 의미가 하나이므로 그것을 주워 올리기도 쉽다."[53] 존 애로우스미스(John Arrowsmith)는 "성경은 말끔한 구조로 짜여 있기 때문에 구원에 필요한 모든 요소들을 분명하고 명쾌하게 끄집어낼 수 있다"고 썼다.[54] 존 오웬은 "필요한 모든 진리가 성경 안에 평이하고 명쾌하게 계시되었다"라고 말했다.[55]

성경의 명징성에 대한 이러한 강조는 만인 제사장설에 대한 청교

---

[52] *Clavis Cantici*[Lewlaski, p. 122]. 존 화이트 역시 비슷한 구별을 지어 말한다. "그런 풍유적인 성경 해석에 대해서, 성경 자체가 그것을 보증하지 않는 이상 쉽게 인정하지 말아야 한다"(*A Way to the Tree of Life*[Warfield, p. 253]).
[53] *Tentations*[Warfield, p. 253].
[54] *A Chain of Principles*[Warfield, p. 234].
[55] *Works*, 14 : 276.

도들의 믿음에서 나온 결과일 수도 있다. 이 점에서 존 밀턴은 분명한 태도를 취했다.

> 진리의 핵심은 평이함, 명백함에 있다……성경은 평이함과 명징함을 스스로 천명한다. 그리고 지혜 있고 배운 사람들만이 아니라 평범한 사람, 가난한 사람, 그리고 아이들에게도 평이하고 또렷하게 가르친다.[56]

성령의 조명. 성도가 성경을 읽을 때 그 마음을 조명하신다는 개혁자들의 변함 없는 주제를 설명하는 데도 만인 제사장설이 등장한다. 존 화이트(John White)는 "경건한 사람은 누구나 그 마음에 성령의 빛을 소유하고 있다. 그래서 그 빛으로 말씀에 계시된 하나님의 뜻을 이해하도록 이끌림받는다"고 선언했다.[57] 토머스 굿윈 역시 같은 신념을 소유한 사람이었다.

> 선지자들과 사도들에게 성경을 쓰도록 하신 그 성령님께서 하나님의 백성을 이끄시사 그 말씀의 뜻을 깨닫도록 하셔야 한다. 그분이 애초에 기록하신 책이니만큼 그분이 깨닫도록 역사하셔야 하는 것이다.[58]

어떻게 해서 성령님께서 성경을 깨닫도록 인도하신다는 믿음을 가질 수 있는가? 우리는 가톨릭이 성경을 풍유화함으로써 성경을 애매모호하게 만들고, 결과적으로 "성령님이 아니라 교황을 성경의 수문장(守門將)으로"[59] 올려 놓는 결과를 빚었음을 잊지 말아야 한다. 직업적인 성직자들만이 성경의 메시지를 해석할 수 있었던 기막힌 상황

---

[56] *Of Reformation*[*CPW*, 1 : 566].
[57] *A Way to the Tree of Life*[Warfield, p. 231].
[58] *Works*[Warfield, pp. 231-232].
[59] Farrar, *History of Interpretation*, p. 296.

아래서 성령님의 조명을 믿었다는 것은, 모든 신자들이 성경을 해석할 수 있다고 선언한 행위나 다름없다. 그래서 존 볼 같은 이는 이렇게 쓸 수 있었다.

성경을 해석하기 위해서 교부들이나 공의회의 공적 해석을 들추어 보아야 할 필요는 없다. 누가 성경을 진실되게 해석할 분인가? 성경 안에서 말씀하시는 성령님만이 유일한, 그리고 진실한 성경 해석자이시다.[60]

문맥에 따른 해석. 청교도들은 오늘날 철두 철미한 훈련을 받은 학자들처럼 주어진 성경 본문은 반드시 그 문맥 안에서 해석되어야 한다고 주장하던 사람들이다. 청교도 한 사람은 이렇게 썼다. "성경 본문을 이해하는 가장 좋은 규칙은 본문이 왜 그 지역에서, 왜 그 사람들 가운데서, 그리고 그곳에서 씌어졌는가를 충분히 생각하는 것이다."[61] 윌리엄 브리지는 "얼핏 보기에 모순되는 것처럼 보이는 본문의······ 진의(眞意)를 파악하려면 전후 관계, 그 다음에는 전체 문맥을 조심스럽게 살피도록 하라"고 덧붙였다.[62] 윌리엄 퍼킨즈는 어떤 본문을 대할 때 "누가? 누구에게? 어떤 일로? 언제? 어떤 곳에서? 무슨 목적으로? 직전에는 무슨 일이? 그 다음에는 어떤 일이 벌어졌는가? 하는 표준적인 질문으로 시작된다[63]"고 하였다.

변덕스럽게 어떤 본문을 선택하고 그 본문이 문맥 안에서 무엇을 의미하는지 숙고하지도 않은 채 적용하는 청교도 설교자상은 청교도들을 헐뜯으려는 사람들이 억지로 가져다 붙인 너스레에 불과하다.

---

[60] *A Short Treatise*······[Warfield, p. 189].
[61] John Lightfoot, *Works*[Warfield, p. 304].
[62] *Works*[Packer, p. 21]. 존 오웬은 이렇게 쓴다. "단어 그 자체에서 그것을 말하는 화자를 생각하고 그 말이 나오게 된 상황을 생각한 후에, 그들이 도대체 어떤 마음과 뜻으로 그렇게 말했는가를 생각함이 성경 해석의 정도(正道)요 적절한 순서이다"(*The Works*[Kaufmann, p. 39]).
[63] *The Art of Prophesying*[Breward, p. 338].

성경의 통일성. 성경이 통일되어 있다는 믿음보다 청교도들의 성경 해석 원리에 중요한 요소는 없었다. 그들이 말하는 통일성은, 첫째, 전체 성경이 어느 면에서나 자가 당착을 보이지 않는다는 뜻이다. "스코틀랜드 신앙 고백문"(The Scots Confession)은 "통일의 영이신 하나님의 영께서 자가 당착을 일으키실 리 없다"[64]고 확신에 찬 어조로 말하고 있다. 그리고 리처드 매더는 "말씀은 결단코 상호 모순되지 않는다"고 천명했다.[65]

청교도들이 성경의 통일성을 말할 때 가장 즐겨 쓰던 문구는 "믿음의 유비"(類比)라고 하는 말이다. 사실 이 문구는 로마서 12:6을 잘못 해석한 데서 유래한 어색한 문구이다.[66] 개혁자들이 이 문구를 써서 나타내고자 했던 바는 성경이 일관된 교리 체계를 유지하고 있고, 조금 모호하게 보이는 것을 포함하여 어떤 특정 본문도 우리가 일반적으로 알고 있는 교리와 조화를 이루도록 해석해야 한다는 말이었다.

우리는 존 오웬의 글에서 이 개념에 관한 가장 세련된 정의를 만날 수 있다.

> 우리 마음은 진리를 추구할 때 믿음의 유비에 의해 크게 감화받고 이끌린다……믿음의 전체 체계 혹은 믿어야 할 내용 전부는 조화하고 답변을 줄 수 있으며, 적절한 균형이

---

[64] Rogers, p. 424에서 인용.
[65] *An Answer to Two Questions*[Carden, p. 5]. 다른 청교도들은 성경의 "상호 공명성과 조화", 그리고 "각 부분과 본문들의 경이로운 일치"(다양하고 많은 저자들이 적었음에도 불구하고)에 대해 언급한다(Edward Reynolds, *An Explication of the Fourteenth Chapter of the Prophet Hosea*[Rogers, p. 409], George Gillespie, *A Treatise of Miscellany Questions*[Warfield, p. 176]).
[66] 칼빈은 어떤 사람의 은사가 예언하는 것이면 "믿음의 분량에 맞게" 예언하라는 로마서 12:6의 말씀을, 예언이 믿음의 내용을 위배해서는 안 된다는 뜻으로 해석한다. 많은 사람들이 이 성구를 말하지만 이 구절의 의미를 잘 드러내는 사람을 별로 만나 보지 못했다.

있다. 본문들이 이런 질서를 깨뜨리거나 파격을 보이지 않는 이상 이런 전체 체계를 고려하여 해석해야 한다.[67]

윌리엄 퍼킨즈도 이 주제에 관하여 유익한 말을 남겼다.

> 믿음의 유비는 성경의 골자 또는 요약, 즉 가장 명백하고 널리 알려진 본문에서 뽑은 핵심이다. 이 유비는 두 부분으로 나누어진다. 하나는 믿음에 관한 것으로 사도신경에서 이 부분이 잘 다루어지고 있다. 두번째는 양선 또는 사랑에 관한 것으로 십계명에서 아주 잘 드러나 있다.[68]

이 믿음의 유비가 어떻게 실천적으로 적용되는가를 알아보려면, 토머스 게이테커를 예로 들면 된다. 그는 어떤 한 본문을 반(反)율법주의적으로 해석해서는 안 된다고 일침을 가하는 자리에서 이렇게 말했다. "이것(반율법주의적인 해석)은 본문의 원래 의도가 아니다. 왜냐하면 이 해석은 본문의 흐름에도 맞지 않을 뿐 아니라 하나님의 말씀이 전하는 진리에도 위배되기 때문이다". 이렇게 말한 다음 그는 자기 해석을 선보이면서 이런 주장을 펼쳤다. "전체 흐름에서 읽을 수 있는 진리나 믿음의 유비에 위배되지 않고……성경의 다른 부분에 비추어 볼 때에도 충분한 확증을 받는다."[69]

---

[67] *An Exposition of the Epistle to the Hebrews*[Kaufmann, p. 109]. 스코틀랜드 신앙 고백(*The Scots Confession*)은 이렇게 선언한다. "우리는 신앙의 중요한 핵심에 위배되거나 성경의 어느 다른 구문과 상이하거나, 또는 사랑의 원리를 폐지하려는 어떤 해석도 받아들이거나 용인해선 안 된다"[Rogers, p. 404].

[68] *The Art of Prophesying*[Breward, p. 338]. 리처드 버나드는 "기독교의 원리, 신조가 가르치는 중요한 교리, 주님께서 가르치신 기도, 십계명, 그리고 성례 교리에 합치하지" 않는 어떤 해석도 거부한다(*The Faithful Shepherd* [Packer, p. 23]).

[69] *God's Eye on His Israel*[Rogers, p. 407]. 어느 다른 곳에서 게이테거는 이렇게 말한다. "성경에 담긴 모든 믿음에 관한 교리를 받아들여야 한다. 그리고 성

이 이론은 다음과 같은 의미로 실천, 적용되었다. 즉 어떤 한 본문을 성경 전체라는 더 넓은 문맥 속에 놓고 성경으로 해석하자는 취지인 것이다. 알렉산더 헨더슨(Alexander Henderson)은 "성경은 성경이 아니고는 제대로 풀 수 없다"[70]고 기술했다. 어떤 다른 이는 성경을 "가장 믿을 만한 주석자"라고 불렀다.[71] 믿음의 유비란 또한 모호한 본문을 뜻이 확실한 본문으로 해석한다는 뜻이기도 하다. 존 오웬은 "모호하고 까다로운 본문이 성경의 다른 표현이나 평이한 본문과 공명하지 않는 이상 섣부르게 이러쿵 저러쿵 속단하지 않는다"고 하는 신념을 밝혔다.[72] 이렇게 볼 때 믿음의 유비는 다양한 방법으로 성경 본문을 고립적으로 해석함으로 빠지게 되는 괴팍스러움을 방지하고, 동시에 성경 전체 교리에서 빗겨나지 않도록 안전판과 같은 기능을 한다.

율법과 복음. 팩커(J. I. Packer)는 "루터는 더 말할 나위도 없고, 개혁자들은 모든 성경이 최종적으로 율법 그리고 복음 이렇게 둘이라고 보았다. 이 말은, '율법'은 죄를 개입시킴으로 우리의 부패성을 드러낸다면, '복음'은 믿음을 통한 모든 것의 회복을 보여 준다"고 말한다.[73] 이 구도는 유연하게 적용되기만 한다면 성경의 어떤 본문도 이렇게 도해할 수 있다. 전체 성경은 이중 주제, 즉 일면 부정적이고 다른 일면 긍정적인 주제를 개진한다.

경을 성경과 대조함으로써 확연하게 깨닫지 못한 부분을 잘 깨달을 수 있을 것이다"(*Shadows Without Substance*[Rogers, p. 407]).

[70] *The Papers Which Passed at New-Castle*······[Rogers, p. 412].

[71] John Lightfoot, *Works*[Warfield, p. 304].

[72] *Works*[Packer, p. 23]. 존 볼은 이렇게 말한다. "애매 모호한 부분은 성경의 더 쉬운 부분에서 명확하게 제시되는 믿음의 도리와 상반되게 해석해서는 안 된다는 점을 늘 명심해야 한다"(*A Short Treatise*······[Warfield, p. 187]).

[73] "Sole Fide : The Reformed Doctrine of Justification", in *Soli Deo Gloria : Essays in Reformed Theology*, ed. R. C. Sproul(Philadelphia : Presbyterian and Reformed,, 1976), p. 11.

청교도들이 율법과 복음이라는 루터의 용어에 집착한 것은 아니지만 이 비슷한 구도 아래서 성경을 해석했다. 윌리엄 틴데일의 말을 들어 보자.

> 성경은……먼저 모든 육체를 정죄하는 율법을 담고 있다. 두번째가 복음인데, 복음으로 말할 것 같으면 죄를 회개하고 자복하는 모든 사람들에게 자비를 약속한다.[74]

윌리엄 퍼킨즈는 설교의 적용부를 도출하는 문제에 관해 의견을 제시하면서 똑같은 구도를 제시한다.

> 적용의 기초는 주해한 해당 본문이 율법을 말하는 본문인지, 아니면 복음을 말하는 본문인지를 구별하는 것이다……율법은 죄의 병폐를 그대로 드러내고 죄를 심히 죄되게 하는 데 특효가 있지만, 아무것도 치유하지는 못한다. 율법이 마땅히 행해야 할 바를 가르치는 데 유효하다면, 마찬가지로 복음은 그 안에 성령님의 유효한 능력을 담고 있다…….[75]

조지 갈레스피는 "사람을 낮추고 하나님을 높이는" 성경의 "일반 기능"에 관해서 말했다.[76] 지금까지 필자가 언급한 것을 한마디로 꼭 집어 내는 청교도적인 어휘가 있다면 그것은 하나님의 "약속"과 "위엄"일 것이다.[77]

---

[74] *Prologue to Jonah*[Clebsch, p. 164]. 사무엘 러더포드는 성경을 "율법과 복음"으로 나누었다(*The Trial and Triumph of Faith*……[Rogers, p. 357]).

[75] *The Art of Prophesying*[Breward, pp. 341-342].

[76] *A Treatise of Miscellany Questions*[Warfield, p. 176].

[77] 예를 들어 에드워드 레이놀즈는 "약속에 나타나는 하나님의 자비와 은혜, 그리고 그분 말씀에 드러난 위엄과 경고, 악한 자에게 쏟아진 심판"에 대해서 말한다(Sermon on Hosea[Rogers, p. 374]). 웨스트민스터 신앙 고백(XIV, sec. ii)은

문학으로서의 성경

20세기 들어 "문학으로서의 성경"이라는 말이 유행했다. 루이스가 지적했듯이 이 사실이 가지고 있는 역설은 영어를 말하는 대부분의 사람들이 성경을 거룩한 책으로 믿기를 그만둔 이후에 이 개념이 유행했다는 데 있다.[78] 불행히도 우리 시대에는 성경을 문학으로서 읽고 대하는 불신자들과, 성경이 그 장르와 문체로 볼 때 신학 교과서라기보다는 문학 선집에 가깝다는 사실을 까맣게 잊고 사는 신자로 이분법적으로 나뉘어 있다. 성경을 거룩한 책이며 동시에 문학 작품으로 보는 통합을 일구어내기 위해서는, 청교도 시대로 돌아가야 한다.

성경이 본질상 부분적으로 문학적이라는 의미는 무엇인가? 중요한 이유 세 가지를 들 수 있다. 첫째, 성경은 자주 인간 경험을 주제로 삼는다. 둘째, 성경은 문학적이라고 부를 수 있는 문체와 기교를 차용한다. 셋째, 성경은 주해가 아니라 문학 형식 또는 장르로 이루어져 있다. 청교도들은 이 세 분야에서 성경이 가지고 있는 문학적인 본질을 꿰뚫어 보았다.

앞에서 말한 대로, 문학은 실제 인간 경험에 주목한다. 문학은 인간 경험에 대해 추상적으로 말하지 않고 바로 그것을 묘사한다. 문학은 우리의 상상력, 곧 이미지를 만들 수 있고 만든 이미지를 인식할 수 있는 능력에 호소한다. 대(大)청교도 이론가인 윌리엄 에임즈는 문학의 위력에 대해 아래와 같이 말함으로써 우리를 놀라게 한다. 필자 역시 문학을 논할 때 이 말을 늘 인용해 왔다.

> 표현 양식으로 볼 때 성경은 보편적이고 과학적인 법칙으로써 하나님의 뜻을 설명하지 않고, 이야기, 모범, 개념, 권면, 교훈, 그리고 약속의 형식을 빌려 설명한다. 이런 유

"명령", "경고", 그리고 "약속"이 성경에 포함되어 있다고 말한다[Kaufmann, p. 203].

[78] *The Literary Impact of the Authorized Version*(Philadelphia : Fortress, 1963), pp. 29-34.

형은 모든 사람이 쓰는 일상적인 어법에 가장 잘 맞고, 경건한 동기를 불러일으킴으로써 의지를 변화시키는 데 결정적인 역할을 한다. 의지의 변화야말로 신학이 지향하는 궁극적인 목표가 아닌가.[79]

리처드 시브즈 역시 성경이 진리를 추상적으로 또 지성적으로 개진하는 데 그치는 책이 아니라는 점을 분명하게 밝혔다. "하나님께서 진리를 밝히 드러내시면, 믿음으로 이 진리들을 이해하고 심령으로 문자를 만나도록 상상력을 동원한다."[80] 헨리 루킨(Henry Lukin)은 이런 말로 요점을 간결하게 요약해 낸다. "복잡 난해한 개념보다 모범이 더 큰 영향력을 가지고 있다. 모범은 사람을 행동하게 한다."[81] 한편 청교도들은 성경이 진리를 표출할 때 동원하는 기교에도 주목했다. 토머스 게이테커는 이 문제에 관해 남다른 안목을 가졌다.

시편 가운데는 성령님께서 기록자들에게 더 많은 문학적 소양과 기교를 요구하신 시편들이 있다. 이런 시편들은 다른 시편들에 비해서 구조나 발상 면에서 더 복잡하다. 그리고 이런 문학적 기교가 나타나는 대목들은 그 감동도 당연히 더 크다.[82]

조지 위더(George Wither)는 시편을 가리켜 "여지껏 인간 세상에 나온 어떤 것보다 더 탁월한 목가시(牧歌詩)"라고 말했고, 밀턴은 성경에 나오는 시가 부분이 "신학적으로 따질 때뿐 아니라······작법(作法)이 보여 주는 문학성"에서 성경 외의 시가 작품들과는 선뜻 비교할 수 없을 정도라고 믿었다.[83]

---

[79] *The Marrow of Theology*, pp. 187−188.
[80] *The Soul's Conflict*[Lewalski, p. 167].
[81] *An Introduction to the Holy Scriptures*[Kaufmann, p. 70].
[82] *David's Instructor : A Sermon*[Rogers, p. 300].

하나님께서 성경의 문학 양식도 영감하셨을까, 아니면 그 내용만 하신 것일까? 청교도들은 이 질문을 던진 사람들일 뿐 아니라, 성경의 문학 양식 또한 우리의 주목과 경탄을 받고 자아내기에 충분하다고 말함으로써 이 질문에 명시적으로 대답한다. 그들은 어떤 한 사람이 말한 것처럼 성경의 "장엄한 문학 양식"이라는 문구를 즐겨 입에 올렸다.[84]

성경을 문학으로서 접근한다는 말은 문학 양식이나 장르를 민감하게 살핀다는 뜻도 되는데, 이 점에서도 청교도들은 믿을 만한 향도(嚮導)였다. 성경에서 두드러지게 나타나는 두 장르는 설화(說話), 또는 이야기와 시가이다. 설화가 가지고 있는 기본적인 전제는 이야기꾼이 논리의 사슬이 아닌 인물과 사건을 통해 말한다는 것이다. 설화는 구체적인 예 또는 상황 가운데서 의미를 구체화한다.

청교도들은 성경 설화에서 바로 이 점을 끄집어냈다. 윌리엄 퍼킨즈는 구약을 역사서, 교리서, 그리고 선지서라는 세 범주로 나눈 뒤, 역사서(창세기에서 욥기까지)는 "일어난 일들에 대한 이야기로서, 다른 책들에서 제시된 교리가 예시되거나 확증된다"라고 말했다.[85] 리처드 로저스는 사사기 주해에서 자기의 목적을 이렇게 밝혔다.

> 나는 학생과 설교자들에게 유익을 주려고 했다……그래서 그들이 성경의 역사적 부분을 사용하는 법을 알고 그곳에 나오는 예들을 통해 교훈과 가르침을 이끌어 낼 수 있도록 했다.[86]

신학적 진리를 드러내는 보고(寶庫)로서 성경 설화에 대한 관심의

---

[83] Wither, *Preparation to the Psalter*[Lewalski, p. 80], Milton, *Reason of Church-Government*[*CPW*, 1 : 816].

[84] George Gillespie, *A Treatise of Miscellany Questions*[Warfield, p. 175].

[85] *The Art of Prophesying*[Kaufmann, p. 81].

[86] *A Commentary Upon the Whole Book of Judges*[Kaufmann, p. 82].

청교도들은 성경의 사람이었다. 번연의 "천로역정"에 나오는 한 인물이 성경을 읽고 있다. 휘튼 대학 도서관 특별 소장실의 호의를 입어 실음.

결과는 그들의 설교와 석의(釋義)에서 골고루 발견할 수 있다. 그들은 설교와 석의에서 성경 인물들과 사건을 어떤 시대를 사는 사람에게도 적합한 일반 원리를 설명하는 예로 보았다.

또 하나 성경의 문학적 범주는 시가이다. 여기서 중요한 원리가 있다면, 시는 이미지와 비유로 이루어진 특별한 어휘를 사용한다는 것이다. 시는 일종의 우회법이다. 따라서 시도 설화와 마찬가지로 해석되어야 한다. 청교도들은 성경에 나오는 비유적인 언어에 대해 할 말이 많던 사람들이었다.

존 볼은 시가를 해석하는 가장 일반적인 법칙을 말하면서, "어떤 단어가 비유적인지 아니면 직설적인지를 먼저 결정해야 한다"고 했다.[87] 토머스 홀(Thomas Hall)은 "성경에 나오는 은유, 환유(換喩), 제유(提喩) 등"에 주목해야 할 뿐더러, 성경 해석에서 "수사학을 무시하면 많은 오류가 발생한다"고 덧붙여 말했다.[88] 위더는 시편에 등장하는 "직유, 은유, 과장법, 비교법"에 관해 말했고, 리처드 시브즈 역시 "하나님께서 하늘의 신령한 것들을 땅의 언어로 나타내시기 위해 스스로를 낮추신" 사례들을 민감하게 추적했다.[89]

사실 청교도 주석가들은 시가 형식에 대해 친밀감 같은 것을 보였다. 한 현대 문예 학자는 17세기 청교도들이 "신학적 진리를 표현하는 수단으로서 비유적 언어의 중심적 역할"을 얼마나 굳게 신뢰했는지 보여 준다. 그들은 시적 언어를 거룩한 진리를 나타내는 데 동원된 장식물 정도로 생각한 것이 아니라 그 수단으로 여겼다. 그들의 말을 직접 들어 보자. "성경에 등장하는 시적 언어 그 자체가……진리를 드러내는 수단으로서, 그런 형식을 빌려 계시하시기로 작정하신 하나님께서 보증하시는 수단이다."[90]

요약해서 말하자면, 청교도 주석가들은 성경을 문학적 형식과 유형을 존중하면서 대했다. 그들은 성경이 구체적인 이미지와 이야기와 시와 같은 문학적인 장르를 써서 진리를 구체화하는 경향을 가지고 있음을 간파했다. 또한 그들은 성경이 가지고 있는 형태적인 탁월함에도 경의를 표했다.

성경의 능력

청교도들에게 성경은 교훈과 신학을 가르치는 책이었지만, 반드시

---

[87] *A Short Treatise*……[Warfield, p. 186].
[88] *Rhetorica Sacra*[Lewalski, p. 83].
[89] Wither, *A Preparation to the Psalter*[Baroway, p. 466], Sibbes, *The Soul's Conflict*[Lewalski, p. 166].
[90] *Lewalski*, pp. 78, 83.

그 정도에 머무는 책은 아니었다. 성경은 효험 있는 책이었다. 다시 말해서 사람을 감동시키고 감화하는 비범한 효능을 가진 책이었다.

청교도들이 성경을 대한 기본 자세는 성경이 항구적으로 적합하고 모든 세대에 대해서 새로운 책이라고 믿는 자세였다. 윌리엄 에임즈는 이렇게 쓴다.

> 성경의 여러 부분이 특별한 사건을 다루고, 특별한 사람들을 겨냥하고 있지만, 하나님의 의도는 그것들이 마치 직접적으로 그들을 대상으로 쓴 것이기나 한 듯, 오는 모든 세대의 신실한 백성들에게 똑같은 교훈이 되게 하시려 하는 데 있다.[91]

암브로스는 성경의 내용이 "다른 사람들과 나 자신의 삶에서 매일 입증되고 있다"라고 말했고, 토머스 구지는 성경의 명령과 경고에 관해 언급하면서 "그 명령과 경고를 마치 하나님께서 그대 이름을 부르면서 내리시는 것처럼 받으라"고 말했다.[92] 성경의 세목들을 원리의 구체적인 적용으로 이해한 청교도들은 풍성한 설교, 역사 이야기, 그리고 일지(日誌)들을 만들어 냈다. 그들은 자신의 경험을 성경에 등장하는 인물들과 성경 역사에 투영시켜서 읽었다.

성경이 그들의 상황을 향해 말씀한다고 확신한 청교도들은 매일 성경을 읽는 것을 매우 중요하게 생각했다. 존 프레스톤은 "풍성한 은혜 가운데 거하려면……성경을 연구하고 착념하며, 주야로 묵상하라"고 권면하는데, 이 권면은 모든 청교도들을 향한 것이다.[93] 리처드 그린햄은 "항상 하나님의 말씀을 묵상하고 읽고 들으며 그것에 관해 토의하라"고 충고했다.[94]

---

[91] *The Marrow of Theology*, p. 187.
[92] Ambrose, *Prima, Media, and Ultima*[Kaufmann, p. 203], Gouge, *Christian Directions*[Kaufmann, p. 205].
[93] *The New Covenant*[Coolidge, p. 145].

청교도들은 성경 읽기가 마술적인 힘을 가지고 있지 않음을 알았다. 성경을 읽는다고 해서 어떤 결과가 자동적으로 생기지는 않는다. 이것은 대지가 비를 빨아들이는 것과 같은 이치이다. 모든 것은 각 개인이 그 말씀에 얼마나 착심하고 반응하느냐에 달렸다. 청교도들은 성경 읽기를 마치 도약판 같은 것으로 보았다. 도약이 있기 위해서는 먼저 성경의 내용을 의지적으로 인정하는 절차가 있어야 한다. 존 번연은 "사람의 심령과 성경이……서로를 포옹해야 한다. 그리고 이 둘 사이에서 달콤한 의존과 동의가 일어나야 한다"는 점을 발견했다.[95] 지적 동의는 청교도들의 목표가 아니었다. 니콜라스 유돌(Nicholas Udall)은 성경 번역으로 말미암아 사람들이 "호기심에 가득 차 신비를 파헤치려고 하지 않고, 하나님께서 명령하신 명령들을 충실하게 수행하는 실천가요 준행자가 되기에" 성경 번역이 필요하다고 옹호했다.[96]

청교도들이 성경을 행위의 근본으로 보게 된 원인은 성경이 개인적으로 적용되어야 한다고 본 까닭이다. 로버트 해리스(Robert Harris)는 "성경을 세심하게 읽어야 한다. 그리고 조심스럽게 듣고 우리 마음에 정성을 다해 간직해야 한다. 또한 그것을 적용하려고 할 때에는 우리 양심의 저 깊은 곳에까지 적용해야 한다. 그러면 성경은 우리의 마음을 능히 고친다"라고 말했다.[97] 코넬리우스 버지스(Conelius Burges)는 이렇게 썼다.

많은 사람들이 저지르는 실수가 있다. 성경에서 놀라운

---

[94] *The Works*[Knott, p. 32].
[95] *A Few Sighs From Hell*[Knott, p. 137].
[96] *The First Tome or Volume of the Paraphrases of Erasumus Upon the New Testament*[Knott, p. 26] 서문. 이 서문은 "성경 말씀은 그저 들어 보라는 말씀이 아니다……그것은 살아야 할 말씀이다……성경 말씀은 관조해 보고 사유해 보는 말씀이 아니라 삶과 행동으로 만들어야 할 말씀이다"라는 루터의 생각을 그대로 반영하고 있다(헌정사에서는 시편 118편을 해석한다[Plass, 1 : 84]).
[97] *A Treatise of the New Covenant*[Rogers, p. 385].

보호와 구원에 관한 기사를 읽을 때 일어난 일을 보고 그저 놀라고 만다는 것이다. 그러나 이런 기사를 읽으면서 생각해야 할 것은 하나님께서 그 같은 보호와 구원을 지금도 베푸신다는 사실이다.[98]

인크리스 매더는 성경이 "마음에 감추어 둔 은밀한 생각까지도 추적한다"라고 썼고, 헨리 루킨은 아래와 같은 말을 남겼다.

성경에 나오는 명령이나 금령(禁令)을 읽을 때, 우리는 그것이 우리에게 구체적으로 적용되도록 해야 한다. 마치 하나님께서 그 명령들을 우리에게 내리셨고, 우리를 향해서 직접적으로 말씀하시며 하늘에서 각별한 메시지를 주신 것인 양 적용해야 한다.[99]

청교도들은 성경을 정적으로 대한 것이 아니라 동적으로 대했기 때문에, 성경의 능력을 철두철미 신봉했다. 에드워드 레이놀즈는 "바위와 같이 굳고 완악한 사람이라도, 말씀은 그것을 깨부술 수 있는 망치이다. 사람이 아무리 찌르는 가시와 찔레 같더라도, 말씀은 그것을 단숨에 삼켜버릴 수 있는 불이다"라고 말했다.[100] 조지 갈레스피는 성경이 가지고 있는 "양심에 도전하는 불가항력적인 힘"에 대해 말했고, 니콜라스 우달은 성경을 "하나님 말씀의 소멸하는 불"이라 불렀다.[101] 굿윈은 이렇게 말했다.

---

[98] *Another Sermon*[John Wilson, p. 144].

[99] Mather, *Substance of Sermons*[Carden, p. 40] ; Lukin, *An Introduction to the Holy Scriptures*[Kaufmann, p. 238].

[100] *An Explication of the Hundred and Tenth Psalm*[Rogers, p. 356].

[101] Gillespie, *A Treatise of Miscellany Questions*[Warfield, p. 175], Udall, Preface to *The First Tome*……[Knott, p. 26].

이 세상은 여러 세대에 걸쳐 이 능력이 과시되는 광경을 목도하고 경험했다. 이 능력으로 말하자면 마치 불과 같고 구름 속에서 번쩍이는 번개와 같이 사람들 가운데서 역사하는 성경의 능력이다. 이 능력은 마음과 영혼을 새롭게 하고 민첩하게 한다. 한마디로 말해서 죽은자 가운데서 일으켜 세우는 능력이다.[102]

마틴 루터가 법정에 서서 "말씀이 나를 에워싸고 있다"고 했는데, 영국인들에게도 그와 비슷한 신앙 위인이 있었다. 그는 1555년에 재판정에 선 존 로저스(John Rogers)이다. 이단 심문소에서 열린 로저스의 재판에서 메리 여왕의 재상(宰相)이기도 했던 스티븐 가디너(Stephen Gardiner) 주교는 "천만에. 그대는 성경으로 아무것도 입증할 수 없다. 성경은 침묵하는 책이다. 다만 살아 있는 주해가를 만나야 한다"고 주장했다. 로저스는 여기에 대해 "아니올시다. 성경은 엄연히 살아 역사합니다"[103] 하고 담대히 대답했다. 그리고 이 대답은 2세기 동안 청교도들의 불문율과 같은 구호가 되었다.

요약

청교도들은 성경의 사람들이었다. 그들은 성경을 영어로 번역함으로써 누구나 성경에 접근할 수 있게 했다. 그들은 성경을 삶의 모든 영역에 빛과 지침을 주는 소중한 책으로 여겼다. 게다가 그들에게 성경은 살아 있는 책이요 사람의 행동과 운명에 독특하고도 막강한 영향력을 끼치는 책이었다.

한편 청교도들은 지금도 유효한 성경 해석의 원리를 유산으로 남

---

[102] The Divine Authority of the Scriptures Asserted[Knott, p. 36].
[103] John Foxe, Acts and Monuments[Knott, p. 13].

졌다. 풍유적 해석을 거부하고 일상적인 의미를 강조한 점, 진리를 구하는 모든 진실한 구도자들에게 주시는 성령님의 조명을 믿고 의지한 점, 본문의 문맥에 유의한 점, 성경의 통일성을 믿은 점, 율법과 복음을 성경의 양대 주제로 인식하고 부각한 점, 그리고 성경이 가지고 있는 문학적인 국면에 민감하게 반응한 점 등이 그들이 남긴 유산이다.

청교도들에게 성경은 무엇인가? 제네바 성경 서문에 나오는 글이 적절한 답변이 되리라 믿는다. "성경은 우리가 갈 길을 비추는 빛이요 하늘 나라로 들어가는 열쇠이고 환난 당할 때 위로이며, 사탄을 대적하는 방패요 검이고 모든 지혜의 보고요 하나님의 얼굴이 비치는 거울이며, 그분의 은혜를 웅변하는 간증이고 우리 영혼을 살찌우는 유일한 양식이요 영양이다."

추천 도서

Benjamin B. Warfield, *The Westminster Assembly and Its Work* (1931).

J. I. Packer, in *A Goodly Heritage*(1958), pp. 18−26.

U. Milo Kaufmann, *The Pilgrim's Progress and Traditions in Puritan Meditation*(1966).

Jack B. Rogers, *Scripture in the Westminster Confession*(1967).

Derek Wilson, *The People and the Book : The Revolutionary Impact of the English Bible, 1380−1611*(1976).

Barbara K. Lewalski, *Protestant Poetics and the Seventeenth-Century Religious Lyric*(1979).

Allen Carden, "The Word of God in Puritan New England : Seventeenth-Century Perspectives on the Nature and Authority of the Bible," *Andrews University Seminary Studies,*

18(Spring 1980) : 1−16.

John R. Knott, Jr., *The Sword of the Spirit : Puritan Responses to the Bible*(1980).

당신이 읽고 있는 성경 한 줄 한 줄에서 하나님이 말씀하신다고 생각하라.

— 토머스 왓슨

하나님의 진정한 교회의 기초는 성경이다.

— 존 라이트풋

성경은……먼저 모든 육체를 정죄하는 율법을 담고 있다. 두번째가 복음인데, 복음으로 말할 것 같으면 죄를 회개하고 자복하는 모든 사람들에게 자비를 약속한다.

— 윌리엄 틴데일

312 청교도-이 세상의 성자들

청교도는 식자(識者) 운동이었다. 캠브리지 대학교 임마누엘 대학은 특별한 영향력을 끼친 대학이었다.

제 9 장

교육

> 진리는 어디서 발견하든 하나님에게서 나온다. 그런 진리는 우리의 것이다.
>
> —리처드 시브즈

엘리어트(T. S. Eliot)는 이렇게 말했다. "우리는 교육 이론을, 삶을 바라보는 철학에서 끌어 와야 한다. 결국 문제는 종교 문제로 밝혀졌다."[1] 아마 청교도들은 이 말에 공감을 나타냈을 것이다. 청교도들이 제시하고 보여 준 것보다 삶의 철학에 바탕을 두고 거기서 이론을 끄집어내서 발전시킨 교육 사례를 아마 다른 데서는 찾기 힘들 것이다.

필자가 살펴보려고 하는 교육 이론은 오늘날 세속 교육에 대해서만이 아니라 기독교 교육에 대해서도 대단히 도전적이다. 종교 개혁

---

[1] "Modern Education and the Classics," in *Essays Ancient and Modern* (New York : Harcourt, Brace, 1932, 1936), p. 169.

전통에 서서 현대 기독교 교육을 대표한다고 자임하는 몇몇 사람들은 사실 종교 개혁 전통 밖에 있다.

교육을 옹호한 청교도

청교도 교육 철학을 살펴보기에 앞서서, 청교도들이 어떻게 교육에 헌신했는지를 보여 주는 몇 가지 사례들과 통계 자료를 살펴보고자 한다. 이런 역사적인 사전 작업으로 말미암아 청교도들이 품었던 교육열이 청교도 운동에서도 가히 두드러지는 국면임을 발견하게 될 것이다.

미국에서 청교도들을 제외한 어떤 영어 사용권 식민주의자들도 식민지 도착 직후 고등 교육 기관을 세우지 않았다. 그러나 청교도들은 달랐다. 매사추세츠 만에 도착한 지 6년만에 평의회는 "학교 또는 대학 설립"[2]을 위해 400파운드 적립법을 통과시켰다. 이렇게 해서 설립된 하버드 대학은 부분적으로는 농부들의 희생을 통해 괄목할 정도로 빠르게 자리 잡게 되었다. 이들 농부들은 교사들과 학생들을 후원하기 위해 밀을 희사했다.[3]

미국 청교도 역사를 보여 주는 유명한 문헌인 뉴잉글랜드의 첫 수확 (*New England's First Fruits*, 1643)을 보면, 하버드 대학이 설립되기까지 어떤 숨은 노력이 기울여졌는지 잘 알 수 있다.

> 하나님의 도우심으로 이곳 뉴잉글랜드에 무사히 도착한 이후, 우리는 집을 세웠고 먹고 살 거리를 장만했으며, 좋은 예배 처소를 마련하고 시민 정부를 수립했다. 이제 우리가 소원하고 추구하는 것은 교육을 발전시키고 그것을 후손들

---

[2] Miller/Johnson, 2 : 700.
[3] Ibid., 1 : 14.

에게 안정적으로 공급하는 일이다.⁴

코튼 매더는 이 법안을 가리켜 "뉴잉글랜드가 고안해 낸 것 가운데 최고의 생각"이라고 치켜세우면서, 청교도들은 "영국 교회를 답습하고 있는 더 부자인 주들로 하여금 진실한 종교가 훌륭한 학문과 이웃이 된다는 점을 보여 줄 용의가 있다"라고 덧붙여 말했다.⁵

학교 설립은 미국 청교도들의 상징처럼 되었다. 일찍이 존 엘리어트는 보스턴에서 열린 노회에서 이렇게 기도했다. "주님, 저희에게 학교를 많이 허락해 주시옵소서! 사방에 많은 학교들이 세워지게 해 주옵소서! 이 총회에 속한 모든 자들이 각자 마을로 돌아가서 좋은 학교를 세우게 하셔서 그들이 속한 마을이 활기를 띠게 해주옵소서."⁶ 1647년에 공포된 매사추세츠 주의 한 법안은 학교 설립을 명령하고 있고, 코네티컷 주는 3년 뒤에 같은 명령을 내렸다. 1655년에 발표된 뉴 헤이븐 조례(New Haven Code)는 모든 부모들과 사업주들에게 자녀들과 도제(徒弟)들에게 교육을 제공하라고 명령하고 있다.⁷

교육을 숭상하기는 영국 청교도들도 마찬가지였다. 청교도가 우세를 보이던 기간에 영국에서는 문법 학교가 두 배로 늘어났다.⁸ 존 낙스(John Knox)는 스코틀랜드 공의회에 "스코틀랜드의 청소년들을 덕행으로 가르치고 경건하게 육성하는 일에 마음을 기울여야 할 줄로 압

---

⁴ Ibid., 2 : 701.

⁵ *Magnalia Christ Americana*, bk. 4, pt. 1.

⁶ Crawford, pp. 12 – 13. 같은 저서 안에 뉴잉글랜드에서 학교 건립에 관한 구체적인 자료들이 많이 나온다.

⁷ Ellwood P. Cubberly, *A Brief History of Education* (Boston : Houghton Mifflin, 1922), pp. 195 – 196.

⁸ Knappen, *Tudor Puritanism*, p. 469. 포스터 왓슨(Foster Watson)은 영문법 학교 역사에서 이런 결론을 내린다. "영문법 학교들은 국민의 삶에서 많은 활력과 영감을 얻을 수 있었다. 내가 말하는 국민의 삶은 무엇보다도 청교도 정신에 강렬하게 나타나 있다"(pp. 538 – 539).

니다"라고 대담하게 충고했다.[9] 어떤 영국 청교도는 의회에 이런 의견을 제출했다.

> 지혜이신 하나님께서는 이성을 가진 사람이 그 지혜를 부지런히 추구하기를 기뻐하신다. 또한 말씀 맡은 자들이 그 지혜를 널리 퍼뜨리기 위해서 집중적으로 연구하기를 원하신다. 그분은 여러분이 지식의 배양자들이 되기를 기대하신다.[10]

올리버 크롬웰은 더럼에 대학을 세우는 일에 개인적으로 책임감을 느꼈다.[11]

현대 교육사가(敎育史家)들은 청교도들이 교육에 관해 남긴 업적을 인정한다. 사가 중 한 사람은 "여러 면에서 잉글랜드 공화정은 대학 교육이 절정에 달했던 시기이다"라고 말한다.[12] 1640년에서 1660년 사이에 청교도 당국자들은 교육 정책 수립과 학교 설립을 법으로 제정하는 데 매우 큰 역할을 했다. 1641년에 제정된 증진법은 웨일즈에 60곳 이상의 사립 학교를 세우는 데 한몫을 했다. 물론 이 학교들은 왕정 복고 시대 이후 모두 사라지기는 했지만 말이다.[13] 크롬웰은 "수십 개에 달하는 초등학교를 세우거나 아니면 재개교(再開校)했고, 지원이 필요한 전국의 학교들에 관선 이사를 파견하기도

---

[9] *Book of Discipline*[Porter, *Tudor England*, p. 198].
[10] Miller, *Seventeenth, Century*, p. 69에서 인용.
[11] Ashley, p. 142.
[12] J. W. Ashley Smith, *The Birth of Modern Education*, p. 12. 모리스 애슐리(Maurice Ashley)는 영연방기를 "교육이 활성화한 기간"이라고 말하면서, 1650년대 런던은 "진정 철학적이고 과학적인 사고의 중심지"였다고 한다(p. 142).
[13] James, pp. 314–326. 왕정 복고 이후 교육의 몰락에 관해서 슈래터(Schlatter)는 이렇게 쓰고 있다. "영국 정부와 손잡은 성공회는 청교도들이 애써 일구어 놓은 진보를 짓뭉개려고 안간힘을 썼다. 왜냐하면 그렇게 함으로써 반대 세력을 꺾을 수 있기 때문이었다"(p. 46).

했다.[14]

반지성주의에 대한 청교도의 교육 변호론

교육은 언제나 사회와 교회 안에서 일어나는 반지성주의(反知性主義)의 공격을 막을 방어책을 필요로 한다. 17세기 "분파주의자"로 알려진 영국의 극단적인 청교도들은 교육의 가치를 높이 사고 이성의 중요성을 강조하는 청교도와 여타 사람들을 맹렬하게 공격했다. "반율법주의자"로 알려진 미국내 유사 집단들은 한 차례 대단한 소동 끝에 청교도들에 의해서 로드 아일랜드로 격리당하게 된다. 그들 중 한 사람은 이런 말로써 그가 어떤 설교 취향을 가지고 있는지 밝힌다. "배웠다는 학자들이 겉만 성경 구절로 포장하여 외치는 설교를 하느니 전혀 연구하지 않고 오직 성령의 감동으로만 전하는 설교가 훨씬 더 낫다."[15]

청교도들은 지성에 대한 이 같은 공격에 맞서서 학습 동기와 추론 능력을 적극 변호했다. 청교도들에게는 열정이 지식을 대신할 수 없었다. 존 프레스톤은 "많은 지식을 가지고도 은혜를 구하는 사람은 있을지언정 그 반대는 드물다고 생각한다. 그러나 우리는 알고 있는 것 이상으로 더 풍성한 은혜를 받을 순 없다"라고 잘라 말했다.[16] 리처드 백스터는 "교육은 하나님의 은혜를 전하는 일반적인 수단이다.

---

[14] Greaves, *Puritan Revolution and Educational Thought*, p. 15. 다른 곳에서 그리브스는 이렇게 논한다. "장로교를 제외하고, 청교도는 교회 정치에 관해서보다는 교육적인 문제에 더 많은 관심을 보였음이 확실하다"(*Society and Religion*, p. 329).

[15] Miller, *Seventeenth Century*, p. 74에서 인용. 그리브스는 그의 저서 *Puritan Revolution and Educational Thought*에서 영국 청교도들이 17세기 중엽에 일어난 영국 분파주의자들에 맞서 지식, 학습, 그리고 이성을 얼마나 옹호하고 변호했는지 자세히 입증한다.

[16] *The New Covenant*[Axtell, p. 12].

교육이나 말씀 증거가 성령의 역사와 배치되는 것으로 이해해서는 안 된다"라는 신념을 보였다.[17] 존 코튼은 "열정 없는 지식은 지식이 아니지만, 지식 없는 열정은 마구 타오르는 불과 같다"라고 주장했다.[18]

분파주의자들과 반율법주의자들은 믿음과 이성은 완전 상극이라고 보았다. 청교도들은 신앙 문제에서 이성을 하찮게 여기려는 끈질긴 시도를 단호히 배격했다. 사무엘 윌라드는 "믿음은 지식 위에 선다. 비록 하나님은……신앙의 눈으로만 볼 수 있다 하더라도 말이다. 하지만 어떻게 생각하면 이성의 눈으로도 그분을 뵐 수 있다. 신앙이 이성을 초월하는 것들을 보지만, 신앙도 이성의 추론을 통하지 않고는 아무것도 볼 수 없기 때문이다."[19] 존 프레스톤은 이렇게 썼다.

> 하나님의 은혜는 이성을 고양시키고 격조를 높여 준다. 은혜로 말미암아 우리의 이성은 이성 그 자체만으로 볼 수 있는 것보다 훨씬 더 멀리 내다볼 수 있게 된다. 은혜는 타락하고 부패한 이성과는 반대되는 자리에 서지만, 정당하고 바른 이성에 대해서는 전혀 적대감을 보이지 않는다. 이때 은혜는 이성을 더 높은 수준으로 끌어올린다. 따라서 믿음은 감성과 이성에 거스르는 것을 가르치지 않는다.[20]

존 코튼은 이성을 "우리 안에 있는 본질적인 지혜"라고 했고, 윌리엄 하버드(William Hubbard)는 "가장 신실하고 좋은 조언자"라고

---

[17] *The Autobiography of Richard Baxter*[Axtell, p. 12].
[18] *Christ the Fountain of Life*[Miller/Johnson, 1 : 22].
[19] Miller, *Seventeenth Century*, p. 67 과 171에서 인용. 코튼 매더 역시 비슷한 주장을 했다. "은혜는 이해를 통해 심령에 들어온다"(*Cares About the Nurseries*[Edmund Morgan, *Puritan Family*, p. 89]). 또한 매더 역시 화체설이라는 가톨릭 교리를 믿기 위해서는 "하나님께서 그것들 안에 판단할 수 있는 기능을 넣어 주신 상식과 이성을 모두 버려야 한다"라는 반론을 폈다(Miller, *Seventeenth Century*, p. 71에서 인용).
[20] *The Cup of Blessing*[Miller/Johnson, 1 : 39].

했다.[21]

청교도들은 성경의 권위를 믿었지만, 이 믿음 때문에 이성을 하찮게 여기지는 않았다. 코튼 매더는 "성경은 가장 고양된 형태의 추론이다"라는 심오한 말을 남겼다.[22] 하버드 대학에 설립된 첫 단과 대학은 학생들이 성경을 읽을 수 있어야 하는 것은 물론이려니와 "성경을 논리적으로 풀어나갈 수 있어야" 한다고 규정으로 못박았다.[23] 이 말이 결국 무엇을 의미하는지는 그리스도인이 이성을 써야 할 예를 제시한 리처드 백스터의 말에서 넉넉히 엿볼 수 있다.

> 우리는 이성을 써야 한다. 이성을 써서 무엇이 정경(正經)이고 무엇이 정경이 아닌지 분별해야 한다. 본문을 면밀히 검토하고 그것을 정확하게 번역해내기 위해서는 이성을 쓴다. 성경의 주장들을 정확히 집성(集成)하기 위해서, 일반 법칙을 교리, 예배, 훈육, 그리고 일반적인 관행 등의 구체적인 사례에 적용하기 위해서도 이성을 써야 한다.[24]

윌리엄 브리지는 "이성의 용도는 참으로 놀랍다. 심지어 하나님의 일들을 준행할 때에도 마찬가지이다"라고 말함으로써 전형적인 청교도의 사고를 보여 준다.[25] 토머스 후커는 동료 사무엘 스톤(Samuel Stone)에게서 "이성의 빛을 빌려 진리를 돋보이게 하는" 사람이라는 찬사를 받았다.[26]

---

[21] Cotton, *A Practical Commentary*……[Miller/Johnson, 1 : 24], Hubbard, *The Happiness of a People*[Miller/Johnson, p. 1 : 24].
[22] *Reasonable Religion*[Middlekauff, p. 297].
[23] Morison, *Founding of Harvard College*, p. 337.
[24] *The Judgment of Non-Conformists, of the Interest of Reason in Matters of Religion*[Miller, *Seventeenth Century*, p. 72]. 백스터 역시 "가장 종교적인 사람은 가장 진실하고 또한 가장 합리적이다"라고 갈파했다.
[25] *Scripture-Light*……[Warfield, p. 234].
[26] Miller, *Seventeenth Century*, p. 69에서 인용.

당대의 반지성적인 종교 분위기를 떠올릴 때 그들 역시 이성을 외면하는 자리에 들어갈 수 있다. 그러나 청교도들은 이성과 지식의 옹호자로 남았다.

무지를 혐오한 청교도

청교도들은 교육과 이성을 옹호했지만 한편으로는 무지를 혐오했다. 그들은 특별히 종교적인 무지를 더 없이 혐오했다. 청교도들이 하버드 대학을 세운 이면에는 "현재 활동 중인 목회자들이 세상을 떠났을 때 무식한 목회자들이 교회를 맡게 되면 어쩌나 하는 두려움"이 자리 잡고 있었다.[27] 에벤에젤 펨버튼(Ebenezer Pemberton)은 존 월리(John Walley) 경의 장례식에서 행한 애도 설교에서 "무지와 야성(野性)이 세대를 물들이면, 그 세대의 영광은 진흙탕에서 나뒹굽니다"라고 말했다.[28] 토머스 후커는 자기 시대 영국인들에 대해서 "그들 사이에 어떤 무지가 만연해 있는지 파악하기도 믿기도 어려울 정도"라며 개탄했고, 윌리엄 퍼킨즈는 "무지가 성행하는 곳에는 죄 역시 융성한다"라는 의견을 나타냈다.[29]

청교도들이 교육받은 지성을 소중하게 여겼다고 해서 그런 이상을 거쳐 실현할 수 있었던 것은 아니다. 이런 이상의 실현을 가로막는 장애물은 예나 지금이나 똑같다. 정신적인 게으름, 자만과 무지에 대한 속물적인 태도, 시간의 압박, 교육에 돈을 쓰기보다는 돈 자체를 불리려고 하는 유혹 등이다.

---

[27] *New England's First Fruits*[Miller/Johnson, 2 : 701].
[28] *Sermons and Discourses on Several Occasions*[Miller/Johnson, 1 : 18].
[29] Hooker, *The Soul's Preparation for Christ*[Miller/Johnson, 1 : 12], Perkins, *The Foundation of Christian Religion Gathered into Six Principles* [Axtell, p. 12]. 리처드 로저스는 그의 일기에 "지식에 대한 목마름" 때문에 "마음이 무거웠노라"고 실토한다(Knappen, *Two Elizabethan Puritan Diaries*, p. 59).

최소한 청교도 지도자들은 물질적 부요보다는 교육받은 지성을 더 중요하게 여겼다. 코튼 매더는 이런 말로 회중들을 권면했다. "자녀들을 위해 이 세상 물질을 쌓아 두려 한다면, 이 세상 산해 진미로 그들을 배불리려 한다면, 여러분은 이 세상에 속해 이생만으로 받을 분깃을 다 받은 사람이 아닌가 하는 의심의 대상이 되고야 말 것입니다."[30] 존 밀턴은 대학 졸업을 앞두고 그의 아버지에게 감동스러운 감사를 드린다.

> 아버지, 저를 거짓이 판치는 넓은 길로 가지 않게 하셨습니다. 좀 더 돈을 쉽게 벌 수 있는 곳으로도 보내지 않으셨습니다. 그런 곳은 많은 부를 믿고 의지하는 황금빛 소망이 물씬 피어 오르는 곳입니다. 그러나 아버지는 제 정신이 갈고 닦이기를 바라셨습니다. 하늘 나라 말고는, 어떤 아버지가 이보다 더 큰 재산을 자식에게 물려 줄 수 있겠습니까?[31]

바른 가치관을 세우는 작업은 모든 세대를 사는 그리스도인들에게 시급한 과제이다. 비교적 물질적인 유혹이 덜한 시대에 살기는 했지만, 많은 청교도들은 물질 소유보다는 배움을 더 우위에 두었음을 온몸으로 보여 주었다.

교육 목적

알버트 아인슈타인(Albert Einstein)은, 우리는 완벽한 수단이 구비되어 있지만 목표가 명확하지 않은 시대에 살고 있다는 말을 남겼

---

[30] *What the Pious Parent Wishes*[Edmund Morgan, *Puritan Family*, p. 87].

[31] *To My Father*[*The Complete Poetical Works of John Milton*, ed. Douglas Bush(Boston : Houghton Mifflin, 1965), p. 100].

다. 그러나 청교도들은 이런 실수를 범하지 않았다. 그들이 내세운 교육 이론이 그토록 힘이 있었던 이유는, 무엇을 위한 교육인가를 알았기 때문이다. 그들의 일차적인 목표는 그리스도인 육성과 성장이었다.

캠브리지 대학에서 가장 오래 된 청교도 단과 대학인 임마누엘 대학은 "무엇보다도 우선적으로 이 대학의 모든 학생들이 마음에 유념해야 할 세 가지 것이 있다. 그것은 하나님을 예배하고 믿음을 증진하며, 도덕심을 함양하는 것이다"[32]라고 설립 이념을 공표했다. 존 낙스는 스코틀랜드 공회에 "그리스도의 영광을 선양하기 위해서 이 땅의 청소년들을 덕행으로 가르치고 경건하게 육성하는 일에 거듭 마음을 써야 한다"고 권고했다.[33]

미국 청교도들 역시 같은 교육 목표를 표방했다. 하버드 대학을 설립한 직접적인 동기는, 앞서 말했다시피 종교적인 문제 때문이었다. 새 대학에서는 이런 규율을 지켰다.

> 우리는 모든 학생을 쉽고 명쾌하게 가르칠 것이다. 학생들은 자기 인생의 목적에 대해 충분히 숙고하도록 끊임없이 자극을 받아야 한다. 그리고 학문의 대본(大本)이 하나님을 알고 영원한 생명이신 예수 그리스도를 아는 데 있고, 따라서 그리스도를 모든 건전한 지식과 배움의 유일한 기초로서 초석에 놓아야 함을 부지런히 깨우쳐 나가야 한다.[34]

---

[32] Porter, *Tudor England*, p. 185.

[33] Ibid., p. 198. 낙스의 후원 아래 결성된 "학교 건립회"는 "젊은이들이 지식과 하나님을 경외하는 법도를 배우도록 하기 위해" 학교가 필요하다고 역설했다 (Frederick Eby, *Early Protestant Educators*[1931, reprint New York : AMS Press, 1971], p. 275). 이런 진술들은 루터가 강조한 내용을 생각나게 하기에 충분하다. 그는 학생들의 "영원한 구원과 현세적인 행복과 영예를 위해" 학교를 건립, 유지하는 뉘른베르크 공의회의 공을 치하했다[*A Sermon on Keeping Children in School*, Luther, *Works*, 46 : 214]).

[34] *New England's First Fruits*[Miller/Johnson, 2 : 702].

토머스 쉐퍼드(Thomas Shepard)는 아들이 하버드에 입학하자 이런 편지를 썼다. "네 인생의 목적을 기억하거라. 그러면 하나님께로 귀착할 수밖에 없다. 그리고 그분과 더불어 나누는 교제로 돌아올 수밖에 없다."[35]

미국에서 제정된 가장 기념비적인 교육법에는 교육이 지향하는 종교적인 목적이 명시되어 있다. "옛 현혹자 법"(Ye Old Deluder Act)이라고 알려진 이 법은 1647년에 제정된 것으로 매사추세츠에서 무상 공교육(公敎育)을 명령하고 있다. 매사추세츠 대법정이 국어 학교를 설립하라고 지시하는 근거는 다음과 같다. "옛 현혹자, 곧 사탄이 추구하는 굵직한 목적 가운데 하나는 사람이 성경을 모르게 하는 것이다."[36] 청교도들은 사탄의 책략을 분쇄하는 길이 사람들을 교육시켜 성경을 읽고 연구하도록 하는 것이라 믿었다.

청교도들이 종교적 목적이 빠져 있는 세속 교육을 본다면 경악할 것이 틀림없다. 그들이 보기에 종교적 지향점을 빠뜨린 교육은 교육에서 가장 본질적인 구성 요소를 빠뜨린 것이다. 그래서 코튼 매더 같은 이는 이렇게 말한다.

> 모든 것에 앞서서, 정말 무엇보다도 부모들이 자녀에게 가르쳐야 할 바는 기독교에 관한 지식이다. 다른 지식들은 우리 자녀들이 필생으로 이루어야 할 목표가 될 수 없고 그런 것 없이도 영원한 행복을 누릴 수 있다. 그러나 경건한 가르침을 배워 아는 지식으로 말할 것 같으면 우리 자녀들에게 천 번 만 번 더 중요하고 필요하다.[37]

영국 설교가인 토머스 게이테커 역시 같은 맥락에 서 있다.

---
[35] Ibid., p. 715.
[36] *Massachusetts Laws of 1648*[Edmund Morgan, *Puritan Family*, p. 88].
[37] *Cares About the Nurseries*[Edmund Morgan, *Puritan Family*, p. 90].

부모들은 어떤 방향으로 자녀들을 교육시켜야 할지를 숙지해야 한다. 어떻게 하면 좋은 옷 입히고 좋은 반찬을 먹이냐만 궁리하지 말고, 진정한 지혜와 훈계로 그들을 훈련시키는 일에 골몰해야 하는 것이다.[38]

여기서 교육에 관해 말한 청교도 작가들이 거의 한결같이 교육의 목표를 논하면서 교육자가 아닌 부모들에게 당부하고 있음을 한 번 주목해 볼 만하다. 청교도들은 교육이 가정에서 시작되어야 하고 궁극적으로 부모의 책임 아래 이루어져야 한다고 보았다. 학교는 가정/가치 교육의 연장일 뿐이지 결코 그것을 대신할 수는 없다.

교과 과정과 성경

청교도들의 교육관이 위와 같았으므로, 그들은 자연스럽게 성경과 교리 연구를 교과 과정의 중심에 두었다. 이러한 조치는 루터에게로 연원이 거슬러 올라간다. 일찍이 그는 이렇게 주장했다. "우선 대학에서 연구하든 학교에서 공부하든간에 모든 학생들은 성경을 철저하게 공부해야 한다. 나는 성경을 제대로 가르치지 않는 교육 기관에는 절대 자녀를 보내지 말라고 권고하고 싶다."[39]

청교도들은 여기에 동의했다. 캠브리지 대학 내 임마누엘 단과 대

---

[38] *A Good Wife God's Gift*[Emerson, *English Puritanism*, p. 215]. 루터와 칼빈은 단순한 인문 교육의 한계에 대해 비슷한 입장이었다. 루터는 말한다. "우리는 아이들의 배만을 채워 주려는 것이 아니라 영혼까지 채워 주려 합니다. 그리스도인 부모라면 최소한 이 정도는 명심해야 합니다"(*To the Councilmen of Germany, That They Establish and Maintain Christian Schools*[Luther, *Works*, 45 : 349]). 같은 주제에 관해 칼빈은 이렇게 쓴다. "그리스도를 아는 신령한 지식이 결여된 상태에서라면, 모든 학문이 추구하는 지식은 운무(雲霧)에 불과하다"(*Commentary on 1 Cor.* 1 : 20).

[39] *To the Christian Nobility* ……[Luther, *Works*, 44 : 205-207].

학은 성경을 중심 교과 과정으로 한다는 점을 학칙으로 굳혔다.

청소년들을 경건과 선량한 배움, 그리고 특별히 거룩한 문헌과 신학으로 교육시키기 위해 대학과 학교를 세우는 풍토는 교회의 오래된 관습이다. 이렇게 교육받은 젊은이들은 그들 역시 진실하고 순결한 종교를 가르칠 수 있게 된다.[40]

하버드 대학은 학칙으로 이런 조항을 내세웠다.

모든 학생은 하루에 두 차례 성경을 읽는 습관을 들여야 한다. 그래서……지도 교수가 물어 보았을 때 능수 능란하게 대답할 수 있을 정도가 되어야 한다……시편 119 : 130의 말씀처럼, 주의 말씀을 열 때에는 우둔한 자라도 깨닫게 된다.[41]

청교도들의 수업은 모든 인간 지식을 성경 진리로 가늠하고 재어 보는 것에 목표를 두었다. 밀턴이 제시한 교과 과정에는 고전과 기독교 문헌이 포함되어 있었지만, 플라톤과 플루타크와 같은 작가들의 작품은 "다윗과 솔로몬, 또는 복음 말씀과 사도들의 확정적인 글"에 종속된다.[42] 토머스 홀은 "인간적인 학문을 영적 지혜와 접붙이고 짝지우기 위해 신학교에서 그것들을 가르쳐야 한다"고 말했다.[43] 청교도들이 영국 랭카스터에 세운 여러 국어 학교 가운데 하나인 리빙턴 학교(Rivington School)는 모든 교과목이 "성경의 내용"과 일치해야 한다는 교칙을 세웠다.[44]

---

[40] Statutes of Emmanuel College[Porter, *Tudor England*, p. 182].
[41] *New England's First Fruits*[Miller/Johnson, 2 : 702].
[42] *Of Education*[CPW, 2 : 397].
[43] *Vindiciae Literarum*[Greaves, *Puritan Revolution and Educational Thought*, p. 122]. 헨리 서만(Henry Thurman)은 옥스퍼드 학생 시절 "인문 교육과 학문은 신학에 종속되어야 한다"는 생각을 품었다(*A Defence of Humane Learning in the Ministry*[Greaves, p. 37]).

밀턴의 기독교 교육관

밀턴의 유명한 글 교육론(*Of Education*)에는 교육 목표에 관한 고전적인 선언이 나온다. 그의 말에 귀기울여 보자.

> 그러므로 학습의 목적은 하나님을 바르게 다시 배움으로써 우리 첫 선조가 저지른 황폐를 복구하는 것이다. 그분을 바르게 배운 그 지식으로써 그분을 사랑하고 본받으며, 그분을 닮는 사람이 된다.[45]

여기서 밀턴은 교육을 완수해야 할 무엇으로 정의한다. 기독교 교육을 달성하는 데는 많은 방법이 있을 수 있지만, 교육이 무엇이냐 하는 본질을 놓쳐서는 안 될 것이다.

밀턴이 보기에 교육은 그렇게 간단하고 단순한 것이 아니었다. 이를테면 과정을 이수한다든지 논문을 쓴다든지, "소정의 자격을 구비한다"든지 아니면 학위를 취득하는 일(이런 것은 그나마 교육이라고 부를 수도 없을 터이고)쯤으로 축소될 수 있는 성질이 아니었다. 교육가로서 밀턴은 사람이 무엇을 얼마나 아느냐에는 별 관심이 없었고, 피교육자가 어떤 사람으로 되어가고 있는가 하는 데에 큰 관심을 가졌다.

밀턴이 정의하는 교육의 목표는 하나님과 맺는 바른 관계에 초점을 맞춘다. 적절히 시행되기만 하면 교육은 한 사람을 더 바람직한 그리스도인이 되게 할 수 있다. 밀턴은 여기서 그치지 않고 교육을 성화의 과정이라고까지 보았다. 이런 생각은 교육의 목표가 "그분을 바르게 배우고, 그 지식으로써 그분을 사랑하고 본받으며, 그분을 닮는 사람이 되는 데 있다"고 한 말에서 잘 드러난다. 우리는 습관적

---

[44] *Victoria County History of Lancashire*[Derek Wilson, p. 136].
[45] *CPW*, 2 : 366-367.

으로 성화를 도덕적이고 영적인 진보에 국한시킨다. 그런데 밀턴에게는 하나님을 닮아간다는 말이 그분의 거룩하심뿐 아니라 사랑에 바탕을 둔 아름다움과 진리를 나누기 위해 가까이 나온다는 뜻도 된다.

청교도들은 교육의 종교적 목적을 항상 명쾌하게 가지고 있었다. 그들은 기독교 교육에 많은 기대를 걸었는데, 그들이 말하는 기독교 교육은 아주 넓은 의미를 가지고 있었다. 오늘날 사회가 기술 교육에 치중하고 있는 반면, 청교도들은 하나님을 닮는 교육에 열성을 냈다.

인문 교육의 이상

청교도들이 교육에서 기독교적인 요소를 강조했다는 것은 그리 놀랍지 않다. 그러나 기독교적인 요소를 강조했다는 것은 그림의 반쪽밖에는 안 된다. 다른 반쪽은 그다지 많이 알려져 있지 않다. 청교도들이 교육의 목표를 종교에 맞추었다면, 그 내용은 인문 교육(liberal arts)이었다. 청교도 대학은 본래 학식 있는 목회자 수급(受給)을 위해 설립되었다. 그러나 청교도 대학이 모두 신학교 또는 성경학교는 아니었다. 그 대학은 기독교 인문 대학이었다.

폭 넓은 교육에 관한 관심은 대륙 개혁자들, 특히 루터와 칼빈에게 영향받은 바이다. 루터는 독일 공의회원들에게 이렇게 편지했다.

> 제게 자녀가 있어서 그들을 교육시킨다면, 언어와 역사뿐 아니라 음악과 노래, 게다가 온갖 종류의 수학도 교육시킬 것입니다. 고전 헬라어도 과목에 넣어 훈련시켜야 합니다. 그들은 놀라운 능력을 소유한 사람들로 자라고 그 결과 두루 실력을 갖춘 인물이 될 것입니다."[46]

---

[46] *To the Councilmen*……[Luther, *Works*, 45 : 369-370]. 칼빈 역시 인문학문에 대해 비슷한 태도를 취했다. 그가 제네바에 세운 학교는 27주 동안 강의를

"두루 실력을 갖춘 인물." 직업 교육과는 달리 인문 교육은 언제나 이런 목적을 추구해 왔다.

두루 실력을 구비한 인물 육성은 청교도들의 이상이기도 했다. 로버트 클리버는 어떤 사람이 어떤 직업을 가지든간에 이렇게 되어야 한다고 보았다.

> 인문 과목에 관해 더 많은 지식과 소양을 가지면 가질수록 더 빨리 직업 기술을 배울 뿐 아니라 같은 일을 더 능숙하게 수행하게 된다.[47]

매사추세츠 도체스터에서 1645년 제정된 규례에는 학교장에게 "인문학과 건전한 문학"을 가르치라는 지시가 나오는데, 인문학이라는 용어에는 직업 교육과는 다른 교과 과정이라는 언외의 뜻이 포함되어 있다.[48]

초기 미국 정착자들이 생존 환경 확보를 위해서 황야와 싸울 때에는 인문학 등에는 미처 신경을 쓰지 못했을 것이라고도 생각할 수 있지만, 사실은 정반대이다. 코튼 매더는 찰스 초운시(Charles Chauncy) 하버드 대학 총장을 칭찬한다. 그가 "언제나 대학 강당에서 성경을 강론했기 때문이기도 했지만, 그의 발 아래 앉아 있는 사람들에게 모든 인문 학문들을 소개하는 데 통달한 사람"이었기 때문이기도 했다.[49] 하버드에서 공부한 목사 후보생들은 성경을 원전으로 읽을

실시했는데, 신학 3주, 히브리어와 구약 8주, 윤리학 3주, 헬라 웅변가와 시인들 5주, 물리학과 수학 3주, 그리고 나머지 5주는 변증법과 수사학을 강의했다. 교과서로는 버질, 시세로, 오비드, 리비, 호머, 아리스토텔레스, 플라톤, 그리고 플루타크의 글이 채택되었다(Eby, p. 253, W. Stanford Reid, "Calvin and the Founding of the Academy of Geneva", *Westminster Theological Journal*, 18[1955], pp. 13, 16).

[47] *A Godly Form of Household Government*[Knappen, *Tudor Puritanism*, p. 468].

[48] Morison, *Intellectual Life*, p. 89. The phrase "good literature" comes from Cicero's phrase *bonae literae*.

수 있도록 또 신학을 탐구할 수 있도록 교육받았지만, 수학, 천문학, 물리, 생물, 화학, 철학, 시학, 역사 그리고 의학을 배웠다. 어떤 권위자는 하버드의 내규에 관해서 "인문학이나 신학 교육은 결국 하나였다. 두 가지 학문적 원류가 있었다면 하나는 칼빈주의이고 다른 하나는 아리스토텔레스였다"라고 말했다.[50]

개혁자들과 그 후예인 청교도들에게 완전한 교육이란 없었다. 비록 거기에 종교적 지식이 포함되어 있더라도 말이다. 예를 들어 보자. 사무엘 러더포드는 "자연 법치가에 구애받지 않는 성경만이 우리를 하늘 나라로 인도할 수 있다면 그것은 틀린 말이다. 왜냐하면 성경과 자연 법칙은 각각 고유한 방식으로 동시에 작용하지, 한쪽이 다른 한쪽을 배척하지 않기 때문이다"라고 말했다.[51] 매사추세츠 대법정은 "언어와 인문학적 소양"을 구비함은 "식자에게는 칭찬할 일이기도 하지만 반드시 필요한 조건이기도 하다"는 소견을 밝힌다.[52] 우리는 여기서 다시 한번 영적인 것과 자연적인 것을 이분법적으로 나누려고 하지 않는 청교도들의 자세를 엿볼 수 있다.

요즘 개혁주의와 청교도 전통을 따르는 목회자들은 어떤 경건주의 진영에서처럼 종교 교육으로 끝내지 않고 대학 교육에다 신학교 교육까지 받아야 한다. 이런 분위기는 청교도적 유산의 일부이다. 리처

---

[49] *Magnalia Christi Americana*[Morison, *Harvard College in the Seventeenth Century*, 1 : 324]. 매더는 "나라 전체를 인문 교육으로 뜨겁게 해야" 한다고 목소리를 높였다(*The Serviceable Man*[Miller, *Nature's Nation*, p. 48]).

[50] J. W. Ashely Smith, p. 71. 모리슨(Morison)은 저서 *The Intellectual Life*에서 비슷한 결론을 내렸다. "뉴잉글랜드에 정착한 청교도들은 다른 영국 식민지에 정착한 비청교도들보다 훨씬 더 인본주의적인 전통을 보존했다(p. 17).

[51] *The Divine Right of Church-Government*[Rogers, p. 284]. 독일 사람 필립 멜란히톤은 같은 교육 이론을 내세웠다. "어떤 사람들은 도무지 성경을 가르치지 않는다. 어떤 사람들은 자녀들에게 오직 성경만을 가르친다. 이런 자세는 모두 용인되어서는 안 된다"(*A History of Religious Educations*, ed. Elmer L. Towns[Grand Rapids : Baker, 1975], p. 152에서 인용).

[52] Miller/Johnson, 1 : 20.

드 버나드는 이렇게 자문 자답한다. "목사에게 꼭 필요한 학문 또는 과목은 무엇인가? 문법, 수사학, 논리학, 물리, 수학, 형이상학, 윤리학, 정치학, 경제학, 역사, 그리고 군사 과목 등이 목회자에게 필요하다."[53]

미국에서 하버드 대학 총장 초운시(Chauncy)는 "목사가 유익하고 성경적인 모든 진리를 전파하려면, 제반 학문 지식을 알고 있어야 수월하게 청중들에게 전할 수 있다"[54]라고 말했다. 코튼 매더의 글을 보면, 아리스토텔레스, 카토(Kato), 리비(Livy), 호머(Homer), 오비드(Ovid), 플루타크(Plutarch), 버질(Virgil), 그리고 타키투스(Tacitus) 등 적어도 300명 정도의 대가들을 섭렵했음을 알 수 있다.[55] 매튜 스왈로우(Matthew Swallow)는 그의 목사 존 코튼이 "학문과 언어에 능통하고 신학과 인문학에 걸쳐 두루 통달했으며, 결코 겉껍데기만 가지고 교인들을 목양하지 않는다"[56]고 하며 칭찬을 아끼지 않았다.

영국에서는 청교도 시대가 곧 문예 부흥 시대였음을 유념한다면 청교도들이 얼마나 인문학을 중시했는가를 쉽게 이해할 수 있다. 문예 부흥이란 한마디로 고전 문화에 대해 인본주의적 가치를 부여하는 운동이었다. 이 운동은 고전어로 쓰인 문헌을 회복하는 운동이었고,

---

[53] *The Faithful Sheperd*[Haller, *Rise of Puritanism*, p. 138]. 마크 커티스는 이런 평가를 남겼다. "청교도들은 교회 개혁에 관심을 가졌기 때문에 대학 교육의 유용성에 대해서도 강한 확신이 있었다"(p. 190).

[54] Miller, *Seventeenth Century*, p. 85에서 인용. 윌리엄 슈틀레프(Willaim Shurtleff)는 설교에서 이렇게 말했다. "고급 언어뿐 아니라 모든 학문과 과학 지식은 복음 사역에 유용하다"(*The Labour That Attends the Gospel Ministry*[Morrison, *Harvard College in the Seventeenth Century*, 1 : 166]).

[55] T. G. Wright, pp. 244-253.

[56] Miller, *Seventeenth Century*, p. 311. 코튼 매더는 존 매더가 이 같은 자격을 갖춘 사람이라고 칭찬한다. "그는 대단히 폭이 넓은 학자요 살아 숨쉬는 인문학 체계이며, 걸어다니는 도서관이다"(*Magnalia Christi Americana* [Mitchell, p. 102]).

여기서 순수하게 인간적인 가능성을 구현하기 위한 투쟁을 골자로 하는 인본주의가 싹텄다. 우리 세기에서는 "인본주의"라는 용어를 순수하게 인간적인 지식이라는 뜻으로 쓰기도 하지만, 16, 17세기에는 거의 대부분의 인본주의자들이 기독교 인본주의자들이었다. 그들은 하나님을 중심에 두는 기독교의 울타리 안에서 인간 지식을 존중했다.

청교도 운동과 문예 부흥을 맞서게 하는 구도는 이만저만한 실수가 아니다. 이 둘은 많은 공통점을 가지고 있다. 중세 가톨릭에 대한 염증, 아득한 과거로 돌아가려는 소망, 건설적인 변화를 끄집어낼 수 있는 실마리가 되는 고전 문헌에 대한 집착 등이 그것이다. 그래서 루이스는 이렇게 쓸 수 있다. "청교도들과 인본주의자가 청교도일 때가 많았고, 거의 언제나 그들은 동류(同類)였다. 그들은 현상황을 일소(一掃)하고 진보를 이루려는 갈망을 지닌 신세대였다."[57] 고전 문헌을 영어로 옮긴 최초의 번역자들은 급진적인 개신교도 또는 청교도들이었다.[58] 인본주의 운동으로서 문예 부흥과 청교도 운동은 의식과 문화적 가치를 변화시키는 가장 좋은 수단으로서 교육에 큰 기대를 걸었다.[59]

---

[57] *Studies in Medieval and Renaissance Literature*(Cambridge : Cambridge University Press, 1966), p. 122. 한 미술사가 역시 비슷한 결론을 내린다. "그들은 너무나 많이 비슷하기 때문에 르네상스적 사고와 청교도 운동의 개념을 정확하게 구별할 수 없을 때가 많다……처음부터……이 둘은 조화를 이루었고 중세기 르네상스적인 의식을 가진 대부분의 사람들이 가장 철저한 청교도가 되었다"(Eric Mercer, *English Art, 1553-1625*[Oxford : Oxford University Press, 1962], pp. 6-7).

[58] C. H. Conley, *The First English Translators of the Classics*(New Haven : Yale University Press, 1927)참조. 콘리는 "청교도 운동과 고전주의(classicism)의 어쩔 수 없는 조화에 대해" 언급한다(p. 76). 한편 콘리가 내린 다음과 같은 결론을 짚고 넘어가는 것은 중요하다. "번역 운동은……청교도들에서 시작해서 그들에 의해 마침이 된다"(p. 116). 이 말에는 르네상스와 종교 개혁이 점점 진행함에 따라 그 둘 사이에 알력이 노출되었다는 뜻이 들어 있다.

[59] 조안 사이먼(Joan Simon)은 그의 저서 *Education and Society in Tudor England*(Cambridge University Press, 1967), p. 402에서 이렇게 결론 내린다. "인본주의자들이 교육 확산을 부르짖을 수 있었던 것은 종교 개혁에서 힘입은 바이다."

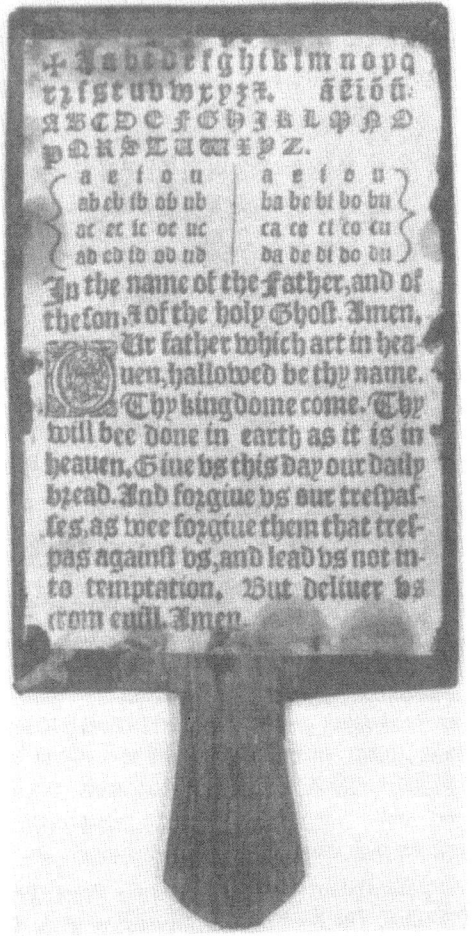

청교도 학교에서 사용한 글씨판. 청교도들에게 교육이 얼마나 중요하고 시급한 일상사였는가를 보여 주는 사진이다. 또한 그들이 교육의 본질을, 기독교적인 목적을 달성하기 위해 문학적인 수단을 적절하게 사용하는 데 두었음을 짐작하게 한다. 폴저 셰익스피어 도서관의 호의를 입어 실음(STC 13813.5)

청교도들은 성경 계시라는 테두리 안에서 모든 종류의 인간 지식을 체계적으로 이해하는 것을 이상으로 삼았다. 인간 지식과 성경을 통합하려는 이러한 시도는 1670년에 발표된 하버드 선언서에서도 잘 드러난다. 이 선언서는 일곱 가지 인문학 과목들을 "그 중심에 하나님이 계신 원(圓)의 일곱 조각"[60]이라고 천명한다. 이런 정신을 가지고 있던 청교도들은 경건과 학문을 상호 보완적으로 보고 결코 적대적으로 보지 않았다. 학교에 관한 그들의 이런저런 언표(言表)들을 훑어 보자.

"경건과 인문학의 모판, 경건, 도덕성, 그리고 학습, 지식과 경건, 학습과 경건의 진보", "학문과 경건에 인정을 받은 사람은 경건과 건전한 학문으로 자녀를 교육하는 일에 열심을 낸다."[61]

모든 진리는 하나님의 진리이다

청교도들이 인본주의적인 지식을 갈구했던 데에는 다 그만한 확신

고전을 중시한 청교도 교육 과정에 대해 조금 더 자세하게 알고 싶으면 아래와 같은 자료를 참조하라. Mark H. Curtis, *Oxford and Cambridge in Transition, 1558-1642*, H. McLachlan, *English Education Under the Test Acts, Being the History of the Non-Conformist Academies, 1662-1820*(Manchester : Manchester University Press, 1931), J. W. Ashley Smith, *The Birth of Modern Education*, Irene Parker, *Dissenting Academies in England*(Cambridge : Cambridge University Press, 1914).

[60] Miller, *Seventeenth Century*, p. 160에서 인용.

[61] 인용한 문구들은 존 밀턴의 저서 *An Apology Against a Pamphlet* [*CPW*, 1 : 923] 의 한 부분인 *seriatim*, 1642 Charter of Harvard College[Kenneth Murdock, *Increase Mather : The Foremost American Puritan*(Cambridge : Harvard University Press, 1926), p. 45], 1650 Charter of Harvard College[Morison, *Harvard College in the Seventeenth Century*, 1 : 6], *New England's First Fruits* [Miller/Johnson, 2 : 701], Parliamentary Propagation Act of 1641[James, p. 322]에서 가지고 왔다.

이 있기 때문이었다. 그들은 모든 진리의 궁극적인 근원은 하나님이시라고 확신했다. 리처드 시브즈는 이렇게 주장한다.

> 진리는 어디서 발견하든 하나님에게서 말미암는다. 그런 진리는 우리의 진리이고 교회의 진리이다. 그런 진리들을 우상화해서는 안 된다. 다만 어디서 발견하든 진리는 교회의 진리이다. 따라서 똑바른 의식만 있다면 어떤 인간 저자에게서도 유익을 얻을 수 있다.[62]

찰스 초운시는 학위 수여식 설교에서 "누가 말했든지 모든 진리는 진리의 하나님에게서 나온다는 사실을 부인할 수 없습니다"[63]라고 말했다.

청교도들이 종교적인 또한 인간적인 지식을 동시에 존중할 수 있었던 교리적인 배경은 하나님께서 진리를 두 "책", 곧 성경과 자연을 통해 계시하셨다는 것이다. 영국 사람 에드워드 레이놀즈는 배움에 관한 분파주의자들의 공격에 대해 이렇게 응수했다.

> 하나님을 알 수 있는 지식은 자연 가운데 나타난 그분의 행사에도 드러나고, 계시된 초자연적인 말씀 안에서도 드러난다. 말씀에 나타난 초자연적인 계시가 으뜸이고 중요하지만 다른 한쪽도 과소 평가해서는 안 된다.[64]

미국 사람으로서는 토머스 쉐퍼드가 하버드 대학생인 아들에게 이

---

[62] *The Christian's Portion*[George, p. 347].
[63] Miller/Johnson, 2 : 706.
[64] *A Sermon Touching the Use of Humane Learning*[Miller, *Seventeenth Century*, p. 82]. 다른 곳에서 레이놀즈는 우리가 하나님의 심판을 두 가지 면에서 알 수 있다고 말한다. "하나는 감각으로 알 수 있는데 자연적인 것이고, 다른 하나는 믿음의 눈으로 알 수 있는 영적인 것이다"(*A Treatise of the Passions and Faculties of the Soul of Man*[Rogers, p. 248]).

런 글을 주었다.

> 천상적이고 영적이며 초월적인 지식뿐 아니라, 자연과 인간에 관한 배움과 능력 역시 하나님에게서 흘러 나온다는 사실을 명심하거라. 따라서 우리는 수시로 기도해야 한다. 앞서 말한 지식들은 물론이려니와 뒤에서 말한 지식을 풍성히 얻도록 말이다.[65]

청교도들은 자연이라는 일반 계시뿐 아니라 성경이라는 특별 계시를 믿었으므로, 자연계에 대한 과학적 연구를 전적으로 반겼다. 청교도들이 근대 과학의 발흥을 촉진했는지 안 했는지는 아직 학자들간에 열띠게 논의되고 있지만 그들이 과학 운동에 호의적이었다는 것만큼은 아무도 시비 삼지 않는다.[66] 리처드 백스터의 글을 보자.

> 세속 학문에서 큰 몫을 하는 물리학은 따지고 보면 하나님의 놀라운 행사에 대한 지식이다. 인간을 만물의 영장이라고 부르는 사람치고 물리학을 헛된 인간 지식이라고 부를 사람이 있을까?[67]

---

[65] Miller/Johnson, 2 : 719.

[66] 청교도가 근대 과학에 미친 영향에 대한 강력한 논증으로는 Robert K. Merton의 책 *Science, Technology, and Society in Seventeenth Century England*가 있다. Christopher Hill, *Intellectual Origins of the English Revolution*(Oxford : Oxford University Press, 1965), John Dillenberger, *Protestant Thought and Natural Science*(Garden City, N. Y. : Doubleday, 1960) 또한 참조하라. 이 주제를 놓고 많은 학자들이 난상 토론을 벌였는데, 중요한 논의와 추천 도서 목록을 보려면 아래와 같은 도서를 참조하기 바란다. Charles Webster, ed., *The Intellectual Revolution of the Seventeenth Century*(London : Routledge and Kegan Paul, 1974). 웹스터는 "영국 과학은 청교도 운동과 더불어 꽃피었다"라고 분명하게 원인 관계를 밝혔다(p. 15).

[67] *The Unreasonableness of Infidelity*[Greaves, *Puritan Revolution and Educational Thought*, p. 12].

알렉산더 리처드슨(Alexander Richardson)은 "세상과 삼라만상은 하나님의 지혜가 적힌 책과 같다. 우리는 거기에서 하나님의 지혜를 구해야 한다"[68]라고 설파했다. 존 코튼에게는 "자연과 그 조화, 하나님이 이루신 모든 행사의 쓰임새를 연구하는 일이야말로 모든 인간에게 주어진 신성한 의무였다."[69]

청교도들은 과학만큼이나 예술에 관한 탐구에도 열을 올렸다.

1645년에 발표된 돌체스터 규정(Dorchester regulation)에 따르면, 선생은 학생들에게 "인문학과 건전한 문학"을 가르쳐야 했는데, 이 말은 인문 과목과 고전을 가르치라는 뜻이었다.[70] 인크리스 매더는 "종교와 건전한 문학이 흥망 성쇠를 같이한다고 제대로 통찰한 사람들도 있습니다"[71] 하고 입법부에 직언을 서슴지 않았다.

청교도들이 인문학을 과감하게 수용할 수 있었던 배후에는 일반 은총 교리가 버티고 있었다. 일반 은총론은 언제나 칼빈주의에서 강세를 보이는 교리이다. 이 교리는 하나님께서 신자든 불신자든 모든 사람들에게 진선미(眞善美)를 알 수 있는 능력을 주셨다고 주장한다. 칼빈은 일반 은총을 이렇게 말한다.

---

[68] *The Logician's School-Master*[Miller, *Seventeenth Century*, p. 162].

[69] *A Brief Exposition……Upon the Whole Book of Ecclesiastes* [Miller, *Seventeenth Century*, p. 212].

[70] Morison, *Intellectual Life*, p. 89.

[71] *Discourse Concerning the Danger of Apostasy*[Miller/Johnson, 1 : 21]. 매더는 아마도 루터를 넌지시 가리키고 있는 것 같다. 루터는 이렇게 말했다. "문학 지식 없이 순수하게 신학만이 존립할 수는 없다고 확신한다. 문항(文向)이 졸렬하고 잡스러우면, 신학 역시 어쩔 수 없이 저급하고 유치해지기 때문이다. 내가 아는 바로는 하나님께서 먼저 언어와 우아한 문체를 일으키지 않으시고는 계시를 주시는 법이 없다……바라기는 될 수 있다면 많은 시인들과 논객들이 나타났으면 한다. 왜냐하면 이런 과목이 있어야만이 비로소 거룩한 진리를 파악할 수 있는 자격을 갖추게 되고, 또한 진리를 요령 있고 바람직하게 다룰 수 있기 때문이다"(Letter to Eobanus Hessus[Robert Ulic, *A History of Religious Education*(New York : New York University Press, 1968), pp. 110-111]).

저속하기 이를 데 없는 작자를 예로 들어 보자. 우리는 그들에게서 번뜩이는 진리의 섬광을 보면서 인간의 지성이 원래의 순결함에서 지독스럽게 타락하고 전도(顚倒)되었지만, 여전히 빛나고 창조주가 주시는 놀라운 선물의 은택을 입고 있음을 상기하게 된다. 하나님의 신이 유일한 진리의 원천임을 숙고한다면, 진리가 어디에서 발견된 진리이든 그것을 거부하거나 폄론하지 않도록 각별히 주의해야 한다.[72]

일반 은총 교리를 제대로 이해함으로써 대부분의 청교도 교육가들은 세속 교육을 정당하다고 받아들였다.[73] 인크리스 매더는 "어떤 이방인들은 뛰어난 도덕가이다. 이를테면 카토(Cato), 세네카(Seneca), 아리스티데스(Aristides) 등이다"[74]라고 언급했다. 매더는 일반 은총

---

[72] *Institutes of the Christian Religion.* 2.2.15. 루터는 다른 곳에서 또 이렇게 말한다. "가인의 자손들은 거듭나게 하는 영"을 박탈당했음에도 불구하고, 아름다운 재능을 부여받았다. 그것은 신성한 빛이 믿지 않는 민족에게 널리 비추어 금생에서 복록을 누리어 온 사실을 볼 때에도 여실히 드러난다. 성령님이 주시는 선물이 모든 인류에게 골고루 미침을……알 수 있다"(Commentary on Gen. 4 : 20).

[73] 청교도라고 해서 내가 기술한 주류 의견에 동의하지는 않는다. 윌리엄 델(William Dell)은 이교적 교육을 비방한 선두 주자였다. 이를테면 그는 이렇게 주장했다. "학생들은 특별히 그리스도인에게서 헬라어와 라틴어를 배워야 한다. 그래서 이방인들의 거짓말이나 우화, 공허한 이야기, 음탕, 정욕, 교만, 복수 등과 특히 그들의 말과 문구가 그리스도인의 입에 오르내려서는 안 되게 해야 한다. 특별히 그리스도인들은 이방신들의 이름과 그들의 시상(詩想)에 젖어서는 안 된다. 귀신들과 추악한 동물들, 그들의 신화와 전설들은 원래 나온 곳인 사탄에게로 돌리라"(Foster Watson, p. 535).

[74] *Woe to Drunkards*[Miller/Johnson, 1 : 22]. 루터 역시 같은 어조로 강조한다. 그는 이렇게 썼다. "비록 이방인들이라 할지라도 학식 있고 천재적인 사람들이 고안하고 창제한 순수 학문들은 이생을 살아가는 사람들에게 도움이 되고 길잡이가 된다. 게다가 그것들은 창조물이고 고상하며 소중한 은사이다……하나님께서는 그것들을 사용하셨고 또 지금도 사용하신다. 그분은 자기 이름이 찬송과 존귀, 영광받으시게 하기 위해 즐겨 그것들을 쓰신다"(고전 시가에 관한 책에서 나온 문구임[Plass, 1 : 450]).

에 관해 이런 견해를 발판으로 사람들에게 "플라톤, 소크라테스 그리고 아리스토텔레스를 친구로 삼으라"[75]고 권할 수 있었다. 찰스 초운시는 또 이렇게 썼다. "플라톤, 아리스토텔레스, 플루타크, 세네카 등의 현인들에게서 탁월하고 신성한 도덕적 진리가 무수히 발견된다는 사실을 부인할 사람이 누구인가?"[76] 영국 청교도인 리처드 시브즈는 "진리는 하나님에게서 오기 때문에 이방 저술가들의 작품을 읽어도 된다"[77]고 하는 신념을 가지고 있었다.

모든 진리는 하나님의 진리이기 때문에, 궁극적으로 진리는 하나이다. 그러므로 청교도들은 모든 학문의 상관성을 꿰뚫어 볼 수 있었다. 사무엘 매더(Samuel Mather)는 이렇게 촌평했다.

> 모든 학문은 피조물 가운데 제일자(第一者)의 지혜에서 나온 빛이요 광선일 뿐이다. 여기서 나온 빛이 사람의 이해라는 거울을 비춘다. 그 빛과 광선은 그분에게서 나오기 때문에 그분을 반영한다. 그래서 학문들은 친화성을 가지고 있다. 그것들은 그분에게 도달하고 그분에게 되돌아가기까지 서로 엮이고 서로 떠받친다.[78]

누군가는 이렇게 말했다. "모든 지식의 통일성을 믿은 청교도들이기에 학문과 과학을 아주 버린다는 것은 상상도 할 수 없는 일이다."[79]

---

[75] *A Presidential Address*[Miller/Johnson, 2 : 721].
[76] *A Commencement Sermon*[Miller/Jonson, 2 : 706].
[77] *The Christian's Portion*[George, p. 347].
[78] *A Congregational Church is a Catholic Visible Church*[Miller, Seventeenth Century, p. 180].
[79] Greaves, *Puritan Revolution and Educational Thought*, p. 39.

전인/광범위 교육

교육에 관한 청교도들의 이상은 인문 교육에 있었다. 교육을 통해 유능하고 구비된 사람을 키워내는 것이 그들의 목표였다. 이 문제에 관한 한 밀턴이 교육론에서 논한 내용을 따라갈 글이 없다.

> 그러므로 나는 전인적이고 광범위한 교육을 주창하는 바이다. 이런 교육은 사적이든 공적이든, 평화시든 전시든 모든 임무를 공정하고 유능하게, 또한 공명 정대하게 처리할 수 있게 구비시켜 준다.[80]

밀턴이 내린 정의의 핵심은 전인 교육이 "사적이든 공적이든 임무를" 수행할 수 있도록 해준다는 것이다. 인문 교육은 광범위하다. 삶에서 감당해야 할 모든 일들을 능란하게 수행하도록 준비시키는 것이 바로 인문 교육이다.

많은 정보를 습득한다고 해서 인문 교육이 되지는 않는다. 이런 지식은 구비된 사람을 형성하는 데 도구로써만 가치가 있을 뿐이다. 밀턴에 따르면, 좋은 교육의 효과는 두 가지로 나타난다. 교육은 사람들의 삶에 구체적으로 영향을 끼치고, 사회를 이루는 생산적인 성원이 된다.

우리 시대에 행해지는 교육은 자주 획일적인 공공 역할에 초점을 맞춘다. 즉 직업 또는 실업 교육에만 초점을 두고 있다. 더구나 직업 또는 실업 교육이라는 개념 자체도 너무나 경제적으로 규정되는 경우가 너무 많다. 밀턴이 말하는 "공적 임무"는 그런 것 이상을 포괄한다. 거기에는 모범적인 교회 성원이 되고 지역 사회에 적극적으로 공헌한다는 의미 또한 함축되어 있다.

그래서 교육의 사회적 목적을 강조한다는 면에서 밀턴은 전형적인

---

[80] *CPW*, 2 : 377.

청교도이다. 존 낙스는 "교회와 국가에 유익이 되도록"[81] 자녀들을 교육시키라고 부모들에게 권면했다. 미국에서 1645년 발효된 록스버리령(the Roxbury Act)은 교육을 "교회와 국가에 봉사하는 동량(棟梁)을 만드는 수단"[82]으로 규정한다.

그러면 밀턴이 말한 "사적 임무"는 무엇인가? 좋은 친구, 학우, 배우자, 또는 부모가 되는 일은 물론이요 모든 사적인 세계, 즉 지성과 상상력의 세계를 포함하는 영역이다. 한 사람이 넓게 교육받았는지 아닌지를 가늠하는 가장 좋은 방법의 하나는 그가 한가로운 시간에 무엇을 하는지 눈여겨 보는 것이다. 많은 청교도들은 지식이 그 자체로서 하나의 보상이요 심지어 그것이 직접적으로 유용하지 않더라도 그렇다는 데 이의를 달지 않았다. 리처드 백스터는 "학문과 과학에서 새로운 발견을 얻고 즐거워하며 그것을 실행에 옮김으로써 학습과 지혜의 위안"[83]을 취하는 사람에 대해서 논했다. 에드워드 레이너(Edward Reyner)는 자연 철학 연구를 부분적으로는 "아주 유쾌한 학문"[84]이라고 평했다.

밀턴과 밀턴의 글에 배어 있는 청교도 전통이 옳다면, 우리는 "기독교 인문 교육에 대해서 무엇을 할 수 있는가?" 하고 물어서는 안 되고, "기독교 인문 교육이 개인인 나에 대해서 무엇을, 그리고 나를

---

[81] *Book of Discipline*[Porter, *Tudor England*, p. 199].
[82] Cairns, p. 331.
[83] *A Christian Directory*[Tichi, p. 58]. 루터는 같은 맥락에서 이렇게 쓴다. "사람이 배우고 익히는 데서 오는 희열에 관해서는 여기서 더 이상 말하지 않겠다. 그가 아무 관직도 얻지 못하고 홀로 집에서 백서(百書)를 읽고 학식 있는 지인들과 더불어 환담을 나눈들 어떠하리"(*A Sermon on Keeping Children in School*[Luther Works, 46 : 243]).
[84] *Treatise on the Necessity of Humane Learning for the Gospel Preacher* [Ashley Smith, p. 28]. 칼빈 역시 학문 그 자체의 가치를 인정했다. "하프나 그 비슷한 악기를 고안하는 일이 당장 먹고 사는 문제를 해결하는 일보다 우리의 즐거움을 배가시킬 수도 있다. 그런 것은 사치로 여길 일이 아니다……이런 일에 그런 판단은 어울리지 않는다"(Commentary on Gen. 4 : 20).

위해서 무엇을 해줄 수 있는가?" 하고 물어야 한다.

요약

청교도 교육 이론은 놀라우리만큼 통일되어 있고 유기적이다. 그것은 하나님의 일반, 그리고 특별 계시를 묶고, 성경과 인간 지식, 신앙과 이성을 통합한다. 그들의 교과 과정에는 신학과 인문/자연 과학, 성경과 고전이 들어 있었다.

교육의 목적 역시 광범위하다. 경건과 지식, 하나님을 닮는 일과 실생활에서 모든 일들을 잘 처리하도록 구비되는 일이 포함된다.

청교도 교육은 전인 교육을 목표로 삼았다. 사무엘 윌라드는 이런 주장을 폄으로써 교육 이상을 요약한다.

> 하나님의 말씀과 종교의 법도는 우리를 해치지 않고 가르치며 우리 안에 있는 모든 능력을 함양한다. 그리하여 그것을 우리에게 주신 하나님께 영광이 되게 한다.[85]

궁극적으로 이런 통합은 청교도들의 진리관 때문에 가능했다. 그들은 하나님께서 모든 진리의 원천이시고 목적이심을 알았다. 그래서 종교적인, 그리고 인간적인 또는 자연적인 진리를 이분법적으로 가르지 않았다. 사무엘 윌라드의 묘사를 결론으로 삼는 것이 여러모로 타당한 것 같다.

> 모든 물줄기는 바다로 흘러 들어간다. 마찬가지로 모든 신성한 진리는 우리를 하나님에게로 인도한다. 그분은 원천

---

[85] *The Mourner's Cordial Against Excessive Sorrow*[Lowrie, p. 225].

적인 진리이시다. 진리는 하나님에게서 나오지만 또한 하나님에게로 돌아간다.[86]

추천 도서

Ellwood P. Cubberly, *Readings in History of Education*(1920) and *A Brief History of Education*(1922).
Samuel Eliot Morison, *Harvard College in the Seventeenth Century*(1936).
Perry Miller and Thomas H. Johnson, ed., *The Puritans*(1938 : rev. ed. 1963). 특히 편집자 서문을 참조하라.
Perry Miller, *The New England Mind : The Seventeenth Century* (1939 : rev. ed. 1954).
Richard B. Schlatter, *The Social Ideas of Religious Leaders, 1660 −1688*(1940).
Earle E. Cairns, "The Puritan Philosophy of Education", *Bibliotheca Sacra* 104(1947) : 326−336.
J. W. Ashley Smith, *The Birth of Modern Education : The Contribution of the Dissenting Academies, 1660−1800*(1954).
Mark H. Curtis, *Oxford and Cambridge in Transition, 1558−1642* (1959).
Ricard L. Greaves, *The Puritan Revolution and Educational Thought : Backgroud for Reform*(1969).
_____. *Society and Religion in Elizabethan England*, chap. 8(1981).

---

[86] *Heavenly Merchandise*[Lowrie, p. 205].

교육은 하나님의 은혜를 전하는 일반적인 수단이다. 교육이나 말씀 증거는 성령의 역사와 배치되는 것으로 이해해서는 안 된다.

―리처드 백스터

하나님의 말씀과 종교의 법도는 우리를 해치지 않고 가르치며 우리 안에 있는 모든 능력을 함양한다. 그리하여 그것을 우리에게 주신 하나님께 영광이 되게 한다.

―사무엘 윌라드

의회당 앞에 서 있는 올리버 크롬웰의 동상은 영국과 미국의 사회 의식과 헌법에 청교도가 얼마나 큰 영향을 끼쳤는지 웅변하고 있 다.

제 10 장

사회 활동

하나님에 대한 사랑은 이웃에 대한 자선 없이는……
성립하지 않는다.

― 윌리엄 에임즈

    청교도를 연구하다 보면 사고의 양극단에서 역설적으로 균형을 잡는다는 말이 무엇인지 실감하는 계기가 된다. 청교도 교리는 조화로우나 또한 긴장을 이루고 있는 상극들의 집합이다. 신앙과 이성, 지성과 감성, 법과 은혜, 정적인 삶과 동적인 삶, 이 세상과 영원한 세상, 이론과 실천, 낙관론과 비관론 등이 여기에 속한다.
    사회와 개인에 대한 청교도들의 생각은 아마 다른 어떤 것보다 역설적일 것 같다. 내가 이 장에서 간략하게 정리해 보고자 하는 그리스도인의 대사회 관계 이론은 개인과 공동체, 개인적 권리와 사회적 의무, 전통과 급진, 개인적인 죄와 사회적인 죄, 개인적 경건과 사회적인 경건, 자발과 권위, 평등과 위계 등의 이분 명제들을 묶어 낸다.

사회 참여는 그리스도인의 소명이다

청교도들은 반(反)계몽주의자가 아니었다. 그들은 사회를 하나님이 제정하신 것으로 받아들였고, 그리스도인의 원리를 양산(量産)해야 할 장으로 여겼다. 17세기 중엽 거의 20년 동안 영국 청교도들은 정부내에서 막강한 영향력을 행사할 정도로 강해졌다. 매사추세츠와 코네티컷 같은 식민주에서는 사회나 정치 정책을 형성하는 데 훨씬 더 적극적인 역할을 취했다.

청교도들은 자연스럽게 사회에 참여했다. 그들은 사회를 이 땅에서 일구어야 할 삶을 위해 하나님이 허락하신 질서의 한 부분이라고 여겼다. 1669년 한 선거일에 행한 설교에서 "치자(治者)가 백성들을 질서 있게 다스리는 것은······하나님께로부터 말미암은 제도이다"[1]라고 존 대븐포트(John Davenport)는 선언했다. 소명 사상은 청교도들에게 너무나 중요하고 중심이 되는 사상이므로, 정치 또한 소명에서 예외가 되지 않는다. 토머스 아담스(Thomas Adams)는 "인간 통치"를 "가장 고차원적이고 바쁜 소명"[2]으로 보았다.

청교도가 미국의 다른 종교 집단과 구별되는 점 가운데 하나는 정치 참여이다. 어떤 연구 조사에 따르면 보스턴에 살던 청교도 일대 가문들이 필라델피아에 살던 퀘이커 교도들보다 그 후대에서 미국의 지성인, 정치 지도자를 더 많이 배출했다고 한다.[3] 가톨릭 전통은 사회에서 은둔한 사람을 성인으로까지 끌어올렸으나, 청교도 사무엘 월라드는 상인 존 헐(John Hull)을 이런 말로 칭송했다. "그는 이 땅에 사는 성자였다. 그러나 은둔하지 않고 모든 외적인 사무와 바쁜 일들 속에서 성자로서 살았다."[4]

---

[1] Miller, *Seventeenth Century*, p. 421.
[2] *Works*[Breen, p. 8].
[3] E. Digby Baltzell, *Puritan Boston and Quaker Philadelphia*.
[4] *The High Esteem Which God Hath of the Death of His Saints*[Miller, *Nature's Nation*, p. 38].

청교도들은 기독교 사회에 대한 이상을 가지고 모든 문화 영역에 참여했다. 이런 목적에 동원되는 수단은 청교도들마다 조금씩 달라질 수 있었으나, 목적 그 자체는 결코 흔들리지 않았다. 그 목표는 리처드 백스터가 쓴 책 하나의 제목을 빌려 표현하자면, "거룩한 나라"라고 할 수 있다. 존 윈스롭이 미국에서 청교도들이 행하는 시험에 관해 한 말은 정말 유명하다. "우리가 산 위에 세운 동네와 같다는 점을 인식해야 한다. 모든 사람의 눈이 우리를 향하고 있다."[5] 초기 영국 청교도인 토머스 카트라이트는 이렇게 기술했다.

> 우리는 국가를 교회처럼 세워야 한다. 즉 기독교적 원리 위에 세워야 하는 것이다……교회가 세상의 기초이므로, 이 기초 위에 세운 국가는 교회를 세우는 원리에 따라 구성됨이 마땅하다.[6]

한 세기도 훨씬 후에 미국인 존 바너드(John Barnard)는 "정부의 궁극적이고 지고한 목적은 모든 인생들이 지닌 최후의 목적, 또한 모든 행위가 산출하고자 하는 목적과 동일하다. 그것은 만사에서 하나님을 영화롭게 하는 것이다."[7]

공동선을 추구함

청교도들이 건강한 사회를 추구했던 것은, 일부는 공동선(共同善)에 대한 책임을 통감했기 때문이다. 우리는 청교도들이 "고루한 개인주의"를 벗어나지 못했다는 비난을 자주 들어 온 터라 그들이 공동체 생활에 관하여 가지고 있던 신념의 진면목을 발견하면 적잖게

---

[5] *A Model of Christan Charity*[McGiffert, p. 32].
[6] *A Reply to an Answer*[Walzer, p. 182].
[7] *The Throne Established by Righteousness*[Miller/Johnson, 1 : 275].

충격을 받을 것이다.

청교도들이 건설한 뉴잉글랜드에서 독신 남녀들은 가정을 이루어 살도록 강한 권고를 받았다. 1636년 코네티컷에서는 "결혼하지 않거나 하인을 거느리지 않은 젊은 남자는…… 혼자 살아서는 안 되고 반드시 그가 사는 마을의 동의를 얻어야 한다"[8]는 법령을 통과시켰다. 프리머스에서도 1669년에 비슷한 법령을 채택했다.[9] 1669-1677년 사이에 매사추세츠 주는 60세 이상의 노인이 혼자서 살지 못하도록 법으로 못박았다.[10] 그들의 일기나 묵상 기록에 잘 나타나지만 청교도들이 지녔던 강한 내향성(內向性)은 어느 학자가 말한 대로 "선입견에 비해 훨씬 덜 해로운 것이었다. 왜냐하면 그들은 벌써 3세기나 전에 한 공동체로 사는 법을 알았기 때문이다."[11]

청교도들은 오늘날 우리가 생각하는 것과는 달리 사회의 결집력이 정부 구조에 달렸다고 보지 않았다. 오히려 그들은 정부의 행정력이야 어떻든지 공동체의 기풍이 결정적인 역할을 한다고 보았다. 또한 그들은 공동체 기풍을 형성하는 본질적인 구성 요소로 이기심과 공동 관심사를 손꼽았다. 윌리엄 틴데일은 이렇게 썼다. "이웃이라는 말은 사랑이라는 말과 똑같은 말이다. 이 말은 도움이 필요할 때면 언제나 민첩하게 손을 내밀어 준다는 뜻도 된다."[12] 리처드 시브즈는 이렇게 말한다. "그리스도 안에 있는 이상 우리는 우리 자신이 아닌 다른 사람을 위해 산다."[13] 바람직한 사회는 "각자가" 서로에게 "아주 가깝게 밀착된" 나머지 "강할 때나 약할 때 또 즐거울 때나 고통스러울 때 서로서로 짐을 져주는" 사회이다.[14]

사회의 통일에 관해 청교도가 남긴 말 가운데 가장 고상한 것 하

---

[8] *Connecticut Records*[Edmund Morgan, *Puritan Family*, p. 145].
[9] Morgan, p. 145.
[10] Emerson, *Puritanism in America*, p. 134.
[11] Ibid.
[12] *The Parable of the Wicked Mammon*[Campbell, p. 111].
[13] *The Saints' Cordials*[McGee, p. 202].
[14] 미화인 출처, Miller, *Seventeenth Century*, p. 416에서 인용.

사회 활동   349

나는 존 윈스롭이 "자선의 한 모형"(A Model of Christian Charity) 이라는 제목을 가지고 한 설교에 나온다. 이 설교는 뉴잉글랜드로 향하는 배 아벨라(Arbella) 호 위에서 승객들을 대상으로 베푼 것이다. "모든 개인은 공공의 안녕을 최우선으로 생각해야 합니다. 왜냐하면 공공이 무너지고 쇠락한 연후에는 어떤 개인도 보전되지 않기 때문입니다." 그의 말은 이렇게 이어진다.

> 우리는 마치 한 사람인 양 이 일을 중심으로 뭉쳐야 합니다. 우리는 끈끈한 형제애로 서로를 즐겁게 해야 합니다……또한 우리는 온유하고 자상하며 참을성 있고 화기애애한 가운데 친밀한 공동체 정신을 유지해 나가야 합니다. 우리는 서로를 용인하고 남의 처지를 내 처지로 생각해야 합니다. 서로 즐거워하고 서로 슬픔을 나누며, 함께 일하고 함께 고생해야 합니다. 우리 눈 앞에는 언제나 우리가 완수해야 할 사명과 활력 있는 공동체가 있어야 합니다. 우리의 공동체는 한 몸 한 지체이므로 화평의 연대로써 정신적 통일을 유지해야 합니다. 그러면 주님께서는 우리의 하나님이 되시고 우리와 기쁘게 함께하실 것입니다.[15]

현대 학자들이 이 설교의 정신이 자본주의보다 사회주의에 더 가깝다고 논평한 것은 그리 놀랄 일이 아니다. 물론 이 정신은 바울이 교회를 그리스도의 몸이라고 말한 내용에 더 가깝지만 말이다.

청교도들이 보기에 사회는 상호 의존적인 사람들의 집합체이다. 토머스 리버(Thomas Lever)는 "바울의 십자가"라는 제목으로 행한 설교에서 바로 이런 모습을 그렸다.

> 사고 파는 상인이나 기술을 가진 장인(匠人)은 국가에 꼭

---

[15] Miller/Johnson, 1 : 197−198.

필요한 제품과 충분한 생산품을 공급해야 합니다. 지주들은 적정한 가격에 땅을 빌려 주어야 하는데 농부들에게 땅을 비옥하게 하도록 하고, 낮은 소작료를 받아야 할 것입니다. 남자들은 자기 자신은 물론이고 사회 전체를 위해 아주 열심히 땅을 기경하고 필요한 곡물을 키우며, 소작료와 기타 물품을 비축해야 할 것입니다.[16]

청교도들은 이런 사회 정신을 부추길 수 있는 동기로서 순전히 개인적인 이익보다 공공 또는 공동선을 더 의식하는 자세를 손꼽았다. 윌리엄 퍼킨즈의 말에 귀기울여 보자.

> 공동선이 아니라 사욕과 사리(私利)만을 따르는 사람은 누구든……자기 소명을 소홀히 하는 사람이다. 그리고 모든 사람이 나만 위해야 한다 하면서 하나님이 우리를 위하신다 하는 사람은 그야말로 사악한 사람이다.[17]

리처드 백스터는 신성한 국가는 "공동선과 하나님의 영광과 기쁨을 위해"[18] 만사가 처리되는 곳이라 했다. 존 코튼은 1630년 자립하기 위해 떠나는 개척자들에게 "가시오, 모두 가시오. 공동 정신을 가지고 가시오. 자기 것만을 보지 말고 다른 사람의 것도 보시오"[19] 하고 권면했다. 사무엘 윌라드는 "이 땅의 사람들은 전체가 끼치는 덕을 보며 살아 가고 있다. 그러므로 그가 전체를 염려하지 않는다면, 그는 신의 없는 자이다"[20]라고 말했다.

이런 공동체 정신의 개념은 매우 도덕적이며, 서로를 돌아보라는

---

[16] *A Sermon Preached at Paul's Cross*[Hyma, p. 182].
[17] *A Treatise of the Vocations*……[White, p. 245].
[18] *A Holy Commonwealth*[Schneider, p. 15].
[19] *God's Promise*[Carroll, p. 133].
[20] *The Character of a Good Ruler*[Miller/Johnson, 1 : 252].

신약 서신서들의 권면과 성도들을 한몸으로 비유하는 바울의 은유뿐 아니라, 구약 율법과 선지자들의 글에 뿌리를 두고 있음이 분명하다. 청교도들은 개인의 사회 참여를 언약 또는 계약으로 즐겨 묘사했다. 존 코튼은 "모든 사회 관계는 계약에 근거를 둔다"[21]고 말했다. 토머스 후커는 한 사회에 속하기를 선택하는 어떤 사람도 "전체의 행복을 증진하기 위해 그 사회를 이루는 성원 각자와 연대하고 연결되는 것을 즐겁게 해야 한다"[22] 하고 말했다.

사회를 시민간, 국가와 개인간의 계약으로 보는 사상은 청교도들이 개인의 이해와 공공의 이해 사이에서 발견한 균형을 설명하는데도 차용(借用)될 수 있다. 모든 계약에는 의무와 권리가 따른다. 계약은 책임 부여와 함께 약속을 준다. 사회적 결집력은 "청교도들이 이룩한 가장 큰 업적"[23]으로 입에 오르내린다. 그러나 그 결집력은 정당한 개인의 자유를 말살하면서까지 이룩한 것이 아니다. 청교도들은 아주 균형 잡힌 견해를 가지고 있어서, 윌리엄 퍼킨즈는 "그렇다. 우리는 가정을 유지하기 위해서 일할 수 있다. 그러나 어떻든 인생의 진정한 목적은 사람을 섬김으로써 하나님을 섬기는 데 있다"[24]고 간략하게 말할 수 있었다.

청교도들이 벌인 사회 활동

청교도들은 복음적인 사회 활동을 벌인 원형이다. "사회 활동" 하면 제일 먼저 떠오르는 것은 가난한 자들에 대한 관심인데, 청교도

---

[21] Miller, *Seventeenth Century*, p. 423에서 인용.

[22] *A Survey*[Carroll, pp. 132-133].

[23] Timothy H. Breen and Stephen Foster, "The Puritans' Greatest Achievement : A Study of Social Cohesion in Seventeenth-Century Massachusetts," in Vaughan and Bremer, pp. 110-127.

[24] *A Treatise of the Vocations*……[Edmund Morgan, *Political Ideas*, p. 56].

들의 사회 의식을 가늠해 보기에 아주 좋은 척도가 아닐 수 없다. 한 문서 보관소에는 권면으로 가득 찬 설교집과 소책자가 산더미처럼 쌓여 있다. 그 중 한 가지 자료에 따르면, "모든 시민 활동, 정치적인 실력 행사, 또는 어떤 소명을 이루려는 집합적인 노력 등은 가난한 사람을 위하는 데에 큰 목적을 두고 있다."[25] 장막 짓는 일꾼 사도 바울(*St. Paul the Tent-Maker*)이라는 무명 저자의 글은 "우리가 부지런히 일하면 할수록 가난하고 비탄에 빠진 이들에게 자선을 베풀 수 있는 능력과 범위가 더 커진다"[26]고 주장했다. 윌리엄 퍼킨즈는 생활을 유지하고도 남는 재물은 "다른 사람들의 유익……가난한 사람들 구제……그리고 교회 유지를 위해"[27] 마땅히 내놓아야 한다는 견해를 가지고 있었다. 토머스 리버는 한 설교에서 "부자들이 필요 이상으로 재물을 소유해서는 안 되고 가난한 자들에게 필요한 만큼 주어야 한다"[28]고 말했다.

이런 문제에 관해서라면 긴 말이 필요 없을 것 같다. 실제로 청교도들은 가난한 사람들을 돕기 위해 무슨 일을 했는가? 성공회 사제인 랜슬롯 앤드류스(Lancelot Andrewes)는 1588년 런던에 있는 칼빈교도 망명자 교회들이 "선행에 지극히 힘씀으로 교인 중 길거리에 나와 구걸하는 가난한 신도가 하나도 없을 정도였다"고 쓰면서, 한편으로 "그들을 책임져야 할 감독관청인 런던 시조차 이런 일을 흉내낼 수 없다"[29]고 은근히 부러워하였다. 조르단(W. K. Jordan)은 종교 개혁 시대 영국에서 일어난 다양한 박애 운동에 관하여 많은 자료를 수집한 학자이다.[30] 그는 인간의 영적 필요에 대해서는 지나치게 민감한 반면, 가난, 비참, 그리고 무지에 대해서는 선심 쓰듯

---

[25] Richard Bernard, *The Ready Way to Good Works*[George, p. 156].
[26] Hill, *Society and Puritanism*, p. 136.
[27] *Works*[George, p. 172].
[28] *A Sermon Made in the Shrouds in Paul's*[Hyma, p. 181].
[29] *Spittle Sermon*[Hill, *Puritanism and Revolution*, p. 234].
[30] *Philanthropy in England, 1480-1660*(London : Allen and Unwin, 1959).

사회 활동 353

존 번연의 천로역정 목판화에서. 가난한 자를 입혀 주는 자비. 휘튼 대학 도서관의 특수 소장실의 호의를 입어 실음.

몇몇 개인이 재물을 희사했을 뿐 인색하고 대단히 비생산적인 관심만을 보인 중세, 즉 1480-1660년 사이 영국의 모습을 우리 앞에 펼쳐 놓았다. 조르단은 이렇게 결론을 맺는다. "기부자의 대다수는 청교도들이었다. 그리고 자발적인 자선이 증가한 배후에 자리 잡은 추인(推引)의 하나는 청교도 윤리의 출현이었다."[31]

비교적 가난했던 청교도 설교가들이 가난한 사람들에게 자선을 베푼 모범이었다는 사실에 주목해야 할 필요가 있다. 사무엘 워드는 "가난한 사람들에게 저렇듯 가식 아닌 진실한 동정을 베푸는 채덜톤(Chadderton) 씨는 얼마나 훌륭한 분이신지. 그분의 자선을 보니 건강한 신앙심의 단면을 대하는 것 같다"[32]고 썼다. 존 폭스(John

---

[31] Ibid., pp. 17, 20, 151.

[32] *Diary*[Knappen, *Two Elizabethan Puritan Diaries*, p. 107].

Foxe)는 월체스터(Worcester)에 있는 존 후퍼의 집을 방문한 소감을 "성찬이 마련되어 있고, 거지들과 가난한 사람들이 바글거리는 식탁"이라고 술회했는데, 나중에 물어 보니 후퍼라는 분이 정기적으로 가난한 사람들을 불러 배불리 먹이는 일을 하더라고 썼다.[33] 리처드 그린햄은 가난한 사람들이 어려운 때 싼 곡물이라도 살 수 있게 하기 위해 교구민들이 집단 구매를 하는 계획을 추진했다.[34]

청교도들은 실업자들에 대해서도 동일한 관심을 보였다. 칼빈이 실업자들에게 일자리를 주어야 한다고 행정 장관들에게 호소하기 위해 제네바 시의회에 나타난지 백 년 후[35], 청교도 이상(理想) 사회주의자 사무엘 하틀립(Samuel Hartlib)은 구제 불능의 게으름과 피치 못할 실업과는 정확하게 구분해야 한다고 주장했다. 그는 "소외당한 가난한 자들은 가뭄에 지친 농토가 단비를 기다리듯 개혁을 기다리고 있다……의회는 사람들을 가난에서 구제하기 위한 수단과 방법을……시급히 강구해야 한다"[36]고 말했다.

또한 청교도들은 사회 부조리 척결을 위한 시민 행동을 장려했다. 예를 들어 그들은 터무니없는 가격에 대해 행동을 취할 수 있었다. 때로는 설교를 통해서 가격에 압력을 넣기도 했다. 1673년 뉴잉글랜드의 청교도 유리언 오크츠(Urian Oakes)는 "가난한 자들의 얼굴을 쥐어 뜯고 비틀며 문지르는"[37] 부자들의 비리를 과감히 지적했다. 인크리스 매더는 교구민들에게 이렇게 훈계했다.

> 가난한 사람들이 여러분에게 오면 그는 그 값이 어떤 것

---

[33] *Acts and Mounments*[Emerson, *English Puritanism*, p. 50].

[34] Hill, *Society and Puritanism*, p. 277. 냅펜은 저서 *Tudor Puritanism*에서 전형적인 청교도 목회자에 관해 이렇게 결론 내린다. "지갑을 털어 죄수들을 돕고 대학에서 진리를 위해 투쟁하는 학생들을 지원하며, 시장 가격보다 훨씬 낮은 값으로 가난한 사람에게 농작물을 판다"(p. 344).

[35] Hyma, p. 86.

[36] *London's Charity Enlarged* [Jordan, p. 213].

[37] *New-England Pleaded With*[Miller, *Nature's Nation*, p. 30].

이든 갖지 않으면 안 됩니다. 여러분은 여러분이 원하는 대로 달라고 합니다……그 물건의 제값과는 상관없이 그가 내놓아야 할 것에 대해 여러분의 원대로 값을 매기는 것입니다.[38]

보스턴에 사는 로버트 케이니(Robert Keayne)라는 사람은 보기 드문 사례를 남겼다. 윈스롭의 일기에 따르면, 케이니는 값을 높게 매겨 "고약한 사람으로 소문이 자자하던" 상인이었다. "교회에서 이 문제를 논의하는 자리에서 어떤 이들은 출교해야 한다고 강력히 주장했으나, 대부분은 권고로써 족하지 않느냐 하는 생각이었다."[39] 행정관은 그에게 200 파운드 벌금을 물렸다. 그의 유언에는, 보기에 따라서는 청교도 사회가 소비자 권리 보호에 너무 열을 올리지 않았느냐 하는 인상을 불러일으킬 만한 자기 변명이 전개되어 있다.[40]

영국에서는 리처드 백스터가 사회 전반에서 자행되는 경제적 학대에 대해 우려를 나타냈다. 그는 그리스도인들이 해서는 안 될 사업 관행에는 과다 가격, 과대 포장, 결함 은폐, 바가지 요금, 다른 사람의 시급한 필요를 이용한 야비한 장사 등이 있다[41]고 했다.

청교도 사회 의식은 그리스도인들에게만 국한되지 않고 사회 전체로 확대되었다. 백스터는 "원수를 위해서까지 눈물을 흘릴 줄 아는 것이 경건한 사람의 선량한 눈이 아닌가"[42] 하고 말했다. 존 프레스톤은 "성자들만 사랑하라는 말씀인가요?" 하는 질문에 대해서, "우리는 경건함이 깃든 사랑으로 모든 사람을 사랑해야 합니다. 모든 사람에게 이 풍성한 사랑을 보여 주어야 합니다"[43]라고 대답했다. 토

---

[38] *The Day of Trouble Is Near*[Miller, *Nature's Nation*, p. 31].
[39] McGiffert, pp. 114−116.
[40] 키니의 유언은 McGiffert, pp. 117−121에 전재되었다.
[41] *Chapters from A Christian Directory*, ed. Tawney, pp. 102−112.
[42] *Meditations and Disquisitions Upon the First Psalm*[McGee, p. 192].
[43] *Breast-Plate of Faith and Love*[McGee, p. 192].

머스 둘리틀은 역병이 휩쓸고 있는 런던에 사는 동료 청교도들을 향해서 "다른 사람이 처해 있는 비참함을 보고 동류애를 가집시다…… 그들이 어떤 종교, 어떤 교파에 속해 있든 말입니다"[44] 하고 말했다.

청교도들이 개인의 죄에는 민감하고 사회적인 죄에는 무관심했다는 세평은 정확하지 못하다. 윌리엄 퍼킨즈는 1592년경 스터브릿지 페어(Sturbridge Fair)에 있는 들에서 말씀을 전하면서, 당대 문화에 만연한 죄를 신랄하게 지적했다. 그의 지적에는 개인적이고 사회적인 죄들이 모두 들어 있다 : "하나님의 뜻을 무시하고 예배를 만홀히 여김", "기독교를 경멸함", "불경"(不敬), "안식일을 범함", "불공정하고 거짓된 거래", "살인, 간통, 고리 대금, 뇌물 수수, 강탈."[45]

사회 활동의 도덕적, 신학적 기초

청교도들의 이러한 사회 활동 뒤에는 무엇이 자리 잡고 있는가? 도덕과 신학이 자리 잡고 있다. 도덕적인 면을 살펴보자. 청교도들은 도덕적인 면에서 그리스도인들이 마땅히 곤궁에 처한 사람들을 도와야 한다고 믿었다. 그들의 사회 활동은 기독교 도덕 의식에 뿌리 박은 것이었다. 백스터는 "진정한 도덕성, 또는 기독교 윤리야말로 그리스도의 영이 불러일으켜 주시는 하나님과 이웃에 대한 사랑이다. 이런 사랑은 믿음을 통하여 경건하고 공의로우며 선량하고 인내하는 모양

---

[44] *A Spiritual Antidote Against Sinful Contagion*[McGee, p. 192].

[45] White, pp. 190-191에서 인용. 여기서 퍼킨즈의 견책 내용을 또 다시 엿볼 수 있다. "상인과 교역업자들은 직업 현장에서 속이는 저울과 자를 갖는다…… 닦고 기름치고 광택을 내서 물건을 좋게 보이게 한다……지주들은 소출료를 과다하게 매겨 소작농들을 괴롭히고 지세를 과도히 부과하며, 평상시에 놀던 땅이라도 누군가가 소작하겠다 하면 높은 값을 부른다. 이는 모두 제 정신이 나간 짓이고 제 배만 불리고 저만 잘 입고 살겠다는 생각에서 나온 작태이다. 농부들도 장차를 대비한답시고 곡식을 과도하게 비축하는 비리를 저지른다. 그들은 가난한 사람들이야 피를 흘리든 말든 자기 유익을 위해 할 수 있는 일을 서슴지 않는다"(White, p. 192).

으로 드러나고 나타난다"⁴⁶라고 말했다. 다른 곳에서 백스터는 "다른 사람들에게 지고 있는 빚, 곧 보편애를 잃지 않도록 주의하라"⁴⁷고 말했다. 윌리엄 에임즈에게 "다른 사람을 유익하고 이롭게 하는 일은 모두가 힘써야 할 의무이고…… 하나님을 향한 사랑은 이웃을 향한 이러한 자선을 배제하고는 성립할 수 없으며…… 참된 종교라고 말할 수도 없었다."⁴⁸

청교도들이 사회 참여를 주장한 배경에는 신학적인 이유도 있다. 구원을 확고하게 보장받는 수단으로서 선행을 생각한 가톨릭과는 달리, 청교도들은 중생으로 말미암아 사회적인 관심을 갖게 된다고 보았다. 진정한 경건은 선행을 낳는데, 이는 감사의 표현이지 결코 공적이 아니다. 코튼 매더는 자기 부친에 관해 이렇게 말했다.

> 부친께서는 고상하고 단아한 행동을 보이심으로써 이미 의롭다 함을 받은 사람이 선행을 행하는 까닭은 의롭다 함을 얻기 위해 선행을 하는 사람들에 비해 결코 모자람이 없음을 알게 하셨다. 또한 선행으로 공로를 얻어 보겠다는 시도를 포기한 사람들은 이 세상에서 어떤 공적을 쌓은 사람보다도 더 많은 선행을 하게 된다는 점을 일깨워 주셨다.⁴⁹

경건에서 도덕성이 나온다는 이 주제는 청교도들이 즐겨 토의하던 주제였다. 엘리어잘 매더는 "모범이 따르지 않는 사상은 백해 무익이다. 여러분은…… 말뿐 아니라 생활로 말해야 하고, 신앙에 관해서

---

⁴⁶ *The Last Work of a Believer*[Rooy, p. 108].
⁴⁷ *The Life of Faith*[Rooy, p. 109].
⁴⁸ *Conscience, With the Power and Cases Thereof* [George, pp. 155-156]. 코튼 매더는 도덕적인 관심을 촉구하는 어조로 말했다. "여러분! 우리는 서로 엮어져 있습니다. 그렇기에…… 착한 이웃 된 의무를 힘써 행해야 합니다…… 고아와 과부들, 그리고 동정이 필요한 아이들에게 자상한 친절을 베풀어 주십시오"(*Bonifacius*[Miller, *American Puritans*, pp. 216-217]).
⁴⁹ *Parentator*[Edmund Morgan, *Puritan Family*, p. 4].

말할 뿐 아니라 신앙으로 살아야 한다"[50]라고 말했다. 윌리엄 에임즈 역시 공감을 나타냈다. "내적 순종만으로는 충분하지 않다. 왜냐하면 모든 사람이 하나님께 자신을 쳐서 낮추어야 하기 때문이다. 우리는 우리 몸을 하나님께 드려야 한다."[51]

제도화한 사회 활동보다는 개인적인 사회 활동을 선호함

청교도들은 정부나 사회 기관보다는 개인의 사회적 책임을 더 중시했다. 그들이 보기에 효과적인 사회 활동은 개인에서 출발한다. 리처드 그린햄은 이렇게 썼다.

> 사람이 먼저 자신을, 그리고 가정을 개혁하기 위해서 조심스레 처신한다면, 이 땅과 교회, 그리고 이 나라에 내리시는 하나님의 이채로운 축복을 맛볼 것이다. 왜냐하면 이런 사람들이 가정에서 가정으로, 마을에서 마을로, 이 주에서 저 주로, 그러다가 나중에는 이 땅 전체로 퍼질 것이기 때문이다.[52]

이런 진술은 사회 병폐와 싸우는 길은 사회 기관을 양산하는 것이라는 현대 자유주의자들의 입장을 은근히 거부하는 것이다. 우리뿐 아니라 청교도들도 개인이 타락했다는 사실을 알고 있었다. 그러나 청교도들은 제도 역시 타락의 결과를 벗어날 수 없고, 타락한 사람

---

[50] *A Serious Exhortation to the Present and Succeeding Generation in New England*[Edmund Morgan, *Puritan Family*, p. 102].

[51] *The Marrow of Theology*, p. 236.

[52] *Of the Good Education of Children*[Emerson, *English Puritanism*, p. 153].

들이 만든 작품에 불과함 또한 알고 있었다. 냅픈(M. M. Knappen)은 이렇게 청교도들의 이론을 요약하고 있다.

청교도를 현대 집체적 체제와 비교하면, 단연 개인주의가 돋보인다. 16세기 사상가들은 국가에 그런 기대를 걸지 않았다. 올바른 체제만 가지고는 아무도 구원할 수 없다. 물론 올바른 체제가 있어야 하지만, 개인의 협조와 개인의 책임이 반드시 뒤따라야 한다.[53]

청교도들은 경제적인 원조를 생각할 때에도 역시 개인주의적인 방향을 택했다. 그들은 무차별적인 자선을 반대하고, 정말 도와야 할 필요가 있는 사람에게만 도움이 주어져야 한다는 주장을 폈다. 윌리엄 퍼킨즈는 거지와 부랑자들을 대하는 청교도들의 생각을 단적으로 보여 주는 인물이다. 그는 "그들이야말로 저주받은 세대요, 교회와 국가에 병폐이며 독소이다"[54]라고 잘라 말했다. 그는 덧붙여 말하기를 "일할 수 있는 사람의 구걸을 막는 우리 나라 법은 하나님의 법에 일치하는 아주 좋은 법이다"[55]라고 단호한 자세를 보였다. "누구든지 일하기 싫어하거든 먹지도 말게 하라"(살후 3:10)는 바울의 훈계는 청교도들이 가장 즐겨 인용하던 본문의 하나였다. 크리스토퍼 힐은 청교도들의 생각을 이렇게 요약한다. "무차별적인 자선은……사회적인 해악일 뿐이다. 이렇게 하면 가난한 사람들이 자신의 책임을 절감하지 못하고 절박하게 일자리를 찾지 않는다."[56] 그래서 많은 청교도들은 교회가 가난한 교구민들을 돌보는 방법을 선호했다. 교구에서라면 정말 도움을 입어야 할 사람과 눈속임으로 어려운 체하는 사람을 잘 구별할 수 있기 때문이다.

---

[53] *Tudor Puritanism*, p. 348.
[54] *Works*[Hill, *Puritanism and Revolution*, pp. 227-228].
[55] Ibid., p. 231.
[56] *Puritanism and Revolution*, p. 222.

청교도들이 대안으로 택한 구제 방법은 사람들에게 일을 독려하고 그들이 사회의 생산적인 성원이 되도록 고무하는 것이었다. 리처드 스톡(Richard Stock)은 아래와 같이 주장했다.

그러므로 가난한 사람을 일하게 하는 것이야말로 가장 좋은 자선이다. 시혜자가 가난한 사람을 일하게 하니 좋고, 대중 전체를 볼 때 빈들빈들 노는 사람이 없어지니 좋고 또 게으름을 조장하지 않으니 좋다. 이것이 가난한 사람에게 진정 유익이 되는 구제이다.[57]

휴 피터(Hugh Peter)는 미국에서 영국으로 돌아와서 의회 앞에서 설교하면서 이렇게 말했다. "저는 지난 7년간 거지를 볼 수 없고 욕설을 들을 수 없으며, 술주정뱅이를 찾아볼 수 없는 곳에서 살다 왔습니다. 이렇게 할 일이 많은 곳, 여러분이 자랑하는 이스라엘에 거지가 있어야 하는지요?"[58] 키더민스터(Kidderminster)의 목사인 리처드 백스터는 가난한 사람들을 훈련시켜서 그 고장 면사(綿絲) 공장에서 일하게 하는 계획을 성공적으로 수행했다.[59]

청교도들은 몸담고 사는 사회의 질을 진심으로 염려했다. 인크리스 매더는 성경의 목적은 우리에게 "어떻게 하나님을 섬기고, 우리가 사는 세대를 섬겨야 할지" 보여 주는 데 있다고 하는 말로 청교도들의 관점을 요약했다.[60] "자기가 사는 세대를 섬긴다"라는 이 구호는 이

---

[57] *Commentary Upon……Malachi*[Hill, *Society and Puritanism*, p. 277].

[58] *God's Doings, and Man's Duty*[Hill, *Puritanism and Revolution*, p. 234].

[59] Thomas Fuller, *Worthies*[Hill, *Society and Puritanism*, p. 138]. 풀러 역시 도체스터의 존 화이트가 사람들에게 일하라고 격려한 사실을 기록한다. "경건은 근면을, 근면은 풍요를 낳습니다." 그리고 그 때에는 "마을에서 거지를 찾아볼 수 없었다"고 말한다(Hill, p. 138).

[60] *David Serving His Generation*[Carden, p. 5].

세상을 믿음으로 살아가려는 그리스도인들이 언제나 붙드는 구호이다.

사람 위에 사람 없다 : 청교도에서 발견되는 평등주의적 경향

공동체에 대한 강조에도 불구하고, 청교도는 개인주의를 융성케 한 운동으로도 알려져 있다. 이러한 개인주의의 신학적인 근거는 모든 신자가 제사장이라는 교리이다. 이 개인주의는 문예 부흥에서 말하는 인본주의적인 개인주의가 아니다. 문예 부흥에서 말하는 개인주의는 모든 개인이 천부적인 선함을 바탕으로 해서 자기를 성취한다는 내용을 뼈대로 삼고 있다. 그것은 "일반인을 위한……개인주의"[61]였다. 모든 사람을 하나님 앞에서 동등하게 대접하고 모든 개인의 중요함을 보호하려는 청교도들의 "균형을 이루는" 노력에서도 이러한 개인주의가 발견된다. 실례로서 아래의 대표적인 언급들을 보면 청교도들이 지녔던 생각의 구석 구석을 알 수 있을 것이다.

> 그리스도인은 아무리 비천한 사람이라도 하나님과 그리스도의 왕국에서는 왕의 형제인 양, 왕의 혈족인 양 대우받아야 한다. 그러므로 아무리 왕이라도 그렇게 비천한 사람을 섬기기에는 자신이 너무 고결하다고 생각하지 않도록 해야 한다.[62]

---

[61] 일반적으로 말하는 개인주의와는 짝지울 수 있지만, 문예 부흥이 말하는 인본주의적인 개인주의와는 대조되는 청교도의 특징에 관해서는 Eric Mercer, *English Art, 1553–1625*(Oxford : Oxford University Press, 1962), p. 6을 참조했다. 할러는 청교도에 대해 이렇게 평한다. "그들은 '유익을 남기는 사람'이 되겠다는 적극적인 기대 속에 산 사람들이기 때문에 무명인으로 남아 있을 수 없었다. 자기가 하늘의 유산을 상속하리라는 확신을 가진 사람은 땅을 차지하기 위한 현실적인 전략을 가지고 있는 법이다"(*Rise of Puritanism*, p. 162).

그리스도 안에서는 아무리 지체가 낮은 농부라 하더라도 지체 높은 귀족과 다를 바 없다.[63]

누구든 명문 세도가 출신임을 자랑해서는 안 된다. 오로지 어두움의 왕국에서 옮기운 사실을 감격하는 마음만이 있을 뿐이다.[64]

통치자를 위해 인민이 있는 것이 아니라, 인민을 위해 통치자가 있다.[65]

모든 그리스도인은……하나님을 닮은 제사장으로 세움을 입었다. 그러므로 그리스도인 사이에는 성직자니 평신도니 하는 구분이 있을 수 없다. 오직 목회자는 그리스도인들이 선출한 사람에 지나지 않는다……교회의 동의 없이는 목회자들에게는 이 제사장의 직무를 수행할 권리도 권한도 없다.[66]

이러한 진술들은 사람들을 특히 영적인 문제에서 동등한 위치에 올려 놓고 보는 듯한 인상을 준다. 이런 진술들은 존귀한 특수층에게 일정 특권과 권력을 위임하는 것을 당연지사로 알던 고래(古來)의 사고에 정면 도전하고 있다. 로렌스 스톤은 "모든 사회적 위계에서 상층부를 차지하고 있는 계층에 대한 존경심을 서서히 약화하는 데

---

[62] William Tyndale, *The Obedience of a Christian Man*[Campbell, p. 117].

[63] Hugh Latimer, *A Most Faithful Sermon Preached Before the King's Most Excellent Majesty*[White, p. 123].

[64] William Perkins, *Works*[Hill, *Puritanism and Revolution*, p. 237].

[65] Samuel Willard, *The Character of a Good Ruler*[Miller/Johnson, 1 : 254].

[66] William Dell. *The Way of True Peace and Unity*[Woodhouse, p. 312].

한몫 한 청교도 의식"[67]에 대해 썼다. 이런 경향의 한 결과로서 모든 개인의 가치와 존엄성을 높이 보게 되었다. 어떤 현대 학자는 "청교도와 민주주의가 가지고 있는 가장 원천적인 공통점은 개인을 교회, 정치, 경제, 또는 다른 제도내에서 차지하는 지위와는 무관하게 존경한다는 데 있다"고 믿는다.[68] 물론 이 말은 청교도들이 민주 제도를 꿈꾸고 그들의 생각에서 민주 제도가 뻗어 나올 수 있었다는 주장은 아니다. 청교도들은 그들이 강조한 일반인에 혁명적인 구석이 있음을 잘 알았다. 크롬웰은 신분이 아니라 공로에 바탕을 두고 "새로운 모범 군대"(New Model Army)를 결성했다. 그는 이렇게 썼다. "장교나 사병은 똑같이 한 가족이다."[69] 또 어떤 청교도는 이렇게 썼다.

> 예수 그리스도께서 다스리시는 교회에서 그분의 음성은 먼저……회중(일반인)에게서 나온다……하나님께서는 평범한 많은 사람들을 쓰셔서 전능하신 주 하나님이 다스리심을 선포하신다……그러므로 평범하고 지체 낮은 여러분은 실망하지 않아도 된다. 왜냐하면 하나님께서 아들의 왕국을 전파하시는 그 대업에 평범한 사람들을 쓰시기로 작정하셨기 때문이다.[70]

존 벤브리그(John Benbrigge)에 따르면, 진정한 회심의 표지는 "그리스도 안에서 부요한, 가난한 사람들을 대접하는 것"이다. 또한 그는 "가난한 그리스도인들 앞에서 세상의 부를 자랑하는" 사람들을 꾸짖었다.[71]

---

[67] Stone, *Crisis*, p. 745.
[68] Perry, p. 192. 청교도들이 지닌 민주 정신에 관한 주요 문건을 한꺼번에 볼 수 있는 책으로는 *Puritanism and Liberty*, ed. A. S. P. Woodhouse 를 들 수 있다.
[69] *Letter to Clarendon*[Baltzell, p. 80].
[70] Hanserd Knollys, *A Glimpse of Sion's Glory*[Woodhouse, p. 234].
[71] *Christ Above All Exalted*[McGee, p. 191].

이런 평등관은 개혁 신학에서도 동일하게 나타난다. 청교도들은 외형적인 문제보다 영적인 데 우선권을 둠으로써 단지 혈통 또는 지위에 근거를 둔 특권을 경시하는 풍조를 열었다. 이런 태도에는 만인제사장설 또한 뒷받침되었다. 이런 정신 풍토 속에서라면, 모든 성도들은 평등하고, 사회적이거나 제도적인 지위만을 내세우는 사람들보다 훨씬 고상하고 우월하다. 윌리엄 델(William Dell)은 다음과 같이 교회의 법칙을 규정했다.

> 그리스도인은 저마다 동등하다. 우리의 출생과 가문을 보더라도……불평등이 있지만……우리의 두번째 또는 새로운 출생에 따르면, 우리 모두는 하나님의 자녀들로서 동등하다. 더 낫거나 못한 사람도 없고 더 높거나 낮은 사람도 없다.[72]

토머스 후커 역시 비슷한 말을 남겼다.

> 겨우 살아가는 미미한 성도를 보자. 한편으로는 뛰어난 인품과 학식을 지닌 대학자를 보자……미천하고 무지한 사람이요 바보에 가까운 사람이라도 어떤 현인과 학자나 유식한 사람보다 그리스도 안에 있는 은혜와 자비를 더 깨닫고 면면히 이해할 수 있다.[73]

이런 말이 그저 촌부(村婦)의 입에서 나왔다고 오해하지 않기 위해서, 어떤 영국의 시인보다도 더 학식이 있었던 시인 존 밀턴의 말에 귀기울여 보는 것도 필요하다. 대학에서 신학 교육을 받은 성직자보다 "미미하고 학식이 없지만 마음에 품은 빛으로 살아가는 사람이 훨씬

---

[72] *The Way of True Peace and Unity*[Woodhouse, pp. 308-309]. 토머스 아담스는 "사람을 진정으로 고상하게 만드는 것은 그의 출생이 아니라 중생이다"라고 비슷한 말을 남겼다(*The Holy Choice*[Walzer, p. 235]).

[73] *The Soul's Vocation*[Miller, *Errand into the Wilderness*, p. 46].

더 현명할 수 있다. 게다가 다른 사람들에게 경건하고 행복한 인생을 교훈할 수도 있다."[74] 이런 진술들이 지닌 중요성은, 기독교가 사람의 가치를 평가하는 전혀 새로운 기준을 도입했다는 것이다. 청교도 사상에서 분명하게 발견되는 "민주적"인 국면이라면 통치받는 사람들의 동의에 의한 통치를 강조했다는 사실이다. 17세기에 들어 사람들은 다수 인민의 지지를 얻지 못하는 행정관이나 교회 관리의 다스림을 거부할 수 있다는 생각을 점점 더 갖게 되었다. 청교도들이 어디에서 한걸음 더 나아가는 생각을 취하게 되었든간에, 회중들은 목회자를 선출하고 청빙하는 문제에 그들의 목소리를 반영할 수 있었다.

정치적인 영역으로 눈을 돌려 보자. 존 윈스롭은 "인민의 뜻과 계약"에 의하지 않고는 누구의 통치도 받아서는 안 된다고 하는 이론을 폈고, "선택이나 허락하지 않았는데도 통치하도록 허락하는 행위"를 불법으로 간주했다.[75] 존 대이븐포트(John Davenport)는 선거일을 맞아 행한 설교에서 인민은 통치자에게 "조건적으로 동의하였으므로……그 조건이 위반되었을 때에는 다른 통치자를 찾아도 된다"고 말했다.[76] 영국에서는 존 밀턴이 똑같은 이유에서 왕을 폐위할 수 있다는 변론을 폈다.

> 왕이나 행정관리들은 인민의 권한을 위임받아 행사하므로……인민들은 수시로 그 적합함을 판단하여 그들을 선택하거나 거부하거나, 아니면 재신임하거나 내칠 수도 있다……인민은 그들에게 부여된 자유민의 자유와 권한으로써 가장 최선이라고 판단되는 통치를 받을 수 있다.[77]

이러한 민주주의적인 포부가 꼭 성경 또는 신학적 근거를 가지고 있다고 볼 필요는 없다. "공의로 세운 보좌"(The Throne Establi-

---

[74] *Animadversions*[Haller, *Liberty and Reformation*, p. 55].
[75] Miller, *Seventeenth Century*, p. 408에서 인용.
[76] Election sermon of 1669[Miller, *Seventeenth Century*, p. 421].
[77] *The Tenure of Kings and Magistrates*[CPW, 3 : 206].

shed by Righteousness)라는 제목이 붙은 논문에서 존 바너드는 어떤 정치 제도도 그 자체로서 한 사회의 안녕을 보장하지는 않는다는 논리를 전개한다.

> 내가 알기로는, 하나님께서 직접 그리고 명확하게 보여 주시거나, 그 계시된 뜻에 의해 명백히 어떤 백성들에게 지정하신 시민 정부 형태는 없다.[78]

청교도들은 근대 민주주의 발흥에 한몫 했는가? 그들이 처한 정치 상황은 우리의 그것과 천양지차이기 때문에 선뜻 이 질문에 대답할 수는 없다. 그러나 적어도 그들이 민주주의 발전을 위해 사상적이고 현실적인 토양을 만들었음은 분명하다. 그래서 어떤 이는 뉴잉글랜드의 청교도에 대해 이렇게 말했다.

> 다 알고 있겠지만 초기 뉴잉글랜드의 억압적인 "신정 체제"보다 더 철저하게, 아니 더 자의식적으로 그 구성원의 동의를 구한 사회를 서구 세계에서 찾아볼 수 없다……뉴잉글랜드에서는 모든 공적 부문에 관해서 성원의 공식적인 동의를 구했다. 교인들은 목회자를 선출했고 동네에서는 마을 일을 처리할 사람을 뽑았다. 공민(公民)들은 행정 관리와 치안 경찰을 선임하고 군인은 장교를 선출했다.[79]

청교도 사상과 민주주의 정신은 분명히 공통점을 가지고 있다.[80]

---

[78] Miller/Johnson, 1 : 273.
[79] Foster, p. 156.
[80] 마가렛 제임스(Margaret James)는 이렇게 쓴다. "청교도는 현대 민주주의 발흥에 공헌했다"(p. 25). 우드하우스는 청교도들이 "민주주의가 반드시 토양으로 삼을 수밖에 없고, 그것이 없을 경우 붕괴할 수밖에 없는 사고와 감정 형성에 기여했다"고 믿는다("Religion and Some Foundations of English Democracy," *Philosophical Review*, 61, no. 4[Oct. 1952] : 510).

요약

청교도들은 사회 사상가요 활동가였다. 국가 교회라는 상황에 처한 그들이었기에, 구체적인 종교적 확신을 펼치고 주장하다 보면 자연 정치적인 영역으로 들어갈 수밖에 없었던 것 같다.

그들의 사회 활동은 인민이 공동체의 공동선을 추구하도록 요구하며, 선행을 하나님이 베푸신 구원에 대한 감사로 보는 언약 신학에 근거를 두고 있었다. 사회 활동의 한 국면으로는 사회에서 소외받고 곤경에 빠진 이들에게 관심을 갖는 일이 있다. 또 다른 국면으로서는 사적인 것뿐 아니라 공적이고 사회적인 죄를 탄핵하는 일을 들 수 있다. 청교도들은 정부나 제도 차원이 아니라 주로 자발적이고 개인적인 차원에서 사회 활동을 벌였다.

청교도들은 공동체를 강조했지만, 한편으로 개인의 자유와 존엄에 관심을 기울임으로써 균형을 취했다. 그들은 출생이나 지위를 앞세운 특권층에게 각성을 촉구하고 평등을 부르짖었다. 그들은 또한 통치받는 사람의 합의가 있어야 통치할 수 있다는 이론을 만들었을 뿐 아니라, 그것을 현실에 옮겼다.

추천 도서

Margaret James, *Social Problems and Policy During the Puritian Revolution, 1640－1660*(1930).

Richard B. Schlatter, *The Social Ideas of Religious Leaders, 1660－1688*(1940).

Helen C. White, *Social Criticism in Popular Religious Literature of the Sixteenth Century*(1944).

A. S. P. Woodhouse, ed., *Puritanism and Liberty*(1951).

John Dykstra Eusden, *Puritans, Lawyers, and Politics in Early*

Seventeenth-Century England(1958).

Michael Walzer, *The Revolution of the Saints : A Study in the Origins of Radical Politics*(1965).

Edmund S. Morgan, ed., *Puritan Political Ideas, 1558−1794*(1965).

T. H. Breen, *The Character of the Good Ruler : A Study of Puritan Political Ideas in New England, 1630−1730*(1970).

Stephen Foster, *Their Solitary Way : The Puritan Social Ethic in the First Century of Settlement in New England*(1971).

정부의 궁극적이고 지고한 목적은 모든 인생들이 지닌 최후의 목적, 또한 모든 행위가 산출하고자 하는 목적과 동일하다. 그것은 만사에서 하나님을 영화롭게 하는 것이다.

— 존 바너드

이웃이라는 말은 사랑이라는 말과 똑 같은 말이다. 이 말은 도움이 필요할 때면 언제나 민첩하게 손을 내밀어 준다는 뜻도 된다.

— 윌리엄 틴데일

가난한 사람을 일하게 하는 것이야말로 가장 좋은 자선이다. 시혜자가 가난한 사람을 일하게 하니 좋고, 대중 전체를 볼 때 빈들빈들 노는 사람이 없어지니 좋고 또 게으름을 조장하지 않으니 좋다. 이것이 가난한 사람에게 진정 유익이 되는 구제이다.

— 리처드 스톡

370 청교도-이 세상의 성자들

영국 벨포드에 서 있는 존 번연의 동상. 현대인들이 청교도에 대해서 품고 있는 이중 감정을 대변이라도 하듯 버티고 서 있다. 그들의 용기, 하나님과 성경에 대한 그들의 충성스러움, 효과적으로 역사를 움직인 지혜를 인정하기는 쉬운 일이다. 그러나 그들의 지나친 초연함, 숨막힐 듯한 엄숙함, 완고함, 그리고 논쟁적인 자세에서 일면 부정적인 모습을 발견하는 것도 사실이다.

제 11 장
부정적인 교훈 :
청교도들이 범한 몇 가지 실수

> 그들은 식자(識者) 투의 장광설(長廣舌)을 늘어놓는
> 다……그들의 긴 말은 아무튼 사람을 질리게 한다.
> — 로버트 바일리

 청교도의 잘못에 관해 논하는 이 장은 두 가지 중요한 점에서 이 책의 집필 목적에 빠져서는 안 된다. 필자의 목적은 청교도들이 무엇을 생각하고 무엇을 실천했는지를 알아보는 것이다. 청교도들은 완전한 사람들이 아니었기 때문에, 그들이 범한 실수 역시 그들의 일부일 수밖에 없다.
 다음으로 필자는 우리가 청교도에게서 무엇을 배울 수 있는지가 궁금하다. 청교도들이 저지른 실수를 파헤치면서도 나는 그렇게 하는 목적을 잃지 않았다. 청교도들이 저지른 잘못은 중요한 주제로서, 우리가 피해야 할 것을 보여 주는 거울이 될 수 있다.
 비판은 주관적인 작업이다. 내가 그들이 범한 잘못이라고 지적한

것이 다른 사람의 눈에는 공로로 비칠 수도 있다. 또한 다른 사람들이 중요한 실책이라고 생각하는 것들을 빠뜨리고 넘어갈 수도 있다.

비판에 앞서서

과거의 사람들을 비판한다는 것은 위험 천만한 작업이다. 청교도가 저지른 잘못을 들추어 냈다는 사람들 역시 많은 비리를 저질렀다. 그들은 청교도들이 행한 행동의 배경을 찬찬히 들여다보지 않았다. 예를 들어, 어떤 청교도들이 성탄절을 반대했다고 할 때, 그들이 정말 무엇을 반대했느냐 하고 멈추어 생각해 보지 않는다. 우리는 지금까지 지켜 온 성탄절이 고래로 내려 온 것이라고 당연시하고, 그래서 청교도들이 그렇게 유서 깊은 전통을 거절할 만큼 광신적인 데가 있는 사람들이라고 단정해버린다.

그러나 우리는 이렇게 천진 난만하기만 해서는 안 된다. 윌리엄 브래드포드(William Bradford) 총독은 뉴잉글랜드 주민들에게 지켜 오던 대로(한낱 축제일로서) 성탄절을 기념하지 못하도록 했지만, 원칙상으로 성탄절을 반대하지는 않았다. 그는 항해 일지(*Log-Book*)라는 책에서 "주민들이 성탄절을 경건하게 지킨다면, 각자 집에서 지키게 하라. 거리에서 흥청망청하게 해서는 안 된다"[1]라고 말했다. 진정 의미를 생각하며 지키는 성탄절을 거부하지 않았음만은 분명하다.

그러면 청교도들이 반대한 관습은 무엇이었는가? 한 영국인은 성탄절에 무질서하게 횡행하던 소란을 이렇게 묘사했다.

> 이 이교도 같은 무리들이 교회와 교회 마당을 향해서 행진한다. 피리와 북소리가 요란스럽다…… 이런 소동을 벌이

---

[1] Crawford, p. 495에서 인용.

며 무리는 교회로 들어간다(목사가 기도 또는 설교를 하고 있는데도 말이다). 이때도 춤을 추고 손수건을 머리 위로 흔든다……소란이 소란이니만큼 옆 사람 말 소리도 제대로 들리지 않는다. 이 어리석은 무리들은 서로 바라보며 웃고……심지어 이 난장판을 구경하기 위해서 강대상이나 회중석 의자 위로도 올라간다.²

그러므로 우리는 청교도들을 비판하기에 앞서서 그들이 처했던 역사적 상황을 면밀하게 살펴야 한다.

게다가 우리는 청교도들이 순전히 그들만의 특성이 아니라 그들이 속한 문화 속에서 같이 지닐 수밖에 없었던 요소들 때문에도 비난받고 있음을 명심해야 한다. 오늘날 영국을 여행한다면, "청교도들이" 교회에서 예술품을 치워버리고 벽화에 도료를 칠했다는 말을 듣게 된다. 그러나 이런 일은 영국 성공회에서도 한 일이다. 1559년에 공포된 엘리자베스 여왕의 칙령을 보자.

> 모든 신당, 신당에 붙어 있는 장식물들, 제단, 촛대, 초들, 온갖 그림, 그리고 기적을 일으킨다는 모든 기념품들, 순례 행진, 우상과 미신을 철두 철미하게 치워버리고 파괴하라. 그래서 교회에서나 가정의 벽, 유리창, 그리고 어디든 이런 행습이 반복되지 않도록 하라.³

청교도 군대들은 교회와 성당을 막사, 마구간으로 썼지만, 국교도들을 비롯해서 왕당파 군대라고 해서 예외는 아니었다.⁴

---

² Philip Stubbes, *Anatomy of Abuses*[Crawford, pp. 499-500].

³ Scholes, p. 235. Knappen, *Tudor Puritanism*, pp. 434-435에서 동일한 증거를 주목하면서 벽화에 도료를 칠하는 것을 엘리자베스 여왕의 칙령 탓으로 돌린다.

⁴ Crouch, pp. 136-137, Scholes, p. 222.

빙빙 돌릴 것 없이 한번에 이런 저런 오해를 털어버릴 수 있는 좋은 방법은 나다니엘 호손(Nathaniel Hawthorne)의 작품 주홍 글씨(*The Scarlet Letter*)가 역사적으로 정확한 묘사가 아님을 고발하는 것이다. 호손은 소설 서문에서 세일럼 세관에서 일할 때 여주인공 헤스터가 가슴에 달고 있는 주홍 글씨를 보고 그것이 간음에 대한 벌임을 알았다고 묘사했다. 그러나 호손의 기술은 순전히 허구이다. 그는 실생활에서 그런 글자를 본 적이 한번도 없다. 더구나 호손(그는 초기 청교도들보다 2세기나 뒤에 활동한 작가이다)은 작품에서 청교도를 풍자하는 데 열을 올린 사람이고, 원래 풍자란 공격하고자 하는 부분을 과장해서 드러내기 마련이다. 많은 사람들이 가지고 있는 청교도에 관한 인상이라는 것이 고작 풍자적인 문학 작품에서 나왔다는 사실은 큰 비극이다. 이런 작품들은 공공연하게 편견 없이 역사를 보여 줍네 하고 떠든다.

내가 마지막으로 밝히고 싶은 말은, 청교도들이 미술, 음악, 그리고 문학에 대해 지녔던 태도가 그들의 실책을 지적하는 이 장을 통해 오히려 교정되게 하려는 목적으로 이 장을 집필한다는 것이다. 나는 기왕에 떠돌아다니는 편견을 보강해 줄 생각이 없지만, 흥미 있는 독자들이라면 찾아봄직한 자료들을 열거했다.[5] 청교도들이 교회나 성

---

[5] 추천할 만한 참고 목록에는 아래와 같은 것들을 손꼽을 수 있다. Crouch, *Puritanism and Art : An Inquiry into a Popular Fallacy*(1910), Edward Dowden, *Puritan and Anglican : Studies in Literature*(London : Kegan Paul, 1910), Scholes, *The Puritans and Music*(1934), Roland Frye, *Perspective on Man : Literature and the Christian Tradition*(Philadelphia : Westminster, 1961), pp. 171-179 ; Sasek, *The Literary Temper of the English Puritans*(1961), Sacvan Bercovitch, *The American Puritan Imagination*(Cambridge : Cambridge University Press, 1974), Daly, *God's Altar : The World and the Flesh in Puritan Poetry*(1978), John Wilson, "Calvin and the Arts." *Third Way*, 2, no. 2(1978) : 3-5, Lewalski, *Protestant Poetics and the Seventeenth-Century Religious Lyric*(1979), Emory Elliott, ed., *Puritan Influences in American Literature*(Urbana : University of Illinois Press, 1979), Alan Sinfield, *Literature in Protestant England, 1560-1660*(Lon-

당에서 미술품을 옮긴 사례를 한 예로 들 수 있다. 그들의 이러한 행위는 가톨릭 예배 관습에 대한 반대였지 미술 그 자체에 대한 혐오는 절대 아니었다. 사실 청교도들은 때때로 가정에서 쓰려는 생각으로 오르간과 미술품들을 경매를 통해 사들였다.

오락에 대한 부적절한 시각

청교도들이 여가에 대해 어떤 태도를 취했는가를 말하기란 그리 쉽지 않다. 최근 청교도들이 오락에 대해 지녔던 태도를 밝힌 연구 조사서는 우리가 생각했던 것보다 더 적극적인 면을 보여 주어 이채를 띠었다.[6] 청교도들이 모든 오락을 반대했다고 하는 오늘날의 편견은 다분히 오해의 산물이다. 즉 모든 운동 경기를 주일에는 할 수 없다는 금령과 어떤 오락들(예를 들어 도박, 닭 싸움, 곰 골리기, 카드 놀이를 비롯하여 도박성이 있는 놀이 등)을 금했다는 사실을 오락과 여흥 그 자체에 반대했다는 뜻으로 해석한 데 따른 것이다.[7]

존 다우넘(John Downame)은 다음과 같은 소일거리는 적절하게 즐겨야 한다고 말했다.

> 풍광이 좋은 곳을 산책하고 쟁론이 일어나지 않을 정도로 토론하며, 시, 음악, 그리고 사냥 같은 여흥을 즐긴다. 특히 남자들은 마음의 위안과 재충전을 위해 자신에게 맞는 운동을 가려서 할 수도 있다.[8]

---

don : Croom Helm, 1983), E. Beatrice Batson, *John Bunyan : Allegory and Imagination*(London : Croom Helm, 1984).

[6] Hans-Peter Wagner, *Puritan Attitudes Towards Recreation in Early Seventeenth-Century New England*[Frankfurt : Verlag Peter Lang, 1982).

[7] Solberg, pp. 46-52는 이러한 잘못된 해석의 한 예이다.

[8] *Christian Warfare*[Foster, p. 106]. 윌리엄 퍼킨즈는 이렇게 쓴다. "일을

윌리엄 버킷(William Burkitt) 역시 같은 맥락에서 말한다.

> 그저 매일매일 일에만 몰두한다는 것은 불가능하다. 그리고 쉬지 않고 일만 한다는 말도 어불성설이다. 그래서 지혜로우신 하나님께서는 때로 기분 전환 내지는 오락을 허락하셨다……현명하고 선량한 사람들은……몸과 마음에……유익하고 건전하며 시간을 너무 많이 빼앗지 않고 또 적절한 오락을 영적인 차원에서 선택해야 한다.[9]

청교도들이 의회를 장악하고 있던 1647년에 발효된 의회법은 매주 둘째 화요일에는 모든 상점, 공장 등이 아침 8시부터 저녁 8시까지 문을 닫아 노동자들을 쉬게 해야 한다고 명령하고 있다.[10]

미국에서는 토머스 쉐퍼드가 대학에 다니는 아들에게 "책을 너무 많이 읽어 몸과 마음, 그리고 눈을 상하게 하지 않도록 하거라……여흥을 약간 취해서 학업에 활력을 불어넣도록 하거라"[11] 하고 편지했다. 존 윈스롭은 영적인 일에 전심 전력하기 위해 오락과 여흥을 줄였다. 그런 그가 이렇게 썼다.

> 마음이 무뎌지고 짜증이 난다. 마침내 이것저것을 살펴본 결과 오락과 여흥을 통해 기분 전환을 해야 한다는 생각을 하기에 이르렀다. 정작 오락과 여흥을 취해 보니 그것이 마음을 새롭게 하는 데 훨씬 효과 있음을 알게 되었다.[12]

멈추고 몸과 마음을 새롭게 함이 필요하다. 사람은 활과 같아서 항상 잡아당기고 있으면 부러질 수 있기 때문이다"(*The Whole Treatise*[Wagner, pp. 53−54]).

[9] *The Poor Man's Help*[Wagner, p. 46]. 토머스 카트라이트는 제 6계명이 "건강을 유지해 주는 휴식과 여가를 적절하게 쓰지 않을 때에도 깨진다. 꼭 칼로만 사람을 죽일 수 있는 것이 아님을 알아야 한다"(Pearson, p. 403)라고 했다.

[10] Scholes, pp. 110−111.

[11] Miller/Johnson, 2 : 171.

그러면 청교도 여가 윤리는 무엇이 잘못되었다는 말인가? 첫째, 그들은 공리주의적인 목적에서 오락을 옹호했다. 오락 자체나 경축(慶祝), 또는 인간 심성 함양이라는 부차적인 가치를 본 것이 아니라, 일을 더 잘할 수 있게 하는 무엇으로 오락을 보았다.

> 오락은 그저 노는 것이 아니고 일하기 위한 것이다. 사람은 오락을 취함으로써 더 일을 잘하게 된다.[13]

> 오락의 진정한 목적은 마음을 새롭게 하고 몸에 힘을 재충전하는 것이다. 그래서 일반적인 의무와 구체적인 소명을 통하여 하나님을 더 잘 섬길 수 있게 되어야 한다.[14]

> 노동을 명령하신 하나님께서는 노동을 수행할 수 있는 적합한 수단 또한 허락하셨다……그러므로 그분은 온당한 오락을 허락하셨는데, 그것은 몸과 마음을 새롭게 함으로써 우리가 맡은 의무들을 더 잘 수행한다는 것이 필요한 일이기 때문이다.……그러므로 오락은……더 일을 잘할 수 있게 해주는 활력소이다.[15]

"청교도들은 현대 사회학자의 입장에서 오락에 대해 썼다"고 어떤 사람은 정확하게 진단했다.[16]

이렇게 공리주의적인 관점에서 여가 윤리를 펼친 것은 그들이 일을 너무나 강조한 탓이다. 현실적으로 말해서, 아래와 같은 생각을 가지

---

[12] Wagner, p. 22에서 인용.
[13] Francis White, Wagner, p. 45에서 인용.
[14] William Burkitt, *The Poor Man's Help* [Wagner, p. 50].
[15] William Perkins, *A Treatise of the Vocations or Callings of Men* [Breward, p. 471].
[16] McNeill, p. 40.

고 있던 사람들에게서 우리가 얼마만큼이나 오락을 기대할 수 있겠는가?

언제나 일에 마음을 쓰라. 그리고 일을 어물쩡 미루지 말라. 모든 조건이 좋을 때 일을 서둘러 처리하라. 일에 전심전력하라. 일에서 손을 떼어도 좋을 때까지 그렇게 하라.[17]

그대가 하나님께 더욱 부지런히 봉사하고 있지 않다면, 그대의 소명인 일에 전적으로 매달려야 한다.[18]

청교도들은 오락을 노동 윤리에 부속시켰을 뿐 아니라, 그나마 율법주의로 둘러싼 나머지 그저 이론상으로만 오락을 인정한 것이 아닌가 하는 오해를 불러일으키기에 족한 정도였다. 리처드 백스터는 "온당한 운동 또는 오락"을 인정하면서 어떤 오락이 "합당한지" 판별하는 18가지 규칙을 적시했다.[19] 윌리엄 퍼킨즈는 오락을 인정하면서도 충족시켜야 할 "규칙"을 내세웠다.[20]

청교도들은 노동 윤리에 필요한 부속물로서 오락을 인정했지만, 여가와 소일거리에 관한 그나름의 이론을 세울 여력은 없었다. 그들은 게으름을 너무 질색한 나머지 그렇게 할 수 없었다. 백스터는 "소일"을 "시간 낭비"와 동일시한 나머지 "사악한"이라는 말과도 동일하게 생각했다.[21] 그는 이렇게 충고한다.

---

[17] Cotton Mather, *A Christian at His Calling*[Foster, p. 107].
[18] Richard Baxter, *A Christian Directory*[Weber, p. 262].
[19] *A Christian Directory*[Wagner, pp. 48–49].
[20] 그 규칙은 이렇다. (1) 휴식은 "반드시 선량한 것"이어야 한다. (2) 그것은 "우리와 타인에게 이로워야 하고, 하나님의 영광을 위해야만 한다". (3) 휴식의 목적은 "우리의 몸과 마음을 새롭게 하는 것이어야 한다". (4) 휴식의 사용은 "적절해야 하고" 시간과 감정을 "아낄 수 있는 것이어야" 한다(*Cases of Conscience*[Sasek, p. 113]).
[21] *A Christian Directory*[Sasek, p. 114].

시간을 소중하게 여기고 매일 주의하여 시간을 헛되이 버리지 않도록 하라……무익한 오락, 옷차려 입기, 잔치, 한담, 소득 없는 모임, 또는 게으른 잠 등은 그대의 시간을 도적질하려는 유혹이니 각별히 조심할지어다.[22]

마이클 왈저(Michael Walzer)는 청교도들이 "여가가 필요 없는 유토피아를 발견했다"고 빈정거렸다.[23] 그렇지 않은 청교도가 있었다면 그는 밀턴이다. 그는 이렇게 썼다. "우리에게는 유쾌한 막간이 필요하다……정신이 함양되고……기쁘고 아무 해악 없이 소일할 수 있는 휴일이 필요한 것이다."[24]

너무나 많은 규율

청교도들은 너무나 엄격하게 생활했다. 그리고 문제를 깔끔하게 정의하기 원했다. 그러나 이러한 미덕도 극단으로 치우치면 율법주의를 낳고, 너무나 많은 규율을 만들어 숨을 막는다. 극단적인 경우에 청교도들은 이런 악덕을 열심으로 저질렀다.

이를테면 안식일 준수에서 이런 경우를 발견한다. 청교도들은 이론상으로 항구적인 도덕법인 안식일 준수와, 신약 그리스도인에게는 폐기된 구약 의식법으로서 안식일 준수를 구분했다. 그러나 실제로는 모세 율법만큼이나 엄격할 때가 많았다.

뉴잉글랜드에서는 젊은 연인이 "주일에 굿맨 채프먼 씨의 과수원

---

[22] *A Christian Directory*[Weber, p. 261]. 백스터 역시 이렇게 쓰고 있다. "시간을 값지게 보내려면 시간을 헛되이 쓰고 있지나 않은지 살펴야 한다. 그리고 일분 일초라도 소중한 데 쓰고 의무를 수행하기 위해 써야 한다(*A Christian Directory*[Kitch, p. 170]).

[23] Walzer, p. 210.

[24] *Tetrachordon*[CPW, 2 : 597].

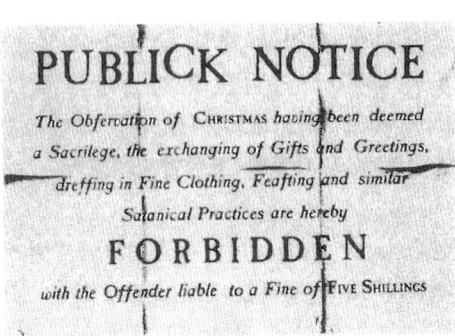

공지 사항. 1660년대 뉴잉글랜드 법령의 단면을 보여 준다.

사과 나무 아래 나란히 앉아 있었다"고 해서 재판을 받았다. 어떤 사람은 "주일에 아직 밤이 깊지 않았는데도 사업에 관한 메모를 했다"고 해서 벌금형을 받았다. 플리머스에 사는 엘리자베스 에디(Elizabeth Eddy)라는 사람은 "빨래를 짜서 널었다"는 죄목으로 벌금형을 받았다. 또한 어떤 병사는 발을 보호하기 위해 "낡은 모자 조각을 적셔 신발에 넣었다"고 해서 벌금을 냈다.[25]

이러한 율법주의 때문에 거짓된 죄책감이 만연하고 죄의 경중을 가리는 분별력이 상실되었다. 열 여섯살 나던 해 나다니엘 매더의 일기에는 이런 대목이 적혀 있다.

> 아주 어릴 때 하나님을 떠났을 때…… 많은 죄를 지었다…… 그때 나는 안식일에 나무를 깎아 모양을 만들었다. 남들 눈에 띌까봐 그것을 문 뒤에 숨겼다. 하나님께서 얼마나 꾸짖으실까! 마음에 하나님이 없는 자들이나 하는 짓을 내가 한 것이다.[26]

---

[25] 이 문구들은 모두 Alice Morse Earle, *The Sabbath in Puritan New England*(New York : Scribner, 1893), pp. 246-247에서 따온 것이다.

[26] Fleming, p. 21에서 인용.

존 번연의 경우는 더욱 유명하다. 주일 아침 설교 후 오후에 "고양이" 놀이를 한 것이 안식일 준수와 관련하여 논점이 되었을 때, 번연은 금새 죄의식 때문에 좌불안석했다. 그는 순간적으로 마음이 얼어붙어 자신이 너무 큰 죄인이어서 용서받을 수 없고 "더러운 탐심으로 언제나 죄를 지었다" 하고 말을 맺었다.[27]

어찌하다 보니 지금까지 청교도들이 노동, 성, 물질 세계, 교육 등 등에 대해서 지녔던 소신을 칭찬해 왔다. 그러나 청교도의 이런 문제에 관해 관(觀)을 세운 청교도 이론가들은 그들의 이론을 너무나 많은 규율들로 둘러싼 나머지, 지키려고 할수록 죄책감에 사로잡힐 수밖에 없었다. 필자는 이미 오락에 관한 그들의 견해에서 이런 율법주의가 나타난다고 지적한 바 있다.

부부간의 성생활에 관한 그들의 태도에서도 비슷한 점이 발견된다. 청교도들은 성관계가 결혼의 일부라고 말하면서도, 부부가 맺는 성관계가 불법적인 정욕이 될 수 있는 가능성에 대해 구구 절절이 늘어놓는다. 어떤 문헌은 배우자와 불륜에 빠질 수 있는 위험에 대해 상세히 썼다(이런 주제는 교부의 글에서도 나타난다).[28] 이런 경향을 가진 저자들은 부부간에 맺는 "감각적이고 육감적인 사랑", "지나치고 과도하며 참을성 없는 성관계", "부자연스러운 성관계", 그리고 "순결하고 정숙하지" 못한 성관계의 어두운 면을 탄핵했다. 자기 배우자와 저지를 수 있는 간음을 얼마나 정교하게 원리적으로 밝혀냈든지간에, 그 결과는 청교도들이 부부의 성관계조차 부인한다는 인상을 심어 주기에 충분하다.

청교도들은 어떤 행위를 가늠할 규율들을 지치지도 않고 만들어냈다. 노동, 예배, 가족간의 의무, 배우자 선택, 그리고 다른 많은 활동들에 따르는 규율이 바로 그것이다.

---

[27] *Grace Abounding to the Chief of Sinners*, pp. 12-13.
[28] Schnucker, pp. 356-364에 그 주제를 다루는 한 부분이 있다.

너무나 많은 말

장황함, 즉 거창하고 수다스러움은 청교도들이 지닌 가장 큰 특징의 하나였다. 대다수 청교도들은 어느 정도 해야 충분히 말한 것인지를 알게 하는 자기 비판이 부족한 사람들이었다. 그들은 무엇인가 말하지 않고 남겨둔채 슬쩍 언질만 주는 것이 지닌 힘을 충분히 파악하지 못했다. 청교도 설교자를 통해 알 수 있는 사건 몇 가지를 생각해 보자. 코튼 매더는 그의 임직식에서 1시간 15분이나 기도했다고 했는데, 이때는 1시간 45분이나 설교를 한 뒤였다.[29] 1625년 하원 의원들은 7시간이나 되는 설교를 들어야 했는데, "전체 예배 시간은 9시간이었고 예배가 드려지는 동안 단 한 사람도 기절하는 사람이 없었다"고 한다.[30]

앤소니 버지스(Anthony Burgess)는 요한복음 17장을 145회에 걸쳐 설교했고, 맨튼(Manton)이라는 설교자는 시편 119편을 190회에 걸쳐 설교했다. 조지 트로시(George Trosse)는 하나님의 성품에 관해 수년에 걸쳐 대하(大河) 설교를 했다. 어떤 청교도 설교가 한 사람은 요셉이 입었던 채색옷에 대해서만 4개월이나 설교했다.[31] 청교도들이 위세를 떨치던 시절에 일어난 일 한 가지를 소개한다.

> 튀시 선생이 짧은 기도로 예배를 개회했기 때문에, 마샬 씨는 두 시간 동안이나 열정적이고 진중한 자세로 기도했다. 애로우스미스 목사님은 그 후로 한 시간 설교하고 바인즈 씨가 두 시간 기도한 후에 시편을 노래했다. 핸더슨 씨는 세태를 신랄하게 비판하고 어떻게 세태를 바로잡을 것인가 열변을 토했다. 튀시 선생은 짧은 기도로 예배를 폐회했다.[32]

---

[29] Louis B. Wright, *Colonial America*, p. 169.
[30] Seaver, p. 38에서 인용.
[31] 이러한 예들은 Davies, *Worship and Theology … 1603–1690*, p. 165에서 취하였다.

청교도들은 질리도록 말을 길게 하는 사람들이었다. 1643년 영국 의회를 찾은 스코틀랜드 대표단은 교회 문제를 둘러싼 지리한 논쟁에 그만 넌더리가 나고 말았다. 로버트 바일리는 이렇게 썼다. "그들은 식자 투의 장광설을 늘어 놓는다……이제 그들의 긴 말은 아무튼 사람을 질리게 한다." 바일리의 불평은 이렇게 이어진다. "우리는 교회 내 과부들이 행해야 할 의무에 대해 논의하면서 두 번 또는 세 번이나 정회(停會)를 거듭했다. 그러나 그것은 그렇게 긴 시간을 끌 문제가 아니었다. 상정된 안건 하나하나를 토의해야 했는데, 결코 짧게 토의 되는 법은 없었다." 이렇게 몇 개월을 보내자 스코틀랜드 대표단의 인내심은 한계에 다다랐다. 바일리는 "영국인들의 비생산적이고 쉽게 고칠 수 없는 장광설"에 대해 불평을 늘어놓은 후 "그들의 방식에 할 말을 잃었다"라고 심경을 밝혔다.[33]

청교도들의 장광설은 그들의 문체에서도 여실히 드러난다. 나는 그들의 글을 인용하면서 중복되는 부분을 걸러 내느라 무진 애를 써야 했다. 한마디로 말해서 청교도들의 문체는 한 가지 생각을 표현하기 위해 많은 단어들을 거듭 동원하는 것이다. 성경에 나오는 시인들처럼(그들의 시적 간결함이나 높은 문학성을 제외하고), 청교도들은 적어도 다른 말을 빌려 두 번은 말해야 직성이 풀리는 사람들처럼 보인다. 무작위로 뽑아 본 문장에서도 그런 중복이 나타난다.

> 하나님께서는 우리에게 일을 시키시기 위해 이 세상에 보내셨다. 세상은 하나님의 일을 하는 곳이다. 그분은 우리에게 일할 집을 주셨다. 그러므로 우리의 분깃은 일하는 것이다. 소명을 찾고 싶다면……하나님을 위해 일하라.[34]

---

[32] Peter Lewis, p. 61.

[33] *Letters and Journals*[Haller, *Liberty and Reformation*, p. 111]. 발리가 내린 마지막 판결은 차라리 고전에 가깝다. "이 민족의 기지(機智)는 아주 다양하다. 그러면서도 아주 독특해서 다른 부류와는 아주 다르다. 심지어는 서로도 약간씩 다르다."

[34] Richard Sibbes, *Beams of Divine Light*[George, p. 131].

리처드 백스터는 자기 일생을 돌아보면서 이런 말을 남겼다. "내 글에 관해서 말하자면, 학식을 감추고 문장을 다듬어야 했음을 고백하지 않을 수 없다."[35] 이 판단을 청교도 운동 전체에 적용해도 큰 무리가 없지 않을까 하고 생각한다.

지나친 경건주의, 도덕주의

청교도들에게는 삶의 치외 법권 지대란 없었다. 이것이 그들의 힘이었다. 그러나 그들은 성경의 원리가 그들의 행위를 규정하는 전체적인 틀로 그치는 데 만족하지 않았다. 어떤 청교도들은 한 행동 행동을 애써 도덕적으로 행하지 않고서는 하나님께 영광을 돌릴 수 없다고 생각한 듯하다.

연애에 관한 그들의 평가에 귀기울여 보자. 에드워드 테일러는 연인에게 사랑을 고백하면서(그는 자기 심정을 "순전한 불길의 핵"이라고 했다) 마음이 편하지 않았다. 그래서 이런 경건한 문구를 덧붙였다. "물론 한계가 있어야 하겠지요. 사랑도 하나님의 영광을 위해서 있으니까요."[36] 존 윈스롭은 약혼녀에게 "저의 손실을 (그리스도 예수 다음으로) 보상해 주는 유쾌하고 희망에 찬 보상자"라고 했다가, 결혼 후에는 "구원의 소망 아래 모든 위로 중 뛰어난 위로"라고 편지했다.[37] 청교도들은 언제나 신학적인 근거가 필요했던 사람들이었던 것 같다.

청교도들의 자녀 양육 관습을 보면 경건주의, 도덕주의의 단면을 볼 수 있다. 코튼 매더는 아이들이 아플 때, "영혼의 질병"을 상기시

---

[35] *Autobiography*, p. 102.

[36] Frances M. Caulkins, *History of Norwich, Connecticut*[Edmund Morgan, *Puritan Family*, p. 50].

[37] *Life and Letters of John Winthrop*[Edmund Morgan, *Puritan Family*, p. 50].

키고, "그런 영혼의 질병을 고치시는 크신 구세주님을 어떻게 우러러야 하는가"를 가르치고는 했다. 그리고 아이들이 노는 것을 보면, "놀이를 하더라도 경건한 교훈을 되새겨 볼 수 있는 놀이를 하라"고 권하곤 했다.[38] 매더 또한 "아이들을 대하거나 함께 있을 때마다 좋은 말을 들려 주거나 합당한 교훈을 주려고 애써 노력하고 연구하는 자세"를 좌우명으로 삼았다.[39]

청교도들은 하나님께서 육체를 주셨기 때문에 피조물로서 하나님께 영광을 돌려야 한다고 믿었다. 그러나 이런 신조를 일반적인 원리로서 믿는 데 그치지 않았다. 코튼 매더는 이렇게 썼다.

> 내 몸의 지체에 관해 구체적으로 면밀하게 생각하게 된다……어떻게 하면 내 몸의 지체들을 써서 하나님께 영광 돌릴 수 있을 것인가……그러려면 성별(聖別)이 뒤따라야 한다……주님께서 이 일에……내 몸을 받아 주시기를 위해 주님께 호소해야 한다.[40]

매더는 용변을 볼 때마다 자신의 몸이 개와 다를 바 없다는 생각이 들어서, 이런 생각을 떨쳐버리기 위해 "마음에 거룩하고 고상하며 신적인 생각을 품어야" 할 정도였다.[41]

청교도 설교가들과 저자들은 매사에 당면 현안을 도덕적으로 접근하려는 경향을 보인다. 그들은 입으로는 어떤 인간 행위에 대해 말하고 있더라도, 그것을 하나님의 영광을 위해서 해야지만 "적법하게" 된다고 일깨워 주는 것이 그들의 의무라고 믿었다. 그들이 전개하는 신학은 나무랄 데 없지만, 그들의 방식은 오늘날 우리가 "과격"이라고 부르는 방향으로 기울어져 있다.

---

[38] Diary[Edmund Morgan, Puritan Family, pp. 97-98].
[39] Ibid.
[40] Diary[Wagner, pp. 102-103].
[41] Diary[Greven, Protestant Temperament, p. 67].

남성 우월주의

좋은 의미에서, 남편의 머리 됨과 아내의 복종이라는 청교도 이론은 변호해야 마땅한 기독교의 입장이다. 그러나 청교도들이 부부간의 위계를 표현하기 위해 빌려 온 용어만큼은 여성의 감정과 존엄성이 민감한 사회 주제가 된 오늘날에는 적잖이 곤혹스러운 말이 아닐 수 없다.

로버트 볼튼(Robert Bolton)은 남성이 여성에 비해 정신적으로, 또 신체적으로 우월하다고 말한 후에 아내는 "남편만큼이나 고상한 심령"이라고 하면서 "심령에는 성(性)이 없다"고 잘라 말했다. 그런데 이 말에 이어 나오는 요점이 그의 우월주의를 폭로한다. "그러나 고상함이나 정신성에서 단연 남자가 으뜸이다."[42] 존 로빈슨(John Robinson)은 "경험으로 볼 때, 여자가 남자보다……약간 더 지적이면 얼마나 불편한가를 알 수 있다"[43]라고 말했다. 윌리엄 구지는 "남편이 악질적이고 비뚤어졌으며, 세속적이고 악하다 하더라도 아내는 부드럽고 온유하며 온순하고 순종적이어야 한다"고 말했다.[44]

벤자민 워즈워스(Benjamin Wadsworth)는 제대로 된 남편이라면 "두려움의 대상이 되기보다는 사랑의 대상이 되어야 하지만, 너무 한쪽으로 치우쳐서는 안 된다"고 생각했다.[45] 리처드 백스터는 목사가 결혼하면 생길 수 있는 불편을 20가지로 열거하면서 그 중 하나를 "여성의 지적 영아성(嬰兒性)"을 손꼽았는데, 그는 분명히 그것을 "약점"으로 보고 있다.[46]

존 윈스롭은 왜 코네티컷 주지사 홉킨즈의 아내가 정신이상이 되었는지에 관해 재미있는 이론을 펼치고 있다. 그녀가 너무 많은 책을 읽었고 그녀 소관이 아닌 지적인 문제에 끼어들기 좋아했기 때문이

---

[42] *Works*[George, p. 282].
[43] Ibid., p. 279.
[44] *Of Domestical Duties*[Haller, "Puritan Art of Love," p. 251].
[45] *The Well-Ordered Family*[Edmund Morgan, *Puritan Family*, p. 44].
[46] *A Christian Directory*[Schlatter, p. 11].

라는 것이다.

그녀가 주부에게 맡겨진 집안 일에만 충실했다면, 그렇게 미치지는 않았을 것이다······그런데도 그녀는 지성 면에서 훨씬 더 강건한 남자들의 문제에 이러쿵 저러쿵 끼어 들었다. 그녀는 하나님께서 정해 주신 자기 분수를 지키면서도 재기 발랄하게 지낼 수 있었을 것이다.[47]

토머스 파커(Thomas Parker)는 여동생에게 "네가 관습과 분수를 무시하고 책을 출간한다니 아득하다는 느낌이 드는구나"[48] 하고 쓴 공한(公翰)을 보냈다. 존 낙스는 괴물 같은 여성 연대를 맞서 싸우려고 나팔을 크게 붊(*The First Blast of the Trumpet Against the Monstrous Regiment of Women*)이라는 책에서, 그가 영국 여왕에 대해 어떤 생각을 가지고 있는가를 만방에 알렸다.

여자가 나라 전체를······다스리도록······옹위한다는 것은 본성에 대한 모독이요 하나님께 이만저만한 불충이 아니다. 이것은 그분의 계시된 뜻과 세운신 제도에 대한 반역이 아닐 수 없다. 궁극적으로 이것은 질서를 혼란시키고 공평과 정의를 전복(顚覆)하는 행위와 진배없다.[49]

이런 권위주의는 아버지가 자녀들을 통제해야 한다는 생각에까지 뿌리를 뻗쳤다. 코튼 매더는 자녀들을 이렇게 훈련시켰다.

나는 자녀들에게 내가 얼마나 그들을 사랑하는지 똑바로

---

[47] *The History of New England*[Edmund Morgan, *Puritan Family*, p. 44].
[48] *The Copy of a Letter Written*······*to His Sister*[Edmund Morgan, *Puritan, Family*, p. 44].
[49] White, p. 161.

알게 하고, 그래서 그들에게 무엇이 좋은 것일까를 가장 정확하게 판단할 수 있는 사람도 역시 나라는 사실을 주입한다. 그런 다음 그들 스스로가 무엇을 계획한다든지 뜻을 실행시키려고 한다든지 하는 일이 어리석은 시도임을 항상 명심하게 한다. 그들은 무엇이 가장 좋은 것인가를 아는 나에게 모든 뜻과 계획을 이양해야 한다. 내 말이 그들에게 법이 되어야 하는 것이다.[50]

내가 청교도들이 지닌 부정적인 측면을 부각했다고 해서 그들이 결혼과 여성의 지위를 높인 공헌에 금이 가지는 않는다. 현대 학자들은 종교 개혁이 진행됨에 따라 여성의 지위가 상승했다는 데 큰 이견을 달지 않는다.[51] 그렇지만 현대적인 기준에서 보았을 때, 이런 문제에 관한 청교도들의 글에는 남성 우월주의의 흔적이 또렷하게 찍혀 있다.

당파주의

내편(M. M. Knappen)은 "당파주의라는 저주는 초기 종교 개혁 투

---

[50] Greven, *Protestant Temperament*, p. 52에서 인용.

[51] 16, 17 세기에는 여성 문해율(文解率)이 늘어난다. 의견 형성에 부쩍 더 참여하게 되고 어머니와 아내로서 그들의 역할이 존중되었으며, 교육 기회가 다소간 늘어났다. 또한 그들의 법적 지위도 올라간다. 비록 법률적으로는 남편이 아내를 구타할 수 있도록 허락하였으나, 청교도 설교가들은 강단에서 이런 행위를 신랄하게 비난했다. 최초의 여성 직업 화가, 음악 출간업자, 유명 시인들은 청교도 호민관 시대에 등장했다. 물론 청교도들 때문에 이런 일들이 일어나지는 않았지만, 청교도들은 당대 문화 운동에 한몫을 단단히 했다. 간략한 논저로는 Christopher Hill, *The Intellectual Origins of the English Revolution*(Oxford : Oxford University Press, 1965), pp. 274-275를 보고, 조금 더 자세한 연구서로는 Ulrich, *Good Wives*와 Roberta Hamilton, *The Liberation of Women : A Study of Patriarchy and Capitalism*, ch. 7을 보라.

쟁이 빚은 또 하나의 나쁜 유습이다"[52]라고 썼다. 이런 당파주의는 그 당시 모든 집단이 지닌 특징이기도 했다. 이제 필자가 살펴보고자 하는 당파주의는 적대자들과 얼굴을 맞댄 설전(舌戰)에 비해 훨씬 더 논쟁적이거나 충돌적인 글에서 나타나는 청교도들의 특징이다.

청교도들이 지녔던 당파주의의 가장 큰 폐해라면 많은 청교도들이 종교적으로 무관한 문제도 거부하는 민감함을 보였다는 것이다. 교회 기관들이 가톨릭 교회의 의식과 교리에 연결되어 있던 나머지, 그들은 그런 의식과 교리를 교회 밖으로 내몰았고, 때로는 그 과정에서 그것들을 산산 조각 내기도 했지만, 한편으로 앞서 언급한 것처럼, 그런 것들을 자기들의 전통으로 삼는 경우도 있었다. 청교도들은 뉴잉글랜드에서 집회처를 지을 때 처음에는 종탑이나 첨탑 없이 지었다. 왜냐하면 그런 것들을 "교황 냄새"를 풍기는 것으로 여겼기 때문이다.[53]

그러나 이 문제에 관하여 청교도들을 너무 속단해서는 안 된다. 그들이 처한 역사적 상황 속에서는 유명 무실, 표리 부동한 것들이 너무나 많았다. 우리는 지나간 시대를 내려다보는 호사스러운 위치에 서 있다. 그러니 이런 면에서는 청교도들을 따라서는 안 된다.

오용 내지는 남용되어 오던 것들을 전면 거부한 청교도 때문에 우리가 겪는 고충 또한 상당하다. 청교도를 비하하는 사람들은 청교도들이 극장을 폐쇄하고 소설이나 신변 잡기적인 문헌을 읽는 일을 천시했으며(특히 연애 소설), 성탄 축하를 거부하고 결혼식 때 종을 울리지 못하도록 금했다는 사실을 지적함으로써 쉽게 그들을 매도한다.

그러나 오직 한 가지 종파만이 허용되던 국가 교회 시대임을 생각할 때, 청교도들이 전부(全部) 아니면 전무(全無)라는 시각을 가졌던 것은 어쩔 수 없는 선택이 아니었겠는가 싶기도 하다. 그렇지만 비록

---

[52] *Tudor Puritanism*, p. 352.
[53] Louis B. Wright, *Colonial America*, pp. 166-168.

이해할 만하기는 해도 깊고 넘어가야 할 실수임에는 틀림없다. 그들이 저지른 실수의 전형은, 무엇이 그들의 교리에 맞지 않으면, 전체가 거짓이라고 단정내리는 것이었다. 이를테면 아래와 같은 영국 성공회 기도서에 대한 거부 이유를 보자.

> 우리는……이 책이 불경스럽다고 말해야 한다. 이 책은 교황 냄새가 물씬 나는 잡동사니들을 여기저기서 추려 뽑은 것에 불과하다. 한마디로 가증스러움으로 가득 찬 미사본이다. 그러니 하나님 말씀과 반대되는 내용이 태반일밖에.[54]

만일 내용의 "태반"이 이단적이라면, 나머지 "태반"은 성경적이라는 논리가 선다. 그러나 청교도들에게는 전면 수용과 전면 거부 사이의 중립 인정이란 유례를 찾아보기 힘들다. 윌리엄 휘팅검(William Whittingham)은 성경을 "유일하게 충족적인" 지침이라 인정하고 "인간의 지혜로 이 말씀에 무엇을 섞든" 궁극적 권위로서 인정받을 수 없다고 일축하면서도, 그러한 모든 인간적인 지혜를 "악하고 사특하며 가증스럽다"고 쏘아 붙였다.[55]

이런 문제와 관련하여 청교도들이 취한 행동 양식은 그들의 꼬장꼬장함을 보여 주는 극치로서, 이런 성격에 대해서 사람들은 호감을 느끼지 못한다. 그들의 종교적 반대자들과 마찬가지로 그들 역시 이견을 수용하려는 노력을 거의 기울이지 않았다. 체스터의 디오세스(Diocese of Chester) 지역에서 청교도들은 이런 일을 서슴지 않았다.

1. 랄프 히콕(Ralph Hickock)은 "성직자에게 십자가 성호를 긋지 말라고 하면서 그를 바보 천치요 무엇을 모르는

---

[54] *An Admonition to the Parliament*[Puritan Manifestoes, p. 21].
[55] *Reformaion of the Church*[Jarman, p. 110].

친구"라고 말함으로써 자기 자녀의 유아 세례를 방해했다.
2. 수많은 청교도들이 성공회에 대한 모독의 표시로서 예배 시 모자를 벗지 않았다.
3. 토머스 컨스터블(Thomas Constable)은 성공회 회중 들의 성만찬에 참석하지 않은 죄목으로 교회 법정에 소환되었는데, "살아 있는 한 성만찬에 참석하지 않겠소" 하고 당당히 주장했다.[56]

그들은 같은 청교도를 대하면서도 그 꼬장꼬장함을 버리지 않았다. 청교도들은 정책 결정시 합의를 이루기가 불가능하다고 생각했고, 그래서 한번도 진정으로 다듬어진 전열을 이루어 본적이 없었다. 예수회 신부 윌리엄 웨스턴(William Weston)이 청교도들 사이에 끼어 위스베취(Wisbech)에서 들어 본 야외 예배 설교를 생각해 보자. 사람들은 성경을 펴 놓고 설교를 들었다. 그러더니 나중에는 "이런 저런 성경 본문의 의미에 대해서 자기들끼리 논쟁을 벌였다." 이 말은 "이런 토론은 늘 있는 것인데, 솔직히 말해서 말싸움과 심한 다툼으로 끝나기가 일쑤였다"[57] 하는 말을 듣기 전까지는 상당히 이상적으로 들린다.

청교도들 사이에서 나타난 당파주의는 특히 미국에서 청교도가 하나님의 선민이고, 그래서 세상의 문제에 대한 해답이라는 확신으로 나타났다. 피터 벌케리(Peter Bulkeley)는 뉴잉글랜드 거주민들이 "산 위에 세워 온 세상을 굽어 볼 수 있는 동네와 같다…… 왜냐하면 우리는 하나님과 언약을 체결한 백성임을 고백하는 사람이기 때문이다"라고 말했다. 그는 덧붙이기를 그들의 사명은 세상 사람들이 "오직 저들만이 지혜롭고 거룩하며 복된 사람들이다" 하고 칭송하도록

---

[56] R. C. Richardson, pp. 80-81.
[57] Collinson, p. 380.

사는 것이라고 했다.[58] 존 코튼은 뉴잉글랜드에서 "교회와 국가의 질서가 굳건히 정착되어……공의가 흘러 넘치는 새 하늘과 새 땅을 연상하게 한다"[59]고 말했다. 300년이 지난 지금 볼 때, 그런 주장은 비현실적인 이상론이며 천진 난만으로 들린다.

타집단의 종교관을 무시함

오늘날에는 다른 사람의 관점을 존중하고 참아 주는 것을 사려 깊은 사람의 표처럼 여긴다. 청교도들은 일반적으로 이런 이상에 도달하지 못한 사람들이었다. 물론 그들이 당면했던 총체적인 문화 상황에서는 인내라는 모범을 발견할 길이 없었다. 사회내에 엄존하는 다원성(多元性)을 인정하지 못하는 분위기는 특히 뉴잉글랜드에서 심했는데, 그곳에서는 청교도들이 지배 세력이었고 반대자들의 양심의 자유를 박탈할 정도로 충돌적인 전략을 펼쳤다.

청교도들처럼 핍박을 많이 받은 사람들은 그들 자신이 권력을 손에 쥐었을 때 억압적으로 돌변하리라고 생각하지 않는다. 청교도들은 그 시대인들과 마찬가지로 모든 사람들이 양심에 따라 믿고 양심에 따라 살 수 있는 다원적인 사회의 가능성을 꿈꾸지 못했다. 청교도들이 득세한 뉴잉글랜드에서 비정통적인 견해를 지닌 사람들은 마을에서 쫓겨났다. 앤 허친슨(Anne Hutchinson)과 로저 윌리엄스(Roger Williams)는 조급함을 지나 악명이 날 정도였다. 조지 폭스의 일기(*Journal*)를 읽어 보면, 호민관 시대(1653-1659, 올리버 크롬웰과 그의 아들 리처드 크롬웰이 호민관으로 다스리던 시대-역자주)에 청교도들이 퀘이커 교도들을 어떻게 다루었는가 하는 내용이 나오는데, 청교도들이 영국 군주들과 주교들 아래서 겪은 고초 못지 않게 끔찍하고 잔혹하다.

---

[58] Miller, *Seventeenth Century*, p. 470에서 인용.
[59] Ibid.

우리는 청교도들 자신이 신앙심이 돈독한 사람들이었기 때문에 다른 종교 집단의 견해에 무척 관대했으리라 생각하기 쉽다. 그러나 아무리 많은 자료들을 들추어 보아도 그런 증거는 나타나지 않는다. 하나님을 온당하게 예배하려면 어떤 요소가 있어야 하는가에 관한 청교도들의 이해를 감안할 때, 교회와 성당에서 온갖 형상들을 치워 버린 그들을 싸잡아 비난하기는 힘들다. 그러나 곤혹스러운 것은 그들의 성상(聖像) 혐오증(iconoclasm, 교회에 있는 형상들을 파괴하려는 움직임)이 그런 형상들을 종교적으로 중요하게 생각하는 사람들에 대한 전적인 무관심으로 발전했다는 점이다.

청교도들이 교회에서 쓰던 오르간을 파괴했다는 정보는 편견에 찬 왕당파 국교도들에게서 나온 것이다. 그러나 그 사건에는 일말의 진실이 있다. 의회파 병사들이 교회와 성당을 파괴한 전형적인 만행에 관한 기록이 남아 있다.

> 엑스터(Exeter)에서는 의회파 군대가 오르간을 부수었다. 그리고 200개 내지는 300개에 달하는 파이프를 가져갔다. 그들의 태도는 경박하고 혐오스럽기 그지 없었다. 병사들은 교회와 성당에서 떼어낸 파이프를 불면서 거리를 휩쓸고 다녔다. 그들은 교회 성가대원들에게서 옷을 빼앗고 그들을 하급 군속으로 삼았다. 그리고 깔보듯이 이렇게 말했다. "꼬마들, 너희들이 자랑하던 것들은 죄다 없어졌으니, 날라리 피리나 한 곡조 불러 보시지."[60]

웨스트민스터 대사원에서는 군대들이 "성가대원들이 입는 예복을 빼앗았고 전통 예식을 조롱이나 하듯 장내를 뛰어다녔다. 그들은 토끼와 개들에게 그 예복을 입혔다."[61]

---

[60] 출처는 Bruno Ryves로서 Scholes, p. 233에서 인용했다. John Phillips, *The Reformation of Images : Destruction of Art in England, 1535-1660*(Berkeley : University of California Press, 1973) 또한 참조하라.

청교도들은 어떤 장소에 비해 다른 장소가 특별히 더 거룩하지 않다고 생각했다. 그렇다고 그들이 영국내 성당들을 모욕한 실책이 가려지지는 않는다. 성당이 지닌 아름다움과 경건미에 매료된 사람들이 한때 그곳이 마구간과 무기고였음을 알면 이맛살을 찌푸릴 것이 분명하다.

극단주의

청교도들은 사물에 대해 균형을 이루지 못해서 힘들었던 사람들이다. 그들은 이 점에서 문제를 바르게 보고 있다고 믿는 다른 사람들에게 눈에 가시같이 여겨졌다.

어린이들이 하나님의 구원하시는 은혜를 받아야 하는 타락한 존재라는 그들의 확신을 한 가지 예로 들어 보자. 우리는 이 진리를 부정적으로, 혹은 긍정적으로 기술할 수 있다. 그런데 청교도들은 부정적인 방법을 택하기를 주저하지 않았다.

> 아들 앞에서 웃지 말라. 나중에 큰 슬픔 속에서 이를 갈게 되지 않으려면. 청년기의 방종과 어리석음을 일체 용납하거나 묵과하지 말라. 아직 어릴 때 기세를 꺾으라. 아직 아이일 때 매질하라.[62]

> 그들의 마음은 죄의 둥지요 뿌리이며, 샘이다. 악은 그 쌓아 둔 곳에서 나오는 법이다…… 그들의 마음은…… 한없이 악하고 하나님에게서 멀다.[63]

---

[61] Scholes, p. 233.
[62] Thomas Becon, *The Catechism of Thomas Becon*[Elliott, pp. 63-64].
[63] Benjamin Wadsworth, *A Course of Sermons on Early Piety*[Edmund Morgan, *Puritan Family*, p. 93].

똑같지는 않더라도 모든 아이들의 마음은 고집스럽고 패역하다. 이는 천성적인 교만에서 나온 것인 바 반드시 깨지고 부서져야 할 마음이다……매질을 할 때에는 두 가지에 유념해야 한다. 하나는 아이들의 고집은 반드시 억누르고 꺾어야 한다는 것이다.[64]

청교도들이 지닌 강점 가운데 하나는 모든 생활에서 하나님의 임재를 의식했다는 점이다. 그들은 범사에 하나님의 섭리를 기대했기에, 그것을 입증하는 일기를 남겼다. 사무엘 시월(Samuel Sewall)은 한밤중에 밑빠진 요강에 소변을 보다가 침대를 적시자, 그것을 너무 피곤해서 기도를 빼먹은 일을 상기시켜 주는 사건이라고 설명했다.[65] 코튼 매더는 치통이 생기자, 도덕적인 원인으로 돌렸다. "내가 혹시 이빨로 죄를 지은 것은 아닐까? 죄악되고 건덕에 도움을 주지 못하며, 너무 많이 먹거나 비천한 말을 함으로써 말이다."[66]

이런 극단주의 때문에 자기 혐오적인 글들이 많이 나왔다. 우리는 이런 글들을 칭송하지만, 이런 글들로 인해 많은 사람들이 청교도들에 대한 인상을 형성하게 되기도 했다. 사람이 죄악으로 자연스럽게 기우는 타락한 존재라는 사실은 성경이 가르치는 바이다. 그러나 청교도들의 자아관은 전혀 성경적이 아니었다. 코튼 매더는 개가 자신이 소변을 보았던 같은 장소에서 소변을 보자, 이렇게 결론을 내렸다. "이 죽을 몸을 입고 있는 사람은 얼마나 형편없고 악한 존재이냐! 우리의 생리적인 필요와 욕구 때문에 저 개와 다를 바가 없이 되는구나!"[67]

마이클 위글즈워스(Michael Wigglesworth)는 병상에서 이런 글을

---

[64] John Robinson, *Of Children and Their Education*[Greven, *Child-Rearing Concepts*, pp. 13-14].

[65] *Diary of Samuel Sewall*[Stone, *Family*, p. 212].

[66] Diaries of Cotton Mather[Stone, *Family*, p. 212].

[67] *Diary of Cotton Mather*[Greven, *Protestant, Temperament*, p. 67].

썼다.

> 이 퍼져 나가는 병을 굽어 보옵소서 주님이시여. 썩어 문드러진 상처들로 냄새를 피우고 있나이다. 이 상처들이 심령의 평화와 안온을 독살하고 있나이다.[68]

"보라, 나는 사악하도다. 주님께서 내 얼굴을 보게 하시니, 죽도록 나 자신이 미워지는도다. 누가 이 더러움에서 깨끗함을 끌어낼 수 있으랴?"[69] 이것이 그의 탄식이었다.

나는 청교도들만큼 집단내 "소수 광신자들"에 의해 피해를 받은 집단을 본 적이 없다. 사소한 탈선 때문에 대대적인 운동을 일으키는 사람들, 또는 실수 하나 때문에 수십 년을 거듭거듭 참회하는 사람들이 바로 청교도들이 아닌가 하고 생각한다. 역사를 통해서, 청교도들을 평가 절하하려던 사람들은 그들의 세속성을 쉽게 찾아냈는데, 사실 세속성은 청교도들과는 거의 관계가 없었다.

요약

우리는 청교도들의 실수에서 다음과 같은 교훈을 얻는다.

- 여가와 오락 그 자체를 휴식, 삶의 경축, 그리고 인간성 함양의 기회로 높게 평가해야 한다.
- 기본적인 도덕 원리에 이런 저런 규율을 덧대지 않도록 주의해야 한다.
- 간결함을 존중하고 모든 것을 말로 표현하려 들지 않도록 해야 한

---

[68] Greven, *Protestant Temperament*, p. 70에서 인용.
[69] Ibid.

다. 말이 많다고 좋은 것이 아니라 한마디라도 촌철 살인적(寸鐵殺人的)이어야 한다. 항상 청중의 집중력에 예민하게 반응하라.
- 너무나 뻣뻣하게 도덕적 원리를 강조하여 과도하다는 인상을 주지 않도록 한다.
- 남성 우월주의적 발상을 조심하라.
- 원리와 원리의 과용을 구별하여 당파심을 극복하도록 하라.
- 우리와 다른 종교적 견해를 가진 집단을 존중해 준다.
- 표현의 정확함이 장황한 표현보다 낫고, 부드러운 표현이 호전적인 태도보다 나으며, 아무리 좋은 일도 과도하게 행하면 조롱을 불러 일으킬 수 있음을 기억하라.

추천 도서

청교도들이 범한 잘못에 관한 책을 자세히 안내하기란 어려운 일이다. 청교도들을 무조건 매도하는 공격은 사실상 신뢰할 만 하지 못하다. 청교도들이 보여 준 미흡함을 하나씩 하나씩 들어서 면밀하게 검토해 보아야 한다고 생각하는 바이다. 이런 기준을 마음에 두고, 청교도들이 범한 실수들을 살펴볼 수 있는 자료들을 다음과 같이 제시한다.

- Percy Scholes, *The Puritans and Music*은 청교도들에게 쏟아지는 많은 비난을 무마하려는 책으로서, 독자들에게 많은 새로운 사실을 접하게 해준다. 이로써 청교도들에 대한 공격이 언제나 타당하지만은 않음을 새로이 알게 된다.
- 청교도들이 저지른 실수는 그들의 문집(文集)을 읽어 금새 알 수 있다. 오늘날의 독자는 그들의 글을 대하고는 곧장 반박하고 싶은 마음이 들 것이다. 이런 문집으로는, *The Puritans*, ed. Perry Miller and Thomas H. Johnson, rev. ed. (1963), 2 vols

: *Womanhood in Radical Protestantism*, 1525－1675, ed. Joyce L. Irwin(1979)가 있다.
- 끝없이 질질 늘어지기만 하는 청교도들의 만연체에 대해서는 코튼 매더가 쓴 *Magnalia Christi Americana* 하나만으로도 족할 것 같다.
- 퀘이커교의 비조(鼻祖)인 조지 폭스의 일기를 보면 청교도 시대에 개신교 집단의 하나가 얼마나 비참하게 존립을 유지했는가를 보여 준다.
- 간략한 조감 같은 것으로는 마이클 위글즈워스(Michal Wigglesworth)의 촌평이 옛날부터 즐겨 읽혔다(전문은 밀러/존슨, 2 : 585－630에 있다).

이런 토론은 늘 있는 것인데……말싸움과 심한 다툼으로 끝나기가 일쑤였다.

— 윌리엄 웨스턴

아주 어릴 때 하나님을 떠났을 때……많은 죄를 지었다……그때 나는 안식일에 나무를 깎아 모양을 만들었다. 남들 눈에 띨까봐 그것을 문 뒤에 숨겼다. 하나님께서 얼마나 꾸짖으실까!

— 나다니엘 매더

아들 앞에서 웃지 말라. 나중에 큰 슬픔 속에서 이를 갈게 되지 않으려면. 청년기의 방종과 어리석음을 일체 용납하거나 묵과하지 말라. 아직 어릴 때 기세를 꺾으라. 아직 아이일 때 매질하라.

— 토머스 비콘

그들의 건축물이 보여 주듯이, 청교도들은 정직, 개방성, 그리고 단순함을 높이 샀다. 더글라스 길버트(Douglas R. Gilbert) 사진.

제 12 장

청교도들의 공헌

> 그대는……축사와 헛간과 곡간, 그리고 그 비슷한 곳들을 잊었는가? 그대 거기서 하나님의 방문을 받지 않았던가?
>
> ─존 번연

한 운동을 간략하게 개관하는 흔한 방법으로는 그 운동의 주창자들이 여러 주제에 관해 한 말을 들여다보는 것이 있다. 비슷한 방법의 하나로는 그런 주제들 밑에 깔려 있는 중요 원리들을 정밀 분석하는 것이다.

예를 들어, 피조된 물질 세계가 원칙적으로 선하다는 청교도들의 선언을 생각해 보자. 이 원칙은 노동, 성, 정치, 사회 활동, 가족, 그리고 돈과 같은 주제에 관한 그들의 생각에 뚜렷한 흔적을 남겼다.

우리는 앞 장들에서 주제별 접근 방식을 택했다. 그러나 이 마지막 장에서는 중요 원리들을 정밀하게 분석하려고 한다. 필자가 시도하는 분석 하나하나는 앞 장들에서 언급한 주제들 전체에 관계되므로, 이

장이 책 전체를 통일되고 최종적인 대계(大系)를 잡도록 해주리라 믿는다.

하나님 중심으로 산다

청교도들이 지녔던 삶의 우선 순위 의식이야말로 그들의 강점이었다. 하나님을 먼저 생각하고 다른 모든 것들을 그분과 맺는 관계를 따져서 평가하는 것이 청교도들의 습성이다. 청교도들은 오직 하나님만이 인간을 영원 무궁히, 그리고 저 밑바닥으로부터 만족시키실 수 있다고 믿었다. 존 윈스롭은 "예수 그리스도의 공로와 하늘의 소망만이 진정한 위로와 안식을 줄 수 있다"[1]고 말했다. 그래서 그는 "하나님의 은혜로 말미암아……구원으로 인한 위로가 아닌 다른 것을 더 즐거워함으로써 마음을 번민에 빠지지 않게 하기로 작정했다."[2]

토머스 쉐퍼드는 대학에 다니는 아들에게 "생의 마지막을 그려 보려무나. 그때는 하나님 앞에 서서 그분과 교제하게 될 것이다"[3]라고 편지했다. 사무엘 윌라드는 하나님이 "종교의 유일하고 궁극적인 목적"이라고 말한 후에, "그분을 아는 지식이 가장 먼저 추구해야 할 바"[4]라고 결론지었다. 이런 위계적인 가치관을 가지고 있는 사람이

---

[1] *Life and Letters of John Winthrop*[Edmund Morgan, *Puritan Family*, p. 51]. 여기서 윈스롭의 용어는 리처드 백스터의 고전으로서 히브리서 4 : 9(그런즉 안식할 때가 하나님의 백성에게 남아 있도다)을 주제로 삼은 *The Saints' Everlasting Rest*를 떠오르게 한다. 백스터는 이렇게 쓰고 있다. "본문을 보면 모든 사람들이 안식을 위해 추구하며 나아가야 할 목표가 있다고 전제한다……그 목표란 지극히 선하고 후하신 하나님이 아니고 또 누구시랴. 행복을 위해 이것 저것에 한눈을 파는 자는 첫걸음부터 빗나간 자이다. 가장 무거운 죄는 하나님 외에 다른 것을 우리의 목표 또는 안식으로 삼는 처사이다"(p. 32).

[2] *Winthrop Papers*[McGee, p. 45].

[3] Miller/Johnson, 2 : 715.

저지를 수 있는 큰 실수는 "고귀한 영혼을 무시하는" 처사이다.[5]
청교도들에게 영적 현실은 "생의 당면 과제"(sine qua non), 즉 궁극적으로 중요한 요인이었다. 사무엘 윌라드는 이렇게 썼다.

> 인간은 겉으로 드러난 섭리를 관찰해 보면 모두 똑같다. 외적인 평화와 부요가 있으면 그것을 행복한 나날이라 부르고, 또 외적인 불행과 재난이 있으면 악이라고 부른다. 그러나 기독교도들인 우리에게는 더 월등한 법칙, 더 안전한 법칙이 있다……우리가 그리스도를 누리면 누릴수록 더 기쁘게 되고, 더 행복하게 된다. 반대로, 그리스도를 풍성히 알고 인정하지 못하면, 기독교도들의 불행은 겉잡을 수 없게 된다.[6]

프란시스 히긴슨(Francis Higginson)은 세일럼(Salem) 마을에 대해 이렇게 말했다. "우리의 가장 큰 위안과 제일되는 방어 수단은 우리가 여기서 진정한 종교를 신봉하고, 전능하신 하나님의 거룩한 제도를 구축하고 있다는 것이다."[7]

하나님의 임재를 느끼며 기뻐하는 것이야말로 청교도들이 추구하고 발견한 지복(至福)이었다. 백스터가 키더민스터에서 교구민들에게 남긴 고별사는 "하나님 안에서 늘 기뻐하고 즐거워하도록 확신을 주는" 내용이다.[8] 코넬리우스 버지스(Cornelius Burges)는 모든 사람

---

[4] *A Complete Body of Divinity*[Daly, p. 63].
[5] Richard Steele, *The Tradesman's Calling*[Kitch, p. 116].
[6] *The Fountain Opened*[Lowrie, p. 227]. 리처드 로저스는 일기에서 이렇게 쓴다. "믿음과 경건이 우리의 기쁨을 유지해 줌을 다시 발견하다. 믿음과 경건만이 어려운 상황을 쉽고 복된 시기로 만든다"(Knappen, *Two Elizabethan Puritan Diaries*, p. 100).
[7] *A Collection of Original Papers Relative to the History of the Colony of Massachusetts Bay*[Hyma, p. 231].
[8] *Works*, New, p. 43. 리처드 로저스는 이렇게 말한다. "주님께서는……그분

이 "떨쳐 일어나 하나님을 붙들어야 하고……그분에게 단단히 붙어 있어야 하며……영원히 그분의 소유가 되어야 한다"고 설교했다.[9] 토머스 왓슨이 보기에 하나님 자녀가 된 표지 가운데 하나는 "하나님 앞에서 기뻐하고 즐거워하는 것"이었다.[10]

존 윈스롭은 회심 후 자기 인생을 돌아보면서 청교도다운 말을 남겼다.

> 이제 나는 주 예수 그리스도와 친밀하다. 그분은 내게 사랑한다고 말씀하곤 하신다. 나는 의심 없이 그분을 믿는다. 내가 먼 길을 떠나면 그분이 나와 함께 가시고, 내가 돌아올 때면 그분 역시 같이 오신다. 오는 길에 그분과 더불어 대화를 나눈다. 그분은 나와 함께 누우시고 나는 그분과 함께 깨어난다. 나를 사랑하시는 그분의 사랑은 고귀하다. 나는 하늘에서나 땅에서나 그분 한 분만으로 족하다.[11]

윌리엄 퍼킨즈는 회심에 따르는 보상이 "이 세상에서 하나님의 임재 앞에서 즐거워하며, 하나님을 생각하고 즐거워하며, 하나님께 아뢰니 즐겁고 그분께 기도하니 즐거우며, 또한 말씀과 성례를 통하여 그분을 만나니 즐거운 것"[12]이라 말했다.

청교도들에게 하나님 중심의 삶은 영적, 도덕적 성결을 삶의 우선 과제로 삼는 것을 말한다. 백스터는 "하나님 나라에서 성결은 최고 덕목이요 추천 사항이다. 고귀한 것과 사특한 것 사이에는 확연한

안에서 구원을 기뻐하고 인내함이 내가 힘써 얻고자 하는 부요임을 잘 아신다"(*Diary* [Knappen, *Two Elizabethan Puritan Diaries*, p. 88]).

[9] *The First Sermon*……[John F. Wilson, p. 40].

[10] *The Beatitudes*, p. 232.

[11] James Fulton Maclear, "'The Heart of New England Rent': The Mystical Element in Early Puritan History", *The New England Puritan*, ed. Sydney V. James(New York : Harper and Row, 1968), p. 52에서 인용.

[12] *The Calling of the Ministry*[Brown, p. 80].

구분이 지어져야 한다"[13]고 썼다. 랄프 베닝(Ralph Venning)은 거의 책 두께로 쓴 소논문에서 죄에 관해 논하며 독자들에게 이런 경각심을 주고 있다. "대쪽 같고 신중한 심성을 가지려는 영웅적인 결심을 하라. 이 패역하고 어그러진 세상에서 한 치도 치우침 없이 성결의 길을 걸을 결심을 하라."[14]

청교도들은 막연한 하나님 중심 사상을 가진 사람들이 아니었다(혹자는 그렇다고 주장하지만). 그들은 구체적으로 그리스도 중심적이었다. 윌리엄 퍼킨즈는 설교에 관한 작은 글에서 이렇게 결론짓는다. "이것이 결론이다. 그리스도께서 영광을 받으시도록 그리스도로 말미암아 그리스도를 전파하라."[15] 올리버 크롬웰은 결혼을 앞둔 딸에게 이런 글을 주었다.

> 사랑하는 딸아……어떤 것도 그리스도를 따르려는 너의 열망을 식히지 못하게 해라……네 남편을 향한 사랑은 그가 지닌 그리스도의 형상을 향한 사랑이다. 그것을 주목하고 가장 사랑하여라. 모든 것은 그것을 위해 있으니까.[16]

사무엘 워드는 "오 주님, 그리스도를 얻기 위해 밤을 지새워야 함이 얼마나 마땅한지 알게 하여 주옵소서"[17]라고 썼다. 리처드 시브즈는 이런 글을 남겼다.

> 그리스도는 우리의 소유이다. 사람들을 무리지어 보면, 어떤 사람들은 재물, 명예, 친구와 위대한 업적을 좇을 뿐 그

---

[13] *A Holy Commonwealth*[Schneider, p. 15].
[14] *The Plague of Plagues*, p. 284. 베닝(Venning)은 같은 결론부에서 성결함을 가리켜서 "하늘과 땅의 아름다움이여, 이것 없이 땅에서 살 수 없고 하늘에서는 더더욱 그러하구나" 하고 읊조렸다(p. 282).
[15] *The Art of Prophesying*[Breward, p. 349].
[16] Schücking, p. 51에서 인용.
[17] *Diary* [Knappen, *Two Elizabethan Puritan Diaries*, p. 118].

리스도를 찾지 않는다. 그러나 그리스도인은 그리스도를 소유하였다……따라서 그리스도인이……낮고 천한 것을 원한다면 어떻겠는가. 그는 대양(大洋)과……냇물, 바다 등 모든 것을 소유한 사람이다.[18]

청교도의 특징은 영적 우선 순위이다. 그렇기 때문에 그들은 중대 사안에 집착할 수밖에 없었다. 그들이 말하는 중대 사안이란, 하나님의 영광, 그리스도 안에서 회심하는 영혼, 사죄, 영생, 하나님을 친근히 함, 그리고 거룩한 생활이었다.

삶의 모든 영역은 하나님의 통치 영역임

청교도는 모든 삶이 하나님의 주관 아래 있다는 통찰에 의해 선 사상이요 운동이다. 청교도들은 동시에 두 세계에 살았다. 보이지 않는 영적 세계와 지상적이고 물리적인 세계이다. 청교도들은 이 두 세계를 똑같이 실재(實在)로 취급했기 때문에, 거룩한 삶과 세속적인 삶 사이에는 어떤 틈바구니도 없었다. 한마디로 모든 삶이 거룩했던 것이다.

토머스 굿윈은 회심했을 때 이렇게 썼다. "지극히 크신 하나님의 영광이 내 마음에 심겼다. 구석구석이, 그리고 구체적인 사안에."[19] 존 코튼은 이렇게 이론적으로 말한다.

영적인 삶은 물론이고 공민(公民)으로서 이 땅에서 사는 삶까지도 하나님의 아들을 믿는 믿음으로 산다. 그분은 그분을 믿는 믿음의 역사가 미치지 않아도 좋을 치외 법권 지

---

[18] *Bowels Opened*[George, p. 113].
[19] *Works*[Porter, *Reformation and Reaction*, p. 139].

역을 인정하지 않으신다.[20]

토머스 구지는 그리스도인들이 "마음과 열심을 영적으로 승화하여 이 땅에서조차 천상의 심령을 가져야 할 것"[21]이라고 말했다. 청교도는 삶의 전체성(wholeness)을 회복하는 데 크게 기여한 공로를 가지고 있다.

루이스는 이렇게 열정적으로 말한다. "윌리엄 틴데일이 이룬 아름답고 유쾌한 내적 통일. 그는 종교와 세속 생활이라는 중세적 구분을 전면 부정한다."[22] 또 누군가는 "청교도는 지상적인 일들을 신성하게 처리해 나간 사람들이다. 그들은 때로 지상적인 일들을 멀리하기도 했지만, 한편으로는 거기에 거룩함을 불어넣기도 했다."[23] 삶에서 거룩함을 불어넣지 못할 만한 영역은 없다.

이런 자세는 가정관에까지 미친다. "우리가 하나님의 교회를 계속 세워 나가려면, 교회를 우리 가정 속으로 가지고 들어와야 하고 그것을 우리 가족들에게 대접받게 해야 한다."[24] 노동 역시 그리스도인의 생활 영역이다. 조지 스윈낙(George Swinnock)은 경건한 상인은 "그가 출석하는 교회뿐 아니라 그가 운영하는 상점 역시 거룩한 곳임을 알게 된다"고 말했다. 리처드 스틸은 그리스도인이 "천직(天職)을 수행하는 과정에서 은혜"를 드러낼 수 있다는 확신에 차 있었다.[25]

---

[20] *Christian Calling*[Miller/Johnson, 1 : 319].

[21] *The Principles of the Christina Religion*[Schlatter, p. 189].

[22] *English Literature in the Sixteenth Century Excluding Drama*(Oxford : Oxford University Press, 1954), p. 190.

[23] Schlatter, p. 11. 페리 역시 같은 맥락에서 이렇게 쓴다. "청교도가 지녔던 피안성(彼岸性)이란 세상에서의 도피가 아니고 다른 세상의 기준에 따라 이 세상에서 사는 삶을 말한다"(p. 305).

[24] Richard Greenham, *Works*[Hill, *Society and Puritanism*, p. 443].

[25] Swinnock, *The Christian Man's Calling*[Schlatter, p. 189], Steele, *The Tradesman's Calling*[Schlatter, p. 195]. 리처드 로저스는 "직업과 장사를 포함하여 모든 영역에서 경건"하게 살고자 하는 결심을 적었다(*Diary*[Knappen, *Two Elizabethan Puritan Diaries*, p. 64]).

이 피리는 청교도들이 삶과 문화를 얼마나 아끼고 사랑했는가를 보여 준다. 이것은 존 번연이 설교를 했다는 죄목으로 감옥에 갇혔을 때 의자 다리를 깎아 만든 것이다. 번연 사업회의 호의로 실음.

정치 역시 그리스도인으로서 살아야 할 영역이다. 리처드 시브즈에 따르면 "정치는 정치이고, 종교는 종교일 뿐이라는 듯이, 정치와 통치에서 종교를 갈라 내는 짓은 형편없는 기만이다."[26]

삶의 전영역에 걸친 경건이 청교도들의 목표였다. 한 청교도는 기독교를 "모든 피조물들이……창조주에게 순종하고 영광을 돌리도록……푸근하게 감싸는, 은혜라는 우주적인 옷"[27]이라고 말했다. 피터 벌케리는 이렇게 썼다. "우리는 범사에 그분에게 우주적인 순종을 해야 한다. 어떤 한 영역에서만 우리를 다스리시고 다른 영역에서는 그러지 못하셔서는 안 된다. 그분은 모든 영역에서 우리를 다스리셔야 한다."[28]

평범한 일상사 속에서 하나님을 발견함

청교도들은 모든 삶의 영역이 하나님의 통치 영역이라는 원리를 논리적으로 연장하여 평범한 일상사 가운데서 하나님을 만나야 함을 강조했다. 이것이 청교도들이 지닌 매력 가운데 하나이다. 그들에게

---

[26] *Works*[Breen, p. 12].

[27] Davies, *Worship of the English Puritans*, pp. 9-10에서 인용.

[28] *The Gospel-Covenant*[McGiffert, p. 35]. 슈나이더는 청교도들에 대해 이렇게 적는다. "종교가 사회 생활의 일부 또는 단계가 아니라 모든 삶의 목적이요 목표였다"(p. 23).

삶에서 일어나는 모든 일은 하나님을 가리키는 지시등(指示燈)이었고 은혜를 실어 나르는 수단이었다. 그들은 삶의 전영역을 다스리시는 하나님의 주권이라는 대형 렌즈로 삶을 조감했다.

청교도들은 일상의 거룩함을 항상 생각했다. 존 번연은 넘치는 은혜 (*Grace Abounding*)라는 책 서문에서 이렇게 물었다. "그대는······축사와 헛간과 곡간, 그리고 그 비슷한 곳들을 잊었는가? 그대 거기서 하나님의 방문을 받지 않았던가?"[29] 리처드 백스터는 이렇게 물었다. "그대가 살아온 곳들과 그곳에서 받은 은혜를 생각하고 기억할 수 없는가?"[30] 월터 프링글(Walter Pringle)은 자녀들에게 특별한 일들이 일어난 장소에 대해서 자세히 말한다. 처음으로 뜨거운 기도를 드린 곳은 "스티쵈 홀(Stitchel Hall) 동북 쪽"이고 몇 년 후 새로 태어난 아들을 하나님의 은혜에 의탁한 곳은 "농원 문 북쪽에 있는 종려나무 근처"였다.[31]

이런 생각을 가지고 있는 한 "사소한" 일이란 없다. 나다니엘 매더는 "아내나 자녀를 사랑하는" 사소한 행동조차도 "하나님 보시기에는 크고 위대한 일이고······은혜로운 행동"이다.[32] 하나님께서는 존 윈스롭의 "위험하게 높은 열"을 "정화하셨다." 그런데 윈스롭은 그런 고통 가운데서 그분과 전례 없이 달콤한 교제를 나누었다.[33] 청교도들에게 삶에서 부딪히는 모든 일은 하나님의 은혜를 실어 나르는 수단이었다. 젊은 시절 로버트 블레어(Robert Blair)는 어느 날 창 밖을

---

[29] Watkins, p. 64에서 인용.

[30] *The Saints' Everlasting Rest*[Kaufmann, p. 216].

[31] *The Memoirs of Walter Pringle of Greenknow, or Some Few of the Free Mercies of God to Him*[Watkins, p. 63].

[32] *A Sermon Wherein Is Showed That It Is the Duty and······Care of Believers······to Live in the Constant Exercise of Grace*[Elliott, p. 179].

[33] *Diary*[McGee, pp. 15-16]. 청교도인 토머스 케이스(Thomas Case)는 "하나님께서 어떤 새 의무를 주시고, 어떤 새로운 은혜를 베푸시고 시행하시는가에 유념하는" 바로 이 일이 인생에서 참 힘든 대목이라고 말한다(*Correction, Instruction : or, a Treatise of Afflictions*[McGee, p. 35]).

내다보다가 "태양은 찬란하게 빛나고 소들이 한가롭게 노니는" 모습을 보게 되었다. 그는 태양은 빛을 주기 위해서, 소는 젖을 공급하기 위해 존재하는데, 이렇게 볼 때 자신이 얼마나 자기의 존재 목적을 희미하게 파악하고 있는가를 새삼 인식하게 되었다.[34]

일상의 거룩함에 관한 청교도들의 의식은 부분적으로는 그들이 하나님의 섭리를 투철하게 의식한 결과이기도 하다. 이런 의식 탓으로 그들은 일기를 적는 습관을 몸에 붙였다. 리처드 시브즈는 이렇게 말했다. "우리 삶의 기록을 잘 읽어 보면, 우리를 다루시는 하나님의 특별한 손길을 발견하게 되고, 그러면 우리만의 신학을 세울 수 있을 것이다."[35] 존 바틀렛(John Bartlet)은 그리스도인들에게 "여러분이 하나님의 신실하심을 경험하고 또 그분의 섭리 안에서 힘입은 선하심을 깊이 묵상하십시오……그러려면 하나님의 특별한 섭리를 잘 기록하고 일지로 적어두는 것이 좋습니다"[36]라는 조언을 주었다. 암브로스는 같은 내용을 권유하면서 "거룩한 기억"[37]이라는 조금 거창한 표현을 동원했다.

섭리 교리가 청교도들에게 일상 가운데서 하나님을 만나도록 했다면, 자연을 하나님의 피조(creation) 세계로 보는 시각 또한 한몫을 담당했다. 토머스 테일러는 "하나님의 음성은 모든 피조물 가운데서 들을 수 있고, 또한 하나님께서는 그것들을 통해서 언제든 어디서든 우리에게 말씀하신다"[38]라고 말했다. 코튼 매더는 "심지어 파리 한 마리조차도 무신론자를 논박한다"[39]라고 주장했다. 토머스 쉐퍼드는 "하늘이나 이 땅이라는 장엄한 극장을 구석구석 둘러볼 때 하나님의 손길과 지혜만이 천지 사방에 펼쳐 있다고 말하지 않을 수 없잖은가?"[40]라고

---

[34] Watkins, p. 65에서 인용.
[35] *The Soul's Conflict*……[Lewalski, pp. 160-161].
[36] *The Practical Christian*[Kaufmann, p. 213].
[37] *Prima, Media, and Ultima*[Kaufmann, p. 206].
[38] *A Man in Christ*[Daly, p. 74].
[39] *Wonderful Works*[Middlekauff, p. 283].
[40] *Works*[Miller, *Errand into the Wilderness*, p. 77].

말했다.

결론적으로 말해서, 청교도들이 하나님을 발견하지 못할 장소는 없었다. 그들은 리처드 백스터가 하나님께서 우리 영혼에 떨구시고자 하시는 "영광의 물방울"을 언제나 맞을 준비가 되어 있던 사람들이 었다.[41]

숭고한 삶

일상의 거룩함은 삶에 대한 외경(畏敬)으로 자연스럽게 연결된다. 그것이 무슨 일이든, 청교도들은 그 안에서 놀라운 잠재력을 보았다. 리처드 백스터는 "여러분의 방문과 상점 현관 문에 '천국에 가든지 아니면 영원히 지옥으로 떨어지든지 둘 중 하나'라고 쓰든지, 아니면 '지금 이 순간이 내 영원을 좌우한다'라고 쓰든지 하십시오"[42]라고 말했다.

삶에는 좋은 가능성이 있는 반면(청교도들이 일상의 거룩함에 대해 한 말에서도 알 수 있듯이), 위험도 따름을 인식한 사람들이 바로 청교도이다. 백스터는 이렇게 물었다. "쇠약한 사람을 바라보면 며칠 후 그가 하늘 나라나 지옥에 가 있게 될지도 모른다는 측은지심이 들지 않던가?"[43] 사무엘 월라드는 그리스도인들에게 자만이란 있을 수 없음을 이런 말로 웅변한다. "언약의 자녀들보다 더 벼랑에 서 있는 사람들은 이 세상에 없다."[44] 리처드 시브즈도 인생에 도사린 위험을 몸으로 느끼면서 이런 글을 썼다.

그 사람들은 종교가 아무것도 아닌 양 비웃는 사람들이

---

[41] *The Saints' Everlasting, Rest,* p. 173.
[42] *A Christian Directory*[Kitch, p. 114].
[43] *The Reformed Pastor,* p. 102.
[44] Lowrie, p. 174에서 인용.

다……그러므로 진실한 신앙 고백자라면……그의 믿음을 독실하게 하려고 노력해야 한다……그런 사람은 그리스도를 바라보고 경건한 생활 자태를 지켜 나가는 가운데 열렬하고 뜨거워져야 한다.[45]

이렇듯 삶이 숭고하다면, 매일매일 일어나는 일들 역시 "교훈을 주는 계기"가 된다. 리처드 그린햄은 이런 글을 남겼다.

우리는 하나님께서 우리를 지목하여 부르실 때 누구를 부르시고 언제 어디서, 또한 어떤 설교를 통해서 부르실지 모르기 때문에, 모든 사람의 행동거지를 유순한 마음으로 살피고 늘 깨어 경성하며, 어디서든 근면히 행하고 시간을 쪼개서 들을 수 있는 설교를 모두 경청해야 한다. 주님께서 이 사람, 이 장소 혹은 이 시간에 우리에게 역사하지 않으시더라도, 다른 사람 다른 장소, 혹 다른 때에 역사하실 수 있기 때문이다.[46]

이런 풍토를 생각하면, 토머스 굿윈이 회심한 이야기는 "청교도를 제대로 보여 주는" 회심기이다. 캠브리지 대학생 시절, "친구들과 어울려 유쾌하게 집으로 돌아가는" 길이었다. 그때 어디선가 만가(挽歌)가 들려 왔다. 친구들은 그에게 만가가 들려 오는 초상집에 가서 설교를 한번 들어보자고 권했다. 그러나 굿윈은 "가기가 싫었다. 왜냐하면 설교를 좋아하지 않았고……설교 따위는 고리타분한 것이라고 생각했기 때문이었다." 그렇지만 그는 한번 들어보기로 작심했다. 설교는 "회개를 미루는 일과 그에 따르는 위험에 관한 것"으로 알려져 있다. 그 다음에 무슨 일이 일어났는가를 기록하는 굿윈의 글은

---

[45] *Beams of Divine Light*[George, p. 412].
[46] Emerson, *English Puritanism*, p. 148에서 인용.

전혀 딴판이다.

> 하나님께서는 나를 향한 그분의 이전 경륜을……급작스럽게 바꾸기를 기뻐하셨다. 그리고……내 영혼을 향해 말씀하셨다. 너무나 생생하게 말이다.……그분은 마치 말씀으로……세상을 지으신 것처럼 새 생명과 새 심령을 창조하시고 그것을 내 영혼에 부어주셨다……설교는 부드러웠지만 내 영혼을 쩌렁쩌렁 울린 하나님의 음성은 내 마음을 뒤흔들었다. 그 음성은 내 영혼 전부를 차지하고 내 마음 모두를 빼앗았다.[47]

존 번연은 어느 날 베드포드에 일이 있어 가는 길에 소중한 교훈을 얻는다. 그는 길을 지나다가 여인네들이 셋 혹은 네 사람씩 햇살이 비치는 대문 앞에 앉아 "하나님에 관해" 이야기하는 말을 듣게 되었다. 직접 번연의 말을 들어 보도록 하자.

> 그들이 하는 이야기를 들으려고 일부러 그 쪽으로 가까이 갔다. 종교 이야기라면 나도 일가견이 있는 사람 아닌가……그런데 듣기는 들어도 그들의 아야기를 이해하기는 힘들었다……그들은 중생(重生), 곧 그들의 마음에 역사하시는 하나님의 일에 관해 이야기하고 있었다……그들은 하나님께서 주 예수의 사랑으로 그들의 심령에 찾아오신 사건을 나누고 있었다……그들은 마치 새로운 세계를 찾은 사람들처럼 보였다……이때 내 마음이 흔들리기 시작했다……종교와 구원에 관한 생각은 항시 내 머리 속에 있으되 중생이 내 마음을 휘어잡고 있지 못했고, 그 말과 그 약속이 주는 위로를 알지도 못하고 있었기 때문이다.[48]

---

[47] *Works*[Perry, p. 220].

[48] *Grace Abounding to the Chief of Sinners*, pp. 16–17.

소망하며 살아가다

청교도들의 글을 읽을 때 정서가 순화하고 새로워지는 느낌이 드는 까닭은 그들의 글의 밑바닥에 흐르고 있는 소망하는 마음 때문이다. 그들은 어렴풋이 움터오는 먼동을 바라보며 소망으로 가슴이 설레였던 사람들이었다. 그들은 새 시대가 도래했다는 인식 가운데 살았다. 에드워드 존슨은 뉴잉글랜드 정착에 관해 "겨울은 가고 비는 그쳤도다……적은 무리여, 두려워 말라. 그대들은 교회에 모였고 그리스도를 왕으로 모셨도다"[49]라고 말했다.

새로운 지평이 활짝 열렸다는 그들의 기대감은 교회와 정부와 같은 기관을 대하는 그들의 태도에서도 여실히 드러난다. 토머스 비콘은 당대에 진행되던 발전을 이렇게 묘사한다.

> 모든 거짓 종교는 박멸되고 뿌리째 뽑혀 나갔다. 우리가 교황의 왕국에서 받았던 그 끔찍스런 압제와 굴종은 달콤한 자유로 변했다. 우리 양심은 오래 전 누려 본 자유를 다시 만끽하고 있다.[50]

미국 청교도 역시 활달했다. 윌리엄 브래드포드는 세일럼에 세운 교회에 관해서 "작은 촛대 하나가 수많은 사람들에게 빛을 주듯이, 이 교회가 비추는 빛이 많은 사람들, 아니 나라 전체를 밝게 비추고 있다."[51]라고 말했다. 사무엘 월라드는 "살맛 나는 세월이 온다"고 좋아했고, 밀턴은 "건장한 남자가 한잠 푹 자고 일어난 것처럼 고귀하고

---

[49] *Wonder-Working Providence*[James F. Maclear, "New England and the Fifth Monarchy……", Vaughan and Bremer, p. 72].

[50] *A New Pathway Unto Prayer*[Bailey, *Thomas Becon*, p. 23].

[51] *Of Plymouth Plantation*[Emerson, *Puritanism in America*, p. 42]. 코튼 매더 역시 뉴잉글랜드의 장래를 낙관적으로 보았다. "하늘의 하나님께서 영광스러운 개혁을 이루시기 위해 광야에 한 나라를 세우셨다"(*Magnalia Christi Americana* [Schneider, p. 31]).

힘있는 나라"⁵²를 마음 속으로 보았다고 생각했다.
　청교도들은 다양한 사업과 제도의 목적을 규정할 때 너무나도 소 망스럽게 바라본 나머지 우리가 따라가기에 벅찬 감이 있다. 한 가지 잊어서는 안 될 것은 청교도들이 지닌 가장 큰 소망이란 성경적 원리 위에 서서 개혁된 사회를 건설하는 것이었다는 점이다. 밀턴은 교육의 목적을 정의할 때, 하나님을 닮고 사람으로서 행하도록 의무지워진 모든 일들을 "공명 정대하게, 솜씨 있게, 그리고 활달하게" 행할 수 있도록 배워나가는 데 있다고 했다.⁵³ 청교도들에 따르면 가정이 존재하는 목적은 하나님을 영화롭게 하는 것이다. 설교 역시 소망스러운 결과를 만들어 내는 데 목적을 두고 있다. 설교는 "믿음을 일으키고 지식을 증진시키며, 의지와 열망을 그리스도께로 이끄는 데 소용이 된다."⁵⁴
　조금 더 개인적인 차원에서, 청교도들은 하나님께서 바로 다음으로 일으키실 일들을 대망하는 마음으로 가득 찼던 사람들이었다. 크롬웰 휘하에서 군목으로 일하던 니콜라스 로커(Nicholas Lockyer)는 "나는 하나님께 어떤 선물을 받았는가? 어떻게 하면 더 많이 받을 수 있을까? 그분의 사랑과 권능이 내 마음 속에서 더 활발히 역사할 수 있을까?"⁵⁵ 하고 물었다. 존 로빈슨은 미국 대륙을 향해 떠나는 순례자들에게 출발 전 날 행한 설교에서 "지금껏 거룩한 말씀을 통해 큰 진리와 빛을 주셨음을 마음에 확신하노라"고 담대히 선포했다.⁵⁶
　청교도들이 지닌 활력은 참으로 인상 깊다. 그들은 철두 철미한 행동주의자들이었다. 이러한 적극성은 그리스도인의 생활이 무엇이냐 하는 문제를 보는 시각에도 깊은 영향을 미쳤다. 사무엘 러더포드는

---

[52] Willard, *The Fountain Opened*[Lowrie, p. 234], Milton, *Areopagitica* [*CPW*, 2 : 558].
[53] *Of Education*[*CPW*, 2 : 379].
[54] Richard Sibbes, *Works*[Rooy, p. 63].
[55] *Balm for Bleeding England and Ireland*[McGee, p. 44].
[56] *The Works of John Robinson*[Perry, p. 355].

"달리고 싸우고 땀흘리고 씨름하지 않고서는 천국을 얻을 수 없다"라고 어떤 편지에서 썼다.[57] 크롬웰은 하원 의장에게 보낸 서한에서 "계속 기다리라"는 단어를 두 줄로 지우고, "축복을 받기 위해 하나님과 씨름하는 사람들"이라고 고쳐 썼다.[58] 번연은 말하기를 심판날에 사람들은 "너는 믿느뇨? 라는 질문이 아니라 "너는 행하는 자뇨 아니면 말만 하는 자뇨?"라는 질문을 받게 되리라고 말했다.[59]

토머스 후커는 이렇게 주장했다. "그대는 하늘 나라에 사뿐히 날아가 앉게 되리라고 생각해서는 안 된다. 그대가 정녕 그리스도의 제자라면 그분의 십자가를 져야 한다. 십자가를 지는 일에는 많은 땀이 따른다."[60] 존 프레스톤은 "은혜 가운데서 자라는 길은 그 은혜를 썩히지 않고 적극 활용하는 것이다"[61]라고 말했다. 헨리 홀(Henry Hall)은 "하늘 나라에서 분깃을 얻기 위해 투자하려는 자들은······ 어리석거나 게으른 사람이 아니다. 그들은 그것을 얻기 위해 전력 투구한다"[62]라고 말했다. 리처드 시브즈는 말하기를, 거룩함을 덧입은 사람은 "모든 의무를 수행하기 위해 거룩한 분투를 아끼지 않는다."[63]고 했다.

청교도들은 노력 없는 신앙 생활을 어불성설(語不成說)이라 여겼다. 타락한 세상에서 노력 없이 신앙 생활을 한다는 것은 이치에 맞지 않는다. 밀턴은 저 유명한 아레오파지티카(*Areopagitica*)의 한 구절에서 이렇게 썼다.

---

[57] *Letters of Samuel Rutherford*[Hill, *God's Englishman, p. 226*].
[58] *Letters*[Hill, *God's Englishman*, pp. 226-227].
[59] *Works*[Hill, *God's Englishman*, p. 231].
[60] *The Christian's Two Chief Lessons*[Miller, *Errand Into the Wilderness*, p. 87].
[61] *The Saint's Daily Exercise*[Miller, *Errand*, p. 88]. 리처드 시브즈는 "은혜를 받는 것보다 영혼을 보존하기 위해 역사하는 은혜가 더 중요하다"라고 말한다 (*Works*[Miller, *Errand*, p. 88]).
[62] *Heaven Ravished*[John Wilson, p. 192].
[63] Bremer, p. 24에서 인용.

불굴의 기상이 없고 생각 속에서만 맴도는 덕행, 실천하지 않고 펼쳐 보이지 않으며, 돌격하지 않고 대적을 만나 일전을 벌이지 않는, 아니 슬그머니 대오(隊伍)에서 이탈하는 미덕을 어찌 좋다 말할 수 있겠는가……우리를 정화하는 것은 환난이다. 환난은 우리의 투지를 불타게 한다.[64]

존 낙스는 어떤 편지에서 "큰 싸움이 벌어질 것이다. 사탄은 극렬한 분노를 품고 있다. 그러나 (나의 하나님을 찬송할지어다) 나는 전열의 선봉에 선다"[65]라고 썼다. 리처드 백스터 역시 같은 기상을 표현한다.

기독교는 탁상 공론이 아니다. 비관하며 소극적으로 실천하는 종교 역시 아니다……가만히 앉아 있기만 하면 천국에서 달음질하듯 멀어진다……천국으로 향하는 길이 생각하듯이 그렇게 쉬운 길이라면, 그리스도와 사도들의 가르침을 몰라도 한참 몰랐던 것이다……아니 오해한 것이다.[66]

실천 정신

청교도들이 지녔던 독특함 가운데 하나는 실천을 높이 외친 점이다. 청교도들이 생각한 진정한 기독교의 표지는 실제 삶에서 차이를 보여 주는 것이었다. 엘리어잘 매더는 "그리스도인이라면 말뿐만 아니라 생활로 말하고, 신앙을 논할 뿐 아니라 삶으로 살아야 한다"고

---

[64] *CPW*, 2 : 515.
[65] Joseph C. McLelland, *The Reformation and Its Significance Today* (Philadelphia : Westminster, 1962). p. 74에서 인용.
[66] *The Saints' Everlasting Rest*, pp. 34−35.

말했다.[67] 존 오웬은 "우리가 행복해지느냐 불행해지느냐 여부는 복음의 사실을 알고 있는 데 달려 있지 않고, 오히려 그것을 행하는 데 달렸다"라고 말했다.[68] 존 번연은 "종교의 생명은 실천"[69]이라고 말했다.

이런 실천 정신은 여러 방면에서 청교도들의 사고에 스며들어 있다. 예를 들어, 윌리엄 에임즈는 설교를 할 때 그저 진리를 진술하는 것만으로는 충분하지 않고, 설교자가 반드시 "기독교 교리가 어떤 점에서 유용하고 선을 창출하며, 어떤 목적을 지향하는지" 보여 주어야만 한다고 역설했다.[70]

코튼 매더는 그리스도인들이 하나님과 사회를 어떻게 섬길 것인지 깊이 생각해야 한다고 주장하면서, "결심이 서기까지 이 점을 심사숙고하라. 그리고 결심이 섰으면 그것을 적으라"고 강권한다.[71]

청교도들은 실용성을 따졌다. 코튼 매더는 이 점에서 가장 핵심적인 발언을 한 것 같다. "식도락도 덕을 세우고 유용하게 쓰일 때가 있는 법이다. 그러나 어디를 가나 소용이 되는 사람만큼이나 기쁨을 누리는 식도락가는 없다."[72] 초기 보스턴과 초기 필라델피아가 "청교도 전통을 실천함(doing)"과 "퀘이커 전통을 답습함(being)"[73]이란 면에서 대조를 이룬다는 사실은 조금도 이상하지 않다. 청교도들은 실천 지향성을 지녔기 때문에 믿음의 경험적 본질을 강조하게 된다. 교리를 지적으로 수긍하는 정도로는 만족스럽지 않다. 청교도들이 애용한 단어 가운데 하나는 실험적인, 즉 "경험하는"이란 단어였다. 토머스 쉐퍼드(Thomas Shepard)는 이렇게 썼다.

---

[67] *A Serious Exhortation to the Present and Succeeding Generation in New England*[Edmund Morgan, *Puritan Family*, p. 102].
[68] *Works*, 14 : 311.
[69] *Works*[Hill, *God's Englishman*, p. 238].
[70] *The Marrow of Theology*, p. 193.
[71] *Essays to Do Good*[Perry, p. 257].
[72] *The Minister*[Middlekauff, p. 191].
[73] Baltzell, p. 44.

성도는 은혜의 작용에 관하여 경험적인 지식을 가지고 있는 사람이다. 성도는……불 곁에 있으면 덥다는 것을 알고, 꿀을 찍어 먹어 본 후 달다는 것을 알듯이 은혜의 작용을 경험으로 확실히 안다.[74]

리처드 시브즈는 "그리스도인의 삶은 곧 경험이다"라고 썼고, 틴데일은 "역사적인 믿음"과 "온몸으로 느끼는 믿음"을 구분지어 말했다.[75]

문제의 근본을 살피는 자세

청교도들은 문제의 근원을 파고들려는 성향을 지닌 사람들이었다. 그들은 겉꾸밈을 믿지 않았고, 사람이든 사물이든 그 내면, 또는 내부를 강조했다. 그들은 하나님과 자신들에 대한 속말이 세상을 향해 외치는 겉말보다 그들의 존재를 가늠하게 하는 척도가 됨을 알았다.

그 결과 그들은 외형적 의식과 구별되는 "내면의 종교"를 강조하게 되었다. 토머스 왓슨은 "그리스도인이라면 마음을 정결하게 하는 일에 힘써야 할 것이다. 왜냐하면 우리가 힘써 깨끗하게 해야 할 것은 곧 마음이기 때문이다. 마음이 거룩하면 모든 것이 거룩하다. 우리의 열심도 거룩하고 우리가 하는 의무도 거룩해진다"[76]라고 말했다. "사람이 행해야 할 가장 큰 의무는 하나님의 말씀과 그분의 뜻을 믿고 행하는 것이다"[77]라는 말을 접할 때, 우리는 그들의 자세를 대번에

---

[74] *The Parable of the Ten Virgins*[Strier, p. 145]. 스트라이어는 "경험 중시가 역사적 청교도 운동의 중핵(中核)이다"라고 논평한다(p. 145).

[75] Sibbes, *A Learned Commentary*……[Strier, p. 145], Tyndale, *Works* [Campbell, p. 204].

[76] *The Beatitudes*, pp. 172, 174.

[77] John Field, *The Second Part of a Register*[Seaver, p. 51].

청교도만큼 직업의 고귀함을 강조한 사람들도 없다. 조스트 앰먼(Jost Ammam), 상업(Book of Trades)에서, 영국 도서관의 호의를 입어 실음

알아차릴 수 있다.

내면의 종교를 중시함에 따라 청교도들은 내적 동기에 의해 도덕적이냐 아니냐를 결정하는 새로운 윤리 체계를 가지게 되었다. 존 프레스톤은 이렇게 쓴다.

> 그대가 순전한 열심을 가지고 있으면, 세상의 모든 일을 만지작거리면서도 그것에 의해 오염되지 않을 수 있다. 그러나 온당치 못한 욕심을 부릴 때 그것이 그대 영혼을 더럽힌다.[78]

이런 자세로 말미암아 일을 대하는 태도 역시 변하였다. "천직에 종사한다고 해서 일(노동)의 고귀함이 사그러들지 않는다. 왜냐하면 하나님께서는 그 일이 얼마나 고상하냐(즉 외형적으로 고결하냐) 하는 '점을 보시지 않고 그 일을 하는 사람의 중심을 보시기 때문이다."[79]

외모보다 내면을 더 중시하는 태도는 교회와 예배에도 그대로 적용되었다. 존 브래드포드는 "그리스도의 참교회는 그 아름다움이 진실로 모두 그 내면에 자리 잡고 있다……외형적으로는 소박해도 말이다"라고 자기 견해를 폈다.[80] 한 사람이 지닌 개인적인 가치 역시 같은 토대 위에서 평가된다. 퍼킨즈는 이렇게 썼다. "누구도 그의 천생(天生)이나 태생은 쉽게 어쩔 수 없다. 그러나 그가 어둠의 왕국에서 벗어난 사실을 기뻐하고 즐거워할 수 있다."[81]

한마디로 청교도들은 리처드 백스터가 "종교의 근원은 인생의 상부 구조"[82]라고 한 말에 동의했을 것이다. 그들의 사고 구조 속에서, 경박해 보이는 잡동사니들을 치워버리고 근본을 살피고 점검하는 태도

---

[78] Miller, *Seventeenth Century*, p. 42에서 인용.
[79] William Perkins, *Works*[George, p. 138].
[80] *The Hurt of Hearing Mass*[Murray, p. 17].
[81] *Works*[Hill, *Puritanism and Revolution*, p. 237].
[82] *Reliquiae*[Mitchell, p. 272].

란 성경이 보여 주는 시원(始原)으로 돌아가는 것을 뜻했다. 디킨즈(A. G. Dickens)는 직설적으로 말한다. "이런 향수를 느껴 보지 않은 사람, 이런저런 부착물들을 모조리 떼어버리고 세월을 거슬러 훨훨 본향으로 달려가고픈 소망이 없는 사람은……청교도가 이룩한 성공의 진면목을 보기 힘들다."[83] 리처드 시브즈는 "우리는 옛날로 향한 길을 찾는다"라고 말했고, 존 오웬은 "초대에 누리던 자유"로 되돌아가는 기독교, "오래고 영광스러우며 아름다운 얼굴을 한 기독교"의 회복을 말했다.[84]

균형 잡힌 생활

페리 밀러(Perry Miller)는 "청교도들은 비록 편하지는 않았을지언정, 역설(逆說)이라는 말과 이웃하고 살았다"[85]고 말했다. 이 말은 그들이 분명히 상충하는 두 개념 모두를 기꺼이 끌어안으려 했다는 의미이다. 토머스 게이테커는 이렇게 썼다. "평범한 자연인에게는 많은 일들이 괴상 아릇한 역설처럼 보이지만, 매사를 신중히 생각하는 모든 그리스도인들에게는 쉽게 납득이 간다……그들에게는 그런 역설도 이해할 수 있는 진리이다."[86] 청교도들은 신학에 대해 포괄적인 이해를 가지고 있던 사람들이다. 그러면서도 그들은 시간이 흐름에 따라 더 발전하기도 하고 퇴화하기도 하는 다양한 신조들 사이에서 절묘하게 균형을 잡았다.

예를 들어, 그리스도인들은 "머리와 가슴" 이 둘을 겸비해야 한다는 그들의 생각을 보자. 청교도들은 교리에 대한 지적 파악을 중시

---

[83] Dickens, p. 138.

[84] Sibbes, *Yea and Amen*[George, p. 383], Owen, *Works*, 14 : 314, 311.

[85] *The Responsibility of Mind in a Civilization of Machines* (Amherst : University of Massachusetts Press, 1979), p. 73.

[86] *Gertain Sermons*[Rogers, p. 245].

했지만, 동시에 뜨거운 종교적 경험 역시 간직했다. 코튼 매더는 윌리엄 에임즈가 "학문적인 날카로움과 더불어 뜨거운 마음을 소유했다"라고 칭찬을 아끼지 않았다.[87] 일면 우리는 "지식 없는 열심은 아무 소용없다. 그것은 철모르는 열성에 불과하므로 무익하다"[88]라고 말하는 청교도들을 본다. 그러나 한편으로, 리처드 백스터는 학생들이 교리를 얼마나 이해하고 있는지 면밀하게 시험한 후에 교리 문답 수업을 시작했지만, 일단 그렇게 한 후에는 "실천하려는 열심과 행동으로……가능한 모든 힘을 다하라"고 권고했다.[89]

머리와 가슴의 균형과 가장 가까운 명제가 있다면 이론과 실천의 조화이다. 윌리엄 퍼킨즈는 "목사는 훌륭한 학자여야 할 뿐더러 경건한 신자여야 한다. 교리가 건전해야 할 뿐 아니라 생활에 흠이 없어야 한다"라고 주장했다.[90] 제네바 성경 서문에 보면, 그리스도인의 생활은 두 가지 요목에 의해서, 곧 "하나님 말씀을 배우고 행함으로써 유지된다"[91]라고 밝혔다.

이 세상을 대하는 청교도들의 태도는 역설로 가득 차 있다. 그들은 이 세상을 받아들이기도 하고 동시에 거절하기도 했다. 이 세상은 그리스도인들이 하나님의 뜻을 널리 펼치도록 부르심을 받은 곳이기도 하지만, 영원한 영적 생명을 실족하게도 하는 한시적(限時的)이고 악한 영역이기도 하다. 한편으로 "하나님께서 그분의 일을 하게 하시려고 우리를 여기에 두셨기에, 이곳은 하나님의 작업장이다."[92] 그러나 다른 한편으로는 이렇게도 생각했다.

---

[87] *Magnalia Christi Americana*[Emerson, *Puritanism in America*, p. 25].
[88] Samuel Willard, *The Truly Blessed Man*[Lowrie, p. 39].
[89] Brown, p. 18에서 인용.
[90] *The Calling of the Ministry*[Brown, p. 79].
[91] Trinterud, p. 214.
[92] Richard Sibbes, *Beams of Divine Light*[George, p. 131]. 윌리엄 애덤즈는 "이 세상에서 또 이 세상에 대하여 성도들이 할 일은 너무 많다. 성도들은 그 일에 착심해야 하고 애정을 쏟아야 한다"(Emerson, *Puritanism in America*, pp. 141-142에서 인용).

이 세상을 마음 중심에 둘 때 세상은 우리가 하나님과 사람⋯⋯그리고 우리의 믿는 바에 대해 속이는 자가 되게 한다. 그러므로 그대들은 세상을 본연의 자리, 곧 그대들의 발 아래 두도록 하라.[93]

청교도적 세계관에 강력함이 있었다면, 사람들이 두 세계의 시민으로 살도록 했다는 데 있다. "그리스도인의 삶은 이 세상에 의해 규정되기도 하지만, 다른 세상의 삶에 대한 기대와 소망에 의해서도 구석구석 규정된다."[94]

그리스도인의 삶에서 활력적인 면과 관조적인 면은 서로 분리되기가 십상이다. 중세에는 이 둘이 실제로 완전히 분리되었다. 청교도들은 이 둘을 재결합시켰다. 그들은 성경 읽기, 기도, 묵상, 그리고 자기 성찰에 많은 시간을 쏟았다. 그러나 그들은 하나님께서 그들이 매일매일 행하는 여러 가지 일들을 인정하신다는 노동 윤리로 무장한 활동가들이었다. 청교도들은 "세상사를 초연한 태도로 바라보며⋯⋯하나님과 동행하고" 동시에 "하나님께 순종하는 자세로⋯⋯이 세상에서 그분의 일을 받드는 것"을 이상으로 삼았다.[95]

인간 행위와 하나님의 은혜, 율법과 복음은 기독교 신학에서 항시 거론하는 주제이다. 청교도 교리는 이 두 영역을 섭렵할 정도로 광범위했다. 윌리엄 퍼킨즈는 두 부류의 사람들을 꾸짖었다. 곧 "자비, 자비 하는" 사람들과, "율법, 율법, 공의, 공의 하고 외치는" 사람들이다.[96] 리처드 백스터 역시 비슷한 말을 남겼다. "행위 율법이 요구하는 우리의 의는⋯⋯전적으로 그리스도 안에 있지, 조금도 우리 안에 있지 않다⋯⋯그러나 우리 한 사람 한 사람은 새 언약의 조건을 충족시켜야 하고, 복음에 나타난 의를 소유해야 한다."[97]

---

[93] Richard Sibbes, *The Saint's Cordials* [George, p. 125].
[94] Richard Sibbes, *Light From Heaven* [Kaufmann, p. 134].
[95] Jeremiah Burroughs, *Two Treatises* ⋯⋯ [Hyma, p. 243].
[96] *Works* [George, p. 229].

청교도들은 권리와 의무, 개인 자유와 공동체의 유익, 사회 체제 개선 가능성과 체제 부패에 대한 냉소주의 사이에서 말하자면 일종의 중도(中道)에 속하는 사회 이론을 가지고 있었다. 그들은 개인 성결과 사회 활동을 양자 택일적으로 보지 않았다. 그들이 보기에 성경은 "하나님을 섬기는 도리와 아울러 우리가 사는 세대를 섬겨야 할 도리"를 보여 준다.[98]

지금까지 청교도들이 그리스도인의 생활에서 보여 준 균형에 관해 살펴보았는데 이것은, 에버레트 에머슨(Everett Emerson)이 미국 청교도에 대해 묘사한 글에 아주 잘 요약되어 있다.

> 청교도는 신자간에 나누는 교제를 강조했다……그러나 개인이 자기 책임 아래 근본적으로 자기 심령을 살피고 돌아볼 것을 강조했다……청교도는 지식 분자들로서 교육을 강조했지만, 진실로 사람에게 동기를 부여하는 것은 마음과 내적 열정임을 가르치기도 했다. 청교도는 행동주의, 현세 종교이지만 물질 만능을 거부한다. 인간의 본질에 대해서는 원천적으로 비관적이었지만, 미국에 대해서는 전향적인 태도를 보였다.[99]

단순 질박

청교도는 질박함을 찾는 움직임이었다고도 말할 수 있다. 그들의

---

[97] *The Saints' Everlasting Rest*, p. 35. 백스터는 *A Christian Directory*에서 이렇게 쓴다. "하나님께서는 우리의 선행을 필요로 하지 않으신다. 그렇지만 우리의 선행이 그분의 영광, 우리 자신 그리고 다른 사람의 유익을 위한 것으로서 그분이 인정하실 만한 것일 때 참으로 그분을 기쁘시게 할 수 있다"[Merton, p. 61].

[98] Increase Mather, *David Serving His Generation*[Carden, p. 5].

[99] Introduction to *Puritanism in America*[페이지 수 없음].

단순 질박함에 대한 선호는 결코 수그러들지 않았다.

이러한 성향은 예배 영역에서도 나타났다. 청교도들이 주류를 이룬 교회에서는 모든 예배 순서가 하나님 말씀을 중심으로 통일되었다. 청교도 건축 양식은 매력 있는 단순미가 거둔 개가(凱歌)였다. 마찬가지로 개인 생활 영역에서도 절제와 검약을 이상으로 생각했다. 루시 허친슨(Lucy Hutchinson)이 청교도 남편의 외모를 묘사한 글은 유명하다.

> 남편은 아주 깔끔하고 깨끗하게, 그리고 우아하게 옷을 입는다. 조화롭게 옷을 입는 데도 뛰어난 감각을 지녔다. 그렇지만 결코 비싼 옷을 입지는 않는다. 오히려……수수해 보이는 옷을 입었을 때 훨씬 더 신사다운 면모를 보인다.[100]

필자가 처음으로 윌리엄 에임즈의 책 신학의 정수(*Marrow of Theology*)를 펼쳤을 때, 신학을 관조, 묵상과 동의어쯤으로 생각하는 태도를 보고 얼마나 신선한 느낌을 받았는지 모른다. 그는 "신학은 하나님을 받드는 삶이 무엇인지 말하는 것"이라고 말했다. 윌리엄 퍼킨즈의 말 역시 눈길을 끌기는 마찬가지이다. "신학은 영원히 복받는 삶을 탐구하는 학문이다."[101] 신학자들이 성만찬에 대해 백가쟁명(百家爭鳴) 식의 논쟁을 벌이는 것을 안타깝게 생각한 토머스 왓슨의 진술은, 그 명료함으로 단연 뛰어나고 빛나 보인다. "성도는 선포되는 말씀에서 그리스도의 음성을 듣는다. 그러나 성만찬에서는 그분에게서 입맞춤을 받는다."[102]

단순 질박함을 좋아한 그들의 성향은 그들이 단문형의 경구(警句)를 만들어내는 데 뛰어난 재주가 있었던 사람들이라는 점에서도 아주 잘 나타난다. 그들이 만든 경구는 진리를 명쾌하고 간략하게 진술한

---

[100] *Memoirs of the Life of Colonel Hutchinson*, p. 4.
[101] *A Golden Chain*……[Breward, p. 177].
[102] *The Beatitudes*, p. 251.

것으로서, 개념을 전달하기도 하지만 통찰력과 동의를 구하는 호소력 역시 대단하다. 예를 들어 아래 단문들을 살펴보자.

우리에게 괴로운(loathing) 시간은 하나님이 우리를 사랑하시는(loving) 시간이다.[103]

이 땅에서 영원토록 행복을 누리고 살 수 있다면, 누가 하늘에 속한 행복을 찾겠는가?[104]

조그맣고 사소한 죄만큼 하나님께 불경스럽고 큰 죄는 없다.[105]

행복, 성공, 번영을 낳는 종교가 있다. 그러나 그 딸은 곧 제 어미를 잡아 먹는다.[106]

사악함(wickedness)뿐 아니라 무기력(weakness) 역시 진리를 놓치는 원인이 된다.[107]

이렇게 경구를 만들어 내는 재주가 사물을 정확 간단하게 정의하려는 청교도들의 꼼꼼함과 맞물렸을 때 기념비적인 정의를 선보이게 되었다.

사람의 제일가는 목적은 하나님을 영화롭게 하고 그분을 영원토록 즐거워하는 것이다.[108]

---

[103] Ibid., p. 235.
[104] Anne Bradstreet, *Works*[Daly, p. 82].
[105] Ralph Venning, *The Plague of Plagues*, p. 264.
[106] Cotton Mather, *Magnalia Christi Americana*[Foster, p. 121].
[107] John Owen, *Works*, 16 : 82.

말씀 선포는 그리스도께서 나타나셔서 성도들에게 자신을 보여 주시는 창문이다.[109]

믿음은 하나님께서 자기 아들을 내게 주셨으므로, 그 아들이 나의 소유이고 내가 그분의 소유임을 믿는 것이다.[110]

내가 말하는 기독교란 거듭나게 하시는 하나님의 영이 한 사람 안에 역사하시는 은혜의 세계를 말한다. 이 세계에서는 모든 피조물이 하나님의 뜻과 사랑을 위해 존재하고, 모두가 창조주의 영광을 드러내기 위해 움직인다.[111]

확고한 기초

기초가 약한 건물이 튼튼한 법은 없다. 청교도들이 지닌 힘을 개략적으로 살펴보기를 마치면서, 청교도는 그저 좋은 이상과 불요 불굴의 정신을 특징으로 삼는 인간들의 운동이 아니었음을 상기시키는 것이 좋겠다는 생각이 든다. 청교도들은 비록 패하더라도 확신을 잃지 않는 사람들이었다. 왜냐하면 그들은 그들보다 큰 실세의 일부임을 알았기 때문이다.

청교도들이 이런 저런 주제와 관련해 피력한 확신은 믿을 만한 하나님의 계시인 성경에 뿌리를 내린 것이었다. 사람이 성경을 "완전하고 절대적인 인생의 규준"으로 볼 때 그의 삶이 어떻게 달라지는

---

[108] Answer to the opening question of the *Westiminster Shorter Cathechism*.
[109] Thomas Watson, *The Beatitudes*, p. 251.
[110] Thomas Cartwright, Pearson, p. 403에서 인용.
[111] Lucy Hutchinson, *Memoirs of the Life of Colonel Hutchinson*, p. 5의 서문.

지에 관해 별말 없이 넘어간다는 것은 어불성설이다.[112] 우리가 윌리엄 퍼킨즈의 아래와 같은 말을 받아들이면, 얼마나 많은 인생의 문제들이 해결될지 잠시 생각해 보기로 하자.

> 하나님 말씀은 우리의 규준이 되어야 한다. 우리는 그 말씀에 기준을 두고 모든 행동을 형성하고 양식을 결정해야 한다. 그리고 거기서 나오는 지침에 따라서 해야 할 행동과 하지 말아야 할 행동을 가려야 한다.[113]

물론 성경을 해석하고 적용하는 데는 통상적인 문제가 늘 뒤따르지만, 진리와 행동을 결정하는 중요한 경계는 이미 확고하게 서 있었다. 어떤 문제가 있을 때 무엇이 진실이냐를 결정하기 위해서는 여론 조사를 해야 한다고 믿는 현대인들의 사고 방식과 청교도들의 소신은 어쩌면 정반대 위치에 있었는지도 모른다.

청교도들은 사고하고 행동할 때 하나님의 성품을 중요한 기초의 하나로 삼았다. 청교도 신학은 하나님의 공의와 자비, 거룩하심과 사랑이라는 두 기둥 사이를 왔다갔다 했다. 그러나 청교도들의 설교를 보면, 하나님의 사랑이 훨씬 더 주류를 이루는 주제이다. 청교도들은 하나님의 공의에서 죄에 대한 자각과 자기 제한성을 절감했는데, 이런 의식은 그들의 사고에서 절절하게 드러나고 있다. 그래도 청교도들이 이 세상에서 영적으로 살 수 있었던 것은 그들의 발이 하나님의 사랑이라는 반석 위에 놓여 있었기 때문이다. 리처드 백스터는 핵심적인 말을 들려 준다.

> 하나님의 사랑을 입는 사람이 된다는 사실이 그대에게는 사소한 일로 보이는가? 그리스도인들이여, 이 사실을 믿고

---

[112] Thomas Adams, *Works*[Ball, p. 3].
[113] *A Treatise of the Vocations or Callings of Men*[Breward, p. 464].

이것을 깊이 생각하라. 그대는 그 사랑의 팔에 영원히 안기운 존재이다. 이 사랑은 영원에서 흘러 나왔고 또 앞으로도 영원히 흐를 것이다.[114]

그들은 하나님의 사랑을 확신하였으므로 그리스도의 속죄를 칭의의 기반으로 믿고 의지하게 되었다. 청교도들은 구원이 그들의 노력에 달려 있지 않음을 아는 데서 나오는 자유를 만끽했다. 존 플래이벨(John Flavel)은 "우리는 예수 그리스도의 의로 말미암아 의롭다 하심과 구원을 얻었다. 우리가 이 의를 입고 있으나 이 일을 이루신 분은 그분이시다"[115]라고 썼다. 구원의 사실을 경험적으로 자각하는 것이야말로 자기 정체성의 기반이었다. 토머스 굿윈은 한 장례 예배에서 회심한 경험을 훗날 이렇게 정리한다. "하나님께서 나를 한쪽으로 몰아붙이셨다. 그리고 꼭 이렇게 말씀하시는 것 같았다. '네가 이제 내게로 돌아오겠느냐? 그렇다면 내가 네 모든 죄를 용서해 주마'"[116] 강한 자기 정체성, 즉 그리스도 안에 있는 그들의 존재를 확신하는 이 마음이 청교도들이 지닌 표지였다.

오늘날 문학자들과 사학자들은 사람이 자신에 대한 고백으로서, 또한 삶의 밑바닥으로서 "이야기"를 한다고 말한다. 청교도들은 자신을 하나님과 하늘나라로 돌아가는 순례자라고 보았다. 그러나 그 순례는 이 세상 한 가운데를 관통하는 것이지 이 세상을 회피하는 것이 아니었다. 그들은 선과 악, 하나님과 사탄 사이에서 벌어지고 있는 큰 영적 전투에 참여한 용사들이었다. 전투하는, 그리고 갈 길을 앞에 둔 그리스도인들로서 그들은 승리를 확신했다. 왜냐하면 하나님이 그들의 편이었기 때문이다. 이 소망의 신학이 그들의 의식을 일부 형성하고 있던 고난의 신학보다 더 강하게 자리 잡고 있었다. 이런 소망 때문에 그들은 쏟아지는 핍박을 용기 있게 담담히 받았다.

---

[114] *The Saints' Everlasting Rest*, p. 45.
[115] *Works*[Ball, p. 58].
[116] *Works*[Perry, p. 277].

요약

우리는 복음주의적인 개신교인들이 자기 "뿌리"를 찾는 시대에 살고 있다. 어떤 사람들이 견강 부회(牽强附會)격으로 그들에게 떠넘기려는 사소한 실수 중의 하나는, 그들이 마음만 먹었다면 얼마든지 돌아갈 수도 있었던 과거의 전통, 곧 가톨릭과 영국 성공회적인 가톨릭주의로 회귀하지 않았다는 것이다. 이스라엘의 선생이었지만 거듭남을 몰랐던 니고데모처럼, 복음주의적인 개신교도들은 그들이 지닌 좋은 전통에 대해서 스스로 낯설어 하는 경향을 보인다.

청교도는 우리에게 설 땅을 제공한다. 그들은 모든 삶이 하나님에게서 나온 것이라고 믿었다. 그래서 그들은 개인 경건과 포괄적인 기독교 세계관을 조합시킬 수 있었다. 성경이 진리의 저장소라는 전제에서 시작한 청교도들은 이러한 전제를 기반으로 기독교 신앙을 노동, 가정, 결혼, 교육, 정치, 경제, 그리고 사회 등 삶의 모든 영역에 적용시켜 나갔다.

거듭난 삶의 영적 샘물에서 나오는 물, 즉 기도, 교제, 묵상, 설교, 그리고 성경 읽기로 인해서 이 세상에서 사는 삶에 접근하는 청교도들의 접근 방식은 한층 더 풍미를 지녔다. 청교도에서 개인 구원 신학은 이 세상에서 적극적인 삶을 사는 태도와 결합되고 있다.

추천 도서

청교도들이 지닌 힘과 매력을 엿보기 위해서는, 청교도들이 쓴 서책을 직접 읽어 보는 것이 최상이다. 청교도를 연구하는 데 기본이 되는 자료들을 오늘날에 들어 재발간한 출판사는 영국의 배너 오브 트루스 트러스트(Banner of Truth Trust) 사(社)이다. 필자는 이 출판사에서 간행된 책들을 적극 추천한다. 그리고 존 번연과 존 밀턴의 책도 좋은 출발점이 될 수 있다.

청교도에 대해 긍정적인 인상을 받은 것은 여러 개인들을 면밀히 추적, 연구한 데서 비롯한다. 필자는 이런 책들을 읽었다. N. H. Keeble, *Richard Baxter : Puritan Man of Letters*(1982), Ernest B. Lowrie, *The Shape of the Puritan Mind : The Thought of Samuel Willard*(1974), Derrick Sherwin Bailey, *Thomas Becon and the Reformation of the Church in England*(1952).

청교도 전기와 묵상에 관한 책들 역시 청교도의 일면을 엿보게 하는 데는 더 말할 나위 없이 좋은 자료들이다. 좋은 이차 자료로는 Owen C. Watkins, *The Puritan Experience : Studies in Spiritual Autobiography*(1972)를 손꼽을 수 있다. 청교도를 보여 주는 가장 좋은 자료의 하나로서 루시 허친슨이 그 서문에서 남편을 자세히 묘사한 책 *Memoirs of the Life of Colonel Hutchinson*을 추천하고 싶다 (옥스퍼드 대학에서 1973년 현대판으로 재출간했다). 이 책은 수십 페이지에 걸쳐 청교도적 이상을 설명하고 있다.

청교도들의 공헌   433

존 번연의 무덤에 새겨진 이 부조(浮彫)는 죄짐을 지고 가는 순례자라는 청교도에 대한 이미지를 전해주는데, 결코 유쾌한 인간의 경험은 아니지만, 가장 사실적인 작품이다.

참고 문헌

Ames, William. *Conscience with the Power and Cases Thereof.* 1639 ; reprint Norwood, N.J. : Walter J. Johnson, 1975.
_____. *The Marrow of Theology,* ed. John D. Eusden. Boston : Pilgrim, 1968.
Ashley, Maurice. *Oliver Cromwell and thd Puritan Revolution.* London : English Universities Press, 1958.
Avis, Paul D. L. *The Church in the Theology of the Reformers.* Atlanta : John Knox, 1981.
Axtell, James. *The School Upon a Hill : Education and Society in Colonial New England.* New York : W. W. Norton, 1976.
Babbabe, Stuart B. *Puritanism and Richard Bancroft.* London : S.P.C. K., 1962.
Bailey, Derrick Sherwin. *Sexual Relation in Christian Thought.* New York : Harper and Brothers, 1959.
_____. *Thomas Becon and the Reformation of the Church in England.* Edinburgh : Oliver and Boyd, 1952.

Ball, Bryan W. *The English Connection : The Puritan Roots of Seventh-day Adventist Belief.* Cambridge : James Clarke, 1981.

Baltzell, E. Digby. *Puritan Boston and Quaker Philadelphia.* New York : The Free Press, 1979.

Baroway, Israel. "The Bible as Poetry in the English Renaissance : An Introduction". *Journal of English and Germanic Philology* 32 (1933) : 447−80.

Baxter, Richard. *Chapters from A Christian Directory,* ed. Jeannette Tawney. London : G. Bell and Sons, 1925.

_____. *The Autobiography of Richard Baxter.* London : J. M. Dent, 1931.

_____. *The Reformed Pastor,* ed. William Brown. Edinburgh : Banner of Truth Trust, 1974.

_____. *The Saints' Everlasting Rest.* Westwood, N.J. : Fleming H. Revell, 1962.

Bolton, Samuel. *The True Bounds of Christian Freedom.* Edinburgh : Banner of Truth Trust, 1964.

Breen, T. H. *The Character of the Good Ruler:A Study of Puritan Political Ideas in New England, 1630−1730.* New Haven : Yale University Press, 1970.

Bremer, Francis J. *The Puritan Experiment:New England Society from Bradford to Edwards.* New York : St. Martin's, 1976.

Breward, Ian, ed. *The Work of William Perkins.* Appleford : Sutton Courtenay, 1970.

Brown, John. *Puritan Preaching in England.* New York : Scribner, 1900.

Bunyan, John. *Grace Abounding to the Chief of Sinners and The Pilgrim's Progress,* ed. Roger Sharrock. London : Oxford University Press, 1966.

Cairns, Earle E. "The Puritan Philosophy of Education." *Bibliotheca Sacra* 104(1947) : 326-36.

Campbell, W. E. *Erasmus, Tyndale, and More.* London : Eyre and Spottiswoode, 1949.

Carden. Allen. "The Word of God in Puritan New England : Seventeenth-Century Perspectives on the Nature and Authority of the Bible." *Andrews University Seminary Studies* 18 (Spring 1980) : 1-16.

Carroll, Peter N. *Puritanism and the Wilderness: The Intellectual Significance of the New England Frontier, 1629-1700.* New York : Columbia University Press, 1969.

Clebsch, William A. *England's Earliest Protestants, 1520-1535.* New Haven : Yale University Press, 1964.

Cole, William G. *Sex in Christianity and Psychoanalysis.* New York : Oxford University Press, 1966.

Collinson, Patrick. *The Elizabethan Puritan Movement.* Berkeley: University of California Press, 1967.

Coolidge, John S. *The Pauline Rnaissance in England: Puritanism and the Bible.* Oxford : Oxford University Press, 1970.

Crawford, Mary Caroline, *Social Life in Old New England.* New York : Grosset and Dunlap, 1914.

Crouch, Joseph. *Puritanism and Art: An Inquiry into a Popular Fallacy.* London: Cassell, 1910.

Curtis, Mark H. *Oxford and Cambridge in Transition, 1558-1642.* Oxford : Oxford University Press, 1959.

Daly, Robert. *God's Altar: The World and the Flesh in Puritan Poetry.* Berkeley : University of California Press, 1978.

Davies, Horton. *The Worship of the English Puritans.* Westminster : Dacre, 1948.

_____. *Worship and Theology in England: From Andrewes to Baxter and Fox, 1603−1690.* Princeton: Princeton Universiy Press, 1975.

_____. *Worship and Theology in England: From Cranmer to Hooker, 1534−1603.* Princeton: Princeton University Press, 1970.

Demos, John. *A Little Commonwealth: Family Life in Plymouth Colony.* New York: Oxford University Press, 1970.

Dennison, James T. *The Puritan Doctrine of the Sabbath in England, 1532−1700.* Pittsburgh: Pittsburgh Theological Seminary thesis, 1973.

Dickens, A. G. *The English Reformation.* New York: Schocken Books, 1964.

Elliott, Emory. *Power and the Pulpit in Puritan New England.* Princeton: Princeton University Press, 1975.

Emerson, Everett, ed. *English Puritanism from John Hooper to John Milton.* Durham, North Carolina: Duke University Press, 1968.

_____. *Puritanism in America, 1620−1750.* Boston: Twayne, 1977.

Eusden, John Dykstra. *Puritans, Lawyers, and Politics in Early Seventeenth Century England.* New Haven: Yale University Press, 1958.

Fleming, Sanford. *Children and Puritanism.* New Haven: Yale Universty Press, 1933.

Forrester, W. R. *Christian Vocation.* New York: Scribner, 1953.

Foster, Stephen. *Their Solitary Way: The Puritan Social Ethic in the First Century of Settlement in New England.* New Haven: Yale University Press, 1971.

Frye, Roland M. "The Teachings of Classical Puritanism on Conjugal Love." *Studies in the Renaissance,* 2 (1955): 148−59.

George, Charles H., and Katherine George. *The Protestant Mind of*

the English Reformation, 1570—1640. Princeton : Princeton University Press, 1961.
Gooch, G. P. *English Democratic Ideas in the Seventeenth Century.* Cambridge : Cambridge University Press, 1927.
Greaves, Richard L. *Society and Religion in Elizabethan England.* Minneapolis : University of Minnesota Press, 1981.
_____. *The Puritan Revolution and Educational Thought : Background for Reform.* New Brunswick : Rutgers University Press, 1969.
Green, Robert W., ed. *Protestantism and Capitalism : The Weber Thesis and Its Critics.* Boston : D. C. Health, 1959.
Greven, Philip, ed. *Child-Rearing Concepts, 1628—1861.* Itasca, Ill. : F. E. Peacock, 1973.
_____. *The Protestant Temperament : Patterns of Child-Rearing Religious Experience, and the Self in Early America.* New York : Knopf, 1977.
Halkett, John. *Milton and the Idea of Matrimony.* New Haven : Yale University Press, 1970.
Haller, William. *Liberty and Reformation in the Puritan Revolution.* New York : Columbia University Press, 1955, 1963.
_____. *The Rise of Puritanism.* New York : Columbia University Press, 1938.
Haller, William, and Malleville Haller. "The Puritan Art of Love." *Huntington Library Quarterly* 5 (1941—42) : 235—72.
Hambrick-Stowe, Charles E. *The Practice of Piety : Puritan Devotional Disciplines in Seventeenth-Century New England.* Chapel Hill : University of North Carolina Press, 1982.
Hamilton, Roberta. *The Liberation of Women : A Study of Patriarchy and Capitalism.* Winchester, Mass. : Allen Unwin, 1978.

Harkness, Georgia. *John Calvin : The Man and His Ethics*. Nashville : Abingdon, 1958.
Hawyard, F. H. *The Unknown Cromwell*, London : Allen and Unwin, 1934.
Hill, Christopher. *Change and Continuity in Seventeenth-Century England*. Cambridge : Harvard University Press, 1975.
_____. *God's Englishman : Oliver Cromwell and the English Revolution*. New York : Harper and Row, 1970.
_____. *Puritanism and Revolution : Studies in Interpretation of the English Revolution of the Seventeenth Century*. London : Secker and Warburg, 1958.
_____. *Society and Puritanism in Pre-Revolutionary England*. New York : Schocken Books, 1964.
Holifield. E. Brooks. *The Covenant Sealed : The Development of Puritan Sacramental Theology in Old and New England, 1570—1720*. New Haven : Yale University Press, 1974.
Hudson, Winthrop S. "The Ministry in the Puritan Age," in *The Ministry in Historical Perspectives*, ed. H. Richard Niebuhr and Daniel D. Williams New York : Harper and Brothers, 1956, pp. 180—206.
Hughes, Philip E. *Theology of the English Reformers*. Grand Rapids : Eerdmans 1965.
Hunt, Morton M. *The Natural History of Love*. New York : Knopf, 1959.
Hutchinson, Lucy. *Memoirs of the Life of Colonel Hutchinson*, ed. James Sutherland London : Oxford University Press, 1973.
Hyma, Albert. *Christianity, Captitalism and Communism : A Historical Analysis*. Ann Arbor : George Wahr, 1937.
Irwin, Joyce L., ed. *Womanhood in Radical Protestantism, 1525—1675*.

New York : Edwin Mellen, 1979.

James, Margaret. *Social Problems and Policy During the Puritan Revolution, 1640−1660.* 1930 ; reprint New York : Barnes and Noble, 1966.

Jarman, Robert D. *The Regulative Principle of Scripture : The Origin of a Cardinal Doctrine in the Early Elizabethan Puritan Movement.* Unpublished thesis. Trinity Evangelical Divinity School, 1977.

Johnson, James Turner. *A Society Ordained by God : English Puritan Marriage Doctrine in the First Half of the Seventeenth Century.* Nashville : Abingdon, 1970.

Jordan, W. K. *The Development of Religious Toleration in England,* 2 vols. Cambridge : Harvard University Press, 1932, 1936.

Kanppen, M. M. *Tudor Puritanism : A Chapter in the History of Idealism,* Chicago : University of Chicago Press, 1939.

Kaufmann, U. Milo. *The Pilgrim's Progress and Traditions in Puritan Meditation.* New Haven : Yale University Press, 1966.

Keeble, N. H. *Richard Baxter : Puritan Man of Letters.* Oxford : Oxford University Press, 1982.

Kitch, M. J., ed. *Capitalism and the Reformation.* London : Longmans, Green, 1967.

_____, ed. *Two Elizabethan Puritan Diaries.* 1933 ; reprint Gloucester, Mass. : Peter Smith, 1966.

Knott, John R., Jr. *The Sword of the Spirit : Puritan Responses to the Bible.* Chicago : University of Chicago Press, 1980

Lerner, Laurence. *Love and Marriage : Literature and Its Social Context.* New York : St. Martin's, 1979.

Lewalski, Barbara K. *Protestant Poetics and the Seventeenth-Century Religious Lyric.* Princeton : Princeton University Press, 1979.

Lewis, Peter. *The Genius of Puritanism.* Haywards Heath, Sussex :

Carey, 1977.
Lowrie, Ernest Benson. *The Shape of the Puritan Mind : The Thought of Samuel Willard.* New Haven : Yale University Press, 1974.
Luther, Martin. *Luther's Works,* ed. Jaroslav Pelikan and Helmut T. Lehmann, 55 vols. St. Louis : Concordia ; and Philadelphia : Fortress, 1955-1976.
Mather, Cotton. *Magnalia Christi Americana,* 2 vols. New York : Russell and Russell, 1967.
McGee, J. Sears. *The Godly Man in Stuart England : Anglicans, Puritans, and the Two Tables, 1620-1670.* New Haven : Yale University Press, 1976.
McGiffert, Michael, ed. *Puritanism and the American Experience.* Reading, Mass. : Addison-Wesley, 1969.
McNeill, John Thomas. *Modern Christian Movements.* Philadelphia : Westminster, 1954.
Merton, Robert K. *Science, Technology, and Society in Seventeenth Century England.* New York : Howard Fertig, 1970.
Micklem, Nathaniel, ed. *Christian Worship : Studies in Its History and Meaning.* Oxford : Oxford University Press, 1971.
Middlekauff, Robert. *The Mathers : Three Generations of Puritan Intellectuals.* New York : Oxford University Press 1977.
Miller, Perry. *Errand into the Wilderness.* Cambridge : Harvard University Press, 1956.
_____. *Nature's Nation.* Cambridge : Harvard University Press, 1967.
_____. *The New England Mind : From Colony to Province.* Cambridge : Harvard University Press, 1953.
_____. *The New England Mind : The Seventeenth Century.* Cambridge : Harvard University Press 1939, 1954.

Miller, Perry and Thomas H. Johnson, eds, *The Puritans,* rev. ed., 2 vols. New York : Harper Torchbooks, 1963.

Milton, John. *Complete Prose Works,* 8 vols. New Haven : Yale University Press, 1953-. Abbreviated *CPW.*

Mitchell, W. Fraser. *English Pulpit Oratory from Andrewes to Tillotson,* London : S.P.C.K., 1932.

Morgan, Edmund S., ed. *Puritan Political Ideas, 1558-1794.* Indianapolis : Bobbs-Merrill, 1965

_____. *The Puritan Family : Religion and Domestic Relations in Seventeenth-Century New England.* 1944 ; reprint New York : Harper and Row, 1966.

_____. "The Puritans and Sex," in *Pivotal Interpretations of American History,* ed. Carl N. Degler. New York : Harper and Row, 1966. 1 : 4-16.

Morgan, Irvonwy, *The Godly Preachers of the Elizabethan Church.* London : Epworth, 1965.

Morison, Samuel Eliot. *Harvard College in the Seventeenth Century,* 2 vols. Cambridge : Harvard University Press, 1936.

_____. *The Founding of Harvard College.* Cambridge : Harvard University Press, 1935.

_____. *The Intellectual Life of Colonial New England.* New York : Washington Square Press, 1956.

Murray, Iain, ed. *The Reformation of the Church : A Collection of Reformed and Puritan Documents on Church Issues.* London : Banner of Truth Trust, 1965.

New, John F. H. *Anglican and Puritan : The Basis of Their Opposition, 1558-1640.* Stanford : Stanford University Press, 1964.

Old, Hughes Oliphant. *Worship that is Reformed According to Scripture.* Guides to the Reformed Tradition. Atlanta : John Knox,

1984.

Owen, John. *The Works of John Owen,* 16 vols., ed. William H. Goold. London : Banner of Truth Trust, 1966.

Packer, J. I. "The Puritans as Interpreters of Scripture." In *A Goodly Heritage.* London : Puritan Studies Conference, 1958, pp. 18-26.

Pearson, A. F. Scott. *Thomas Cartwright and Elizabethan Puritanism, 1535-1603.* Cambridge : Cambridge University Press, 1925.

Perry, Ralph Barton. *Puritanism and Democracy.* New York : Vanguard, 1944.

Plass, Ewald M., ed. *What Luther Says : An Anthology,* 3 vols. St. Louis : Concordia, 1959.

Porter, H. C. *Puritanism in Tudor England.* Calumbia, S.C. : University of South Carolina Press, 1971.

_____. *Reformation and Reaction in Tudor Cambridge.* 1958 ; reprint Camden, Conn. : Archon Books, 1972.

Powell, Chilton Latham. *English Domestic Relations, 1487-1653.* 1917 ; reprint New York : Russell and Russell, 1972.

Puritan Manifestoes : A Study of the Origin of the Puritan Revolt, ed. W. H. Frere and C. E. Douglas. London : S.P.C.K., 1954.

Reinitz, Richard, ed. *Tensions in American Puritanism.* New York : John Wiley and Sons, 1970.

Richardson, Herbert W. *Nun, Witch, Playmate : The Americanization of Sex.* New York : Harper and Row, 1971.

Richardson, R. C. *Puritanism in North-West England : A Regional Study of Chester to 1642.* Manchester : Manchester University Press, 1972.

Robertson. A. M. *Aspects of the Rise of Economic Individualism.* New York : Kelley and Millman, 1959.

Rogers, Jack Bartlett. *Scripture in the Westminster Confession.* Grand Rapids : Eerdmans, 1967.
Rooy, Sidney H. *The Theology of Missions in the Puritan Tradition.* Grand Rapids : Eerdmans, 1965.
Sasek, Lawrence A. *The Literary Temper of the English Puritans.* 1961 ; reprint New York : Greenwood, 1969
Schlatter, Richard B. *The Social Ideas of Religious Leaders, 1660−1688.* 1940 ; reprint New York : Octagon Books, 1971.
Schneider, Herbert Wallace. *The Puritan Mind.* New York : Henry Holt, 1930.
Schnucker, Robert Victor. *Views of Selected Puritans, 1560−1630, on Marriage and Human Sexuality.* Iowa City : Universiy of Iowa Dissertation, 1969.
Scholes, Percy A. *The Puritans and Music in England and New England.* London : Oxford University Press, 1934.
Schücking, Levin L. *The Puritan Family : A Social Study from the Literary Sources.* New York : Schocken Books, 1970.
Seaver, Paul S. *The Puritan Lectueships : The Politics of Religious Dissent, 1560−1662.* Stanford : Stanford University Press, 1970.
Smith J. W. Ashley. *The Birth of Modern Education : The Contribution of the Dissenting Academies, 1660−1800.* London : Independent Press, 1954.
Smith, H. Shelton et al., eds. *American Christianity : An Historical Interpretation with Representative Documents,* vol. 1. New York : Scribner, 1960.
Smith, Wilson, ed. *Theories of Education in Early America, 1655−1819.* Indianapolis : Bobbs-Merrill, 1973.
Solberg, Winton U. *Redeem the Time : The Puritan Sabbath in Early America.* Cambridge : Harvard University Press, 1977.

Stannard, David E. *The Puritan Way of Death : A Study in Religion, Culture, and Social Change.* New York : Oxford University Press, 1977.

Stenton, Doris Mary. *The English Woman in History.* London : Allen and Unwin, 1957.

Stone, Lawrence. *The Crisis of the Aristocracy, 1558−1641.* Oxford : Oxford University Press, 1965.

_____. *The Family, Sex and Marriage in England, 1500−1688.* New York : Harper and Row, 1977.

Strier, Richard. *Love Known : Theology and Experience in George Herbert's Poetry.* Chicago : University of Chicago Press, 1983.

Tawney, R. H. *Religion and the Rise of Capitalism.* New York : Harcourt, Brace, 1926.

Tichi, Cecilia. *New World, New Earth : Environmental Reform in American Literature from the Puritans Through Whitman.* New Haven : Yale University Press, 1979.

Trinterud, Leonard J., ed. *Elizabeth Puritanism.* New York : Oxford University Press, 1971.

Ulrich, Laurel Thatcher. *Good Wives : Image and Reality in the Lives of Women in Northern New England, 1650−1750.* New York : Knopf, 1982.

_____. "Vertuous Women Found : New England Ministerial Literature, 1668−1735," in *Puritan New England,* ed. Alden T. Vaughan and Francis J. Bremer. New York : St. Martin's 1977, pp. 215−31.

Vaughan, Alden T., and Francis J. Bremer, eds. *Puritan New England : Essays on Religion, Society, and Culture.* New York : St. Martin's, 1977.

Venning, Ralph. *The Plague of Plagues,* London : Banner of Truth

Trust, 1965.
Wagner, Hans-Peter. *Puritan Attitudes Towards Recreation in Early Seventeenth-Century New England*. Frankfurt: Verlag Peter Lang, 1982.
Wakefield, Gordon S. *Puritan Devotion : Its Place in the Development of Christian Piety*. London: Epworth, 1957.
Walzer, Michael. *The Revolution of the Saints : A Study in the Origins of Radical Politics*. Cambridge: Harvard University Press, 1965.
Warfield, Benjamin B. *The Westminster Assembly and Its Work*. New York: Oxford University Press, 1931.
Watkins, Owen C. *The Puritan Experience : Studies in Spiritual Autobiography*. New York: Schocken Books, 1972.
Watson, Foster. *The English Grammer Schools to 1660 : Their Curriculum and Practice*. Cambridge: Cambridge University Press, 1980.
Watson, Thomas. *The Beatitudes*. (Edinburgh: Banner of Truth Trust, 1977).
Weber, Mas. *The Protestant Ethic and the Spirit of Capitalism*, trans. Talcott Parsons. New York: Scribner, 1930.
White, Helen C. *Social Criticism in Popular Religious Literature of the Sixteenth Century*. New York: Macmillan, 1944.
Wilson, Derek. *The People and the Book : The Revolutionary Impact of the English Bible, 1380 — 1611*. London: Barrie and Jenkins, 1976.
Wilson, John F. *Pulpit in Parliament : Puritanism During the English Civil Wars, 1640 — 1648*. Princeton: Princeton University Press, 1969.
Woodhouse, A. S. P., ed. *Puritanism and Liberty*. Chicago: Chicago

University Press, 1951.

Wright, Louis B. *Life in Colonial America.* New York : Capricorn Books, 1965.

_____. *Middle-Class Culture in Elizabethan England.* Chapel Hill : University of North Carolina Press, 1935.

Wright, Thomas G. *Literary Culture in Early New England, 1620－1730.* 1920 ; reprint New York : Russell and Russell, 1966.

인명 색인

가디너, 스티븐(Gardiner, Stephen), 308
갈레스피, 조지(Gillespie, George), 240, 289, 296, 299, 302, 307
거리, 존(Geree, John), 10, 15, 186, 222, 260
게이테커, 토머스(Gataker, Thomas), 28, 73, 104, 106, 110, 118, 120, 122, 168, 170-171, 284, 289, 292, 297-298, 301, 323-324, 422
구지, 윌리엄(Gouge, William), 27-28, 100, 104, 109, 110, 113, 120, 126, 165, 166-167, 169, 172-173, 186, 193, 238, 386, 122, 264-265
구지, 토머스(Gouge, Thomas), 277, 288, 305, 407
굿맨, 크리스토퍼(Goodman, Christopher), 169
굿윈, 존(Goodwin, John), 55
굿윈, 토머스(Goodwin, Thomas), 209, 294, 406, 412, 430
그레고리 대제(Gregory the Great), 102
그리브즈, 리처드(Greaves, Richard L.), 88, 160, 192, 316-317, 338, 342
그린, 로버트(Green, Robert W.), 160
그린햄, 리처드(Greenham, Richard), 18, 54-55, 142, 150, 179, 182, 184, 186, 197, 248, 267, 275, 305, 354, 358, 407, 412

나울즈, 존(Knowles, John), 49
낙스, 존(Knox, John), 315, 322, 340, 387, 417
냅펜(Knappen, M. M.), 8, 28, 44, 46, 63, 244, 354, 359, 388
노트, 존(Knott, John R., Jr.), 219, 310
노튼, 존(Norton, John), 177
놀리즈, 헨서드(Knollys, Hanserd), 363
뉴, 존(New, John F. H.), 204
뉴스텁, 존(Knewstub, John), 148, 149, 155, 156-157
뉴컴, 헨리(Newcome, Henry), 281
니콜라스, 조시아스(Nicholas, Josias), 205

니콜스, 알렉산더(Niccholes, Alexander), 109
니콜스, 제임스(Nichols, James H.), 274
니콜스, 크리스토퍼(Niccholes, Christopher), 106
닉슨, 리처드(Nixon, Richard), 88
닛사의 그레고리(Gregory of Nyssa), 103

다우넘, 존(Downame, John), 146, 171, 375
다이크, 윌리엄(Dyke, William), 32, 202
대처, 토머스(Thatcher, Thomas), 123
더들리, 토머스(Dudley, Thomas), 79
더럼, 제임스(Durham, James), 216, 292-293
데링, 에드워드(Dering, Edward), 18, 198, 206, 239
데모스, 존(Demos, John), 192
데이븐포트, 존(Davenport, John), 241, 346, 365
데이비스, 홀튼(Davies, Horton), 37, 39, 40, 204, 213, 235, 237, 251, 260, 274
덴트, 아서(Dent, Arthur), 90, 157
델, 윌리엄(Dell, William), 337, 362, 364
도드, 존(Dod, John), 71-72, 76, 97, 153, 180-181, 190, 214, 224, 268
둘리틀, 토머스(Doolittle, Thomas), 59, 271, 356
디킨즈(Dickens, A. G.), 26, 43, 47, 62, 222, 422

라이트풋, 존(Lightfoot, John), 283, 284, 295, 298, 311
래티머, 휴(Latimer, Hugh), 38, 71, 72, 86, 131, 140, 362
러더포드, 사무엘(Rutherford, Samuel), 31, 235, 284-285, 286-287, 299, 329, 415-416
러셀 부인(Russell, Lady), 58-59
레비, 베벳 메이(Levy, Babette May), 229
레이너, 에드워드(Reyner, Edward), 340
레이놀즈, 에드워드(Reynolds, Edward), 245-246, 279, 284, 296, 299, 307, 334
레이놀즈, 존(Reynolds, John), 280
로느, 윌리엄(Laud, William), 42, 50
로버트슨(Robertson, H. M.), 89, 96, 160
로빈슨, 존(Robinson, John), 59, 91, 117, 134, 141, 158, 168, 170, 180, 386, 395, 415
로슨, 데오닷(Lawson, Deodat), 174, 185, 193
로우리, 어니스트(Lowrie, Ernest B.), 432
로저스, 다니엘(Rogers, Daniel), 117, 121, 124, 126
로저스, 리처드(Rogers, Richard), 25, 28, 34, 56, 59, 136, 141, 302, 329, 403
로저스, 잭(Rogers, Jack B.), 46, 235, 309
로저스, 존(Rogers, John), 308
로저스, 케서린(Rogers, Katherine M.), 123
로켜, 니콜라스(Lockyer, Nicholas), 415
루왈스키, 바바라(Lewalski, Barbara), 304, 309
루이스(Lewis, C. S.), 25, 121, 258, 300, 331, 407
루이스, 피터(Lewis, Peter, 208, 229

인명 색인 451

루킨, 헨리(Lukin, Henry), 301, 307
루터, 마틴(Luther, Martin), 18, 46, 70, 78, 82, 91, 104, 111, 132, 136, 155, 164, 165, 168, 225, 233, 238, 239, 258, 278, 283, 285, 289, 298, 306, 324, 327, 337
리버, 토머스(Lever, Thomas), 140, 141, 349-350, 352
리처드슨(Richardson, R. C.), 245
리처드슨, 알렉산더(Richardson, Alexander), 336
리처드슨, 캐롤린(Richardson, Caroline F.), 229
리처드슨, 허버트(Richardson, Herbert), 122

마이켈슨, 로버트(Michaelson, Robert S.), 96
마이클렘, 나다니엘(Micklem, Nathaniel), 273
매더, 나다니엘(Mather, Nathaniel), 72, 380, 399, 409
매더, 리처드(Mather, Richard), 143, 172, 175, 208, 219, 272-273, 296
매더, 사무엘(Mather, Samuel), 338
매더, 엘리어잘(Mather, Eleazer), 163, 183, 357, 417-418
매더, 인크리스(Mather, Increase), 32, 36, 187, 226, 253-254, 284, 286, 290, 307, 336, 337, 354-355, 360, 425
매더, 코튼(Mather, Cotton), 36, 56, 67, 74, 76, 77, 81, 84, 87, 95, 100, 135, 143, 146-147, 174, 178, 182, 185, 189, 281, 283, 315, 318, 319, 321, 323, 328, 330, 336, 357, 378, 382, 385, 387-388, 395, 398, 410, 414, 418, 423, 427
매톡, 제임스(Mattock, James), 58
맨튼, 토머스(Manton, Thomas), 217
머서, 에릭(Mercer, Eric), 331, 361
메리 여왕(Mary 〈Tudor〉), 38, 40, 308
멕기, 시어즈(McGee, J. Sears), 46
멕닐, 존(McNeill, John T.), 63, 377
멕클루어, 밀러(Maclure, Millar), 212, 255
멘켄(Mencken, H. L.), 25
멜란히톤, 필립(Melanchton, Philip), 329
모리슨, 사무엘 엘리옷(Morison, Samuel Eliot), 329, 342
모어, 토머스(More, Thomas), 25, 104, 282
몬태그경(Montagu, Lord), 30
몰간, 어보니(Morgan, Irvonwy), 229
몰간, 에드먼드(Morgan, Edmund), 8, 129, 141, 191, 368
무디(Moody, D. L.), 15
미첼, 랭던(Mitchell, Langdon), 26
미첼, 프레저(Mitchell, W. Fraser), 229
밀러, 페리(Miller, Perry), 8, 63, 214, 229, 246, 342, 397, 422
밀턴, 존(Milton, John), 97

바너드, 존(Barnard, John), 347, 366
바빙톤, 저버스(Babington, Gervase), 264
바이필드, 니콜라스(Byfield, Nicholas), 173, 187
바일리, 로버트(Baillie, Robert), 283, 371, 383
바틀렛, 존(Bartlet, John), 410
발트젤, 딕비(Baltzell, E. Digby), 38,

346, 418
백스터, 리처드(Baxter, Richard), 17, 18, 28, 30, 31, 52, 54, 55, 83, 85, 89, 90, 106, 132-333, 138, 139, 141, 144, 145, 147, 150, 152, 164, 182, 186, 188, 193, 203, 209, 219, 220, 224, 228, 238, 252, 259-260, 261, 264
버나드 리처드(Bernard Richard), 28, 91, 199, 297, 330, 352
버로즈, 제레미아(Burroughs, Jeremiah), 424
버지스, 앤소니(Burgess, Anthony), 382
버지스, 코넬리우스(Burges, Cornelius), 306, 403
버코비치, 섹번(Bercovitch, Sacvan), 256
버킷, 윌리엄(Burkitt, William), 376, 377
번, 윌리엄(Bourne, William), 215
번연, 존(Bunyan, John), 31, 35, 39, 44, 52, 178, 207, 227, 270, 303, 306, 353, 370, 381, 409, 413, 416, 431, 433
벌케리, 피터(Bulkeley, Peter), 136, 391, 408
베닝, 랄프(Venning, Ralph), 257, 405, 427
베버, 막스(Weber, Max), 38, 95, 131, 132, 159
베일리, 데릭 셔윈(Bailey, Derrick Sherwin), 123, 129, 432
베일리, 피터(Bayley, Peter), 266
벤브리그, 존(Benbrigge, John), 363
벤크로프트, 리처드(Bancroft, Richard), 199, 248
보디스(Bodis, J.), 166
보운디, 니콜라스(Bownde, Nicholas), 264
볼, 존(Ball, John), 238-239, 278, 295, 298, 303
볼튼, 로버트(Bolton, Robert), 89, 224, 271, 386
볼튼, 사무엘(Bolton, Samuel), 138, 169, 257
브라운, 에드워드(Browne, Edward), 150
브라운, 존(Brown, John), 229
브래드트리트, 앤(Bradstreet, Anne), 179, 427
브래드쇼, 윌리엄(Bradshaw, William), 200, 237
브래드포드, 윌리엄(Bradford, William), 270, 372, 414
브래드포드, 존(Bradford, John), 18, 243, 421
브래머, 프란시스(Bremer, Francis J.), 122
브루스터, 윌리엄(Brewster, William), 29
브루엔, 존(Bruen, John), 282
브리지, 윌리엄(Bridge, William), 292, 295, 319
브린, 티모시(Breen, Timothy H.), 351, 368
브린슬리, 존(Brinsley, John), 220
블레어, 로버트(Blair, Robert), 409
비콘, 토머스(Becon, Thomas), 38, 51, 105, 119, 394, 399, 414

사이먼, 조안(Simon, Joan), 331
사익스, 로버트(Sykes, Robert), 57
세커, 윌리엄(Secker, William), 100, 126
셰익스피어, 윌리엄(Shakespeare, William), 256
솔버그, 윈튼(Solberg, Winton U.), 274
숄즈, 퍼시(Scholes, Percy), 8, 64, 273,

인명 색인 453

397
쉐퍼드, 토머스(Shepard, Thomas), 70, 92, 209, 323, 376, 402, 410, 418-419
쉬킹, 레빈(Schücking, Levin L.), 101, 192
슈나이더, 허버트(Schneider, Herbert W.), 408
슈누커, 로버트(Schnucker, Robert V.), 129
슈틀레프, 윌리엄(Shurtleff, William), 330
슐라이터, 리처드(Schlatter, Richard B.), 96, 159, 316, 342, 367, 407
스미스, 애슐리(Smith, J. W. Ashley), 316, 329, 342
스미스, 헨리(Smith, Henry), 107, 110, 112, 120, 144, 166, 201, 223
스왈로우, 매튜(Swallow, Matthew), 330
스위트, 템퍼런스(Sweete, Temperance), 58
스윈낙, 조지(Swinnock, George), 52, 87, 407
스칸트, 윌리엄(Scant, William), 58
스캠블러 주교(Scambler, Bishop), 203
스텁스, 필립(Stubbes, Philip), 92, 373
스톡, 리처드(Stock, Richard), 360
스톡우드, 존(Stockwood, John), 205
스톤, 로렌스(Stone, Lawrence), 49, 62, 63, 116, 125, 192-262, 362-363
스톤, 사무엘(Stone, Samuel), 319
스트라우턴, 윌리엄(Stroughton, William), 36
스틸, 리처드(Steele, Richard), 73, 76, 79, 80, 82, 84, 91-92, 93, 146, 403, 407
스펜서 에드먼드(Spenser Edmund),

114, 258
시버, 폴(Seaver, Paul), 47, 59, 197, 199, 207, 229
시브즈, 리처드(Sibbes, Richard), 28, 29, 33, 44, 51, 55, 104, 134, 141, 145, 200, 219, 223, 228, 240-241, 270, 271, 272, 275, 288, 301, 304, 313, 334, 338, 348, 383, 405-406, 408, 410, 411-412, 415, 416, 419, 422, 424
시월, 사무엘(Sewall, Samuel), 172, 395

아담스, 윌리엄(Adams, William), 36, 133
아담스, 토머스(Adams, Thomas), 30, 106, 144, 346, 429, 364
아비스, 폴(Avis, Paul), 274
아인슈타인, 알버트(Einstein, Albert), 321
아퀴나스, 토머스(Aquinas, Thomas), 102
아타나시우스(Athanasius), 102
알렉산더(Alexander, H. G.), 64
알베르투스(Albertus), 102
암브로스(Ambrose), 101, 102
암브로스, 이작(Ambrose, Issac), 165, 305, 410
애로우스미스, 존(Arrowsmith, John), 293
앤드류스, 랜슬롯(Andrewes, Lancelot), 352
앤지어, 존(Angier, John), 186
어윈, 조이스(Irwin, Joyce L.), 129, 192, 398
에드워드 6세(Edward VI), 40
에디, 엘리자베스(Eddy, Elizabeth), 380

454 청교도-이 세상의 성자들

에디슨, 조셉(Addison, Joseph), 265
에라스무스, 데지더리우스(Erasmus, Desiderius), 104, 278
에머슨, 에버레트(Emerson, Everett), 64, 348, 425
에임즈, 윌리엄(Ames, William), 32-33, 79, 108, 113, 135, 138, 139, 144, 152, 158, 166, 169, 208, 210, 211, 214, 216, 221, 228, 234, 264, 267, 269, 282, 285, 287, 300, 305, 345, 357, 418, 423, 426
엘리어트(Eliot, T. S.), 313
엘리어트, 존(Eliot, John), 178, 284, 315
엘리자베스 1세(Elizabeth Ⅰ), 38, 40, 207, 373
오리겐(Origen), 102, 103
오웬, 존(Owen, John), 29, 39, 48, 55, 200, 235, 242, 283, 284, 287, 293, 295, 298, 418, 427
오즈먼트, 스티븐(Ozment, Steven), 192
오크츠, 유리언(Oakes, Urian), 354
옥슨브리지, 존(Oxenbridge, John), 123
와그너, 한스-피터(Wagner, Hans-Peter), 29
왓슨, 토머스(Watson, Thomas), 36, 90, 137, 138-139, 142, 144, 154, 174, 228, 257, 270, 272, 284, 311, 404, 419, 426, 428
왓슨, 포스터(Watson, Foster), 29, 315
왓킨스, 오웬(Watkins, Owen C.), 432
우드, 앤서니(Wood, Anthony J.), 29
우드로우, 로버트(Woodrow, Robert), 93
우드하우스(Woodhouse, A. S. P.), 363, 367
울리치, 라우렐 대처(Ulrich, Laurel Thatcher), 119, 192

워드, 사무엘(Ward, Samuel), 34, 56, 147, 217, 272, 353, 405
워즈워스, 벤자민(Wadsworth, Benjamin), 112, 122, 164, 168, 174-175, 176, 179, 180, 182, 183, 184, 188, 190, 386, 394
워즈워스, 윌리엄(Wordsworth, William), 223
워커, 조지(Walker, George), 202
워필드, 벤자민(Warfield, Benjamin B.), 309
월리, 존(Walley, John), 320
웨스턴, 윌리엄(Weston, William), 254, 391, 399
웨이틀리, 윌리엄(Whately, William), 110, 112, 119-120, 122, 201
웹스터, 찰스(Webster, Charles), 335
위글즈위스, 마이클(Wigglesworth, Michael), 395-396
위더, 조지(Wither, George), 266, 268, 301, 304
위치코트, 벤자민(Whichcote, Benjamin), 208
윈스롭, 존(Winthrop, John), 42, 58, 59, 117, 120, 136, 170, 281, 347, 349, 355, 365, 376, 384, 386-387, 402, 404, 409
윌라드, 사무엘(Willard, Samuel), 35, 37, 50, 54, 56, 61, 79, 126, 132, 137, 141, 168, 170, 171, 172, 176, 179, 181, 182, 185, 187, 341, 343, 346, 350, 362, 403, 411, 414, 423
윌리엄과 메리(William and Mary), 43
윌리엄스, 로저(Williams, Roger), 392
윌슨, 데릭(Wilson, Derek), 48, 205, 309
윌콕스, 토머스(Wilcox, Thomas), 197

인명 색인 455

윙, 존(Wing, John), 122
유돌, 니콜라스(Udall, Nicholas), 306
유돌, 존(Udall, John), 214
유세비우스(Eusebius), 69
유스덴, 존 딕스트라(Eusden, John Dykstra), 63, 367
이반(Evans, J. M.), 94
이튼, 데오필러스(Eaton, Theophilus), 222

제롬(Jerome), 102, 103
제이쿱, 헨리(Jacob, Henry), 235, 242
제임스 1세(James I), 41, 280
제임스, 마가렛(James, Margaret), 367
조르단(Jordan, W. K.), 33, 46, 352
조비니안(Jovinian), 102
조설린, 엘리자베스(Joceline, Elizabeth), 90
조지, 찰스와 케서린(George, Charles H. and Katherine), 63, 96, 129, 191
존슨(Johnson, E. A. J.), 159
존슨, 사무엘(Johnson, Samuel), 205
존슨, 에드워드(Johnson, Edward), 414
존슨, 제임스 터너(Johnson, James Turner), 51, 115, 129, 171
주얼, 존(Jewel, John), 254

찰스 1세(Charles I), 42
찰스 2세(Charles II), 43
채덜톤, 로렌스(Chaderton, Laurence), 195, 353
채펄, 윌리엄(Chappell, William), 211
채프먼, 굿맨(Chapman, Goodman), 379-380
초운시, 찰스(Chauncy, Charles), 328, 330, 334, 338

카든, 알렌(Carden, Allen), 309
카트라이트, 윌리엄(Cartwright, William), 186, 209, 258
카트라이트, 토머스(Cartwright, Thomas), 18, 41, 219, 234, 236, 286, 288, 347, 376, 428
카프만, 밀로(Kaufmann, U. Milo), 309
칼빈, 존(Calvin, John), 46, 70, 73, 82, 86-87, 108, 132, 134, 151-152, 158, 167-168, 170, 233, 234, 240, 283, 285, 289, 296, 327, 336, 340, 354
캐릴, 조셉(Caryl, Joseph), 283
커버리, 엘우드(Cubberly, Ellwood P.), 342
커티스, 마크(Curtis, Mark H.), 77, 206, 330, 342
컨스터블, 토마스(Constable, Thomas), 391
컬래미, 에드먼드(Calamy, Edmund), 221
케린 얼(Cairns, Earle E.), 342
케이니, 로버트(Keayne, Robert), 156, 355
케이스, 토머스(Case, Thomas), 271, 409
케이플, 리처드(Capel, Richard), 285
코메니우스, 존(Comenius, John), 220
코베트, 토머스(Cobbett, Thomas), 175, 184
코치맨, 로버트(Coachman, Robert), 271, 272
코튼, 시본(Cotton, Seaborn), 100
코튼, 존(Cotton, John), 30-31, 72, 74, 76, 79, 80, 84, 93-94, 105, 118, 125, 137, 156, 182, 190, 197-198, 204,

209, 226, 252-253, 281, 318, 330, 336, 350, 392, 406
콕스, 리처드(Cox, Richard), 231, 252
콘리(Conley, C. H.), 331
콜린슨, 패트릭(Collinson, Patrick), 64, 240, 242, 244, 245, 274
크레그, 제럴드(Cragg, Gerald R.), 63
크로우리, 로버트(Crowley, Robert), 87
크로프티스, 로버트(Croftes, Robert), 109
크롬웰, 올리버(Cromwell, Oliver), 14, 17, 31, 33, 42, 44, 50-51, 55, 210, 270, 280, 316, 363, 405, 416
크리소스톰(Chrysostom), 103
클라크, 사무엘(Clarke, Samuel), 33
클렙쉬, 윌리엄(Clebsch, William A.), 26
클리버, 로버트(Cleaver, Robert), 71, 76, 97, 110, 116, 124, 153, 167, 170-171, 181, 190, 268, 328
키블(Keeble, N. H.), 432
키치(Kitch, M. J.), 96, 160
키치, 벤자민(Keach, Benjamin), 227

타우니(Tawney, R. H.), 75, 96, 159
터너, 윌리엄(Turner, William), 249
터툴리안(Tertullian), 101
테일러, 에드워드(Taylor, Edward), 111, 119, 384
테일러, 토머스(Taylor, Thomas), 52, 99, 118, 189, 410
토머스, 다비(Thomas, Dalby), 90
토어쉘, 사무엘(Torshell, Samuel), 171, 173, 224
트레버스, 월터(Travers, Walter), 198, 287
트로시, 조지(Trosse, George), 382

트린터우드, 레오날드(Trinterud, Leonard J.), 48, 206
틴데일, 윌리엄(Tyndale, William), 18, 25-26, 28, 38, 40, 70, 83, 103-104, 157, 190, 239, 278, 286, 292, 299, 311, 348, 362, 407, 419

파라, 프레드릭(Farrar, Frederic), 296
파이크, 존(Pike, John), 119
파커, 토마스(Parker, Thomas), 387
팔머, 로버트(Palmer, Robert), 57
패스필드, 로버트(Pasfield, Robert), 282
패기츠, 토머스(Paget, Thomas), 189, 262
패커(Packer, J. I.), 298, 309
퍼킨즈, 윌리엄(Perkins, William), 19, 28, 34, 45, 70-71, 72, 75, 80, 82, 85 -86, 91, 96, 97, 105, 108, 110, 116, 133, 134, 141-142, 146, 147, 148, 151, 153, 156, 157, 168, 174, 186, 197, 199, 212, 213, 217, 218, 223, 224, 242, 262, 268, 288, 295, 299, 302, 320, 351, 352, 356, 359, 362, 375-376, 377, 378, 404, 421, 423, 426, 429
펄크, 윌리엄(Fulke, William), 287
페너, 듀들리(Fenner, Dudley), 158, 258
페리, 랄프(Perry, Ralph B.), 363, 413
페어클라우프, 사무엘(Fairclough, Samuel), 34
펜리, 존(Penry, John), 189
펨버튼, 에벤에젤(Pemberton, Ebenezer), 320
포레스터(Forrester, W. R.), 69
포스터, 스테판(Foster, Stephen), 93, 160, 351, 368

인명 색인　457

폭스, 조지(Fox, George), 26, 392, 398
폭스, 존(Foxe, John), 249, 353-354
풀러, 토머스(Fuller, Thomas), 41, 201, 204, 225, 268-269
프라이, 로렌드(Frye, Roland M.), 129
프랭클린, 벤자민(Franklin, Benjamin), 82, 87
프레스톤, 존(Preston, John), 83, 92, 93, 155, 195, 202-203, 227, 242, 268, 305, 317, 355, 416, 421
프링글, 월터(Pringle, Walter), 409
플레이벨, 존(Flavel, John), 226, 430
피치, 제임스(Fitch, James), 165
피터, 휴(Peter, Hugh), 360
필드, 존(Field, John), 197, 266

하버드, 윌리엄(Hubbard, William), 318
하비슨, 헤리스(Harbison, E. Harris), 49
하우, 존(Howe, John), 210
하이드릭, 리처드(Heydricke, Richard), 228
하이마, 알버트(Hyma, Albert), 159
하인드, 윌리엄(Hinde, William), 260
하틀립, 사무엘(Hartlib, Samuel), 354
할러, 말리빌(Haller, Malleville), 129
할러, 윌리엄(Haller, William), 8, 49, 64, 121, 129, 204, 212, 238, 361
햄브릭-스토우, 찰스(Hambrick-Stowe, Charles E.), 274
허드슨, 윈드롭(Hudson, Winthrop S.), 198, 229
허친슨, 루시(Hutchinson, Lucy), 426, 428, 432
허친슨, 앤(Hutchinson, Anne), 392
헌트, 모튼(Hunt, Morton M.), 63
헐, 존(Hull, John), 132, 135, 176, 346

헤리스, 로버트(Harris, Robert), 306
헤리슨, 메이저 제너럴(Harrison, Major General), 44
헤밀턴, 로베르타(Hamilton, Roberta), 124, 129
헤켓, 존(Hackett, John), 129
헨더슨, 알렉산더(Henderson, Alexander), 298
헨리 8세(Henry VIII), 40
호손, 나다니엘(Hawthorne, Nathaniel), 374
호프스테드터, 리처드(Hofstadter, Richard), 208
홀, 데이비드(Hall, David D.), 229
홀, 베실(Hall, Basil), 64
홀, 토머스(Hall, Thomas), 304, 325
홀, 헨리(Hall, Henry), 416
홀리필드, 브룩스(Holifield, E. Brooks), 251, 274
화이트, 제임스(White, James F.), 251
화이트, 존(White, John), 293, 294, 356
화이트, 프란시스(White, Francis), 377
화이트, 헬렌(White, Helen C.), 367
후커, 리처드(Hooker, Richard), 196, 259
후커, 토머스(Hooker, Thomas), 55, 100, 181, 185, 216, 220, 269, 275, 319, 351, 364, 416
후크, 윌리엄(Hooke, William), 270
후퍼, 존(Hooper, John), 18, 150, 205, 236, 238, 354
휘트기프트, 존(Whitgift, John), 32, 41
휘트필드, 조지(Whitefield, George), 10
휘트필드, 존(Whitgift, John), 32, 41
휘팅검, 윌리엄(Whittingham, William), 390
휴즈, 윌리엄(Hughes, William), 199
히런, 사무엘(Hieron, Samuel), 137, 143,

154
히콕, 랄프(Hickock, Ralph), 390
힐, 크리스토퍼(Hill, Christopher), 26, 46, 64, 96, 191, 201, 205, 207-208, 229, 262, 265, 359
힐더쉠, 아더(Hildersham, Arthur), 200, 264, 287

주제별 색인

가정(family), 15-16, 163-193
감정・정서(emotion), 29-30, 33-37, 119-122, 421-422
결혼(marriage), 99-129, 163-193
경제(economics), 49-50, 131-161
과학(science), 334-336
관용(tolerance), 33-34
교육(education), 37-38, 47-50, 174-176, 313-343
교회(church), 16-18, 43-92
남성 우월주의(male chauvinism), 386-388
노동(work), 30, 67-97, 377-379, 421
돈(money), 30, 83-89, 131-160
문예부흥(renaissance), 330-333
물질세계(physical world), 32-33, 52, 401, 410-411
민주주의(democracy), 246, 361-366
부르심 ; 소명(calling ; vocation), 52-53, 74-81, 346-347
불관용・편협(intolerance), 33-34, 390-394

사회활동(social action), 345-368
설교(preaching), 195-229, 254-259, 382-383
성(sex), 27-28, 99-129, 381
성경(bible) : 277-310, 427-428 ; 문학으로서의~(as literature), 300-304 ; ~의 권위(authority of, 12-13, 48-49, 51-53, 232-237, 282-290 ; ~속의 교육(in education), 324-325 ; ~의 해석(interpretation of, 290-304 ; ~의 번역(translation of), 277-282
성경(scripture), 성경(bible)을 보라
성례(sacraments), 251
성례관(sacramental view of life), 255-259, 408-411
성상파괴(iconoclasm), 242-243, 393-394
성속이분법(sacred-secular dichotomy), 68-74, 208, 228
소명(vocation), 52-53, 74-81, 346-347

안식일(sabbath) 262-269, 379-381
언약(covenant), 51, 174-175, 190-191
여성의 지위(women, status of), 123-127, 169, 174, 386, 388
예배(worship), 58-59, 231-275
예술(arts, the), 30, 336, 374-375
예술 교육(liberal arts education), 327-343
오락(recreation), 28, 375-379
음악(music), 29, 251-255, 375
의복(clothing), 29, 114
이성(reason), 31, 317-320
인간의 가치(person, view of), 16, 54
인간의 육체, 몸(body, human), 32, 108-111, 385, 410-411
인본주의(humanism), 329-331
일반 은총(common grace), 334-338
일상의 거룩함(common, sanctity of the), 70-74, 408-411
자녀양육(children), 174-186, 384-385, 394-395
자존(self, view of), 36-37, 429-430
전통에 관한 반대(tradition, negative attitude toward), 55-56, 234-235
중용(moderation), 89-95, 145-149
진리(truth), 257-258, 333-341
창조교리(creation, doctrine of), 52, 410, 424
청교도(puritans): 결점(failings), 371-399; 역사(history), 38-43; 전체적인 철학과 삶의 양식(holistic philosophy and lifestyle), 10-13, 68-74, 84-85, 115-119, 327-342, 406-411, 422-425; 핵심교리(key doctrines), 50-53; 두드러진 특징(leading traits), 43-50, 54-64; 현대에 잘못 알려진 점들(modern misconceptions about), 7-9, 25-38, 67-68, 86-89, 99-101, 131-132, 346-347, 355-356, 371-375; 박해(persecution of), 9-11, 47-48, 243-245, 공헌(strengths), 7-19, 401-432
청교도 복사상(preacher, puritan ideal of), 196-201
청교도의 결점(failings of the puritans), 371-399
청교도의 박해(persecution of puritans), 9-11, 47-48, 243-245
평등(common person), 361-367
평신도의 사제직(priesthood of all believers), 123-125, 245-246, 294-295, 361-363, 364

사명선언문

너희가 흠이 없고 순전하여……세상에서 그들 가운데 빛들로
나타내며 생명의 말씀을 밝혀 _ 빌 2:15-16

1. 생명을 담겠습니다
만드는 책에 주님 주신 생명을 담겠습니다.
그 책으로 복음을 선포하겠습니다.

2. 말씀을 밝히겠습니다
생명의 근본은 말씀입니다.
말씀을 밝혀 성도와 교회의 성장을 돕겠습니다.

3. 빛이 되겠습니다
시대와 영혼의 어두움을 밝혀 주님 앞으로 이끄는
빛이 되는 책을 만들겠습니다.

4. 순전히 행하겠습니다
책을 만들고 전하는 일과 경영하는 일에 부끄러움이 없는
정직함으로 행하겠습니다.

5. 끝까지 전파하겠습니다
모든 사람에게, 땅 끝까지, 주님 오시는 그날까지
복음을 전하는 사명을 다하겠습니다.

서점 안내

광화문점 서울시 종로구 새문안로 69 구세군회관 1층
02)737-2288 / 02)737-4623(F)

강남점 서울시 서초구 신반포로 177 반포쇼핑타운 3동 2층
02)595-1211 / 02)595-3549(F)

구로점 서울시 동작구 시흥대로 602, 3층 302호
02)858-8744 / 02)838-0653(F)

노원점 서울시 노원구 동일로 1366 삼봉빌딩 지하 1층
02)938-7979 / 02)3391-6169(F)

일산점 경기도 고양시 일산서구 중앙로 1391 레이크타운 지하 1층
031)916-8787 / 031)916-8788(F)

의정부점 경기도 의정부시 청사로47번길 12 성산타워 3층
031)845-0600 / 031)852-6930(F)

인터넷서점 www.lifebook.co.kr